Rogg • Kompass Militärgeschichte

Matthias Rogg

Kompass Militärgeschichte
Ein historischer Überblick für Einsteiger

Herausgegeben vom
Zentrum für Militärgeschichte und
Sozialwissenschaften der Bundeswehr

rombach verlag

Umschlagabbildung:
Militärhistorisches Museum der Bundeswehr, Dresden
(Foto: Ingrid Meier)

Die Deutsche Nationalbibliothek verzeichnet diese Publikation
in der Deutschen Nationalbibliografie; detaillierte bibliografische
Daten sind im Internet über www.dnb.de abrufbar.

Zweite, durchgesehene Auflage
© 2014 Rombach Verlag KG, Freiburg i.Br./Berlin/Wien

Das Werk einschließlich aller Abbildungen ist urheberrechtlich geschützt. Jede Verwertung außerhalb der Grenzen des Urheberrechtsgesetzes ist ohne Zustimmung des Verlages unzulässig und strafbar. Das gilt insbesondere für Vervielfältigungen, Übersetzungen, Mikroverfilmungen und die Einspeicherung und Bearbeitung in elektronischen Systemen.

Gedruckt auf säurefreiem, alterungsbeständigem Papier (chlorfrei gebleicht).

Redaktion: ZMSBw, Potsdam, Schriftleitung
  Projektkoordination, Bildredaktion
  und Layout: Knud Neuhoff, Berlin
  Lektorat: Matthias Rawert, Freiburg i.Br.
  Bildbearbeitung: Medienwerkstatt Dieter Lang, Karlsruhe
  Textüberarbeitung, Satz: Carola Klinke, Yvonn Mechtel
  Piktogramme: Frank Schemmerling

Das Zentrum für Militärgeschichte und Sozialwissenschaften der Bundeswehr (ZMSBw) ist hervorgegangen aus dem Militärgeschichtlichen Forschungsamt (MGFA), Potsdam, und dem Sozialwissenschaftlichen Institut der Bundeswehr (SOWI), Strausberg.

Gesamtherstellung: Rombach Druck- und Verlagshaus GmbH & Co. KG, Freiburg i.Br.

Printed in Germany
ISBN 978-3-7930-9732-7

Inhalt

Vorwort.. IX
Warum Militärgeschichte?...................................... XI

Gesamtüberblick

Frühe Neuzeit
Landsknechte und die Anfänge der modernen
Militärorganisation 2
Vom Söldner zum Soldaten...................................... 6
Von der Tracht zur Uniform..................................... 8
Kriegsbild, Kriegführung und Organisation in
der Frühen Neuzeit.. 10

Französische Revolution und Freiheitskriege
Die Französische Revolution und
die Erfindung der Wehrpflicht................................. 14
Napoleon und die Revolutionierung
des Militärwesens.. 18
Jena und Auerstedt –
Preußens größte Niederlage..................................... 22
Neue Köpfe, neuer Geist –
Staatsreform und Militärreform................................ 24
Freiheitskriege 28

Restauration und Deutscher Bund
Zeitalter der Restauration und Deutscher Bund........ 32
Die bürgerlich-demokratische Revolution von 1848
und der Bürgersoldat 36
Die Bundesflotte von 1848 – älteste deutsche
Teilstreitkraft 40

Reichseinigungskriege
Königsheer oder Parlamentsarmee? – Heeresreform
und Verfassungskonflikt in Preußen......................... 42
Drei Kriege auf dem Weg zur Reichseinigung –
Dänemark 1864, Österreich 1866, Frankreich 1870/71..... 46
Ein neues Kriegsbild – Technik, Organisation
und Taktik 54

Kaiserreich
»Platz an der Sonne« – Außen- und Militärpolitik 58
»Unsere Zukunft liegt auf dem Wasser« –
Flottenrüstung 62

Die Dominanz der Uniform – Militär und Gesellschaft
im Kaiserreich 66
Soldatenalltag im Kaiserreich.. 70
Organisation, Ausbildung und Uniform 74

Erster Weltkrieg
August 1914... 78
Stellungskrieg und Materialschlacht im Westen –
Bewegungskrieg im Osten... 82
Luft- und Seekrieg.. 86
Totaler Krieg 90
Wende, Zusammenbruch und Revolution...................... 94

Weimarer Republik
Mit der Niederlage leben – »Dolchstoßlegende«,
Versailles und die Folgen.. 98
Weimar – die ungeliebte Republik 102
Die Reichswehr – Staat im Staate 108

»Drittes Reich« und Zweiter Weltkrieg
Hitler auf dem Weg zur Macht... 112
Wehrmacht und NS-Staat 118
»Die Jugend gehört dem Führer« –
Militarisierung der Gesellschaft....................................... 122
Aggressive Außenpolitik und
Kriegsvorbereitungen.. 124
Die ersten »Blitzsiege« – Polen, Skandinavien und
Westfeldzug... 128
Krieg gegen Großbritannien: »Luftschlacht
um England«... 134
Krieg gegen die Sowjetunion 138
Kriegsverbrechen, Besatzungspolitik und
Völkermord 144
Im Feuersturm – der Bombenkrieg 148
»... ich bin bereit dazu« –
der Widerstand gegen Hitler.. 152
Der Untergang.. 158

Teilung Deutschlands und der Welt
Niederlage – Befreiung – »Stunde Null«?........................ 164
Die Teilung der Welt und Berlin-Blockade 168
Eine Nation – zwei deutsche Staaten............................... 172
Das nukleare Zeitalter – Rüstungswettlauf,
Abrüstungsinitiativen und Entspannungspolitik............ 176

Bundesrepublik im Kalten Krieg
Auf dem Weg zur westdeutschen
Wiederbewaffnung.. 180
Innere Führung und Staatsbürger in Uniform 186
Die Bundeswehr in den Aufbaujahren (1955–1962) 190
Der Weg nach Westen – die Bundeswehr
im Bündnis 196
»Es ist nicht alles Gold was glänzt« – Kritik, Krisen
und Konflikte 202
Bundeswehr und Gesellschaft.. 208

DDR im Kalten Krieg
Verdeckte Aufrüstung und Aufbau der NVA 212
Armee für Frieden und Sozialismus? –
die NVA im Warschauer Pakt 216
Im Dienste der Partei – Parteiherrschaft, Kontrolle
und Überwachung in der NVA... 222
Militarisierter Sozialismus – Mobilisierung und
Wehrerziehung 226
»Entwickelte sozialistische Beziehungen« –
die Innenansicht der NVA 230
»Niemand hat die Absicht eine Mauer zu errichten« –
das Grenzregime der DDR 234
Heißer Herbst und Friedliche Revolution........................... 240

Berliner Republik
Zwei Armeen ein Vaterland? Bundeswehr und
NVA im Vereinigungsprozess... 246
Die Bundeswehr als »Armee der Einheit« 252
Frauen in der Bundeswehr 258
Die Bundeswehr im Wandel von
der Verteidigungs- zur Einsatzarmee 262
Weltweit im Einsatz für den Frieden – Bundeswehr
und Sicherheitspolitik im 21. Jahrhundert.......................... 266

Unteroffiziere in deutschen Streitkräften

Der Feldwebel – historisch älter als der Soldat 273
Korporale, Sergeanten und Unteroffiziere
im 18. Jahrhundert 279
Preußische Reformen... 286
»Des Kaisers Rock« – mal mit, mal ohne Portepee........... 293
Unteroffiziere als Stoßtrupp- und Flugzeugführer........... 298

Beförderungsstau in der Reichswehr	305
»Volksoffiziere« und »Menschenmaterial«	310
»Sozialistische Unteroffizierpersönlichkeiten«	317
Im Wettbewerb um die »besten Köpfe«	322
Unteroffiziere heute – Rückgrat im Einsatz, in der Ausbildung und im Grundbetrieb Unteroffizier im Einsatz – eine Innenansicht (*Stefan Schultze*)	328

Glossar
(*Martin Brehl*)

Grundlagen	339
Erinnerungsorte	343
Symbole, Brauchtum, Zeremoniell	349
Jahrestage	375
Personenregister	381
Autoren	385

Vorwort

Der Kompass ist ein traditionelles und auch heute noch ebenso wertvolles wie einfaches Hilfsmittel der Standortbestimmung. Selbst wenn sich seine Erscheinungsform im Laufe der Jahrhunderte verändert haben mag, ermöglicht er auch in Zeiten neuer digitaler Techniken immer noch verlässliche Orientierung und Ausrichtung. Der vorliegende »Kompass Militärgeschichte« bietet dies für einen besonders belasteten Bereich der allgemeinen Geschichte an, der vor allem in Deutschland einer wechselhaften Entwicklung unterworfen war.

Die nach dem Zweiten Weltkrieg zu beobachtende umfassende gesellschaftliche wie wissenschaftliche Diskreditierung jeder Befassung mit Militärgeschichte ist inzwischen überwunden. An dem Paradigmenwechsel hin zu einer notwendigen und anerkannten Disziplin der universitären historischen Wissenschaft hat auch das Militärgeschichtliche Forschungsamt (MGFA) einen wesentlichen Anteil. Dessen Tradition lebt in dem 2013 geschaffenen Zentrum für Militärgeschichte und Sozialwissenschaften der Bundeswehr (ZMSBw) weiter, in dem zusätzlich zum MGFA auch das Sozialwissenschaftliche Institut der Bundeswehr (SOWI) aufging.

Mit dem vorliegenden »Kompass Militärgeschichte« nimmt das ZMSBw ein Publikum in den Blick, das in der Regel nicht zu dicken Fachbüchern mit zahlreichen Fußnoten greift, um sich über militärgeschichtliche Vorgänge zu informieren. Mit wissenschaftlich fundierten, aber knappen und leicht verständlichen Überblicksdarstellungen möchte das vorliegende Buch diese Leserschaft in der zivilen Gesellschaft genauso erreichen wie in der Bundeswehr. In erzählender Weise will es verlässlich und ausgewogen orientieren – ein Kompass zur historischen Bildung eben.

Vielen ist für das Zustandekommen dieser didaktisch wertvollen Publikation zu danken. Vor allem ist hier der Autor Oberst PD Dr. Matthias Rogg zu nennen, dessen Expertise als universitärer Wissenschaftler ebenso wie seine Erfahrungen als Direktor des Militärhistorischen Museums der Bundeswehr in Dresden in das Manuskript eingeflossen sind. Ich danke ihm sehr herzlich für diese besondere Leistung, die er neben zahlreichen anderen Verpflichtungen erbracht hat.

Bereichert wird der Band durch einen beeindruckenden Erfahrungsbericht von Hauptfeldwebel Stefan Schultze über seinen letzten Afghanistaneinsatz im 19./20. Kontingent ISAF.

Darüber hinaus hat Oberregierungsrat Martin Brehl von der Unteroffizierschule der Luftwaffe in Appen ein ausführliches Glossar beigesteuert. Ihnen beiden wie auch den Damen und Herren der Schriftleitung des ZMSBw unter Leitung von Dr. Arnim Lang, die das Werk bis zur Druckreife betreut haben, gilt mein aufrichtiger Dank.

Dr. Hans-Huberts Mack
Oberst und Kommandeur
des Zentrums für Militärgeschichte
und Sozialwissenschaften der Bundeswehr

Warum Militärgeschichte?

»Wer vor der Vergangenheit die Augen verschließt,
wird blind für die Gegenwart«
Richard von Weizsäcker (1985)

Geschichte und Identität

Geschichte? Bloß nicht! Wenn das Wort »Geschichte« fällt, erinnern sich viele sofort an langweiligen Schulunterricht, an das Auswendiglernen von Zahlenkolonnen oder Namen, die schnell wieder vergessen wurden. Und manch einer denkt wohl auch: Was haben Ereignisse, die Jahrzehnte oder gar Jahrhunderte zurückliegen, mit meiner Gegenwart und erst recht mit meiner Zukunft zu tun, und warum soll man sich damit beschäftigen?

Schauen wir uns selbst an. Jeder von uns, der Leser dieses Buches genauso wie sein Autor, hat seine eigene Geschichte. Wir sind entscheidend davon geprägt, wo wir herkommen, welche Erfahrungen wir wann und mit wem gemacht haben und welche Erinnerungen wir in uns tragen. Wenn wir jemand näher kennenlernen, dann wollen wir etwas über seine Herkunft, seine Prägung und damit über seine Geschichte erfahren. Die Erinnerung an unsere persönliche Herkunft und Entwicklung spielt in unserem Alltag eine wichtige Rolle. Wir machen Fotos, um uns später an schöne oder wichtige Ereignisse in unserem Leben zu erinnern. Wir sammeln Erinnerungsstücke, zum Beispiel aus dem Urlaub, damit wir besondere Erlebnisse nicht so schnell vergessen. Viele sind stolz, wenn sie etwas Persönliches von den Eltern, Großeltern oder gar noch älteren Verwandten vorweisen können: eine Urkunde, ein Foto, ein Bild oder vielleicht sogar ein Schmuckstück oder einen Orden, der einmal einem Vorfahren gehörte.

Das Wissen darüber ist wichtig für unsere Identität, für die Frage, wer wir sind, und damit für die Bildung unserer Persönlichkeit. Menschen, die Aufwachsen, ohne zu wissen wer ihre Eltern sind, kommen früher oder später in ihrem Leben an einen Punkt, wo sie das Geheimnis ihrer Herkunft lüften wollen – auch wenn das häufig ein schwieriger und schmerzhafter Weg ist.

Der Blick zurück ist also wichtig. Wer weiß, woher er kommt, kann leichter sagen, wo und wofür er steht – und auch, wohin er will. Wer andere kennen und erkennen will, muss etwas über deren Geschichte wissen: ganz gleich, ob es sich dabei um einen Freund, einen Kollegen, einen Kameraden oder den Partner handelt, oder ob es um einen Menschen geht, der uns nicht wohlgesonnen ist. Mit anderen Worten: Wer seine eigene Geschichte und die des anderen kennt, der hat es leichter, sich zu orientieren.

Diese wichtige Erkenntnis gilt nicht nur für uns persönlich. Sie gilt ebenso für gesellschaftliche Gruppen und damit natürlich auch für Staaten. Eine Nation, ein Land, das kein Interesse an der Pflege seiner Geschichte hat, ist kaum vorstellbar. Das Wissen um die eigene Geschichte ist kein Selbstzweck. So wie jedes individuelle Handeln irgendwo mit der eigenen Geschichte zu tun hat, so haben auch politische Handlungen und Entscheidungen historische Ursachen. Die Frage, warum man gesellschaftliche, politische oder kulturelle Zusammenhänge in Frankreich oder Russland anders beurteilt und andere Schlüsse daraus zieht als in Polen oder in Deutschland, hat viel mit unterschiedlichen Erfahrungen und Mentalitäten zu tun. Der Erste Weltkrieg zum Beispiel spielt in der nationalen Erinnerung in Frankreich und England bis heute eine zentrale Rolle – ganz anders als bei uns. Nicht der Zweite, sondern der Erste Weltkrieg wird dort »Grand Guerre« oder »Great War«, also der Große Krieg genannt. Bei uns ist das genau umgekehrt. Hier hat sich vor allem der von Deutschland angezettelte Zweite Weltkrieg in unserer Erinnerung als der Weltkrieg eingegraben. Das gleiche Ereignis kann in der gesellschaftlichen Erinnerung verschiedener Nationen also sehr unterschiedlich wahrgenommen werden.

Diese Erfahrung haben viele von uns machen müssen: sei es als Tourist, im Rahmen der eigenen beruflichen Weiterbildung im Ausland oder als Soldat in multinationalen Verbänden. Warum die Mentalitäten unterschiedlich sind, warum wir uns aber manchmal heute auch so gut verstehen, obwohl sich unsere Groß- und Urgroßväter noch unversöhnlich als »Erzfeinde« gegenüberstanden, das kann man nur erkennen, wenn man in die Geschichte blickt.

In Deutschland haben die Menschen ein besonderes, sehr differenziertes und zuweilen kritisches Verhältnis zu ihrer eigenen Geschichte. Gerade von Angehörigen anderer Nationen wird man als Deutscher immer wieder darauf angesprochen und nach den Gründen gefragt. Die Motive dieser besonderen Auseinandersetzung mit der Geschichte haben vor allem mit der jüngeren deutschen Vergangenheit zu tun – mit der Rolle, die Deutschland in zwei Weltkriegen spielte, vor allem im rassenideologisch ausgerichteten Zweiten Weltkrieg, und mit den Erfahrungen zweier Diktaturen im 20. Jahrhundert, der nationalsozialistischen Herrschaft und dem SED-Regime in der DDR: Das ist wirklich einmalig. Diese Erfahrungen haben unsere Mentalität nachhaltig geprägt. Unser politisches Denken und Handeln, unsere freiheitliche Verfassung, das Ansehen, das Deutschland nicht nur durch seine wirtschaftliche Kraft, sondern auch durch seine politische und soziale Stabilität genießt, all das hat entscheidend mit unserer Geschichte zu tun.

Auch die Bundeswehr ist durch diese Geschichte geprägt. Ohne die bitteren Erfahrungen der NS-Zeit und ohne die schuldhaften Verstrickungen der Wehrmacht im Zweiten Weltkrieg, würden deutsche Streitkräfte heute anders aussehen. Beispielhaft ist hier die Innere Führung zu nennen, die »Betriebsphilosophie«, um die viele Streitkräfte Deutschland beneiden, oder die Beteiligungsrechte, die in anderen Armeen völlig fremd sind, und schließlich die unbestrittene Rolle des Parlamentes für die Bundeswehr. Aber auch in der Ausbildung und im Truppenalltag finden sich Dinge, die nur aus dem geschichtlichen Verständnis heraus zu erklären sind. Historisches Grundwissen als Teil der persönlichen und gesellschaftlichen Identität ist dabei eine wichtige Hilfe.

Geschichte, Tradition, Brauchtum – unterschiedliche Blicke auf die Vergangenheit

Geschichte und Tradition – die Begriffe werden oft im gleichen Atemzug verwendet und nicht selten vermengt oder beliebig ausgetauscht. Dabei bezeichnen sie ganz unterschiedliche Dinge. Geschichte ist ein sehr vielschichtiger Begriff. Er bezieht sich auf Abläufe des gesamten Geschehens in Raum und Zeit in der Erd- und Naturgeschichte. Darüber hinaus steht der Begriff Geschichte aber auch für die Ereignisse in und Entwicklungen der menschlichen Gesellschaft und ihrer Individuen. Der Mensch ist der eigentliche Träger der Geschichte. In dieser Menschheitsgeschichte spielt das Bewusstsein von Vergangenheit eine zentrale, vielleicht sogar die wichtigste Rolle. Der Mensch unterscheidet sich vom Tier nicht nur in der Frage der Moral, der Differenzierung von Gut und Böse. Entscheidend für das Menschsein ist auch das Bewusstsein der eigenen Endlichkeit. Viele Wissenschaftler glauben, dass mit dieser Erkenntnis ein wesentlicher Schritt zur Bildung der menschlichen Kultur einhergeht. Erst das Bewusstsein von Zeit und von zeitlich gebundenen Prozessen führt uns zur bewussten Erinnerung an die Vergangenheit, zum Verstehen der Gegenwart und zur Deutung und Orientierung unseres Handelns in der Zukunft.

Geschichte bezieht sich aber nicht nur auf Begebenheiten und Ereignisse, die durch menschliches Handeln bedingt sind oder darauf einwirken. Geschichte ist auch das, was über diese Begebenheiten berichtet und erzählt wird. »Geschichten gibt es nicht, wenn nicht darüber erzählt wird«, so hat es der Militärhistoriker Winfried Heinemann auf den Punkt gebracht. Ohne die Überlieferung in mündlicher oder schriftlicher Form oder durch materielle Sachzeugen wäre eine Beschäftigung mit Geschichte kaum möglich. Dabei spielt es vordergründig keine Rolle, ob diese Überlieferung bewusst oder rein zufällig erfolgt ist.

Und schließlich ist Geschichte auch eine Wissenschaft, die sich mit der Erforschung dieser Zusammenhänge befasst. Die Geschichtswissenschaft sucht nach gesicherten Überlieferungen für das Handeln von Menschen in der Vergangenheit und fragt nach den Ursachen, Wechselbeziehungen und Wirkungen. Im Zentrum der Betrachtung steht dabei die Quelle, also im weitesten Sinne alles, was noch vorhanden ist und uns über die Vergangenheit berichtet: Urkunden, Akten, Bilder, Briefe, Medien, Denkmäler, mündliche Überlieferungen, Lieder, Sachzeugen vom Hosenknopf bis zur Uniform, von der Tonscherbe bis zum Königsschloss ... und vieles mehr. Der behutsame Umgang mit diesen Quellen ist die wichtigste Aufgabe des Historikers. Dabei geht es nicht nur darum, neue Quellen wie ein Detektiv auszuspüren. Noch wichtiger ist die Frage, wie man eine Quelle bewertet und welchen Glauben man ihr schenken darf. Handelt es sich zum Beispiel um ein Original, eine Kopie oder gar um eine Fälschung? Mit welcher Absicht wurde die Quelle verfasst? Hat die Quelle einen Adressaten und wenn ja, mit welcher Botschaft? Und schließlich: Was sagen andere Quellen zum gleichen Sachverhalt? Die Methoden – man könnte auch sagen: das Werkzeug, mit dem der Historiker arbeiten muss – sind vielschichtig.

Die Geschichtswissenschaft unterscheidet sich vom Geschichtenerzählen schließlich in der Überprüfbarkeit der Aussagen. Historiker verwenden dabei gerne Anmerkungen, die sogenannten Fußnoten, mit denen die Quellen offengelegt werden. Nur so lässt sich nachvollziehen, auf welcher Grundlage eine Beschreibung oder Bewertung vorgenommen wurde. Das viel zitierte Plagiat, also das freche Abkupfern fremden Gedankenguts, verzichtet auf den überprüfbaren Quellen- oder Literaturhinweis. Eine ernst zu nehmende historische Forschung folgt zwar einer konkreten Fragestellung, aber sie würde nie bestimmte Dinge ausblenden, nur weil sie nicht in die eigene Argumentation passen. Das wissentliche Unterschlagen von Quellen oder Meinungen, die nicht »in den eigenen Kram passen«, ist unseriös. Eine seriöse Geschichtswissenschaft nimmt hingegen das Ganze in den Blick. Sie schaut sowohl auf die Sonnen- als auch auf die Schattenseiten, das »Gute« wie auch das »Böse« in der Vergangenheit und diskutiert schließlich auch gegenläufige Argumente.

Ganz anders verhält es sich mit der Tradition, denn hier betrachten wir nicht das Ganze in seinen vielfältigen Facetten, sondern nur die besten Teile. Tradition ist eine wertende Auswahl aus der Geschichte. Anders als die Geschichtswissenschaft, die sich um Objektivität bemüht, spielt bei der Beschäftigung mit Traditionen die Subjektivität die zentrale Rolle. Tradition ist wichtig, denn sie hilft bei der ethischen Orientierung. Für die Herausbildung der eigenen Persönlichkeit und für die Auseinandersetzung mit dem Beruf können Leitbilder von großer Bedeutung sein. Für Soldaten, die ihr Handeln auf ein ethisches Fundament gründen, sind Traditionen seit jeher wichtig.

Traditionen können sich verändern. Die deutschen Streitkräfte der Kaiserzeit, die Reichswehr oder die Wehrmacht standen auf sehr unterschiedlichen Traditionsfundamenten. Gleiches gilt für die Nationale Volksarmee, die ihre Tradition in den »gesellschaftlich fortschrittlichen Kräften« der deutschen Geschichte suchte. Angesichts des historischen Erbes unserer Geschichte hat die Bundeswehr in ihrem Traditionserlass einen mittlerweile mehr als 30 Jahre gültigen, sehr engen Kanon festgelegt. Er verpflichtet die Tradition der Bundeswehr auf das ethische Fundament der Werte des Grundgesetzes und grenzt sich unmissverständlich von der Wehrmacht ab. Traditionswürdig sind demnach die preußischen Reformen, der militärische Widerstand gegen Adolf Hitler und die eigene Geschichte der Bundeswehr. Zeitlose militärische Tugenden wie Mut, Kameradschaft, Fürsorge, Loyalität und Einsatzbereitschaft müssen somit immer in ihrem Gesamtzusammenhang gesehen werden. Weder die Wehrmacht noch die Nationale Volksarmee der DDR können mithin als Organisation für die Bundeswehr traditionswürdig sein. Anders verhält es sich, wenn sich Einzelne durch ein ethisch besonders gerechtfertigtes Handeln hervortun. Die militärischen Grundtugenden oder das Beherrschen des militärischen Handwerkszeugs allein genügen nicht.

Das Traditionsbild der Bundeswehr wird immer wieder hinterfragt, und häufig wird es missverstanden. Die Engführung der Traditionslinien in der Bundeswehr heißt nicht, dass man sich nur noch mit bestimmten Epochen beschäftigen soll – im Gegenteil. Historische Bildung nimmt das Ganze in den Blick und schafft Orientierungswissen – Tradition schaut auf das Beste unserer Geschichte und schafft damit Vorbilder für unser Denken und Handeln. Der »Kompass Militärgeschichte« kann dabei eine Orientierungshilfe sein.

Vieles, was den Alltag der Soldaten bestimmt, was ihnen vertraut ist und Verhaltenssicherheit verleiht, hat nichts mit historischer Bildung und Tradition zu tun und gründet doch auf historischen Wurzeln. Im militärischen Brauchtum finden sich Rituale, Verhaltensformen und symbolische Handlungen, die keinen wertegebundenen Hintergrund haben und doch das Selbst- und Fremdbild der Streitkräfte ausmachen. Dazu gehören zum Beispiel der militärische Gruß, das Antreten oder der Zapfenstreich. Auch zu diesem Thema bietet der Kompass nützliche Hinweise. Er erklärt die historischen Hintergründe bestimmter Gepflogenheiten und fasst sie schlagwortartig in einem Glossar zusammen.

Wo finde ich was? – Militärgeschichte in Deutschland

Militärgeschichte wird in der Bundeswehr groß geschrieben. Historische Bildung ist zentraler Bestandteil der politischen Bildung, die wiederum zu den Grundpfeilern der Inneren Führung gehört. Mit anderen Worten: Bundeswehr und Gesellschaft erwarten vom Staatsbürger in Uniform ein gerüttelt Maß an Geschichtswissen. Deshalb wird ein nicht unerheblicher Teil der Ausbildungszeit aller Laufbahnlehrgänge in allen Teilstreitkräften der historischen Bildung gewidmet, in der allgemein- und militärgeschichtliche Themen miteinander verschmelzen.

Geschichte spielt auch in der akademischen Ausbildung der Offiziere eine wichtige Rolle. Seit 1992 bietet die Bundeswehr an der Helmut-Schmidt-Universität in Hamburg den Studiengang Geschichte an. Damit schlägt sich historische Bildung nicht nur im Alltag der Streitkräfte nieder. Auch der Nachwuchs der Militärgeschichtslehrer kann so aus den eigenen Reihen der Streitkräfte gedeckt werden.

Das Zentrum der Militärgeschichte in Deutschland bildet das in Potsdam angesiedelte Militärgeschichtliche Forschungsamt (MGFA), das 2013 mit dem vormaligen Sozialwissenschaftlichen Institut (SOWI) der Bundeswehr in Strausberg verschmolzen ist und nun den Namen »Zentrum für Militärgeschichte und Sozialwissenschaften der Bundeswehr« (ZMSBw) trägt. Die Dienststelle gehört zu den Ressortforschungseinrichtungen des Bundes und erforscht deutsche Militärgeschichte in internationaler Verknüpfung von den Anfängen bis zur jüngsten Gegenwart.

Mit seiner Grundlagenforschung, vor allem zur Geschichte des Zweiten Weltkrieges, der Geschichte der Bundeswehr im Bündnis und der Militärgeschichte der DDR, hat das Institut über Jahrzehnte Maßstäbe gesetzt. Es zählt nicht nur zu den größten historischen Forschungseinrichtungen in Deutschland, sondern genießt als wissenschaftlich anerkannte und weltweit vermutlich einmalige Forschungsstelle einen hervorragenden internationalen Ruf. Es gehört zum Selbstverständnis des ZMSBw, dass die dort wissenschaftlich arbeitenden Historiker sowohl Soldaten als auch zivile Mitarbeiter sind. Die öffentlich nutzbare und modern ausgestattete Bibliothek ist die größte Fachinformationsstelle für Militärgeschichte in Deutschland. Der Schwerpunkt der Forschungsarbeit lag noch bis vor Kurzem auf der Militärgeschichte zwischen 1945 und dem Vereinigungsprozess. Mit dem Zusammenschluss von SOWI und MGFA wird das ZMSBw zukünftig stärker Fragen der jüngsten Bundeswehrgeschichte und damit der Geschichte der Einsätze in den Mittelpunkt stellen.

Einen zweiten militärgeschichtlichen Schwerpunkt bildet die Museumsarbeit. Im Mittelpunkt steht hier das 2011 nach den Ideen von Daniel Libeskind umgebaute und nach fast zehnjähriger Planung neu konzipierte Militärhistorische Museum der Bundeswehr (MHM) in Dresden. Das MHM ist das Leitmuseum der Bundeswehr und untersteht truppendienstlich dem ZMSBw. Dieses Museum gehört zu den sicher aufregendsten Museumsneubauten der letzten Jahre. Ein kühner Keil durchschneidet das alte Arsenalgebäude und eröffnet damit wortwörtlich neue Perspektiven auf die Militärgeschichte. Der Keil ist vielfältig zu deuten und steht unter anderem für Gewalt, aber auch für die Brüche in unserer Geschichte. Die Ausstellung des MHM wagt einen neuen, fast radikalen Zugriff. Anders als gewohnt, stehen nicht Militärtechnik, die Schlachten oder die Organisationsgeschichte im Mittelpunkt, sondern der Mensch: als Täter, als Opfer, als Zuschauer oder in wechselnden Rollen. Dabei hat der Besucher zwei unterschiedliche Möglichkeiten, sich dem Thema zu nähern. Einmal auf dem traditionellen chronologischen Weg, der die Ereignisse entlang der historischen Entwicklung erzählt, sowie über einen Themenparcours, der wichtige und nicht selten überraschende Fragen zu Militär, Krieg und Gewalt in den Mittelpunkt stellt. Mit über 10 500 Exponaten auf 13 500 m² Ausstellungsfläche ist das MHM das größte historische Museum in Deutschland und das modernste seiner Art weltweit. Die Dauerausstellung stützt sich auf eine umfangreiche Sammlung mit mehr als 1,1 Millionen Exponaten.

Ebenfalls zum MHM gehört ein zweites Museum in Berlin-Gatow. Hier wird auf dem historischen Areal des alten Gatower Flugplatzes die Geschichte der militärischen Luftfahrt in ihren vielfältigen Bezügen von den ersten Flugpionieren bis zu den Einsätzen der Bundeswehr gezeigt. Militärische Luftfahrtgeschichte schließt auch die Geschichte des Bomben- und Luftkrieges, der Flugabwehr, der Luftaufklärung, des Lufttransportes und der Heeresfliegerei mit ein. Das MHM Flugplatz Berlin-Gatow ist ein einmaliges historisches Flächendenkmal, mit einer Sammlung von 650 000 Exponaten, das in Anlehnung an das Mutterhaus in Dresden zukünftig ebenfalls ausgebaut und neu gestaltet werden soll.

Zum Museumsverbund MHM gehören schließlich zwei Ausstellungen zur Festungs- und Artilleriegeschichte, die der Bund in Kooperation mit dem Land Sachsen auf der Festung Königstein, im Elbsandsteingebirge nahe Pirna betreibt. Auch diese Ausstellung soll zukünftig ein neues Gesicht erhalten.

Daneben gibt es eine Fülle weiterer Museen und Sammlungen zur Militärgeschichte in Deutschland. Für die Marine ist hier vor allem das Marinemuseum in Wilhelmshaven zu nennen. In einer attraktiven Schau mit vielen interessanten Großexponaten erfährt dort der Besucher viel Wissenswertes über die Geschichte der deutschen Marine vom 19. Jahrhundert bis zur Gegenwart. In Nordholz bietet das Aeronauticum einen Einblick in die Geschichte der Marinefliegerei, vor allem der Marineluftschiffe im frühen 20. Jahrhundert. In der Lüneburger Heide befindet sich in Munster das Deutsche Panzermuseum, in dem die Geschichte der Panzertruppe mit beeindruckenden Originalexponaten gezeigt wird. Mit Blick auf die bayerische Landesgeschichte ist das Bayerische Armeemuseum in Ingolstadt zu nennen. Hier kommen in einem herrlichen Renaissancebau vor allem Interessenten der älteren Militärgeschichte auf ihre Kosten. In der Redoute Tilly wird die Geschichte des Ersten Weltkrieges eindrucksvoll erzählt. Im badischen Rastatt befindet sich das Wehrgeschichtliche Museum. In einem Seitenflügel des Barockschlosses erhält der Besucher einen Überblick über die ältere deutsche Militärgeschichte mit interessanten Exponaten zum badischen Militär. Ebenfalls im Rastatter Schloss lädt die Erinnerungsstätte für die Freiheitsbewegungen in der deutschen Geschichte mit einer ständigen Ausstellung ein, in der die Erinnerung an die Revolution von 1848/49 und nicht zuletzt die damit verbundenen militärischen Ereignisse wachgehalten werden. Und schließlich ist das Deutsch-Russische Museum in Berlin

Karlshorst zu nennen, das am originalen Ort der Unterzeichnung der bedingungslosen Kapitulation der Wehrmacht vom 8. Mai 1945 über den deutsch-sowjetischen Krieg erzählt und mit interessanten Sonderausstellungen und Programmen aufwartet. Der Geschichte der Alliierten in Berlin, die auch einen Teil deutscher und internationaler Militärgeschichte abbilden, nimmt sich das Alliiertenmuseum mit einer kleinen, aber sehr feinen Ausstellung an.

Zahlreiche Gedenkstätten verweisen mit Ausstellungen auf historische Ereignisse, die mit Militär, Krieg und Gewalt unmittelbar in Verbindung stehen. An die nationalsozialistische Gewaltherrschaft erinnert zum Beispiel in Berlin das Denkmal für die ermordeten Juden in Europa mit einer sehenswerten Dauerausstellung. Im Bendler-Block, dem Sitz des Bundesministeriums der Verteidigung, befindet sich am Originalort des gescheiterten Attentats vom 20. Juli 1944 gegen Adolf Hitler die Gedenkstätte Deutscher Widerstand. Zahlreiche Erinnerungsorte erzählen mit sehenswerten Dauerausstellungen und mit herausragenden museumspädagogischen Begleitprogrammen die Geschichte der deutschen Teilung. Vor allem die Gedenkstätte Berliner Mauer in Berlin und die Gedenkstätte deutsche Teilung in Marienborn sind hier zu nennen.

Auch in vielen Regional- Landes- und Fachmuseum finden sich bemerkenswerte militärhistorische Abteilungen. Allen voran ist hier das Deutsche Historische Museum (DHM) in Berlin zu nennen, das zentrale Nationalmuseum zur deutschen Geschichte. Vor allem die Bestände zur Militärgeschichte des Mittelalters und der Frühen Neuzeit, aber auch des 19. und 20. Jahrhunderts sind ausgezeichnet und haben Eingang in die ständige Dauerausstellung gefunden. Ebenfalls in Berlin überrascht das deutsche Technikmuseum mit einer musealen Erzählung, die allgemeintechnische mit militärtechnischen Entwicklungen in Verbindung setzt. Vor allem der Bereich der Luftfahrt- und Luftkriegsgeschichte ist hervorragend gestaltet. Erwähnenswert ist schließlich auch die Waffensammlung des Landesmuseums Emden, die sich auf die gut erhaltenen Bestände der Emdener Rüstkammer der Frühen Neuzeit stützt und jedem Interessierten zu empfehlen ist.

Und schließlich finden sich im benachbarten Ausland einige sehr sehenswerte militärhistorische Museen: allen voran das berühmte Musée de l'Armee in Paris, das Heeresgeschichtliche Museum in Wien, das Imperial War Museum in London, das Königliche Armeemuseum in Brüssel, das seinen Ausstellungscharakter seit bald hundert Jahren nicht verändert hat, das Landeszeughaus in Graz mit einer gewaltigen fast unversehrten Rüstkammer aus der Frühen Neuzeit.

Ähnlich wie die militärhistorischen Museen und Sammlungen ist auch die Militärgeschichtsforschung kein Exklusivthema der Bundeswehr. So befindet sich an der Universität Potsdam seit 1997 der bislang erste und einzige Lehrstuhl für Militärgeschichte in Deutschland. In enger Kooperation mit dem seinerzeitigen MGFA ist dort 2007 der Studiengang Military Studies ins Leben gerufen worden, der Militärgeschichte und -soziologie sowie Sicherheitspolitik miteinander verbindet. Mittlerweile ist die Militärgeschichtsforschung deutschlandweit etabliert und hat in vielen Fakultäten Einzug gehalten.

Der Kompass – ein Hilfsmittel zur Orientierung

In Zeiten des Global-Position-Systems GPS scheint ein Kompass vielleicht ein wenig antiquiert. Und dennoch werden alle Soldaten der Bundeswehr immer noch im Gebrauch des Kompass ausgebildet. In der Marine gehört der Kompass bis heute zu den wichtigsten Navigationsmitteln. Er ist notwendig zur Standortbestimmung, zur Orientierung – und vor allem hilft er den Weg zu finden. In dieser Hinsicht versteht sich auch der »Kompass Militärgeschichte«: als ein Angebot, im historischen Dickicht der oft unübersichtlichen Fakten Orientierungswissen zu vermitteln. Auf Nebensächlichkeiten und Details wurde ganz bewusst verzichtet. Namen und Daten treten im »Kompass Militärgeschichte« deshalb in den Hintergrund. Die Zusammenhänge der deutschen Militärgeschichte im internationalen Bezug bilden den großen Rahmen, um Verknüpfungen herstellen zu können. Der Blick über den Tellerrand, auch und gerade auf die Nachbarn Deutschlands ist wichtig, um die eigene Geschichte besser einordnen zu können.

Im Mittelpunkt des Interesses stehen die Menschen, die Geschichte machen – nicht nur die großen Heerführer und Politiker, sondern auch und gerade die vielen kleinen Ungenannten.

Der »Kompass Militärgeschichte« ist kein Typenkompass und auch keine Schlachtengeschichte. Er erklärt weder Militärtechnik im Detail noch den genauen Verlauf militärischer Operationen. Zu diesen Themen gibt es mittlerweile ungezählte mehr oder weniger seriöse Literatur. Fast allen rein militärtechnischen oder kriegsgeschichtlichen Darstellungen fehlt hingegen die Einbindung in das Große und Ganze der historischen Erzählung.

Darum verfolgt der »Kompass Militärgeschichte« einen neuen Ansatz.

Der »Kompass Militärgeschichte« war ursprünglich nur für die Lehre in der Unteroffizier- und Feldwebelausbildung der Bundeswehr gedacht. Ihre Geschichte, die bislang von der historischen Forschung nur stiefmütterlich behandelt wurde, spielt deshalb im Buch eine wichtige Rolle. Im Verlauf des Projektes wurde jedoch immer deutlicher, dass es für das Thema ein breiteres Interesse geben könnte. Eine präzise und leicht verständliche Einführung in die Militärgeschichte fehlte und wurde schmerzlich vermisst. Der »Kompass« versteht sich deshalb zugleich als Angebot für alle, die einen Einstieg in die Militärgeschichte suchen und lange Zeit auf ein Handbuch warten mussten, das allgemein-historische und militärgeschichtliche Zusammenhänge verständlich erklärt und auf den Punkt bringt.

Die Wünsche, Erwartungen und Erfahrungen zahlreicher Lehrgangsteilnehmer und Dozenten für Militärgeschichte und politische Bildung sind unmittelbar in das vorliegende Buch eingeflossen. Bei ungezählten Litern Kaffee und manchem »Feierabendbier« gewann die Struktur des »Kompass Militärgeschichte« in gemeinsamen Gesprächen so schrittweise an Kontur. Wie eine Kompassrose besteht auch das vorliegende Buch aus verschiedenen Teilstrichen, den sogenannten Essays. Jedes Essay ist nach dem gleichen Muster aufgebaut und behandelt ein eigenständiges Thema. Im Mittelpunkt steht ein kürzerer, reich bebilderter Text, den man ähnlich wie einen Zeitungsartikel lesen kann. Den Abschluss bilden Merksätze, die das Wichtigste zusammenfassen. So kann sich der Leser schon vorab orientieren, was ihn im Text erwartet. Die Essays sind zu Hauptkapiteln zusammengefasst. Für alle, die mehr zu einem Thema erfahren wollen, sind am Ende der Hauptkapitel einige Literaturtipps genannt. Dabei wurde auf leicht verfügbare Informationen geachtet. Fast alle Empfehlungen sind als Zeitschriftenartikel oder preiswerte, in der Regel kleine Taschenbücher zu beziehen. Auf der Verlagshomepage (www.rombach-verlag.de) ist zudem eine Übersicht der genannten Museen und Sammlungen sowie eine Liste mit interessanten Websites zum Thema zu finden.

Die Essays sind so geschrieben, dass sie chronologisch und inhaltlich aufeinander aufbauen, aber auch getrennt gelesen werden können. Wer mag, kann also, ähnlich wie im Internet, zwischen den Beiträgen »surfen« oder bei Interesse gezielt auf ein Thema zugreifen. Ein Essay hat Hauptfeldwebel Stefan Schultze verfasst. Er war als Zugführer der »Quick Reaktion Force« in

Afghanistan eingesetzt und hat seine Erlebnisse im Einsatz und im Gefecht zu Papier gebracht. Sein Beitrag schließt durch seinen sehr persönlichen Bericht eine wichtige Lücke im Text.

Wie die Kompassrose besteht das Buch aus vier, allerdings unterschiedlich großen, Hauptabschnitten. Auf die Einführung folgt ein Gesamtüberblick über die Militärgeschichte vom Mittelalter bis zur Gegenwart. Dem schließt sich ein Abschnitt zur Geschichte des Unteroffiziers in den deutschen Streitkräften an, den es in dieser Form bisher noch nicht gab. Den Abschluss bildet ein Glossar zu wichtigen Begriffen der Geschichte des Militärs, zu Tradition und Brauchtum, zu Symbolen, wichtigen Jahrestagen und Erinnerungsorten, das mit Unterstützung von Martin Brehl, Dozent an der Unteroffizierschule der Luftwaffe, erstellt wurde.

Der »Kompass Militärgeschichte« möchte mehr sein als ein Handbuch für Studien- und Lehrzwecke. Er will Lust machen auf Geschichte und zwei Dinge zeigen: Geschichte ohne das Wissen über die Rolle von Militär, Krieg und Gewalt ist kaum zu verstehen, und umgekehrt versteht man das Handeln und Selbstverständnis des Militärs nicht, ohne einen Blick in die Geschichte zu werfen. Niemand kann sich seine Geschichte aussuchen. Geschichte prägt den Menschen mehr, als er manchmal erkennen kann oder wahrhaben möchte. Umso wichtiger ist, sich selbst ein Bild von der Geschichte zu machen.

Aus diesem Grund ist das Buch meinem Vater Edmund Rogg (1933–2003) gewidmet. Er gehörte zu den ersten 1000 Freiwilligen der Bundeswehr, war danach jüngster »Spieß« der Luftwaffe und zählte zu den ersten, die den Laufbahnwechsel als Fachdienstoffizier durchführten. Sein berufliches Selbstverständnis war vorbildlich. Männer wie er haben die Bundeswehr aufgebaut. Was ich ihm selbst verdanke, ist mir erst später bewusst geworden.

Gesamtüberblick

Landsknechte und die Anfänge der modernen Militärorganisation

Viele Dinge, die zur Selbstverständlichkeit des Militärs im 21. Jahrhundert gehören, haben weit zurückreichende Wurzeln: von der Organisation bis zu den Namen. Wer zu den Ursprüngen vorstoßen möchte, muss sich auf eine lange Zeitreise machen.

Vor etwas mehr als 500 Jahren begann ein militärischer Modernisierungsschub, wie ihn die Militärgeschichte vorher nicht gekannt hatte. Die Historiker haben diesen über mehrere Generationen laufenden Prozess vielsagend »Military Revolution« getauft. In der Tat waren die Neuerungen revolutionär. Sie veränderten fast jeden Bereich des Kriegswesens und schufen Grundlagen, die teilweise bis in unsere Gegenwart reichen.

Das erste Opfer dieser Revolution war der gepanzerte Ritter, der fast 1000 Jahre die Schlachtfelder Europas beherrscht hatte. Die Ausrüstung eines mittelalterlichen Ritters war sehr schwer und extrem teuer. Die Kosten für ein Schlachtross könnte man heute mit einem Luxussportwagen vergleichen. Hinzu kamen Rüstung, Waffen, Ersatzpferde und Begleitpersonal. Der ritterliche Kampf war ein adeliges Vorrecht und erforderte jahrelanges intensives Training. Die Mobilität und Angriffswucht zu Pferde und der Schutz der technisch immer anspruchsvolleren Rüstungen bildeten die wichtigsten Gründe für die jahrhundertelange Dominanz der Ritter.

Im Wettlauf zwischen Feuerkraft und Panzerung verloren die Ritter seit dem 14. Jahrhundert immer mehr an Boden. Je treffsicherer und durchschlagender Distanzwaffen wie Langbogen, Armbrust oder die ersten Handfeuerwaffen wurden, umso weniger boten die schweren Panzerungen der Ritter Schutz. Damit gewann die Infanterie immer mehr an Bedeutung. Zum eigenen Schutz kämpfte das Fußvolk in engen Formationen, den sogenannten Kriegshaufen, für die sich seit dem 16. Jahrhundert der Begriff des Regiments durchsetzte. Bewehrt mit bis zu fünf Meter langen Spießen, waren diese oft mehrere tausend Mann starken Haufen kaum zu überwinden. Masse und Disziplin bildeten die Garanten des Erfolgs. Hinzu kam, dass der Umgang mit Spieß, Armbrust oder Handfeuerwaffen wesentlich leichter zu erlernen

Albrecht Altdorfer, Die Alexanderschlacht (1529). Aufgrund der Detailgenauigkeit des Gemäldes sind die verschiedenen Aspekte frühneuzeitlicher Kriegführung deutlich zu erkennen.

Landsknechte auf dem Marsch, Holzschnitt von Erhard Schön, um 1530.

war als der Kampf zu Pferde. Das stetige Bevölkerungswachstum, nicht zuletzt in den rasch anwachsenden Städten, bildete das notwendige personelle Reservoir. Etwa um 1500 spielte der Ritter als Einzelkämpfer nur noch eine Statistenrolle.

Die neuen Massenheere stellten die Landesherren und die militärische Führung vor zahlreiche Herausforderungen. Im Unterschied zum Ritter, der vom Grundvermögen seines Rittergutes lebte und sich im Kriegszug selbst versorgte, mussten die Kriegsleute nun bezahlt werden: oft mehrere tausend Mann, von denen jeder so viel Sold erhielt, wie ein gut ausgebildeter Handwerker damals verdiente. Diese Landsknechte genannten Söldner (der Begriff »Landser« geht darauf zurück) banden sich durch einen Vertrag für eine bestimmte Zeit. Sie konnten auf eigene Rechnung Beute machen und zogen nach Beendigung ihrer oft nur Monate dauernden Verpflichtungszeit wieder ihrer Wege. Dafür mussten sie sich selbst versorgen und die teuren Waffen auf eigene Kosten erwerben. Sie trugen auch das volle Risiko bei Verwundung oder Invalidität – an eine organisierte Sanitätsversorgung war noch überhaupt nicht zu denken. Die Ungebundenheit der Landsknechte drückte sich schließlich in der freien Wahl der Kleidung und einem eigenständigen Rechtssystem aus, bei dem die Kameraden Recht sprachen, was damals alles andere als selbstverständlich war! Die Unabhängigkeit der Landsknechte war so groß, dass sie unmittelbar vor einer Schlacht oder dem Sturm auf eine Festung zuweilen so lange streikten, bis der ausstehende Sold gezahlt war.

Auf der Ebene des Fähnleins – das entsprach einer größeren Kompanie – wählten die Landsknechte ihre Unterführer selbst. Nur der Chef des Fähnleins, der schon damals Hauptmann hieß, und sein Stellvertreter, der Leutnant, waren davon ausgenommen. Die militärische Hierarchie war grundsätzlich durchlässig und erlaubte bei Tapferkeit und Befähigung den Aufstieg. In der Regel waren die Führungspositionen aber den Vertretern der alten Adelsfamilien oder den aufstrebenden Bürgern vorbehalten. Sie verfügten über die entscheidenden Verbindungen und genügend Geld, um sich ein Kommando kaufen zu können. Ohne diese Voraussetzungen war es zwar nicht unmöglich, aber eben doch sehr schwer, eine militärische Karriere einzuschlagen.

Die großen Truppenkörper erforderten eine bisher nicht gekannte Organisation und Logistik. So entstanden ganz neue Funktionen und Hierarchien, deren Strukturen zum Teil bis heute überdauert haben. Die zahlreich erhaltenen Militärschriften des 16. Jahrhunderts (eine Mischung aus Lehrbuch und Vorschrift) zeigen das anschaulich. Die wichtigsten bis heute üblichen Dienstgradbezeichnungen, gehen auf die Zeit der Landsknechte zurück: der schon erwähnte Hauptmann und der Leutnant, der Oberst, der Gefreite und nicht zuletzt der Feldwebel. Letzterer war häufig ein »beschossener Knecht«, also im Einsatz erfahren, und trug Verantwortung für die Aufstellung und den Zusammenhalt im Gefecht. In der ursprünglichen Bezeichnung des »Feldwaibels« wird das besonders deutlich, denn »waiben« hieß in jener Zeit, sich hin und her zu bewegen – wie ein Weberschiffchen auf dem Webstuhl.

Kompass

- Der Landsknecht löst um 1500 den Ritter ab. Er steht für den Wandel des Kriegswesens vom Mittelalter zur Moderne.
- Wichtige militärische Bezeichnungen, zum Beispiel für Dienstgrade, Truppenteile oder militärisches Brauchtum, gehen auf diese Zeit zurück.

Archiv Matthias Rogg

Der Feldwebel, Holzschnitt aus der Soldatenserie David de Neckers (vermutlich um 1530).

Vom Söldner zum Soldaten

Die rechtliche und moralische Ungebundenheit der Landsknechte war der Obrigkeit und der Kirche des 16. Jahrhunderts ein ständiger Dorn im Auge. In einem zeitgenössischen Lied hieß es damals: »Wer nicht recht fluchen und saufen kann, der taugt zu keinem Kriegsmann«. Viele Landsknechte lebten im Lager in wilder Ehe mit einer »Feldzugsabschnittsgefährtin« zusammen – natürlich ohne kirchlichen Segen.

»Vom glückseligen Würfelspiel«. Holzschnitt aus dem »Petracameister«, um 1520. Die Illustration steht im krassen Widerspruch zu ihrem Titel. Nicht genug, dass die Spieler im Streit ihre Waffen benutzen, die enthemmten Kriegsknechte schrecken sogar vor der Entweihung des Kruzifixes nicht zurück.

Zahlreiche Landsknechte, die nach Auslauf ihres Vertrags das Regiment verlassen mussten, behielten ihre Waffen und rotteten sich zusammen. Als sogenannte gartende Knechte (wörtlich: »Landsknechte im Wartestand«) machten sie das Land unsicher und wurden mancherorts zur Plage.

In der zweiten Hälfte des 16. Jahrhunderts setzte langsam der Niedergang des Landsknechtswesens ein. Mehrere Gründe waren dafür verantwortlich. Die von Martin Luther angestoßene Reformation brachte eine neue Diskussion über Moral, Tugend und Disziplin. Die Debatte wurde bald unabhängig von der jeweiligen Konfession geführt und machte natürlich vor dem Militär nicht halt. Zugleich begann sich die wirtschaftliche Stellung des

Militärs zu verschlechtern. Es wurde immer mehr zum Auffangbecken für sozial Schwache, die sonst kein Auskommen fanden und mit den gedienten Landsknechten zunehmend in Konkurrenz standen. Hinzu kam, dass sich das Grundgehalt der Landsknechte während des gesamten 16. Jahrhunderts nicht verändert hatte, während die Lebenshaltungskosten enorm gestiegen waren. An den Folgen einer Inflation litten, damals wie heute, vor allem die kleinen Leute.

In diesem schleichenden, über mehrere Jahrzehnte dauernden Prozess, änderte sich auch die Bezeichnung. Aus dem Landsknecht des 16. Jahrhunderts wurde der Soldat des 17. Jahrhunderts. Im Unterschied zu den Landsknechten kannten die Soldaten nicht mehr das Recht, die Unterführer selbst zu bestimmen oder ein Kameradengericht einzuberufen. Für luxuriöse Kleiderwünsche war der Sold zu knapp. Der Streik, der dem Landsknecht die Möglichkeit bot, seine Rechte durchzusetzen, war dem Soldaten fremd. Ihm blieb im Konfliktfall als äußerstes Mittel nur die Desertion, ein Massenphänomen, dessen die militärische Führung seit dem 17. Jahrhundert bis zur Einführung der Wehrpflicht nie richtig Herr werden sollte.

Kompass

- Die Landsknechte haben eine soziale Sonderstellung, die am sichtbarsten in der Kleidung wird.
- Um 1600 wird aus dem frechen Landsknecht ein disziplinierter Soldat.

Oben: Federzeichnung (16. Jhd.) eines Landsknechts.

Links: Sturmhaube aus der 1. Hälfte des 16. Jahrhunderts.

Von der Tracht zur Uniform

Die Uniform ist eine relativ junge Erfindung. Wer Kriegsdienst leistete, tat dies bis weit in das 17. Jahrhundert hinein in seiner privaten Kleidung. Die wirtschaftliche und gesellschaftliche Unabhängigkeit erlaubte es den Landsknechten des 16. Jahrhunderts, sich nach der neuesten Mode zu kleiden. Das war damals unerhört, denn strenge Kleidervorschriften legten genau fest, was jedermann tragen durfte. Die Kleidung war äußeres Zeichen der Standeszugehörigkeit. Sogenannte Trachtenbücher bestimmten genau, wer sich wie zu kleiden hatte. Die einfachen Leute trugen unauffällige Zweckkleidung. Diese sollte lange halten, wenig kosten und blieb darum häufig ungefärbt.

Ganz anders kleideten sich die Landsknechte des späten 15. und 16. Jahrhunderts. Sie nutzten ihre Freiräume und versuchten die Adeligen und reichen Stadtbürger nachzuahmen oder sogar zu übertreffen: durch wertvolle Stoffe, teuer gefärbt in grellen Farben, aufwändig geschlitzt oder gepufft und die Barette nicht selten mit exotischen Federn bestückt. Die Landsknechte demonstrierten damit schon äußerlich ihre Sonderstellung. Und natürlich provozierten sie. Besonders beliebt waren ausladende Hosen mit dicken Wülsten und Schleifen im Schritt, die das Geschlecht obendrein betonten. Ein zeitgenössischer Pfarrer wetterte gegen das verschwenderische Laster des »Hosenteufels« – aber natürlich änderte sich dadurch nichts.

Um sich im Nahkampf unterscheiden zu können, brachten die Kriegsleute »Parteiabzeichen« an Kleidung oder Rüstung an, häufig in Form bunter Schleifen, Armbinden oder Schärpen.

Erst als sich die wirtschaftliche Situation in den Landsknechtsheeren verschlechterte und ihre Freiräume durch neue Rechtsvorschriften immer weiter eingeengt wurden, begann der Zauber der Landsknechtstracht zu verfliegen. Eine einheitliche Ausstattung aller Soldaten blieb allerdings die Ausnahme. Einerseits verfügten die frühmodernen Staaten weder über die finanziellen Mittel noch über die Produktionsstätten, um einheitliche Kleidung als Massenware herzustellen. Andererseits war die hohe Investition in einheitliche Kleidung nur dann sinnvoll, wenn der Soldat lange Zeit bei der Fahne blieb. So setzte sich die Uniform erst nach dem Dreißigjährigen Krieg (1618–1648) durch, als die Landesherren begannen, ihre Militärkontingente dauerhaft zu unterhalten. Die Uniform wurde nun immer mehr zu einem Symbol der Macht und des Selbstverständnisses der Landesfürsten. Die Uniformgestaltung setzte vor allem im 18. Jahrhundert immer stärker auf Wirkung, auf bunte Farben, teilweise prächtige Ausstattung und einen »schönen Schnitt«, der sich häufig nicht viel um praktische Belange kümmerte. Die Optik war wichtiger als die Nützlichkeit im Felde, denn die Soldaten trugen für jedermann sichtbar den »Rock des Königs«. Im 18. Jahrhundert erhielten die Soldaten in festgelegten Abständen einen neuen Militärrock. Die abgetragenen Kleidungsstücke gingen in den Privatbesitz des Soldaten über. Sie wurden von kostbaren Stickereien oder teuren Knöpfen befreit, verkauft und verbreiteten sich schnell als Alltagsmode kleiner Leute. Viele Elemente der Militärkleidung haben auf ähnliche Weise den Weg in die zivile Herrenmode gefunden, wie der Uniformrock des 18. Jahrhunderts, der Marineblazer im 19. Jahrhundert, der »Dufflecoat« der britischen Marine des späten 19. Jahrhunderts, der Trenchcoat (Grabenmantel), der in den Schützengräben des Ersten Weltkriegs vor Regen schützen sollte, bis zum Bundeswehrparka, der sich in den 70er- und 80er-Jahren großer Beliebtheit erfreute. Und schließlich gehört dazu auch das heute weit verbreitete Camouflagemuster.

Oben: Preußische Grenadiermütze des 1. Garderegiments zu Fuß zur Zeit Friedrichs II.

Kompass

- Die militärische Uniform setzt sich erst im 18. Jahrhundert durch.
- Sie dient vor allem der Repräsentation und symbolisiert die Macht des Landesherrn.
- Militärkleidung hat immer auch die zivile Mode beeinflusst.

Der »Soldatenkönig« Friedrich Wilhelm I. von Preußen malt einen seiner »Langen Kerls« des 1. Grenadier(Leib-)Bataillons, Lithografie nach Carl Leonhard Becker.

Kriegsbild, Kriegführung und Organisation in der Frühen Neuzeit

Unsere Vorstellung vom Krieg jener Zeit wird von der Schlacht bestimmt, bei der zwei große Heere auf freier Fläche aufeinandertreffen und deren Ausgang den Krieg entscheidet. Dieses Bild gilt es zurechtzurücken. Die Heerführer jener Zeit scheuten die Schlacht. Da es den Landesherren an finanziellen Mitteln fehlte, beauftragten sie Privatleute, im Namen der Krone Soldaten anzuwerben. Die Regimenter wurden so zu Investitionsgütern und die Soldaten zu »Humankapital«. Die Interessen der Regimentsinhaber kann man durchaus mit denen heutiger Warlords vergleichen. Soldaten waren ein kostbares Gut, das nicht leichtfertig aufs Spiel gesetzt wurde, und so waren die wirklich kriegsentscheidenden Treffen eher selten. Im Dreißigjährigen Krieg zum Beispiel wurden nur 30 größere Schlachten mit jeweils einigen Zehntausend Beteiligten geschlagen. Dennoch waren die Verluste unter den Soldaten und mehr noch unter der Zivilbevölkerung beträchtlich. Man rechnet heute, dass mindestens ein Drittel der damaligen Bevölkerung Mitteleuropas durch die direkten oder indirekten Folgen des Krieges ums Leben kam – mehr als 6 Millionen Menschen. Die wenigsten starben durch unmittelbare Gewalt, sondern weil ihnen der Krieg die materielle Grundlage zum Leben nahm und sie somit extrem anfällig für Erkrankungen machte. Das galt für Soldaten genauso wie für Zivilisten.

Die Strategie der Heerführer zielte langfristig auf die Ermattung des Gegners, indem dieser gezwungen wurde, seine Ressourcen aufzubrauchen. In dieser Hinsicht weist der Krieg der Frühmoderne interessante Parallelen zur asymmetrischen Kriegführung unserer Tage auf.

Unbestritten versuchten die Kriegsparteien im 18. Jahrhundert den Krieg in geordnetere Bahnen zu lenken. Der preußische König Friedrich der Große (1712–1786) schrieb 1768 in seinem politischen Testament, »dass der friedliche Bürger in seiner Behausung ruhig und ungestört bleibt und gar nicht merkt, dass sein Land im Krieg ist, würde er es nicht aus den Kriegsberichten erfahren«. Natürlich handelte es sich hier um ein Idealbild. Nicht erst in unseren Tagen ist bekannt, dass Zivilisten und die Wahrheit leider die ersten und letzten Opfer im Krieg sind.

Schlacht von Breitenfeld im Jahre 1631, zeitgenössischer Kupferstich von Matthäus Merian d.Ä.

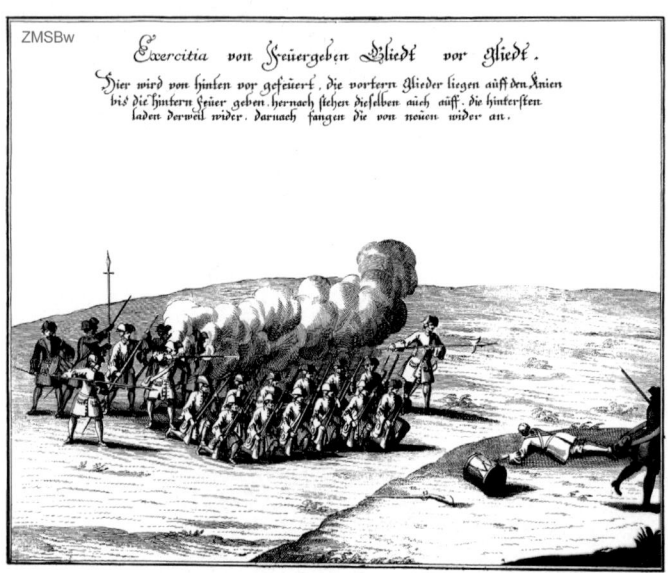

Gliederweises Feuern, Kupferstich aus »Der vollkommene Teutsche Soldat« von Hans Friedrich von Flemming (1726).

Und dennoch hatte der preußische König nicht völlig unrecht. Die Heere des 18. Jahrhunderts zeichneten sich durch eine viel strengere Disziplin aus als im Dreißigjährigen Krieg. Hinzu kam, dass sie nicht mehr ausschließlich auf Eigenversorgung angewiesen waren. Statt den Bauern die letzten Vorräte streitig zu machen, versorgte ein ausgeklügeltes Versorgungssystem die Soldaten. Logistische Basen, die sogenannten Magazine, spielten damit in der Kriegführung eine zunehmend wichtigere Rolle. Der Bau von Festungen verschlang zwar enorme Mittel, die nur noch von den Kosten für eine große Flotte übertroffen wurden. Aber ohne Festungen war ein Krieg praktisch nicht mehr führbar. In der Folge nahm die Bedeutung des »Trains« (Versorgungs- und Transporttruppen), der Artillerie und des Pionierwesens schrittweise zu. Gleichwohl rangierten die technischen Truppen im Ansehen immer noch weit hinter den klassischen Waffengattungen.

Das höchste Ansehen genoss die Kavallerie, deren Offizierkorps überwiegend aus Adeligen bestand. Die berittenen Truppen gliederten sich in Kürassiere (schwere, gepanzerte Kavallerie), Ulanen (Lanzenreiter), Husaren, die vor allem zur Aufklärung und zum Flankenschutz eingesetzt waren, und

Dragoner, die als beritten gemachte Infanteristen an heutige Panzergrenadiere erinnern.

Das Rückgrat des Heeres war die Infanterie, die seit dem 18. Jahrhundert unangefochten stärkste Truppengattung. Die Elite bildeten die Grenadiere, die ursprünglich neben dem Gewehr mit Granaten bewaffnet waren und eine Kampfweise praktizierten, die neben Geschicklichkeit und Kraft viel Mut erforderte. Der größte Teil der Infanteristen setzte sich aus Musketieren und den etwas kleiner gewachsenen Füsilieren zusammen. Beide Namen leiten sich von der Hauptbewaffnung ab, der Muskete oder französisch »fusil« (Gewehr). Die relativ geringe Treffgenauigkeit und Reichweite versuchte man durch einen geschlossenen Einsatz auszugleichen. Ein koordiniertes und vor allem gleichmäßiges Feuern war allerdings nur bei drillmäßigem Üben möglich. Mit eiserner Disziplin, mit »dressieren« oder »abrichten«, wie es in den zeitgenössischen Exerzierreglements hieß, glaubte man das gewünschte Ausbildungsziel zu erreichen. Der gemeine Soldat und selbst der Unteroffizier galten in den Augen der Offiziere wenig und wurden als »Kanaillen« herabgewürdigt. Die hohe Desertionsrate im 18. Jahrhundert hat nicht zuletzt in diesem Menschenbild ihre Ursache.

Luntenschlossmuskete, um 1650.

Kompass

- Im Dreißigjährigen Krieg (1618–1648) verselbständigt sich das Militär immer mehr. Die Opfer, vor allem unter der Zivilbevölkerung, sind gewaltig.
- Im 18. Jahrhundert übt der Staat in Form des Landesherren die zentrale Macht über das Militär aus.
- Das Militär ist sehr wichtig für die Repräsentation fürstlicher Macht.

Literatur

WGM Matthias Rogg, Landsknechte. Anmerkungen zur Lebenswirklichkeit von Söldnern im 16. Jahrhundert. In: Militärgeschichte, 2 (2003), S. 8–11

Matthias Rogg, Die Ursprünge: Ritter, Söldner, Soldat. Militärgeschichte bis zur Französischen Revolution. In: Grundkurs Deutsche Militärgeschichte, Bd 1, München 2006, S. 54–121

Wie Friedrich »der Große« wurde. Eine kleine Geschichte des Siebenjährigen Krieges 1756 bis 1763. In Zusammenarb. mit dem Militärgeschichtlichen Forschungsamt und dem Militärhistorischen Museum der Bundeswehr, Dresden, hrsg. von Eberhard Birk, Thorsten Loch und Peter Andreas Popp, Freiburg i.Br. 2012

Die Französische Revolution und die Erfindung der Wehrpflicht

Mit historischen Superlativen sollte man vorsichtig umgehen, aber bei der Französischen Revolution von 1789 ist einer angebracht. Ihre Bedeutung ist in der neueren Geschichte vielleicht nur noch mit den Ereignissen von 1989 zu vergleichen, die das kommunistische Herrschaftssystem zum Einsturz brachten. In beiden Fällen sah die Welt anschließend völlig anders aus, und in beiden Fällen wurde das schon den Zeitgenossen schnell bewusst. In der Französischen Revolution entwickelte sich ein neues politisches Bewusstsein. Damals wurden die Grundlagen für einen modernen Verfassungsstaat gelegt. Der nach dem Prinzip der Gewaltenteilung verfasste demokratische Nationalstaat betrat damit erstmals die politische Bühne Europas. In einer Zeit, in der die auf das Gottesgnadentum gestützten und mit absolutem Machtanspruch regierenden Fürsten den Ton angaben, war das eine wirklich revolutionäre Idee. Mit der Französischen Revolution ist schließlich auch die Erklärung der Menschen- und Bürgerechte verbunden – ein Meilenstein in der modernen Geschichte, der bis heute das unverrückbare Fundament der Vereinten Nationen bildet. Vieles, was uns heute im politischen Miteinander selbstverständlich erscheint, hat in der großen Revolution vor mehr als zweihundert Jahren also seinen Anfang genommen.

Die Revolution entwickelte rasch eine enorme Dynamik. Die zunehmende Radikalisierung in Frankreich rief die anderen europäischen Herrscher auf den Plan. Mit der Gefangennahme, Absetzung und späteren Hinrichtung des französischen Königs Ludwig XVI. war für sie das Maß des Erträglichen voll. Europas Großmächte schlossen sich 1792 zu einer Koalition zusammen, die das Ziel verfolgte, dem revolutionären Treiben in Frankreich ein Ende zu bereiten und die französische Monarchie in ihrer alten Form wieder einzusetzen. Einige Fürsten fürchteten zudem, der revolutionäre Sturm könnte auch an ihren Thronen rütteln.

In Frankreich kam diese militärpolitische Zuspitzung den politischen Akteuren durchaus gelegen. Die Revolution hatte einen innenpolitischen Machtkampf entfacht, und nun witterten manche in einem Waffengang die Chance, von den inneren Auseinandersetzungen abzulenken. Einige erhofften sich auch, die revolutionären Ideen könnten durch einen Krieg exportiert

Das Gemälde (1793) von Charles Thévenin zeigt den Auftakt der Französischen Revolution, die Erstürmung des Pariser Stadtgefängnisses, der Bastille, am 14. Juli 1789.

werden. Aber schnell zeigte sich, dass Frankreich militärisch mit dem Rücken zur Wand stand. Zahlreiche adelige Offiziere fühlten sich an die Monarchie gebunden und hatten der Armee oder sogar ihrem Land den Rücken gekehrt. Neben dem Verlust der militärischen Führung litt die französische Armee zunehmend an Disziplinlosigkeit. Schon mit Beginn der Revolution wurden mehrere Versuche unternommen, den Geist der gesellschaftlichen und politischen Veränderungen in die Streitkräfte zu tragen. Nur Freiwillige mit Bürger- und Wahlrecht sollten in der 1789 errichteten »Nationalgarde« Dienst leisten dürfen. Das war eine deutliche Aufwertung des Militärdienstes und ein erstes Aufleuchten der Idee vom »Staatsbürger in Uniform«! Um das Gleichheitsprinzip der Bürger zu unterstreichen, wurden die Offiziere gewählt. Aber weder die notwendige Truppenstärken noch die gewünschte Qualität der militärischen Führer ließ sich damit erreichen.

Der Schöpfer der »Levée en Masse«, Lazare Carnot, in der Schlacht von Wattignies am 16. Oktober 1793, Gemälde von Georges Moreau de Tours (1848–1901).

Um den an allen Fronten siegreichen Feind aufzuhalten, entschloss sich die republikanische Regierung am 23. August 1793 zu einem ungewöhnlichen Schritt. Durch eine »Levée en Masse« (franz.: Aushebung der Massen) wurden nun alle unverheirateten Männer zwischen 18 und 25 Jahren zum Waffendienst verpflichtet. Die allgemeine Wehrpflicht war erfunden. Doch damit nicht genug. Auch der nicht wehrfähige Teil der Bevölkerung sollte seinen Beitrag zur Landesverteidigung leisten, zum Beispiel durch zusätzliche Lebensmittellieferung oder durch die Produktion von Waffen.

Beide Komponenten, die Wehrpflicht und die Mobilisierung der Bevölkerung, standen für ein revolutionäres neues Denken: die Totalisierung des Krieges. Innerhalb kürzester Zeit schaffte es Frankreich, eine Millionen Soldaten aufzustellen und damit mehr Bewaffnete ins Rennen zu führen als die gesamte Koalition aus Preußen, Österreich, Großbritannien, dem Deutschen Reich, Spanien, den Niederlanden und zahlreichen Kleinstaaten. Geschickt gelang es den Franzosen, die unerfahrenen neuen Einheiten mit kampferprobten Truppenteilen zu mischen. Hinzu kam eine große Begeisterung der frisch ausgehobenen Soldaten. Sie zogen nicht für einen König, sondern für die Ideen der Revolution und für Frankreich ins Feld. Die Farben der Revolution waren auch die Farben der Uniformen, die mit Stolz von den Soldaten getragen wurden: blau, weiß und rot.

Für den revolutionären Schwung steht bis heute ein Kampflied, das Soldaten aus dem südfranzösischen Marseille nach Paris brachten und das als Marseillaise zur französischen Nationalhymne wurde.

Der spätere preußische Heeresreformer Gerhard von Scharnhorst erkannte bereits 1797, »dass die Franzosen mit den Hilfsquellen der ganzen Nation Krieg führten«. Früher als viele seiner Zeitgenossen spürte er, dass in der Mobilisierung der Massen und der Identifikation aller Bürger für den Staat der Schlüssel zum Erfolg lag.

Kompass

- Die Französische Revolution steht für einen Epochenwechsel, der auch die Wehrstrukturen grundsätzlich verändert.
- Die Bindung des Wehrdienstes an das Bürgerrecht und die Erfindung der Wehrpflicht bringen Frankreich den Erfolg.

ullstein bild|Archiv Gerstenberg

Soldaten der französischen Revolutionsarmee und Nationalgarde nach zeitgenössischer Vorlage von Richard Knötel gezeichnet.

Napoleon und die Revolutionierung des Militärwesens

Der Sturm der Französischen Revolution spülte zahlreiche Persönlichkeiten scheinbar aus dem Nichts nach oben. Ihr rasanter Aufstieg lässt uns noch heute den Atem anhalten. Die bedeutendste ist ohne Zweifel Napoleon Bonaparte (1769–1821). Sein Werdegang steht stellvertretend für eine Generation der militärischen Aufsteiger, die aus einfachen Verhältnissen stammte und rasch Karriere machte. Talent, Skrupellosigkeit, Machtinstinkt und Glück spielten gleichermaßen eine Rolle. Napoleon begann als Artillerieoffizier, also bei einer Truppengattung, die nur Bürgerliche wählten und bei der bis dahin kaum Hoffnung auf eine steile militärische Karriere bestand. Er profitierte von den Umwälzungen der Revolution, die auch Bürgerlichen eine Chance eröffnete. Mit gerade einmal 24 Jahren war er schon Brigadegeneral. Durch die Emigration zahlreicherer königstreuer Offiziere war das Karrieretor weit aufgestoßen. Zahlreiche berühmte französische Generale und spätere Marschälle waren genauso jung wie Napoleon, zum Beispiel Jean Lannes, Joachim Murat, Jean-de-Dieu Soult oder Louis Nicolas Davout. Befördert wurde in der französischen Armee vorwiegend nach Leistung und Tapferkeit und nicht mehr nach gesellschaftlicher Herkunft. Die Beispiele von Jean Baptiste Bernadotte oder Michel Ney zeigen, dass man vom Unteroffizier oder Feldwebel zum Marschall von Frankreich aufsteigen konnte.

Napoleon führte aber nicht nur mit jugendlichem Schwung und einer sprichwörtlichen Begeisterung, die ihn bei seinen Soldaten so beliebt machte. Er hatte vor allem einen ausgeprägten politischen Instinkt, mit dem er die Macht an sich riss. Gestützt auf seine treu ergebenen Soldaten, putschte er 1799 und wandelte die Militärdiktatur zielstrebig zu einer erblichen Monarchie, indem er sich 1804 selbst zum Kaiser der Franzosen krönte.

Die politische Bedeutung Napoleons steht zwar über seiner militärischen. Dennoch sind sein Aufstieg und Fall ohne das Militär nicht zu erklären, und sein Einfluss auf die militärischen Veränderungen jener Epoche kann kaum hoch genug eingeschätzt werden.

Napoleon verfügte über einen genialen Blick für alle militärische Belange. Zwar erfand er keine neue Taktik. Aber er ver-

Das Gemälde von Jacques Louis David zeigt General Napoleon Bonaparte beim Überschreiten der Alpen am Großen Sankt-Bernhard-Pass (20. Mai 1800) während des Zweiten Koalitionskrieges von 1799 bis 1802.

stand es wie kein Zweiter, die entscheidenden Faktoren jeder militärischen Operation – Kräfte, Raum und Zeit – geschickt miteinander zu verknüpfen. Die Grundlagen dazu waren bereits in den ersten Kriegen der jungen französischen Republik gelegt worden.

Die Wehrpflicht ermöglichte es erstmals, Massenheere aufzustellen, mit denen offensive Entscheidungsschlachten herbeigeführt werden konnten. An die Stelle der Manöver- und Ermattungsstrategie trat nun die Strategie der Vernichtung des Gegners. Auch die Gefechtsführung wurde beweglicher. Statt der unflexiblen Lineartaktik, bei der die Truppenkörper in enger Formation, wie an einer dünnen Perlenschnur aufgereiht, vor allem eine hohe Feuerdichte anstrebten, setzten die Franzosen auf eine beweglichere Gefechtsführung. Bereits weit vor den Hauptkräften wurden Einzelschützen eingesetzt, die mit Präzisionswaffen bewaffnet waren und selbstständig den Feuerkampf führten. Diese Kampfweise erwies sich als sehr effektiv. Sie entsprach zudem dem Charakter einer patriotischen Wehrpflichtarmee, denn sie nutzte den Enthusiasmus der Soldaten und war rascher zu erlernen als das abgestimmte Feuer in der geschlossenen Formation. An die Stelle der unbeweglichen Linienaufstellung trat die Kolonnentaktik, die im Angriff schmaler und tiefer stand. Eine wesentlich flexiblere Gefechtsführung und schnellere Verlegung des Schwerpunktes war dadurch möglich. Zur wichtigsten taktischen Grundeinheit wurde die Division, die alle wichtigen Waffengattungen vereinte und mit der erstmals ein »Gefecht der verbundenen Waffen« geführt werden konnte. Die Artillerie, die vorzugsweise aus leichteren Geschützen bestand, erhielt dadurch eine neue Bedeutung. Um die Beweglichkeit zu erhöhen, wurde der privatwirtschaftlich geführte, schwerfällige Tross abgeschafft. An seine Stelle trat eine deutlich kleinere, modernere Militärlogistik. Jeder Infanteriekompanie stand nur noch ein Gepäckwagen zu. Alles, was der Soldat brauchte, musste er bei sich tragen. Die schweren Zelte wurden durch leichtere Mäntel ersetzt. Das war zwar nicht bequem, aber sehr effektiv. Das gesamte Versorgungssystem

Kolorierter Kupferstich (1806) eines französischen Infanteristen.

Regimentsadler des französischen Kaiserreichs (1804–1815).

Französische Revolution und Freiheitskriege

wurde umgestellt. Anstelle der alten Magazinversorgung ernährte sich die Truppe direkt aus dem Land (»Requisition«) oder erzwang Abgaben (»Kontributionen«). Dieses System funktionierte allerdings nur, solange das besetzte Land etwas hergab. Außerdem war die ansässige Bevölkerung, das liegt auf der Hand, mit dieser Art der Versorgung nicht zu gewinnen.

Schließlich machten die Veränderungen auch vor der Bekleidung nicht halt. Während sich die eng anliegenden Uniformen des 18. Jahrhunderts noch am adeligen Vorbild orientierten, trugen die Soldaten nun bequeme weite Hosen.

Kompass

- Im Zuge der Französischen Revolution beginnt die steile Karriere Napoleons. Seine militärische und politische Karriere sind eng miteinander verknüpft.

Oben: Französischer Säbel für Stabsoffiziere, 1800.

Unten: Kolorierter Stich der Schlacht von Waterloo am 18. Juni 1815. Deutlich ist das Vorgehen der französischen Kolonnen gegen die britischen Linien zu erkennen.

Jena und Auerstedt – Preußens größte Niederlage

Der 14. Oktober 1806 ist in die deutsche Militärgeschichte eingegangen. An jenem denkwürdigen Tag haben die einen nicht nur fast alles richtig gemacht (nämlich die Franzosen) und die anderen fast alles falsch (die Preußen und die mit ihnen verbündeten Sachsen und Braunschweiger). Die Doppelschlacht von Jena und Auerstedt markiert auch einen tiefen Einschnitt. Sie steht für Preußens größte militärische Niederlage und die Überlegenheit des militärischen Genies von Napoleon. Das Ereignis markiert zugleich den Beginn eines erstaunlichen Reformprozesses, der den preußischen Staat und sein Militär verändern sollte und der heute zu den Eckpfeilern im Traditionsverständnis der Bundeswehr gehört.

Wie kam es dazu? Während Frankreich unter Napoleon planmäßig seinen Einfluss in Europa ausweitete, verharrte das Königreich Preußen zunächst in einer strikten Politik der Neutralität. Ungeschickte Bündnisdiplomatie und politisches Zaudern hatten die Erben Friedrichs des Großen jedoch 1806 so weit in die Enge getrieben, dass sie Frankreich den Krieg erklärten – ohne unmittelbare Bedrohung, ohne Vorbereitung und ohne strategisches Konzept.

Die Unterschiede zwischen dem französischen und dem preußischen Militär hätten größer kaum sein können. Die Franzosen waren gut ausgebildet, kampferprobt und zuversichtlich. Sie standen unter dem Kommando eines Oberbefehlshabers, der sein Handwerk verstand und dem die Untergebenen vertrauten. Sie wurden beherzt von selbstständig handelnden, überwiegend jungen Kommandeuren geführt. Ihre flexible Truppenführung erlaubte eine rasche Verlagerung des Schwerpunktes und das Heranführen von Reserven zum richtigen Zeitpunkt. Die preußische Armee war in weiten Teilen das Gegenteil der französischen. Während Napoleons Generale kaum älter als 40 Jahre waren, hatten die meisten preußischen Generale – nach heutigem Maßstab – das Rentenalter bereits erreicht. Einige konnten ohne fremde Hilfe nicht einmal mehr ihr Pferd besteigen.

Am Abend des 18. Oktober 1806 war die preußische Armee zwar geschlagen, aber keinesfalls vernichtet. Was die preußische Niederlage bei Jena und Auerstedt vollständig machte, ereignete sich erst nach der Schlacht. Das fluchtartige und damit unkoordinierte Verlassen der Schlachtfelder machte es den nachsetzenden Franzosen leicht. Nirgendwo regte sich ernsthafter Widerstand. Die meisten preußischen Festungen ergaben sich den Franzosen kampflos. Diese Widerstandslosigkeit brach Preußen

Zeitgenössische Radierung von Napoleon bei der Schlacht von Jena am 14. Oktober 1806.

- Der politische und militärische Zusammenbruch von 1806/07 bildet die entscheidende Voraussetzung für eine Staats- und Militärreform in Preußen.

Unten: Preußisches Düllenbajonett Modell 1811/12.

MHM

das militärische Rückgrat und legte den Grundstein für den bitteren Friedensschluss 1807 in Tilsit. Nur die Intervention Russlands verhinderte damals eine Auflösung des preußischen Staates. Die einstmalige europäische Großmacht musste etwa die Hälfte ihrer Territorien abtreten, hohe Zahlungen an Frankreich leisten, eine ständige französische Besatzung erdulden und schließlich ihre Armee auf ein Sechstel der ursprünglichen Stärke verkleinern. Die Aufstellung von Milizen oder Bürgerwehren wurde ausdrücklich verboten. Preußen existierte zwar weiterhin, führte aber nur noch ein Kümmerdasein unter französischer Aufsicht.

Die vollständige Niederlage bildete allerdings in den folgenden Jahren den Nährboden für ein erstaunliches Reformwerk, in dem das Militär eine zentrale Rolle spielen sollte.

Oben: Kolorierter Kupferstich eines Soldaten des preußischen 8. Gardegrenadierregiments von Rodich (1796).

Neue Köpfe, neuer Geist – Staatsreform und Militärreform

Nach der militärischen und politischen Pleite machte Preußen reinen Tisch. Der ansonsten eher zögerliche König Friedrich Wilhelm III. zeigte auf einmal Mut und rief eine Reihe reformwilliger Männer an die Spitze der Verwaltung. Einige hatten sich schon im Vorfeld der Niederlage kritisch über die verkrusteten Strukturen des preußischen Staatswesens geäußert – freilich ohne gehört zu werden. Preußens Glück war es in dieser Situation, dass sich kluge und kreative Köpfe fanden, die eine grundlegende Staatsreform im Sinn hatten. Viele dieser Männer kamen ursprünglich gar nicht aus Preußen, sondern aus anderen Territorien des Deutschen Reiches. Sie hatten sich bewusst für den preußischen Dienst entschieden und setzten nun große Energie in ein umfassendes Reformwerk. Ihr Ziel war eine »Revolution von oben«. Das war weniger als eine richtige Revolution, die an der Basis ihre Kraftquellen gehabt hätte, die das alte System grundsätzlich hätte infrage stellen und schnell eine Eigendynamik entwickeln können. Aber es war auch mehr als eine Reform, denn die Veränderungen rüttelten an den Fundamenten des altpreußischen Staates.

Zwei Männer stehen stellvertretend für die politischen Reformen: der aus Hessen stammende Reichsfreiherr Heinrich Friedrich Karl vom und zum Stein (1757–1831) und der aus dem Hannoverschen kommende Reichsfreiherr und spätere Fürst Karl August von Hardenberg (1750–1822). Nach beiden werden die preußischen Reformen heute auch »Stein-Hardenbergsche-Reformen« genannt. Sie modernisierten die Staatsverwaltung, indem erstmals klassische Ministerien eingerichtet wurden für Äußeres, Inneres, Justiz, Finanzen und das Militär. Die Kommunen erhielten zum ersten Mal eine Selbstverwaltung. Sie wurden von einer gewählten Stadtverordnetenversammlung regiert und durften über ihre Finanzen selbst bestimmen – ein Prinzip, das bis heute praktiziert wird. Eine liberalere Wirtschaftsverfassung sollte den Handel in Schwung bringen. Das seit dem Mittelalter bestehende Zunftwesen wurde abgeschafft und durch eine Gewerbefreiheit ersetzt. Damit bestanden kaum noch Einschränkungen bei der Berufswahl, was eine wesentliche Voraussetzung für die Industrialisierung und den wirtschaftlichen Aufstiegs Preußens im 19. Jahrhundert war. Mit der sogenannten Judenemanzipation erhielten Preußen jüdischen Glaubens erstmals die gleichen Rechte wie ihre christlichen Mitbürger. Schließlich wurde mit der Abschaffung der Leibeigenschaft und der Garantie des Besitzes ein großer Schritt

Kolorierter Holzstich (um 1860) der preußischen Reformer Generalmajor Gerhard von Scharnhorst, Minister Reichsfreiherr Karl August von Hardenberg und Staatsminister Reichsfreiherr Heinrich Friedrich Karl vom und zum Stein (v.l.).

in Richtung Rechtsgleichheit aller Staatsbürger unternommen. Flankierend wurde eine Bildungsoffensive eingeleitet, die beim Schulsystem begann und in der Neugründung der Universität zu Berlin gipfelte. Schlankere und damit effektivere Verwaltungsstrukturen sowie die Förderung von Mitbestimmung und Eigeninitiative standen im Mittelpunkt der Veränderungen. Beteiligungsmöglichkeiten und Bildungsanstrengungen sollten aus königlichen Landeskindern patriotisch empfindende Bürger machen.

Zum Kern des Reformwerks gehörte eine umfassende Militärreform. Staatsreform und Heeresreform gehörten zusammen und bildeten zwei Seiten derselben Medaille. Zu den führenden Köpfen zählten Gerhard von Scharnhorst (1755–1813), August Neidhardt von Gneisenau (1760–1831), der spätere Kriegsminister Hermann von Boyen (1771–1848) sowie der damalige Hauptmann und spätere Verfasser der berühmten Schrift »Vom Kriege« Carl von Clausewitz (1780–1831).

Natürlich schaute man sich am Anfang genau die Gründe des militärischen Erfolgs der Franzosen an und begann zahlreiche Elemente zu übernehmen: vom Aufbau eines zentral verantwortlichen Kriegsministeriums mit Fachressorts über die Bildung eines führungsfähigen Generalstabs und die Aufstellung von

Brigaden (die etwa einer französischen Division entsprachen) bis zur Abschaffung des sprichwörtlich »alten Zopfs« zugunsten eines modernen Haarschnitts.

Aber die Vorstellungen der Militärreformer gingen weit über neue Organisationsstrukturen oder moderne Ausbildungsmethoden hinaus. Sie erkannten, dass die Gründe der preußischen Niederlage von 1806 vor allem im verkrusteten inneren Gefüge zu suchen waren. Schrittweise begann man das Führerkorps zu verjüngen. Beförderungen sollten fortan nicht mehr an Stehzeiten, sondern an Fähigkeiten gebunden sein: »Bildung im Frieden, Übersicht und Tapferkeit im Krieg«, wie Scharnhorst es ausdrückte. Soldaten oder Unteroffiziere sollten von den Offizieren nicht mehr als »Kanalljen« beschimpft, sondern mit Respekt behandelt werden. Entehrende Strafen wurden abgeschafft und die Prügelstrafe stark eingeschränkt. Stattdessen appellierte man an das patriotische Ehr- und Pflichtgefühl. Unteroffiziere konnten bei entsprechender Eignung die Offizierlaufbahn einschlagen. Der Soldat sollte seinen Dienst als Ehrenpflicht für den Staat begreifen. Nicht mehr zwangsverpflichtete Untertanen, sondern überzeugte Staatsbürger sollten so gewonnen werden. Wiederum Scharnhorst hat diesen Grundsatz 1807 auf den Punkt gebracht: »Alle

Preußische Militärreformer (v.o.): Gerhard von Scharnhorst, August Neidhardt von Gneisenau, Hermann von Boyen und Carl von Clausewitz.

Kolorierter Kupferstich (1806) der Wachtparade der Berliner Bürgergarde.

Kompass

- In Preußen beginnen nach der Niederlage von 1806 tief greifende Veränderungen. Staats- und Militärreform ergänzen sich dabei. Vorrangiges Ziel ist die Aufhebung der Trennung zwischen Volk und Armee.
- Die Reformen bilden die Grundlagen für den späteren Sieg über Napoleon.

Bewohner des Staates sind geborene Verteidiger desselben.«

Da die strengen Bestimmungen der französischen Besatzungsmacht Preußens Heeresstärke festlegten, konnte das Ziel einer allgemeinen Wehrpflicht noch nicht verwirklicht werden. Durch einen Trick gelang es immerhin, in jeder Kompanie vorzeitig 20 Rekruten zu entlassen und damit eine »stille Reserve« zu schaffen. Damit standen über 30 000 Reservisten zur Verfügung – ein wichtiger Trumpf im Entscheidungsspiel gegen Napoleon.

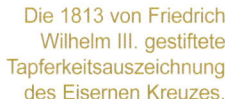

Die 1813 von Friedrich Wilhelm III. gestiftete Tapferkeitsauszeichnung des Eisernen Kreuzes.

Die zeitgenössische Karikatur (1808) zeigt den Philosophen und Autor der »Reden an die deutsche Nation« Johann Gottlieb Fichte als Angehörigen des preußischen Landsturms.

Freiheitskriege

Napoleon dominierte Europa, aber er herrschte nicht überall. In Spanien, in Tirol und in Norddeutschland kam es zu Aufständen, die den Franzosen teilweise erheblich zu schaffen machten. In Spanien führten die Franzosen einen asymmetrischen Kampf, für den erstmals der Begriff »Guerilla« (span.: kleiner Krieg) verwendet wurde. England, das durch seine Flotte unangreifbar schien, versuchte Napoleon seit 1806 durch ein Handelsembargo in die Knie zu zwingen. Als die zweite noch unbesiegte Großmacht, Russland, das Embargo immer stärker unterlief, suchte Napoleon mit einer Armee, wie sie Europa bis dahin nicht gesehen hatte, den Koloss in die Knie zu zwingen. Über 600 000 Mann aus 20 Nationen (darunter auch zahlreiche Deutsche) scheiterten 1812 an der Weite des russischen Raumes, der russischen Taktik der »verbrannten Erde«, dem erbarmungslosen Klima und der Mobilisierung aller Kräfte im »Vaterländischen Krieg«. Nur wenige Tausend Mann erreichten auf ihrem Rückmarsch die preußische Grenze. Viele Beobachter sahen darin ein Gottesurteil, wie es ein zeitgenössisches Lied zum Ausdruck bringt: »Mit Mann und Ross und Wagen, so hat sie Gott geschlagen«.

Napoleons Scheitern war das lang ersehnte Signal, die als immer drückender empfundene französische Herrschaft abzuschütteln. Nacheinander sagten sich die zwangsverbündeten deutschen Territorien los. Preußen fiel in diesem Freiheitsringen eine Schlüsselrolle zu. Mit einem bislang nicht gekannten und kaum für möglich gehaltenen Enthusiasmus richtete sich der preußische König in Verlautbarungen »An Mein Volk« und »An Mein Kriegsheer« – und traf den Nerv. Mit dem Eisernen Kreuz wurde erstmals eine Tapferkeitsauszeichnung gestiftet, die unabhängig von Dienstgrad oder Stand erworben werden konnte. Wie die Armeen der Revolution und Napoleons stürmten nun auch die Preußen auf einer Woge der Begeisterung.

Die Linieneinheiten, die Landwehr, der Landsturm, die freiwilligen Jägerkorps und die Freikorps wurden zum Sammelbecken einer Volkserhebung. Binnen weniger Monate standen annähernd sechs Prozent der preußischen Bevölkerung unter Waffen. Erst am 3. September 1814 folgte das »Gesetz über die Verpflichtung zum Kriegsdienste«, in dem man praktisch die Geburtsstunde der Allgemeinen Wehpflicht sehen kann.

Das Gemälde von Georg Friedrich Kersting (1815) zeigt Theodor Körner, Karl Friedrich Friesen und Christian Ferdinand Hartmann als Angehörige des Freikorps Lützow auf Vorposten.

Das Gemälde von Gustav Graef (1860/61) zeigt den Auszug der preußischen Landwehr ins Feld 1813 nach der Aussegnung in der Kirche zu Königsberg. Im rechten Vordergrund ist ein jüdischer Soldat zu erkennen, der sich von seinen Eltern verabschiedet.

Die Mobilisierung wurde von allen Bevölkerungsschichten getragen. Unter dem durchaus wörtlich zu verstehenden Motto »Gold für Eisen« unterstützten viele Bürger die Aufrüstung mit Geld- oder Sachspenden. Aus der Ablehnung Frankreichs und der Idee des kollektiven Widerstands wuchs vor allem ein neues Gemeinschaftsgefühl: die Sehnsucht nach einem geeinten Deutschland. Dabei wurden nicht nur patriotische, sondern auch schrille und bisweilen nationalistische Töne angeschlagen. Sowohl das unsägliche nationalistische Gedankengut des 19. und 20. Jahrhunderts als auch das Bild vom »Erbfeind Frankreich« haben hier ihre Wurzeln.

Napoleon blieb nach dem Desaster in Russland nicht untätig. Binnen weniger Monate gelang es ihm erneut, ein zahlenmäßig beachtliches Heer aufzustellen. Die Soldaten seiner hastig ausgehobenen Regimenter waren ähnlich unerfahren wie die der Preußen und ihrer Verbündeten. Der Blutzoll, den Frankreich in jahrelangen Kriegszügen und nicht zuletzt in Russland zu zahlen gehabt hatte, war enorm. Alle Hoffnungen der Franzosen ruhten auf Napoleons Feldherrngenie, als es bei Leipzig im Oktober 1813 zu einer Entscheidungsschlacht kam. Das viertägige Ringen ist in die Geschichte zu Recht als »Völkerschlacht« eingegangen. In der bis dahin größten Schlacht der Militärgeschichte standen sich fast eine halbe Million Soldaten gegenüber: Franzosen, Polen, Italiener, Sachsen, Preußen, Russen, Schweden, Österreicher und

Kolorierter Kupferstich der Schlacht an der Katzbach am 26. August 1813.

Angehörige der meisten deutschen Territorien. Mit dem Sieg des Koalitionsheeres brach Napoleons Herrschaft zusammen. Nach der Einnahme von Paris musste Napoleon im März 1814 kapitulieren, abdanken und wurde auf die Insel Elba verbannt. Der Kaiser der Franzosen versuchte noch einmal ein Comeback, verließ 1815 eigenmächtig sein Exil und kehrte nach Frankreich zurück. Er stellte scheinbar aus dem Nichts eine neue Armee auf und setzte alles auf eine Karte. Bei einem kleinen Ort westlich von Brüssel erlitt Napoleon am 18. Juni 1815 »sein« Waterloo – eine letzte und entscheidende Niederlage.

Preußisches Infanteriegewehr Modell 1809/13.

Kompass

- Nach dem verheerenden Feldzug in Russland entflammt ein nationaler Widerstand der europäischen Völker.
- Preußen wird zum Motor des Widerstandes.
- Die Völkerschlacht bei Leipzig bringt die Entscheidung und läutet das Ende der napoleonischen Herrschaft ein.

Literatur

Stephan Huck, Geschichte der Freiheitskriege, St. Augustin 2004

Stephan Huck, Vom Berufsmilitär zur allgemeinen Wehrpflicht – Militärgeschichte zwischen Französischer Revolution und Freiheitskriegen 1789 bis 1815. In: Grundkurs deutsche Militärgeschichte, Bd 1, S. 122–215

Harald Potempa und Martin Rink, Der Zusammenbruch des Alten Reiches (962 bis 1806) und des alten Preußen im Jahre 1806. In: Militärgeschichte, 3 (2006), S. 4–9

Hans-Ulrich Thamer, Die Völkerschlacht bei Leipzig. Europas Kampf gegen Napoleon, München 2013

Karl-Heinz Lutz und Markus von Salisch, Militärreformen in Deutschland zu Beginn des 19. Jahrhunderts. In: Militärgeschichte, 4 (2007), S. 4-9

Zeitalter der Restauration und Deutscher Bund

Die Französische Revolution und die Herrschaft Napoleons hatten Europa verändert und wirkten auch nach dem Abzug der französischen Soldaten nach. Das gilt vor allem für die in dieser Zeit erwachten liberalen politischen Gedanken wie die Forderung nach Menschen- und Bürgerrechten, das Prinzip der politischen Gewaltenteilung, Rechtssicherheit, eine politische Ordnung, die an eine Verfassung gebunden war, und natürlich die Beteiligung am politischen Leben. Nicht mehr die durch Geburt bestimmten Fürsten und der Adel, sondern das durch Bildung und Besitz definierte Bürgertum sollten die Politik gestalten.

Im Befreiungskampf gegen die französische Herrschaft hatten die Deutschen ein verloren geglaubtes Nationalgefühl entdeckt. Viele hofften auf ein geeintes Deutschland unter dem Dach einer wie auch immer gearteten Verfassung.

Die Erwartungen an eine politische Neuordnung Europas waren entsprechend groß. Aber sie erfüllten sich nicht. Schuld daran waren die Fürsten, die ihre Macht nicht teilen wollten und das Rad der Revolution mit Gewalt wieder zurückdrehten. Die Wiederherstellung der alten Ordnung, die »Restauration«, gab der nun beginnenden Epoche ihren Namen.

In Wien unterzeichneten die europäischen Mächte 1815 einen großen europäischen Friedensschluss, der dieses Denken auch auf internationalem Parkett in eine Vertragsform goss – gegenseitige Hilfe zur Unterdrückung von Aufständen eingeschlossen. Und Deutschland? Da weder die Landesfürsten noch Preußen und Österreich ein Interesse an einer kleindeutschen Lösung (ohne Österreich) oder großdeutschen Lösung (mit Österreich) anmeldeten, blieb fast alles beim Alten. Stattdessen schuf man ein Kunstgebilde, das »Deutscher Bund« getauft wurde. Der lockere Staatenbund umfasste 39 selbstständige Länder und Städte. Die in Frankfurt tagende Bundesversammlung war ein Verwaltungsorgan, das wenig zu bestellen hatte. Da einige Bundesstaaten durch komplizierte Erbschaftsverhältnisse zugleich zu ausländischen Mächten gehörten, konnten die Könige von England, Dänemark, den Niederlanden, Preußen und der Kaiser von Österreich direkten Einfluss auf die Bundespolitik nehmen. Für eine kraftlose Politik waren diese Strukturen ideal.

Die Außen- und Sicherheitspolitik des Deutschen Bundes war rein defensiv ausgerichtet. Alle Bundesstaaten verpflichteten sich, im Verteidigungsfall Kontingente zu stellen, insgesamt 300 000 Mann.

Federlithografie des Hambacher Festes am 27. Mai 1832.

Die Deutsche Bundesakte vom 8. Juni 1815.

Eine einheitliche Ausbildung oder Ausrüstung existierte nicht. Die allgemeine Wehrpflicht bestand nur in Preußen (seit dem 18. September 1816). Die anderen Länder praktizierten das vorrevolutionäre Prinzip der »Konskription«. Dabei wurden die Dienstpflichtigen aus dem Kreis aller Wehrpflichtigen per Los bestimmt. Wer es sich leisten konnte, durfte einen Stellvertreter benennen, der für seinen Wehrdienst bezahlt wurde. Professionelle Vermittler verdienten zusätzlich an diesem einträglichen Geschäft. Das liberale und häufig bessergestellte Bürgertum wurde so auf elegante Weise um die Kasernen gelenkt. Die kleinen Leute, die das Handgeld für die Stellvertretung dringend brauchten, trugen die Last des Dienstes. Gerecht war das nicht.

Zu den wenigen Bereichen, die eine gemeinsame Identität des Bundesheeres stiften konnten, gehörten die fünf Bundesfestungen. Zu den Festungen im pfälzischen Landau, in Mainz und in Luxemburg gesellten sich nach 1840 noch Rastatt und Ulm. Alle Bundesstaaten beteiligten sich am Unterhalt. Die Besatzungen bestanden aus unterschiedlichen Kontingenten. Die Festungen des Bundes sollten vor allem die Westgrenze schützen – ein deutliches Zeichen, dass man Frankreich auch weiterhin nicht traute. Die Festung Mainz verfügte zum Beispiel über eine Friedensstärke von 7000 Mann, die im Verteidigungsfall auf das Dreifache anwachsen konnte und Platz genug für ein ganzes Armeekorps bot. Die Kosten für den Bau und den Unterhalt waren enorm. Sie schienen dem Bund allerdings vertretbar, nicht zuletzt aus Angst vor dem westlichen Nachbarn.

Und die politische Kultur? Viele Menschen zeigten sich enttäuscht, als sich ihre Hoffnungen auf politische Veränderungen nicht erfüllten. Sie traten die Flucht ins Private an – der Ausdruck »Biedermeierzeit« steht stellvertretend dafür. Aus den Kreisen des wohlhabenden Bürgertums und der Intellektuellen verstummten die Forderungen nach Freiheit, Recht und Einheit der Nation hingegen nicht – trotz politischer Verfolgung, Berufsverboten und Einschränkung der Meinungsfreiheit.

Überall in Europa war die Restauration auf dem Vormarsch. In Paris kam es im Sommer 1830 zu einer Revolution, die nach we-

Aquarell der rechten Bastion des Forts B der Rastatter Bundesfestung.

Kompass

- Mit der Politik der »Restauration« versuchen die europäischen Staaten den Zustand vor der Französischen Revolution wiederherzustellen.
- Die im Zuge der Freiheitskriege entwickelten Hoffnungen auf eine nationale Einheit erfüllen sich nicht.
- Der neu gegründete Deutsche Bund ist ein lockeres Staatenbündnis mit schwacher Zentralgewalt.

nigen Tagen einen »Bürgerkönig« an die Spitze setzte und die alten Verfassungsrechte wiederherstellte. Der revolutionäre Funke sprang über und erfasste zahlreiche Regionen Europas. In Deutschland erhielt die Sehnsucht nach Freiheit und Einheit neuen Auftrieb. Mit dem Lied »Hinauf Patrioten zum Schloss, zum Schloss, es flattern die deutschen Farben« versammelten sich im Mai 1832 mehr als 30 000 Bürger aller gesellschaftlichen Schichten zu einer friedlichen politischen Demonstration auf dem Hambacher Schloss. Unter den Farben Schwarz-Rot-Gold forderten sie erstmals ein freies und geeintes Deutschland, in einem geeinten und friedlichen Europa. Wieder reagierte die Obrigkeit mit Willkür und politischer Verfolgung. Aber das politische »Hambacher Fest« hatte ein eindrucksvolles Zeichen gesetzt und die Forderung nach Einigkeit, Recht und Freiheit für die Zukunft mit einem Symbol verbunden: Schwarz, Rot und Gold.

Farblithografie schleswig-holsteiner Soldaten um 1849 nach Aquarell von Richard Knötel (v.h.l.): Jäger, Dragoner, Artillerist, Infanterist und Ingenieur.

Die bürgerlich-demokratische Revolution von 1848 und der Bürgersoldat

1848 – wieder ging eine Revolution von Frankreich aus, und wiederum erfasste sie rasch Europa. In Deutschland waren die Auswirkungen dramatisch. Jetzt zeigte sich, wie wenig Rückhalt das System der Restauration in der Bevölkerung hatte. In Volksversammlungen und Demonstrationen wurden bürgerliche Grundrechte gefordert, ebenso Pressefreiheit und die Einberufung eines nationalen Parlamentes, in dem die Frage der Zukunft Deutschlands endlich geklärt werden sollte. Wollte man weiter einen schwachen Staatenbund oder ein geeintes starkes Deutschland auf der Grundlage einer modernen Verfassung? Es war eine Zeit des Aufbruchs und der Konfrontation. Im März 1848 kam es in Wien und Berlin zu blutigen Straßenkämpfen zwischen Demonstranten und dem Militär mit Hunderten von Toten. Erst jetzt begannen die Landesherren, allen voran die Monarchen Preußens und Österreichs, einzulenken. Sie zogen ihre Soldaten ab und versprachen die Erarbeitung einer Verfassung.

Kurz darauf trat in Frankfurt in der Paulskirche die erste deutsche Nationalversammlung zusammen. Das erste gewählte gesamtdeutsche Parlament hatte mit vielen Problemen zu kämpfen, zum Beispiel seiner eigenen Legitimation. Die knapp 600 Abgeordneten waren zwar frei gewählt – sieht man einmal von der Benachteiligung der Frauen ab, die noch 70 Jahre auf ihr Wahlrecht warten mussten. Ein großes Problem stellte aber das soziale Ungleichgewicht dar, denn die Abgeordneten gehörten fast ausschließlich dem Bildungsbürgertum an: Juristen, Professoren und Verwaltungsbeamte. Der größte Teil der Bevölkerung – Handwerker, Bauern und Arbeiter – war nicht vertreten. Politische Parteien entstanden gerade erst. Die Nationalversammlung sollte eine gesamtdeutsche Verfassung erarbeiten und gleichzeitig den Deutschen Bund regieren. Doch für Letzteres fehlten ihr die Machtmittel.

Das zeigte sich besonders schmerzlich, als der nördliche Nachbar Dänemark die Gunst der Stunde nutzte, um einen lange währenden, komplizierten Konflikt mit militärischen Mitteln zu lösen. Es ging um die Herrschaft über das Herzogtum Schleswig-Holstein, das mit Schleswig zu Dänemark und mit Holstein zum Deutschen Bund gehörte und gleichwohl seit 1460 »up ewig ungedeelt« (auf ewig ungeteilt) sein sollte.

Der Bund schickte daraufhin Truppen unter preußischer Führung, die den Dänen eine empfindliche Niederlage beibrachten. Jetzt schalteten sich England, Frankreich und Russland ein und drängten Preußen auf einen umgehenden Waffenstillstand.

Zeitgenössische Farblithografie von Barrikadenkämpfen am Schmöllnschen Tor in Leipzig am 18./19. Juni 1848.

Die Nationalversammlung, die eigentlich eine andere Politik verfolgte und das Problem mit Schleswig-Holstein am liebsten ein für alle Mal geklärt haben wollte, musste klein beigeben.

Die Nationalversammlung in der Paulskirche schlingerte auf einem unsicheren Kurs, weil in den wesentlichen Fragen kaum Einigkeit herzustellen war. Während sich die zunehmend enttäuschten politischen Kräfte radikalisierten, erstarkten die Monarchien, allen voran Preußen und Österreich. Erste Aufstände brachen los, zum Beispiel im südwestdeutschen Baden, und wurden blutig niedergeschlagen. Der im April 1849 von der Nationalversammlung beschlossene Verfassungsentwurf war ein Kompromiss: eine »kleindeutsche Lösung« (also ohne Österreich) auf der Grundlage einer Monarchie, die aber an die Verfassung gebunden war. Der preußische König Friedrich Wilhelm IV. sollte zugleich Kaiser des Deutschen Reiches werden. Die neue Reichsverfassung enthielt viele moderne Elemente: ein allgemeines, gleiches und geheimes Wahlrecht, die allgemeine Wehrpflicht, die Freiheit der Wissenschaften, die Abschaffung der Todesstrafe, die Verankerung der Glaubensfreiheit und die Garantie der Versammlungs- und Pressefreiheit.

Aber Preußens König lehnte wenige Tage später ab: Eine Krone, die mit dem »Ludergeruch der Revolution behaftet« war,

Farblithografie (1848/49) der Kämpfe zwischen preußischen und dänischen Truppen vor Düppel; sächsisches Erinnerungskreuz für Kämpfer in Schleswig-Holstein (1849).

schien Friedrich Wilhelm IV. eine Zumutung. Die Delegierten der Paulskirche verabschiedete er mit den deutlichen Worten: »Gegen Demokraten helfen nur Soldaten. Adieu!«

Die Nationalversammlung war gescheitert, der Traum von einem geeinten Deutschland geplatzt. Enttäuscht von ihrer Machtlosigkeit und gereizt von der Arroganz des preußischen Königs, bliesen nun die radikaldemokratischen Kräfte zum Gegenangriff. In Baden, in der bayerischen Rheinpfalz, in Württemberg und in Sachsen bildeten sich Freischarzüge. Aber auch unter den regulären Soldaten gab es Solidarisierungen. Bereits im März 1848 unterzeichneten 652 Unteroffiziere und Mannschaften auf der Festung Rastatt eine Petition, in der eine Reichsverfassung und umfangreiche Militärreformen gefordert wurden. Im Mittelpunkt stand dabei die Idee des »Bürgersoldaten«, dem Grundrechte und angemessene Dienst- und Lebensbedingungen zugesichert werden sollten.

Die ungenügend ausgebildeten und schlecht ausgerüsteten Aufständischen hatten gegen die regulären Truppen aus Württemberg, Nassau, Hessen und Preußen keine Chance und wurden in kurzen Gefechten niedergerungen. Als die von meuternden Soldaten besetzte Festung Rastatt am 23. Juli 1849 kapitulierte, erlosch der letzte Widerstand. Die Aufständischen wurden verfolgt, verhaftet und teilweise standrechtlich erschossen. Viele flohen nach Frankreich, in die Schweiz oder nach Amerika – im Gepäck den Traum von einer freiheitlichen Gesellschaft. Darunter befanden sich auch zwei berühmte Anführer und

Badische Regierungstruppen im Gefecht gegen Revolutionäre.

Kompass

- Die Revolution von 1848/49 scheitert vor allem an der fehlenden politischen Erfahrung der Abgeordneten der Nationalversammlung und der mangelnden Weitsicht der beiden »Großen« Preußen und Österreich.
- Die Revolution weckt allerdings das politische Bewusstsein der Deutschen und ebnet den Weg für weitere Landesverfassungen.

Radikaldemokraten: Gustav von Struve (1805–1870) und Friedrich Hecker (1811–1881). Beide lebten ihren Traum von einer freieren und gerechteren Welt weiter und kämpften im amerikanischen Bürgerkrieg als Generale erfolgreich an der Seite der Nordstaaten.

War die Revolution gescheitert? Auf den ersten Blick schon, denn die Ziele der Paulskirche und vor allem die nationale Einheit wurden verfehlt. Und die positiven Folgen? Die revolutionären Ereignisse hatten unbestritten das politische Bewusstsein breiter Bevölkerungsgruppen geweckt. Auch die konservativsten Monarchen kamen am Prinzip einer verfassungsmäßigen Ordnung in Zukunft nicht mehr vorbei. Und schließlich entwickelte der parlamentarische Prozess eine Vorbildwirkung, die hundert Jahre später wichtig werden sollte, nämlich bei der Schaffung des Grundgesetzes der Bundesrepublik Deutschland.

Oben: Einzug der Mitglieder des Vorparlaments in die Frankfurter Paulskirche am 30. März 1848, zeitgenössische Farblithografie nach einer Zeichnung von J. Ventadour.

Unten: Tschako der Annaberger Kommunalgarde, 1. Hälfte 19. Jahrhundert.

Die Bundesflotte von 1848 – älteste deutsche Teilstreitkraft

Die Kleinsten sind manchmal die Ersten – oder die Ältesten. Die Rede ist von der kleinsten deutschen Teilstreitkraft, die zugleich die erste und älteste ist. Sie war anfangs eine Notlösung. Im Krieg, den Dänemark im Mai 1848 dem Deutschen Bund aufgezwungen hatte, zeigte sich rasch die Anfälligkeit des norddeutschen Küstenhandels. Weder Preußen noch die anderen norddeutschen Staaten verfügten damals über nennenswerte Seestreitkräfte. In kürzester Zeit gelang es den dänischen Kaperschiffen, den gesamten norddeutschen Seehandel lahmzulegen.

In dieser schwierigen Situation reagierte die Nationalversammlung rasch und beschloss am 14. Juni 1848, »zum Zwecke der Begründung eines Anfangs für die deutsche Marine« sechs Millionen Taler zur Verfügung zu stellen. In den vorangegangenen Parlamentsdebatten wurden ganz unterschiedliche Argumente für den Aufbau einer Bundesflotte deutlich. Natürlich standen die rein militärischen Argumente im Vordergrund. Aber ähnlich wie bei heutigen Rüstungsgroßprojekten spielten auch andere Faktoren mit: zum Beispiel die Chancen einer Machtprojektion zur See, der Erwerb und Schutz überseeischer Besitzungen, die Schaffung von Arbeitsplätzen und der Technologieschub, den der Bau neuer Schiffe mit sich brachte.

Vor allem sollte der Aufbau einer gemeinsamen Flotte ein Zeichen der Handlungs- und Integrationsfähigkeit des Deutschen Bundes sein. Die Stiftung einer schwarz-rot-goldenen Kriegsflagge bildete die symbolische Klammer. Wie unsicher der Umgang mit der neuen Teilstreitkraft war, wird in den Begrifflichkeiten deutlich. Im politischen Schriftverkehr ist manchmal von »deutscher Marine« oder »Reichsflotte« die Rede oder von der »Bundesflotte«, der hier gebraucht wird.

Diese sollte 15 Segel- und 5 Dampffregatten, 20 Dampfkorvetten, 80 kleinere Kanonenboote und einige Dampfschlepper umfassen. Die meisten Schiffe und Boote sollten im Ausland erworben oder nach ausländischen Plänen, vornehmlich aus den Vereinigten Staaten, gebaut werden. Das sparte Zeit und Geld. Tatsächlich wurde nur ein Teil des ehrgeizigen Projektes umgesetzt. Bis zu ihrer Auflösung bestand die Reichsflotte vor allem aus umgebauten Handelsschiffen: zwei Segel- und zwei Dampffregatten, sechs Dampfkorvetten, über zwei Dutzend Ruderkanonenbooten und einem Trossschiff. Zu den bemerkenswerten technischen Neuheiten gehörte der BRANDTAUCHER, das erste deutsche Tauchboot, das von dem bayerischen Unteroffizier Wilhelm Bauer konstruiert wurde und das bei einer Probefahrt in Kieler Hafen sank.

Abwehr einer dänischen Landung vor Eckernförde, 4. April 1849.

Dem ersten Seezeugmeister und Befehlshaber, Konteradmiral Rudolf Bromme (1804–1860), gelang das kleine Wunder, innerhalb kürzester Zeit aus der 1000 Mann zählenden Bundesflotte eine schlagkräftige Teilstreitkraft zu bilden. Hinzu kamen Kräfte zur Küstensicherung. Auf ein funktionierendes inneres Gefüge wurde besonders viel Wert gelegt.

Bei der Abwehr einer dänischen Landung in der Eckernförder Bucht am 4. April 1849 gelang den Küstenbatterien ein wichtiger Erfolg. Am 4. Juni kam es vor Helgoland zum einzigen Seegefecht, bei dem die Dampffregatte BARBAROSSA die Verfolgung zweier dänischer Schiffe abbrechen musste, als diese in britisches Hoheitsgewässer eindrangen.

Schließlich scheiterte die Bundesflotte an der Finanznot und nicht zuletzt an der Uneinigkeit der deutschen Staaten sowie der fehlenden Exekutivgewalt. Im Laufe des Jahres 1852 wurden zwei Fregatten an die Preußische Marine übergeben, die restlichen Einheiten versteigert, verkauft oder verschrottet. Als »Kind der Revolution« überlebte sie diese nur wenig länger.

Kompass

- Die Bundesflotte von 1848 ist die älteste deutsche Teilstreitkraft.
- Sie ist anfangs ein wichtiges Symbol der Handlungsfähigkeit der Frankfurter Nationalversammlung.
- Mit dem Ende des Deutschen Bundes verliert die erste Deutsche Marine ihre Bedeutung und wird aufgelöst.

Literatur

Michael Busch, »Gegen Demokraten helfen nur Soldaten« – Militärgeschichte des Deutschen Bundes 1815 bis 1860. In: Grundkurs deutsche Militärgeschichte, Bd 1. Im Auftr. des MGFA hrsg. von Karl-Volker Neugebauer, München 2006, S. 218–301

Einigkeit und Recht und Freiheit. Erinnerungsstätte für die Freiheitsbewegungen in der deutschen Geschichte, Bönen 2002

Wolfgang Hochbruck, Vom Revolutionär zum Namenspatron: Carl Schurz als demokratisches Vorbild. In: Militärgeschichte, 4 (2006), S. 4–9

Das 19. Jahrhundert. Informationen zur politischen Bildung, 315 (2012)

Matthias Nicklaus, Barrikadenkämpfe in Berlin am 18. März 1848. In: Militärgeschichte, 4 (2007), S. 22 f.

Königsheer oder Parlamentsarmee? – Heeresreform und Verfassungskonflikt in Preußen

Auf die Epoche der Restauration (1815 bis 1848) und auf die gescheiterte Revolution (1848/49) folgte fast überall in Deutschland die Zeit der Reaktion: monarchistisch, konservativ und unter Zurücknahme der meisten liberalen Freiheiten. Der Traum von der nationalen Einheit unter dem Dach eines demokratisch verfassten Rechtsstaates sollte noch lange unerfüllt bleiben. In Preußen wurde ab 1850 nach dem ungleichen und nicht geheimen sogenannten »Dreiklassenwahlrecht« gewählt. Die Stimmen der wenigen reichen Bürger (4 Prozent der Bevölkerung) zählten dabei genauso viel wie die der kleinen Leute (80 Prozent der Bevölkerung). Dieses Wahlgesetz blieb in Preußen bis 1918 in Gebrauch.

Im kurzen politischen Frühling von 1848/49 begannen sich überall in Deutschland Parteien zu formieren: Konservative, Demokraten, Liberale und zunehmend auch die aus der Arbeiterbewegung entstehenden Sozialisten. Die Regierungen waren nur dem Monarchen verantwortlich und konnten weitgehend unbehelligt wirken. Die Parlamente verfügten eigentlich nur über eine, dafür aber umso wirkungsvollere Stellschraube: das Budgetrecht, also die Genehmigung oder Ablehnung des Haushalts. An diesem Punkt kam es im preußischen Landtag zu einem Kräftemessen mit langfristigen Auswirkungen.

1858 begann in Preußen die Diskussion über eine Heeresreform. Der Krimkrieg (1853–1859) und die zeitgleichen Auseinandersetzungen um die Einigung Italiens hatten bei allen europäischen Großmächten einen militärischen Modernisierungsschub in Gang gesetzt. Das preußische Heer sollte nun im Sinne des Königs den zeitlichen Erfordernissen angepasst werden. Dazu beabsichtigten der Monarch und sein Militärkabinett die Wehrpflicht von zwei auf drei Jahre anzuheben. Die Rolle der »Linie« (aktive Truppe) sollte gestärkt und die der nicht im besten Ruf stehenden »Landwehr« (Reserve) verringert werden. Der letzte Punkt war besonders sensibel, weil die Landwehr eher als bürgerlich-liberal und weniger als konservativ-monarchistisch galt.

Preußen holte mit der Heeresreform eigentlich nur etwas nach, was seine europäischen Nachbarn in ähnlicher Form schon längst umgesetzt hatten. Bei Lichte besehen handelte es sich nicht um eine »Aufrüstung« sondern um eine »Nachrüstung«.

Auf dem Holzstich nach einem Gemälde von Guido Schmitt (1895) wird Otto von Bismarck als »Schmied der deutschen Einheit« verherrlicht.

Das Regiment Garde du Corps der Königlich Preußischen Armee, Farblithografie nach einer Zeichnung von Otto Wisniewski (1854).

Und dennoch flogen im preußischen Parlament die Fetzen. Die liberale Mehrheit im preußische Landtag witterte einen nicht mehr zu kontrollierenden Machtzuwachs der Krone und lehnte die Reform ab. Der preußische König sah sich in diesem Konflikt persönlich angegriffen. Als Inhaber der Befehls- und Kommandogewalt verbat er sich jede Einmischung des Parlaments!

In dieser festgefahrenen Situation berief König Wilhelm I. 1862 einen Mann zum preußischen Regierungschef, der über viel politische Erfahrung verfügte, als ultrakonservativ und beinhart galt: Otto von Bismarck. Als dessen Suche nach einem Kompromiss ins Leere lief, ließ er in einer denkwürdigen Rede vor der Budgetkommission des preußischen Abgeordnetenhauses die Maske fallen: »Nicht durch Reden und Majoritätsbeschlüsse werden die großen Fragen der Zeit entschieden – das ist der große Fehler von 1848 und 1849 gewesen – sondern durch Eisen und Blut.« Obwohl ein Aufschrei durch die liberale Öffentlichkeit ging, setzte Bismarck die Heeresreform durch – ohne Zustimmung des

Das Unzulängliche,
Hier wird's Ereigniß.

Karikatur des »Kladderadatsch« vom 14. Dezember 1862 zu Bismarcks Haltung gegenüber der Verfassung.

Landtags, ohne Haushalt und letztlich gegen die Verfassung.
Bismarck regierte nun mit nahezu diktatorischen Mitteln und löste 1863 sogar den preußischen Landtag auf. Die Heeresreform wurde umgesetzt nach dem Motto »Macht vor Recht«. Sie schuf aber auch die wesentliche Voraussetzung für die siegreichen Feldzüge, die Preußen die Vorherrschaft und Deutschland die Reichseinigung brachten.

Kompass

- Im preußischen Heereskonflikt setzt sich Bismarck gegenüber dem Parlament durch und ebnet damit den Weg für eine militärische Lösung der deutschen Frage.

ullstein bild|Heritage Images|Ann Ronan Pictures

Oben: Zeitgenössische Radierung eines preußischen Landwehrregimentes auf dem Marsch.

Unten: Militärische Kopfbedeckung und Sinnbild für den deutschen Militarismus gleichermaßen – die preußische »Pickelhaube«.

Drei Kriege auf dem Weg zur Reichseinigung – Dänemark 1864, Österreich 1866, Frankreich 1870/71

Das Prinzip ist nicht neu, und es wird bis heute praktiziert: Wer von innenpolitischen Problemen ablenken will, der sucht sein Heil in der Außenpolitik – und zettelt im schlimmsten Fall einen Krieg an. Der wieder aufkeimende Konflikt um Schleswig und Holstein kam Bismarck daher wie gerufen. Den Ersten Deutsch-Dänischen Krieg (1848–1850) hatte man in Deutschland immer noch als bittere Niederlage in Erinnerung, denn das kleine Königreich im Norden hatte sich am Ende, nicht zuletzt durch die Einmischung Englands, Frankreichs und Russlands, durchgesetzt. Jetzt ging Dänemark ähnlich dreist vor, setzte sich über alle internationalen Vereinbarungen hinweg und beschloss 1863 die Annexion Schleswigs. Preußen trat daraufhin sofort als Garantiemacht Schleswigs auf. Durch geschickte Diplomatie gelang es Bismarck zugleich, Österreich auf seine Seite zu ziehen. Zwei preußische und ein österreichisches Armeekorps marschierten nach Norden und drängten die schwachen dänischen Truppen im Frühjahr 1864 nach Jütland zurück. Nur auf den Düppeler Schanzen, einem Festungswerk nahe dem süddänischen Sonderburg, leisteten die Dänen noch Widerstand. Am 18. April 1864 stürmten preußische Truppen unter erheblichen Verlusten die Schanzen. Die Generale, allen voran der Chef des preußischen Generalstabs Helmuth von Moltke, hatten die politische Führung gewarnt. Aber Bismarck benötigte um jeden Preis einen Prestigeerfolg – um das Ausland zu beeindrucken und von einer Einmischung in den Konflikt abzuhalten und um sich innenpolitisch Luft zu verschaffen. Als die Siegesnachricht in Berlin eintraf, wusste anfangs niemand, wie viel Schuss Salut abzufeuern waren, denn Preußen hatte fast 50 Jahre keinen Krieg mehr geführt.

Auch zur See wurde gefochten, denn erneut suchte Dänemark die Seewege zu blockieren. Diesmal übernahmen die Österreicher die Initiative, die als Mittelmeeranrainer über eine ansehnliche Flotte verfügten. Wie 1849 kam es wieder bei Helgoland zu einem Treffen, das die Österreicher für sich entscheiden konnten. Am 30. Juli kapitulierte Dänemark. Im anschließenden Friedensschluss legten sich Österreich und Preußen auf die gemeinsame Verwaltung des Herzogtums fest. Das war eine brisante Konstellation, die den Wettbewerb um die Vorherrschaft in Deutschland noch befeuerte. Bismarck hatte drei strategisch

Prinz Karl Friedrich von Preußen vor der zerstörten Mühle nach der Erstürmung der Düppeler Schanzen am 18. April 1864.

wichtige Ziele erreicht. Erstens begann sich sein innenpolitisch ramponiertes Image zu bessern. Zweitens würde Schleswig über kurz oder lang preußisches Staatsgebiet werden. Drittens schließlich gab es nun einen Zankapfel mit Österreich, an dem die weiterhin offene Frage geklärt werden konnte, wer die erste Macht in Deutschland war.

Die Brigade Gordon (27. und 67. Inf.Reg.) in der Schlacht bei Königgrätz, Farbdruck nach Aquarell von Carl Röchling (1894); preußisches Zündnadelgewehr (1866).

Von den drei Kriegen auf dem Weg zur Reichseinigung war der nun folgende Waffengang mit Österreich vielleicht der einzige, auf den Bismarck planmäßig hinarbeitete. Diese Beobachtung ist schon deshalb erstaunlich, weil Preußen kleiner war als Österreich, über die deutlich kleinere Armee verfügte, im Deutschen Bund mit nur wenigen Verbündeten rechnen konnte und darum ein hohes Risiko einging. Wiederum ging Bismarck diplomatisch äußerst geschickt vor. 1866 brachte er eine Reform des Deutschen Bundes ins Spiel. Durch den Antrag auf Wahl einer frei gewählten Nationalversammlung hoffte Bismarck nicht nur die liberalen Kräfte für sich zu gewinnen. Diese Reorganisation des Bundes hätte vor allem Österreichs Position auf Dauer geschwächt. Bismarcks Vorstoß erschien der Habsburger Seite nicht nur inakzeptabel, sondern auch unverschämt. Wien erklärte Berlin kurzerhand den Krieg. Der österreichischen Seite schlossen sich alle

Die »Väter« der Reichseinigung (v.l.): Helmuth von Moltke, Wilhelm I. und Otto von Bismarck.

wichtigen Bundesstaaten an: Bayern, Württemberg, Baden, die hessischen Staaten, Sachsen und Hannover.

Der Feldzug dauerte nur wenige Wochen und wurde wider Erwarten ein klarer preußischer Erfolg. Die Unterschiede in der Waffentechnik werden bis heute ein wenig überschätzt. Die Preußen verfügten zwar mit dem Zündnadelgewehr, einem 1862 eingeführten Hinterlader, über die klar bessere Infanteriewaffe. Dafür waren die österreichischen Kanonen mit ihren gezogenen Läufen den preußischen Glattrohrgeschützen überlegen. Entscheidend war die strategische Planung des Aufmarsches, für die der preußische Generalstabschef und eigentliche Oberbefehlshaber Helmuth von Moltke verantwortlich zeichnete. Der sozialistische Theoretiker und Militärexperte Friedrich Engels spottete seinerzeit: Ein Leutnant wäre mit diesem Plan durch die Offizierprüfung gefallen. Moltkes Grundidee »getrennt marschieren – vereint schlagen« klingt einfach, erforderte aber einen hohen Planungs- und Führungsaufwand. Die Preußen nutzten dabei erstmals ihr effektives Eisenbahnnetz und schafften es, im Raum der nordböhmischen Festung Königgrätz im richtigen Augenblick ein entscheidendes Übergewicht zu erlangen. Die Österreicher waren zwar nicht vernichtend geschlagen, aber so verunsichert, dass sie wenig Hoffnung in eine Fortführung des Krieges setzten.

Der »Bruderkrieg« von 1866 hatte die Machtverhältnisse in Deutschland dauerhaft zugunsten Preußens entschieden. Im folgenden Friedensschluss warf Bismarck sein ganzes Gewicht für einen maßvollen Frieden in die Waagschale. Österreich trat nur

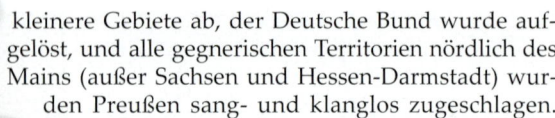

Helm für Mannschaften und Unteroffiziere der Grenadiergarde des Großherzogtums Mecklenburg-Schwerin.

kleinere Gebiete ab, der Deutsche Bund wurde aufgelöst, und alle gegnerischen Territorien nördlich des Mains (außer Sachsen und Hessen-Darmstadt) wurden Preußen sang- und klanglos zugeschlagen. Hier zeigte sich der Sieger wenig gnädig. Mit den noch verbliebenen nördlichen Ländern und Ländchen bildete Preußen den »Norddeutschen Bund«. Das war eine Föderation, in der die Kleinen nicht viel zu melden hatten, oder, wie die Zeitgenossen spotteten, ein preußischer »Hund mit vielen Flöhen«. Der Norddeutsche Bund war die Blaupause für das wenige Jahre später entstehende Deutsche Reich. Es gab einen Präsidenten (später Kaiser), der vom preußischen König gestellt wurde, einen Bundeskanzler (später Reichskanzler), den Bismarck selbst abgab, einen Reichstag und eine relativ liberale Verfassung.

Einem geeinten deutschen Reich fehlten noch die süddeutschen Staaten Bayern, Württemberg und Baden. Bismarck hat später immer wieder deutlich gemacht, er hätte planvoll auf das Ziel der Reichseinigung hingearbeitet. Bis heute sind sich die Historiker in dieser wichtigen Frage nicht einig, denn seine Strategie war undurchsichtig. Dem Verhältnis zu Frankreich fällt in diesem Zusammenhang eine Schlüsselrolle zu. Frankreich war die unangefochten stärkste Macht auf dem europäischen Kontinent und konnte kein Interesse an einem noch stärkeren Nachbarn im Westen haben. Bismarck verhielt sich einerseits vorsichtig gegenüber Frankreich und vermied es lange, den Rivalen zu reizen. Andererseits gelang es ihm, die süddeutschen Staaten in bilateralen Abkommen, den »Schutz- und Trutzbündnissen«, militärisch an Preußen zu binden. Außerdem schlummerte im preußischen Schubkasten ein Aufmarschplan gegenüber Frankreich.

Nach mehren diplomatischen und außenpolitischen Schlappen und innenpolitisch zunehmend unter Druck, stand der französische Kaiser Napoleon III. plötzlich mit dem Rücken zur Wand. Er suchte nach einem sichtbaren Erfolg und wollte Preußen in einer eigentlich schon geklärten Situation eine diplomatische Ohrfeige erteilen. Dabei ging es um die Frage, wer die Thronnachfolge in Spanien antreten sollte. Der deutsche Prinz Leopold von Hohenzollern-Sigmaringen galt lange Zeit als aussichtsreicher Kandidat, verzichtete dann allerdings, nicht zuletzt weil Frankreich erheblichen diplomatischen Druck auf-

Das Königlich Sächsische Jäger-Bataillon Nr. 13 bei Sedan am 1. September 1870, Gemälde von Theodor von Götz (1878).

baute. Doch damit nicht genug: Napoleon III. wollte mehr und forderte einen öffentlichen und vor allem endgültigen Verzicht durch die Hohenzollern, um einen diplomatischen Prestigesieg gegen Preußen verbuchen zu können. Nun konterte Bismarck mit einer diplomatischen Note, die als »Emser Depesche« in die Geschichte eingegangen ist. Ohne dass sich an den Fakten etwas geändert hatte, führte der immer schärfere Ton nun dazu, dass sich Napoleon III. in die Ecke gedrängt fühlte. Der Schuss ging nach hinten los. Statt Preußen war Frankreich brüskiert – und verlor die Nerven. Napoleon III. suchte sein Heil im Angriff und erklärte Preußen den Krieg.

Damit trat der Bündnisfall ein. Neben den Staaten des Norddeutschen Bundes machten auch Bayern, Baden und Württemberg mobil. Das nationale und nicht selten euphorische Solidaritätsgefühl erfasste Soldaten und Bevölkerung gleichermaßen. Der Krieg begann mit einigen verlustvollen aber siegreichen Gefechten im grenznahen Raum bei den Spicherer Höhen, Weißenburg, Mars-la-Tour und Gravelotte/St. Privat. Wieder erwies sich die preußische Führungskunst als überlegen, die geschickt die Eisenbahn und das Führungsmittel der Telegrafie nutzte. Während ein Teil der französischen Armee in der Festung Metz belagert wurde, kam es in Nähe der belgischen Grenze am 2. September zur Entscheidungsschlacht von Sedan. Die französische Armee wurde vernichtend geschlagen und kapitulierte. Der französische Kaiser Napoleon III. geriet in Kriegsgefangenschaft. Aber Frankreich war noch nicht besiegt.

Die einzig erhaltene dritte, »Friedrichsruher«, Fassung des Hofmalers Anton von Werner (1885) zeigt die Proklamierung des Deutschen Kaiserreiches am 18. Januar 1871 im Spiegelsaal von Versailles.

In Paris wurde die Republik ausgerufen, und die neue Regierung der »nationalen Verteidigung« organisierte den Fortgang des Kampfes mit »franctireurs« (bewaffneten Zivilisten). Erst durch die Belagerung und Beschießung von Paris brach der Widerstand endgültig zusammen, und Frankreich willigte am 28. Januar 1871 in den Waffenstillstand ein.

Der Deutsch-Französische Krieg markiert eine Epochengrenze. Die Euphorie des Kriegs gegen Frankreich löste überall in Deutschland ein nicht gekanntes Gefühl des nationalen Zusammenhalts aus. Noch während des Feldzugs gelang es Bismarck, die Verbündeten Preußens durch geschickte Diplomatie für ein geeintes Reich unter Führung Preußens zu gewinnen. Die liberale Verfassung des Norddeutschen Bundes, die als Vorbild diente und zahlreiche Zugeständnisse bezüglich der Eigenständigkeit sei-

Kompass

- In drei blutigen Kriegen schafft Bismarck die Voraussetzungen zur Hegemonie Preußens und zur Gründung des zweiten Deutschen Kaiserreiches.
- Der Deutsch-Französische Krieg 1870/71 schwächt Frankreich nur mittelfristig und hegt den Keim der »Erbfeindschaft«, die 1914 in den Abgrund führt.

Karikatur des »Kladderadatsch« vom 4. September 1870 zur Annexion Elsass-Lothringens.

ner Mitgliedsländer einräumte, beförderte die Entscheidung. Am 18. Januar 1871 proklamierten die Reichsfürsten und Vertreter des Norddeutschen Bundes den preußischen König Wilhelm I. zum ersten deutschen Kaiser.

Die Reichseinheit war teuer erkauft. Knapp 45 000 Soldaten hatten auf deutscher Seite ihr Leben gelassen. Nicht nur die Reichsgründung im alten Zentrum seiner Macht in Versailles, mehr noch der Friedensschluss war für Frankreich eine Demütigung. Die Zahlung einer Kriegsentschädigung und mehr noch die Abtretung der Departements Elsass und Lothringen vergifteten das deutsch-französische Klima für Generationen. Erst die Lehre aus zwei furchtbaren Weltkriegen sollte den Weg bahnen, die »Erbfeindschaft« zu überwinden.

Oben: Ordensspange eines Kriegsteilnehmers von 1870/71.

Unten: Gemälde (1885) von französischen Kriegsgefangenen unter Bewachung preußischer Infanteristen und Ulanen.

Ein neues Kriegsbild – Technik, Organisation und Taktik

Mitte des 19. Jahrhunderts begann sich das Kriegsbild binnen einer Generation grundlegend zu verändern. Der Wandel drückte sich aus in teilweise revolutionären technischen Entwicklungen, in raumgreifenden Operationen und in der Mobilisierung noch größerer Massenheere. Die zu Beginn des 19. Jahrhunderts einsetzende Industrialisierung schuf die wirtschaftlichen und technischen Voraussetzungen dafür. Die Vorboten der totalen Kriege des 20. Jahrhunderts werden hier bereits sichtbar. Sie zeigen sich nicht nur auf dem gewaltsamen Weg zur deutschen Reichseinheit (1864–1871) sondern auch im Krimkrieg (1853–1856), in den Kriegen um die nationale Einigung Italiens (1850–1871) und vor allem im amerikanischen Bürgerkrieg (1861–1865).

Erschüttert vom Leid der 40 000 Toten und Verwundeten in der Schlacht bei Solferino (1859), regte der Schweizer Henry Dunant die Gründung des Internationalen Roten Kreuzes und die Verabschiedung der Genfer Konvention (1864) an. Diese Initiativen und eine deutliche Verbesserung der Militärmedizin verringerten ohne Zweifel die Leiden im Krieg – friedlicher wurde die Welt dadurch aber nicht. Nicht nur in den Augen der Obrigkeit, sondern auch bei breiten gesellschaftlichen Schichten blieb Krieg ein legitimes Mittel, um politische Interessen durchzusetzen. Erst die Folgen zweier Weltkriege sollten hier zu einer grundlegenden Neubewertung führen.

Die technischen Neuerungen fanden auf fast allen Feldern des Militärwesens statt. Ab Mitte des 19. Jahrhunderts begannen Hinterlader mit gezogenem Lauf die umständlicheren Vorderlader mit glatten Rohren zu ersetzen. 1840 begann Preußen seine Soldaten mit dem kurz zuvor erfundenen Zündnadelgewehr auszurüsten. Die neue Waffe vereinte zahlreiche Vorteile. Erstmals befand sich das Zündhütchen in der Patrone (die noch aus Papier bestand). Zum Laden musste der Soldat nicht mehr aufstehen und konnte im Liegen die Deckung nutzen. Die Kadenz erhöhte sich von eineinhalb Schuss auf vier bis fünf Schuss pro Minute. Hinzu kamen eine größere Reichweite und eine höhere Treffgenauigkeit. Dennoch war die Armeeführung skeptisch, ob die Soldaten mit den technischen Anforderungen zurechtkommen würden. Es dauerte über 20 Jahre, bis das Zündnadelgewehr in der gesamten preußischen Armee eingeführt wurde. Auch die Artillerietechnik machte einen rasanten Sprung nach vorne, durch Hinterladergeschütze, Rohre aus Gussstahl, verbesserte optische Instrumente und die Erfindung der Rohrrücklaufbremse.

Kavallerietransport auf der Eisenbahn: Pferdestall eines Offiziers des Garde du Corps, Holzstich nach einer Zeichnung von Friedrich Kaiser (1870).

Eine immer wichtigere Rolle für die schnelle Mobilisierung und Truppenverschiebung spielte das im 19. Jahrhundert planmäßig ausgebaute Straßennetz und das damals modernste Transportmittel, die Eisenbahn. 1866 umfasste das Eisenbahnnetz im Deutschen Bund bereits 26 000 Kilometer. Zum Vergleich: Das heutige Autobahnnetz Deutschlands ist nur halb so dicht. Die durchschnittliche Marschleistung einer Division zu Fuß lag bei etwa 25 Kilometern am Tag. Mit der Eisenbahn war die gleiche Distanz in einer Stunde zu überwinden, und die Soldaten kamen zudem ausgeruht in den Einsatz.

Die Führungsfähigkeit über größere Entfernungen wurde durch die Nutzung der Telegrafie verbessert. Die Geburtsstunde der

Unten: Preußischer Feldtelegraf von C. Lewert 1870.

Oben: Unteroffiziere der Kavallerie-Telegrafenschule in Berlin, 1909.

Preußische Artilleriebatterie bei Paris während der Belagerung der französischen Hauptstadt 1870.

modernen Fernmeldetruppe schlug 1867 mit der Aufstellung der ersten »Feldtelegraphenabteilung« in Preußen.
Bei der Marine begannen die wetterunabhängigen, schnelleren und gepanzerten Dampfschiffe die Segelschiffe zu verdrängen. Erste Experimente mit Tauchbooten, wie dem BRANDTAUCHER, zeigten, dass der Seekrieg künftig auch unterhalb der Kiellinie geführt werden würde.

Grundlegende Neuerungen gab es auch in der Luft, wo Heißluftballons für die Aufklärung genutzt wurden. Bei der Belagerung von Paris gelang dem Organisator des nationalen Volkskrieges, Léon Gambetta, auf spektakuläre Weise die Flucht mit einem Ballon. Zur gleichen Zeit wurden die ersten Flugabwehrkanonen entworfen – der Krieg zur Luft begann also schon weit vor dem Ersten Weltkrieg.

Die technischen Neuerungen schlugen sich auch in einer veränderten Organisation nieder. Die verbesserte Waffenwirkung und die Ausnutzung des Geländes forderten eine stärkere Gliederung. Die Kompanie ersetzte dabei immer mehr das Bataillon als taktische Grundeinheit. Die Verlagerung der Führungsentscheidungen von oben nach unten verlangte auch nach neuen Führungsgrundsätzen, die nicht den Befehl, sondern den Auftrag in den Mittelpunkt rückten. Die Auftragstaktik als Führungsprinzip hat hier ihre Ursprünge.

Die Artillerie erreichte aufgrund ihrer verbesserten Wirkung endgültig den Charakter einer eigenständigen Waffengattung. Die in Fuß-, Feld- und Festungsartillerie unterteilte Waffengattung spielte im Gefecht der verbundenen Waffen nun eine zentrale Rolle. Im öffentlichen Ansehen rangierte die Artillerie jedoch immer noch hinter der Infanterie und der Kavallerie. Die furchtbaren Verluste der berittenen Soldaten im Deutsch-Französischen Krieg bei Mars-la-Tour und Gravelotte/St. Privat (1870) hatten deutlich gemacht, dass die »schneidige« Kavallerieattacke bald der Vergangenheit angehörte. Vorläufig war die Kavallerie allerdings noch unverzichtbar zur Aufklärung und zum Flankenschutz.

Kompass

- Unter den Bedingungen der Industrialisierung ändert sich das Kriegsbild Mitte des 19. Jahrhunderts. Die Intensität der Konflikte nimmt zu und zeigt bereits Ansätze einer totalen Kriegführung.

Literatur

Klaus-Jürgen Bremm, Preußische Eisenbahnen und Festungen im 19. Jahrhundert. In: Militärgeschichte, 4 (2008), S. 18–21

Michael Epkenhans, Einigung durch »Eisen und Blut« – Militärgeschichte im Zeitalter der Reichsgründung 1858 bis 1871. In: Grundkurs deutsche Militärgeschichte, Bd 1. Im Auftr. des MGFA hrsg. von Karl-Volker Neugebauer, München 2006, S. 336–355

Jan Luckszat, Der Weg zur Reichseinigung, Potsdam 2008

Wie die Siegessäule nach Berlin kam. Eine kleine Geschichte der Reichseinigungskriege 1864 bis 1871. Hrsg. von Thorsten Loch und Lars Zacharias, Freiburg i.Br. 2011

Modell von Wilhelm Bauers BRANDTAUCHER (Maßstab 1:10) im Militärhistorischen Museum der Bundeswehr in Dresden.

»Platz an der Sonne« – Außen- und Militärpolitik

Die Reichseinigung hatte die Kräfteverhältnisse in Europa neu bestimmt. Deutschland war nun die unangefochtene Nummer Eins auf dem Kontinent. Nur England hatte durch sein gewaltiges Kolonialreich und seine Flotte eine noch stärkere Position. Deutschland war »saturiert«, wie Bismarck es ausdrückte, also satt und zufriedengestellt. Nun ging es darum, das mit »Eisen und Blut« Gewonnene zu sichern. Trotz seiner beeindruckenden Stärke war das Deutsche Reich durch seine strategisch ungünstige Mittellage und die Abhängigkeit von Rohstoffen zur Zusammenarbeit mit seinen Nachbarn gezwungen. Der Anschluss an die wirtschaftlich führende Nation England konnte nur in einem stabilen Umfeld gelingen. Bismarcks Außenpolitik fußte auf einer komplizierten Bündnispolitik, die das Hauptziel verfolgte, Frankreich zu isolieren. Er erreichte dies *erstens* durch den schnellen Ausgleich und fortan engen Schulterschluss mit Österreich, *zweitens* durch die Annäherung an Russland durch Bündnisse oder Nichtangriffsgarantien und schließlich *drittens* durch ein gütliches Einvernehmen mit England. Um England nicht in die Quere zu kommen, verfolgte Bismarck eine sehr zurückhaltende Kolonialpolitik. Alles lief darauf hinaus, dass Deutschland nicht gleichzeitig zwischen die Fronten Frankreichs und Russlands geraten durfte. Kaiser Wilhelm I. ließ Bismarck freie Hand mit dieser Politik, und er tat gut daran.

Mit dem Thronwechsel auf seinen Nachfolger Wilhelm II. (1859–1941) änderte das Deutsche Reich seinen außenpolitischen Kurs. Der junge neue Kaiser entließ Bismarck und schickte damit den »Lotsen von Bord«, wie eine berühmte britische Karikatur titelte. Wilhelm II. war eine schillernde Persönlichkeit: intelligent, von schneller Auffassungsgabe und technikbegeistert, aber auch sprunghaft und mit einem übersteigerten Selbstbewusstsein sowie der Zwanghaftigkeit versehen, sich vor der Welt beweisen zu müssen. Damit entsprach er in vielem den Wunschvorstellungen der Deutschen.

Wilhelm II. glaubte auf das diplomatische Netz Bismarcks verzichten zu können und löste die kunstvoll geknüpften Knoten. Die Nichtverlängerung des Nichtangriffsabkommens mit Russland trieb den östlichen Nachbarn geradewegs in die Arme Frankreichs. Koloniale Ambitionen und der Beginn eines Flottenrüstens trieben einen Keil zwischen England und

Eröffnung des Deutschen Reichstags am 25. Juni 1888 im Weißen Saal des Berliner Schlosses durch Kaiser Wilhelm II., Gemälde von Anton von Werner.

Oben: Vorrücken der deutschen Interventionstruppen während des chinesischen »Boxeraufstands« 1900/01, Gemälde von Carl Röchling.

Links: Deutscher Tropenhelm für Offiziere.

Deutschland. Als sich Frankreich und England 1904 über ihre kolonialen Einflussbereiche verständigten und ihr Bündnis mit der »Entente Cordiale« (franz. herzliches Einvernehmen) besiegelten, war das Deutsche Reich endgültig isoliert. Österreich-Ungarn und Italien standen zwar an der Seite des Deutschen Reiches und bildeten gemeinsam einen kontinentalen Block. Aber die innere Schwäche des Habsburger Vielvölkerstaats und die latente Rivalität zwischen Österreich und Italien machten deutlich, dass dies Bündnis auf tönernen Füssen stand.

Die Entlassung Bismarcks leitete auch einen außen- und wirtschaftspolitischen Strategiewechsel ein. Die Öffnung der Auslandsmärkte für die deutsche Industrie und die gleichzeitige Lockerung der deutschen Schutzzollbestimmungen kurbelten die Wirtschaft im Reich an. Deutschland wurde damit zu einem »global player«, der zunehmend sein Interesse auf weltweite Absatzmärkte und Ressourcen lenkte. Die Forderung nach einem »Platz an der Sonne« brachte dieses Weltmachtstreben auf den Punkt. In den Jahren 1884/85 sicherte sich Deutschland sein Stück vom kolonialen Kuchen, mit Togo und Kamerun,

Kompass

- Wilhelm II. verlässt Bismarcks außenpolitischen Weg der Mäßigung und des Ausgleichs und schlägt einen neuen Kurs ein, der Deutschland zunehmend isoliert.
- Das Motto lautet: »Weltpolitik als Aufgabe, Weltmacht als Ziel, Flotte als Instrument«.

»Der Lotse verlässt das Schiff.« Karikatur von John Tenniel auf die Entlassung Otto von Bismarcks durch Kaiser Wilhelm II. am 22. März 1890.

Deutsch-Südwestafrika (heute Namibia), Deutsch-Ostafrika (heute Tansania). Im Jahr 1897 kam ein Stützpunkt im chinesischen Qingdeo hinzu.

Vordergründig um diese Kolonien zu sichern, tatsächlich aber um die erste politische und militärische Macht in Europa zu werden, startete Wilhelm II. ein gewaltiges Flottenprogramm. Deutschland sollte sich daran überheben und neben Frankreich die Rivalität zu einem zweiten Gegner festigen: England. Der Wettlauf um die Vorherrschaft war schon verloren, bevor er richtig begann.

Oben: Afrikanischer Angehöriger (»Askari«) der Kaiserlichen Schutztruppe in Deutsch-Ostafrika.

Links: Ostafrikanische Skulptur eines deutschen Schutztruppenoffiziers

»Unsere Zukunft liegt auf dem Wasser« – Flottenrüstung

Dass ein aufstrebender Industrie- und Handelsstaat, der zudem über Besitzungen in Übersee verfügt, Interesse an einer effektiven Flotte hat, dürfte niemanden überraschen. Alle Kolonialmächte verfügten über mehr oder minder starke Flotten. Das Deutsche Reich hatte hier einiges nachzuholen, denn Preußen und der Norddeutsche Bund hatten sich auf den Küstenschutz konzentriert.

Die Bedeutung der Flottenrüstung unter Wilhelm II. lag in der eigentlichen Zielsetzung, der politischen Durchführung und den Dimensionen. Alle drei Faktoren offenbarten eine aggressive Außen- und Sicherheitspolitik, die von falschen Annahmen ausging und Deutschlands Kräfte überspannen musste.

Die Flottenpolitik des Kaiserreichs hatte zugleich eine außen- und eine innenpolitische Zielrichtung. Außenpolitisch ging es um Weltgeltung durch Machtdemonstrationen auf dem Wasser. Innenpolitisch setzten die »Flottenbauer« auf gigantische Investitionsprogramme, mit deren Hilfe neue Technologien entwickelt und qualifizierte Arbeitsplätze geschaffen werden sollten. Die Arbeiterschaft, so die Idee, würde am Ende vom Flottenbau durch höheren Wohlstand profitieren.

Der Startschuss fiel mit einer Personalentscheidung. 1897 berief der Kaiser Admiral Tirpitz ins Reichsmarineamt zum Staatssekretär, der damit praktisch zum Marineminister wurde. Tirpitz entwarf ein Konzept, das den Aufbau einer gigantischen Schlachtflotte von 60 größeren Kriegsschiffen bis 1920 vorsah. Er ging in seinen strategischen Planungen davon aus, dass England im Kriegsfall versuchen würde, Deutschland mit einer »Nahblockade« einzuschnüren und dafür den größten Teil seiner Flotte aufwenden müsste. Dieses Ziel konnte vereitelt werden, wenn die deutsche Flotte zwei Drittel der englischen Flottenstärke erreichen würde – so die Annahme.

Tirpitz versuchte die wahren Dimensionen des Flottenbaus zu verschleiern und spielte vor dem Reichstag mit verdeckten Karten. Er wählte ein stufenweises Vorgehen mit mehreren aufeinanderfolgenden Flottengesetzen, um die Gesamtkosten und Dimensionen zu verschleiern. Vor allem ging es darum, das Flottenprogramm so weit wie möglich parlamentarischer Kontrolle zu entziehen. Parallel rührte das Reichsmarineamt kräftig die Werbetrommel, um Öffentlichkeit und Parlament für das

Der Große Geschützte Kreuzer SMS Hansa II der Hertha-Klasse im Dock der Vulkan-Werft in Stettin, 1898.

Linienschiffe der deutschen Hochseeflotte in Kiellinie. Farbdruck nach einem Aquarell (1913) des Marinemalers Willy Stöwer.

Projekt zu gewinnen. Der 1898 gegründete Deutsche Flottenverein spielte dabei eine wichtige Rolle. Im Jahr 1908 zählte er über eine Million Mitglieder. Die Flottenbegeisterung im Deutschen Reich war entsprechend groß. Der Matrosenanzug für Kinder war sichtbarer Ausdruck der nationalen Stimmung: »Unsere Zukunft liegt auf dem Wasser«.

MHM

Aber das Konzept ging nicht auf, weil England nicht mitspielte. Die Flottenrüstung gab den entscheidenden Impuls für die Annäherung Englands an Russland und Frankreich (Entente cordiale). Mit dem einfachen aber wirkungsvollen Strategiewechsel von der Nah- zur Fernblockade ging auch das Tirpitzsche Zahlenspiel nicht mehr auf. Schließlich setzte England zum »Dreadnoughtsprung« an. Die DREADNOUGHT (engl. Fürchtenichts) lief als Super-

Kaiserreich

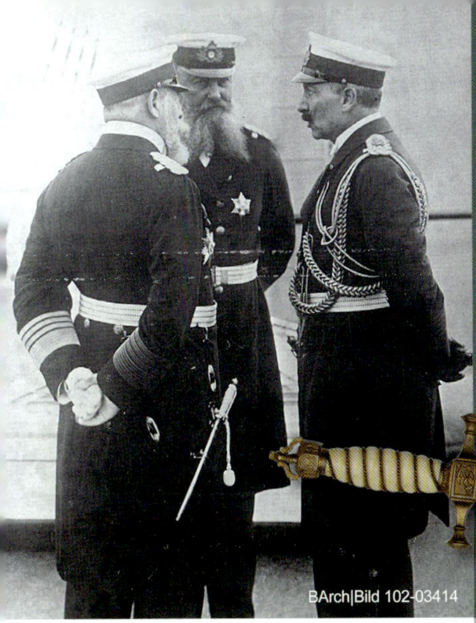

BArch|Bild 102-03414

Henning von Holtzendorff, Alfred von Tirpitz und Kaiser Wilhelm II. (v.l.) im Gespräch, 1910.

schlachtschiff 1905 vom Stapel. In Hinblick auf Bewaffnung (10 Geschütze mit 30,5 cm), Panzerung und Geschwindigkeit (22 Knoten – so schnell wie moderne Fregatten der Bundeswehr) war diese Schiffsklasse allem überlegen, was bisher vom Stapel gelaufen war. In dem nun beginnenden Rüstungswettlauf, bei dem in immer kürzerer Zeit immer größere Schlachtschiffe gebaut wurden, konnte das Deutsche Reich nicht mithalten. Parallel forderte das Heer seinen Preis, denn auch hier musste technisch investiert werden. Wirtschaftlich war Deutschland nach der Reichsgründung ohne Zweifel aufgestiegen, aber die Weltmacht England spielte in einer anderen Klasse.

Kompass

- In der Flottenpolitik verbinden sich deutsches Weltmachtstreben und Größenwahn.
- Mit dem »Dreadnoughtsprung« wird eine maritime Rüstungsspirale in Gang gesetzt, der Deutschland nicht folgen kann.

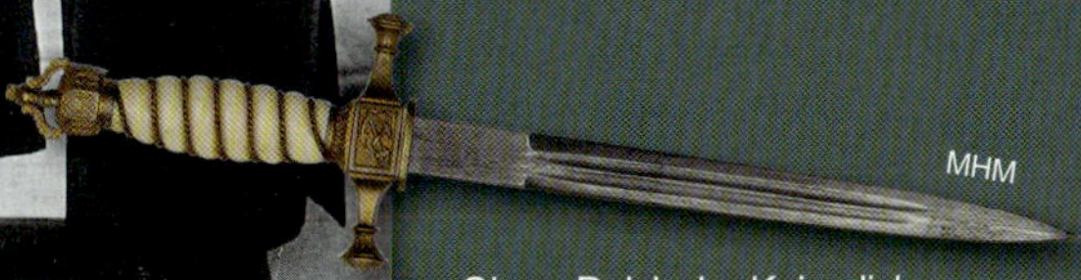

MHM

Oben: Dolch der Kaiserlichen Marine, 1901.

ullstein bild|Archiv Gerstenberg

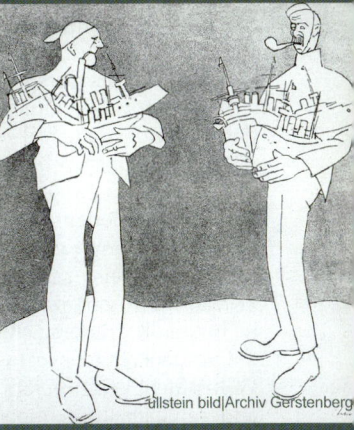

Oben: »Wie sollen wir uns da die Hand geben?« Karikatur zum deutsch-britischen Flottenwettrüsten (1912).

Links: Gesticktes Erinnerungsbild eines Besatzungsmitgliedes an seine Dienstzeit auf der SMS Iltis (1903–1906).

Die Dominanz der Uniform –
Militär und Gesellschaft im Kaiserreich

Wer nach Beispielen für Militarisierung in der deutschen Geschichte sucht, dem wird schnell das Kaiserreich einfallen. Es gibt sehr unterschiedliche Definitionen von Militarisierung. Allen ist gemeinsam, dass Militärisches einen unbedingten Vorrang genießt und die erste Geige spielt: in der Politik, in der Wirtschaft, manchmal in der Kultur und vor allem in der zivilen Gesellschaft. Ohne Zweifel gibt es dafür überall im Europa des 19. und frühen 20. Jahrhunderts Beispiele. Aber im Deutschen Kaiserreich war der militärische Vorrang ungewöhnlich, man könnte auch sagen, beispielhaft ausgeprägt.

Die Ursachen der Militarisierung haben eng mit der Reichsgründung zu tun. Die militärischen und politischen Erfolge auf dem Weg zur Reichseinheit hatten die Bevölkerung im wahrsten Sinne des Wortes »siegestrunken« gemacht. Das Militär genoss allenthalben eine hohe Wertschätzung. Der Kaiser selbst lebte das vor, indem er sich ständig in wechselnden Uniformen öffentlich präsentierte. Bismarck trat nach dem Deutsch-Französischen Krieg häufig in der Öffentlichkeit und sogar im Reichstag in Uniform auf: als General der Kavallerie.

Die Uniform dominierte das Straßenbild, nicht nur durch Soldaten, sondern auch durch zivile Institutionen, vom Schaffner über den Polizisten bis zum Förster. Wer Uniform trug, machte mehr her. Besonders deutlich wurde das an Festtagen, zum Beispiel am Sedanstag, dem Geburtstag des Kaisers oder bei Stapelläufen von Kriegsschiffen, die wie Volksfeste gefeiert wurden. Die Begeisterung für die Uniform ging so weit, dass der »Kieler Matrosenanzug« als bevorzugtes Kleidungsstück für kleine Jungen Karriere machte.

Die neue Reichsverfassung von 1871 legte eine allgemeine Wehrpflicht von drei Jahren fest. Die Stellvertretung durch einen anderen Dienstpflichtigen war nicht mehr möglich. Da sich niemand dem Dienst entziehen konnte, schuf die Wehrpflicht ein bisher nicht gekanntes Gefühl staatlicher Gemeinschaft.

In einer ansonsten durch tiefe soziale Gräben getrennten Gesellschaft führte die Allgemeine Wehrpflicht unterschiedliche gesellschaftliche Gruppen zusammen und förderte ein nationales »Wir-Gefühl«. Dennoch waren die sozialen Unterschiede beim Militär erheblich. Das Gefühl der Kameradschaft mochten die Angehörigen derselben Statusgruppen empfinden. Zwischen

Uniformbegeisterte Familie:
Kaiser Wilhelm II. mit Frau und Kindern (1896).

»Liebesmahl«. Im deutschen Heer gemeinschaftliches Mahl der Offiziere einer Garnison oder eines Regiments. Darstellung nach einem Gemälde (1890) von Robert Warthmüller.

Mannschaften und Unteroffizieren und erst recht zwischen diesen und den Offizieren existierten jedoch unüberwindbare soziale Schranken.

Der Offizier stand an der Spitze, nicht nur der militärischen, sondern auch der sozialen Hierarchie. Mit dem »Leutnant der Reserve« löste man die Eintrittskarte für einen zivilen Aufstieg und höchstes gesellschaftliches Ansehen. Viele Familien schickten ihre Söhne nur deshalb auf eine höhere Schule, damit sie den Weg zum Reserveoffizier einschlagen konnten. Für betuchte junge Männer, die sich selbst verpflegen und ausrüsten konnten, bestand die Möglichkeit, den Dienst auf ein Jahr als »Einjährig Freiwilliger« zu verkürzen. Die jährlichen Kosten beliefen sich auf 2000 bis 3000 Mark, das entsprach drei Jahreseinkommen einer Arbeiterfamilie oder dem Jahresgehalt eines älteren Oberleutnants. Wer die Kosten aufbrachte, der konnte nach einem Jahr, bei entsprechender Eignung und nach dem Ablegen einer Prüfung, das begehrte Offizierpatent erwerben. Das Militär öffnete sich damit für die wohlhabenden bürgerlichen Kreise. Überhaupt nahm die Zahl der bürgerlichen Offiziere während des Kaiserreichs erheblich zu, vor allem bei den technischen Truppen und der Marine. In den militärischen Spitzenpositionen dominierte allerdings weiterhin der Adel.

Die Militarisierung des Kaiserreichs offenbarte sich schließlich in der Politik. Die Entscheidungen der militärischen Führung konnten von den parlamentarischen Institutionen kaum kontrolliert werden. Der Kaiser stand im Konfliktfall meistens auf der Seite des Militärs. Auch die Planungen des Generalstabs unterlagen keiner Kontrolle des Reichstages. Der »Schlieffenplan« zum Beispiel, der im Kriegsfall die Verletzung der Neutralität

Belgiens, der Niederlande und Luxemburgs vorsah, wurde ohne jede politische Überwachung entwickelt.

Die Militarisierung der Gesellschaft im Kaiserreich war deshalb so stark, weil sie von oben und unten gleichermaßen betrieben wurde. Heer und Flotte galten als »Schule der Nation«. Die Soldaten sollten nicht nur militärisch ausgebildet, sondern auch in ihrer patriotischen und monarchischen Überzeugung und dem Vertrauen in die Obrigkeit gestärkt werden. Politisch unabhängige oder gar kritische Stimmen hatten beim Militär nichts verloren. Das galt vor allem für die Vertreter der Arbeiterschaft und die Anhänger der Sozialdemokratie, die als »Reichsfeinde« verunglimpft wurden. Deren Ausgrenzung konnte lächerliche Züge annehmen. Weil Fußball zum Beispiel als »Sozialistensport« galt, war der populäre Ballsport viele Jahrzehnte in den Kasernen verboten.

Die »reichstreuen Kreise« pflegten ihren »Gesinnungsmilitarismus« auch außerhalb der Kasernen, zum Beispiel im Flottenverein und in zahlreichen Kolonial- und Kriegervereinen. Die Erfahrung des militärischen Dienstes in Krieg und Frieden bildete eine unsichtbare nationalkonservative und kaisertreue Klammer. Aus diesem Geiste erwuchsen gehorsame und politisch angepasste Untertanen. Für den Fortgang der deutschen Geschichte und die schuldhafte Verstrickung in die Katastrophen des 20. Jahrhunderts sollte sich diese Gemengelage als verhängnisvoll erweisen.

Kompass

- Das Deutsche Kaiserreich ist eine militarisierte Gesellschaft, in der das Militär eine politische und gesellschaftliche Sonderstellung genießt.

akg-images|© VG Bild-Kunst, Bonn 2013

Das Lehrstück zum preußischen Militarismus lieferte der vorbestrafte Schuster Wilhelm Voigt ab. In einer von einem Trödler erworbenen Hauptmannsuniform »vergatterte« er am 16. Oktober 1906 einen Trupp vorbeikommender Soldaten, drang mit diesem in das Rathaus von Köpenick ein, verhaftete den Bürgermeister und raubte die Stadtkasse mit 4000 Reichsmark. Karikatur von Ernst Kellermann (d.i. Bruno Paul) aus dem »Simplizissimus«.

Soldatenalltag im Kaiserreich

Wer den hohen körperlichen Anforderungen entsprach, musste im Kaiserreich für zwei bis drei Jahre Wehrdienst leisten. Der Dienst markierte einen Einschnitt im privaten Leben. Zugleich war das Tragen der Uniform mit großem Prestigegewinn verbunden. Nicht gedient zu haben, war ein Makel. Die bunte Uniform galt als chic und hob sich ab von den eher dunkel und unauffällig gekleideten Zivilisten. Im Ausgang trug jeder Soldat einen Säbel oder das kurze Seitengewehr. Zivilisten war das Tragen von Waffen generell verboten.

Durch den Militärdienst kamen viele Rekruten auch zu einer völlig neuen Raumerfahrung. Im 19. Jahrhundert lebten die meisten Menschen auf dem Land. Sie überschritten selten die Grenzen ihres Dorfes. Mit der Rekrutierung verließen viele junge Männer zum ersten Mal ihre engere Heimat und kamen für längere Zeit in eine Stadt, denn hier lagen die meisten Kasernen. Allein die Anreise mit der Eisenbahn war für nicht wenige ein neues Erlebnis.

Am Tag der Einkleidung tauschte der Rekrut nicht nur die Zivilmit der Militärkleidung. Mancher erhielt sogar erstmals ein vernünftiges, aus Leder gemachtes Schuhwerk. Die Soldaten mussten sich zwar Gemeinschaftsräume mit nicht selten zwei Dutzend Kameraden teilen, aber immerhin schlief jeder in seinem eigenen Bett. Auch das war in der zweiten Hälfte des 19. Jahrhunderts keinesfalls selbstverständlich, wo sich »Schlafburschen« in den Großstädten wechselweise Betten teilen mussten oder auf dem Land Geschwister auch als Heranwachsende gemeinsam in einem Bett schliefen.

In älteren Kasernen waren die Wohnbedingungen sehr schwierig. Seit dem späten 19. Jahrhundert achtete man bei Kasernenneubauten auf Tageslicht in den Räumen, ausreichende Beheizung und Wasserversorgung sowie angemessene Sanitäranlagen. Durch den Bau von Lazaretten in den größeren Garnisonen sowie Genesungs- und Invalidenheimen konnte die medizinische Versorgung deutlich verbessert werden.

Die Verpflegung war im Allgemeinen qualitativ gut, ausgewogen und in jedem Fall reichhaltig – nicht zuletzt, weil der körperlich fordernde Dienst dies notwendig machte. Zur Aufbesserung der Verpflegung und nicht zuletzt zum Erwerb alkoholischer Getränke oder Tabakwaren verfügte jede Kaserne über eine Kantine. Die Soldaten erhielten zwar im internationalen Vergleich einen relativ üppigen Sold, aber große Sprünge waren mit 10 Mark

Turnen am Querbaum in der Kaserne des Kasseler Artillerieregiments 11, undatierte Aufnahme.

BArch|Bild 136-B2547|Tellgmann

Ausbildung der Feldartillerie im Kasernenhof an der FK 96 n.A. (Feldkanone 96 neuer Art).

monatlich dennoch nicht möglich. Eine Brotzeit und ein Bier kosteten zum Beispiel 50 Pfennig, ein Liter Milch etwa die Hälfte.
Hinzu kamen Beschränkungen, die der Kontrolle und Disziplinierung dienten. Soldaten durften nicht eigenmächtig nach Dienst die Kaserne verlassen. Wer heiraten wollte, musste sich bei seinem Vorgesetzten eine Genehmigung holen, die den Wehrpflichtigen und jungen Unteroffizieren in der Regel verwehrt wurde. Zur Hebung der »sittlichen Moral« und Festigung der patriotischen Überzeugungen mussten die Soldaten regelmäßig am Sonntag in den Gottesdienst – unter Aufsicht ihrer Vorgesetzten. Kirchliche und staatliche Obrigkeit spielten dabei Hand in Hand.

Und dennoch: Die allgemeinen Einschränkungen und Disziplinierungen wurden nicht so störend empfunden, wie wir es heute vielleicht vermuten würden. Der Wehrdienst galt als Ehrendienst. Die Kompanien und Regimenter empfahlen sich als Heimat, mehr noch, als »Familie«. Die Soldaten sollten sich mit ihnen identifizieren, und sie taten dies im Allgemeinen auch.

Kritik äußerte sich in anderen Bereichen. Berichte über stumpfen Drill, über anmaßende und nicht selten in der Menschenführung überforderte Vorgesetzte blieben nicht hinter den Kasernenmauern verborgen. Sie fanden in der kritischen Presse, zum Beispiel der Satirezeitschrift »Simplicissimus«, oder in Anfragen einzelner Reichstagsabgeordneter im Parlament ihren Widerhall. Die Gewaltbereitschaft war relativ hoch. Durch das Zusammenleben auf engem Raum und den ständigen äußeren Druck kam es immer

Kompass

- Der Wehrdienst wird sehr unterschiedlich wahrgenommen: als Ehrendienst und neue Lebenserfahrung aber auch als Zeit der Disziplinierung, des stumpfsinnigen Drills und der Willkür durch Vorgesetzte.

Links: Bei diesem handelsüblichen Reservistenbild handelt es sich um einen Vordruck, auf den der von einer Fotografie des Soldaten ausgeschnittene Kopf geklebt wurde.

wieder zu Handgreiflichkeiten und Diebstählen. Schließlich gehörten ein rüder Umgangston, Beschimpfungen, Fußtritte und Schläge durch die Vorgesetzten zum Alltag einfacher Soldaten. Die Stimmen einer zunehmend kritischen Öffentlichkeit in Presse und Reichstag riefen sogar Kaiser Wilhelm II. auf den Plan, der in einer Kabinettsorder 1892 feststellte: »Ich gebe mich der Erwartung hin, dass es gelingen wird, die Zahl der Misshandlungen Untergebener weiter abzumildern. Es ist die Pflicht der Vorgesetzten aller Grade, in erster Reihe durch Beispiel und Erziehung auf dieses Ziel hinzuwirken. Reichen diese Mittel nicht aus, so sind die Schuldigen zur Verantwortung zu ziehen und darüber nicht im Zweifel zu lassen, dass ich bei Bestrafung wegen Misshandlung Untergebener keine Nachsicht walten lassen will.«

Einweihung der Marineschule Flensburg-Mürwik in Gegenwart Kaiser Wilhelms II. am 21. November 1910.

Organisation, Ausbildung und Uniform

Die Grundzüge der Heeresorganisation veränderten sich im Kaiserreich nur wenig. Die höchste operative Einheit bildete das Armeekorps, das sich aus allen Waffengattungen zusammensetzte. Es bestand in der Regel aus zwei Infanteriedivisionen, zwei Feldartilleriebrigaden, einem Fußartillerieregiment, vier Kavallerieregimentern sowie Technik- und Logistiktruppenteilen. Die Friedensstärke eines Armeekorps betrug 35 000, die Kriegsstärke 45 000 Mann. Zwischen 1871 und 1912 wuchs das Heer von 18 auf 25 aktive Armeekorps an.

Die Infanterie bildete das Rückgrat des Heeres. Die im Deutsch-Französischen Krieg sichtbar gewordene Unterlegenheit der deutschen Infanteriewaffen wurde erst mit der Einführung des »Gewehr 88« und seines Nachfolgers, des »Mauser-Gewehr 98« ausgeglichen. Das »K-98« (K = Karabiner) genoß einen legendären Ruf, weil es leicht zu handhaben, robust und treffsicher war und eine hohe Reichweite hatte. Für fast 50 Jahre blieb das »K-98« die Standardwaffe der deutschen Infanterie.

Die Bedeutung des Maschinengewehrs wurde lange unterschätzt. Die ersten Modelle krankten an technischer Unzuverlässigkeit. Sehr viel später als in anderen Ländern erfolgte dessen Einführung im Deutschen Reich erst 1908. Die wassergekühlte Waffe basierte bereits auf dem bis heute gängigen Prinzip des Rückstoßladers. Die Feuergeschwindigkeit lag bei 400 bis 500 Schuß/Minute, die maximale Reichweite bei 4000 m. Mit über 25 kg Gewicht war das MG allerdings so schwer, dass es nur von einer Lafette aus bedient werden konnte.

Die technische Entwicklung der Artillerie machte nach dem Deutsch-Französischen Krieg große Fortschritte. 1905 erhielt die Truppe die FK 96 n.A. (Feldkanone 96 neuer Art). Sie verfügte über eine hydropneumatische Rohrrücklaufbremse, ein Rundblickfernrohr und ein Schutzschild für die Bedienmannschaften. Das Geschütz verschoss 7,7-cm-Granaten bei einer maximalen Reichweite von 8400 m.

Mit der Jahrhundertwende setzte ein allgemeiner Technologieschub ein, der auch die Militärtechnik beeinflusste. Dazu gehörte die Telegrafie, die eine Nachrichtenübermittlung per Melder und Pferd immer stärker zurückdrängte. Automobile erwiesen sich als schneller und leistungsfähiger als Pferde. Die hohen Kosten und der Zustand des Straßennetzes setzten jedoch der Einführung Grenzen. Trotz der Erfahrungen bei der Belagerung von Paris 1870/71 begann das Militär nur zögernd, den Luftraum zu nutzen. 1884 stellte Preußen sein erstes, allerdings nur sehr kleines »Luftschifferdepartement« auf. Bei Kriegsausbruch ver-

Tradition trifft Moderne: Kapitänleutnant a.D. Paul Engelhardt bei Flugversuchen mit einem Doppeldecker in Johannisthal bei Berlin, 12. August 1910.

fügte das Heer über fünf Luftschifferbataillone und die Marine über eine Luftschifferabteilung. Unter den verschiedenen Bauprinzipien setzte sich das sogenannte starre Luftschiff durch, das am Boden unbeweglich und groß, dafür aber zuverlässig und stabil war. Wegweisend sollten dabei die Entwicklungen des Grafen Zeppelin sein, eines vorzeitig in Ruhestand getretenen württembergischen Generalmajors. Die Hauptaufgabe der Zeppeline bestand in der Fernaufklärung.

Die Entwicklung des propellerbetriebenen Flugzeugs beäugten die Militärs lange mit großer Skepsis. Trotz steigender Flugbegeisterung in aller Welt begann die preußische Armee erst 1909 die Entwicklung eines Flugzeugs in Auftrag zu geben. Während man in Großbritannien zur gleichen Zeit den Kampfeinsatz von Flugzeugen testete, sollten deutsche Maschinen anfangs nur zur Aufklärung eingesetzt werden. In Zweimannmaschinen übernahm die Aufklärung ein Offizier, während der Flugzeugführer in der Regel aus dem Unteroffizierkorps stammte. Jedem Armeekorps war eine Fliegerabteilung mit sechs Maschinen zugeteilt. Unmittelbar vor Kriegsbeginn betrug die personelle Gesamtstärke etwa 600 Flugzeugführeroffiziere, 220 Flugzeugführerunteroffiziere sowie 500 Beobachteroffiziere.

Oben: August von Mackensen, Kaiser Wilhelm II. und Kronprinz Wilhelm (v.l.) reiten die Front des 1. Leibhusarenregiments ab.

Rechts: Attila eines Gefreiten des Preußischen Leibhusaren-Garderegiments.

Das 19. Jahrhundert gehörte zu den farbenprächtigsten Uniformepochen. Der »Rock des Königs« war mehr als nur Arbeits- oder Gesellschaftskleidung, sondern Standeszeichen. Wer Uniform trug, und das taten in dieser Epoche sehr viele, der zeigte damit an, dass er dem Staat diente: Als Polizist, Forst-, Post- oder Bahnbeamter, als Schaffner oder Pedell oder als Soldat. An den höchsten staatlichen Feiertagen, dem Sedanstag und dem Kaisergeburtstag, oder bei staatlichen Akten wie Schiffstaufen oder Denkmalseinweihungen waren alle Angehörigen des »Beurlaubtenstandes der Reserve« geradezu besessen, die Uniform anlegen zu dürfen. Die Uniform ordnete seinen Träger einer bestimmten Funktion aber mehr noch einem gesellschaftlichen Rang zu. Das Heer des Deutschen Reiches setzte sich auch nach 1871 aus den Länderkontingenten zusammen, sodass es landsmannschaftliche Unterschiede gab. Bei der Infanterie waren die Uniformen sehr ähnlich. Hier dominierten der dunkelblaue Uniformrock mit roten Aufschlägen und Kragen und die Pickelhaube als Kopfbedeckung. Die 1846 eingeführten Rangabzeichen änderten sich bis zum Ende des Ersten Weltkriegs nur unwesentlich. Gefreite hatten am Stehkragen einen Wappenknopf, in dem sich ein Adler befand. Unteroffiziere ohne Portepée führten am Seitengewehr eine Troddel und am Kragen eine gold- oder silberfarbene breite Tresse. Sie ist der heutigen Unteroffiziertresse auf den Schulterstücken sehr ähnlich. Sergeanten hatten zusätzlich eine Tresse am Ärmelaufschlag und einen Auszeichnungsknopf am Kragen. Vizefeldwebel und Feldwebel gehörten zu den Portepéeunteroffizieren, das heißt sie waren berechtigt, wie die Offiziere das schmucke Portepée am Seitengewehr zu tragen. Am Ärmelaufschlag führten die Vizefeldwebel eine und die Feldwebel zwei Tressen. Die Offizierstellvertreter, eine Dienststellung, die 1887 eingeführt wurde, trugen die Uniform eines Feldwebels und zusätzlich Schulterklappen, die von einer gold- oder silberfarbenen Tresse eingefasst waren (vergleichbar mit der Schulterklappe der Stabsunteroffiziere der Bundeswehr).

Erst bei den Offizierdienstgraden gab es durchgängig Schulterklappen und Sterne, deren Grundform sich bei allen zukünftigen Offizieruniformen in deutschen Streitkräften kaum noch veränderte. Die Offizierschulterklappen wurden in der preußischen Armee 1866 eingeführt und ersetzten die Epauletten als etwas sperrige Vorgänger. Die 1888 angepasste Grundform blieb im Wesentlichen bis 1945 bestehen: Für Leutnants und Hauptleute einfach geflochtene, silberfarbige Schnüre, für Stabsoffiziere mehrfach geflochtene, silberfarbige Schnüre und für Generale goldfarbige, breite, mehrfach geflochtene Schnüre.

Um die Jahrhundertwende begannen sich die meisten Armeen vom bunten Rock zu verabschieden. Die Einführung rauchschwachen Pulvers und die verbesserte Waffenwirkung machten dies notwendig. Nur Frankreich machte 1914 noch in der bunten Friedensuniform mobil. Im Deutschen Reich begann man bereits 1897 mit der Umstellung bei einigen Truppenteilen. Ab 1910 wurde »Feldgrau« im ganzen Heer getragen.

Kompass

- Während sich die Heeresorganisation im Kaiserreich kaum ändert, nimmt die Militärtechnik einen rasanten Verlauf.
- Das Tragen der Uniform spielt in der Öffentlichkeit eine große Rolle.
- Schon vor dem Ersten Weltkrieg wird die bunte Uniform durch das zweckmäßige »Feldgrau« ersetzt.

Literatur

Frank Nägler, Flottenrüstung, Innenpolitik und internationale Lage. In: Begegnungen mit Geschichte, M 3. Hrsg. von Klaus Baumgart, Schwalbach i.Ts. 2003, S. 5–19

Karl-Volker Neugebauer, Des Kaisers »schimmernde Wehr«. Militärgeschichte des Deutschen Kaiserreichs 1871 bis 1914. In: Grundkurs deutsche Militärgeschichte, Bd 1. Im Auftr. des MGFA hrsg. von Karl-Volker Neugebauer, München 2006, S. 378–485

Matthias Rogg, Im Rock des Königs – soldatische Lebenswirklichkeit. In: Wie die Siegessäule nach Berlin kam. Eine kleine Geschichte der Reichseinigungskriege 1864 bis 1871. Hrsg. von Thorsten Loch und Lars Zacharias, Freiburg i.Br. 2011, S. 42–46

August 1914

Augusterlebnis haben die Zeitgenossen jene Tage im Spätsommer 1914 getauft. Man mag heute kaum glauben, dass so viele Menschen den Ausbruch des Krieges feierten. Selbst Künstler und Schriftsteller, die schon kurze Zeit später zu erbitterten Gegnern des weltumspannenden Krieges werden sollten, ließen sich anfangs von der Begeisterung anstecken. Die Welt torkelte in einem vorweggenommen Siegesrausch und nahm nicht wahr, dass sie schon in den Abgrund blickte. Vermutlich konnte sich niemand auch nur annähernd vorstellen, welche Schrecken ein industriell geführter Maschinenkrieg tatsächlich bringen würde.

Die meisten Deutschen glaubten, dass ihnen der Krieg vom Ausland aufgezwungen worden war. Angesichts der zunehmenden Krisen in den Jahren davor, zuletzt zwei Kriege auf dem Balkan 1912 und 1913, empfanden es nicht wenige als Befreiung, dass sich nun die Spannung »endlich« löste. Der Krieg sollte wie ein »reinigendes Gewitter« die unklaren politischen, territorialen und ethnischen Fragen klären. Die meisten Menschen wussten nicht mehr, wie sich Krieg »anfühlt«. Das letzte unmittelbare Kriegserlebnis lag in Deutschland 43 Jahre zurück. Die Militarisierung der Gesellschaft hatte die Hemmschwelle für einen »Waffengang« gesenkt. Die lebendig gehaltene Erinnerung an die schnellen Siege in den Einigungskriegen mischte sich mit einem Gefühl nationaler Überlegenheit. »Ausflug nach Paris« und »Weihnachten wieder daheim« schrieben viele Soldaten im Überschwang mit Kreide an die Eisenbahnwaggons, die sie an die Front brachten – als wären sie moderne »Schlachtenbummler«. Der Schriftsteller und Kriegsfreiwillige Carl Zuckmayer stellte später fest: »Wir Jungen hatten nur eine Angst: es könne wirklich zu Ende sein, bevor wir dabei gewesen waren.« Allerdings gab es auch nachdenkliche Stimmen und tiefer gehende Ängste, vor allem bei der ländlichen Bevölkerung.

Die Kriegsschuldfrage wird heute differenziert betrachtet. Ohne Zweifel hatte das Deutsche Reich einen entscheidenden Anteil am Ausbruch des Ersten Weltkriegs: durch die planmäßig betriebene Militarisierung von Staat und Gesellschaft, eine übermäßige Rüstung, eine verantwortungslose Bündnispolitik und eine arrogante Selbstüberschätzung. Aber auch die anderen

Einberufene Soldaten auf dem Weg zur Front; Abfahrt eines Truppentransportes in Richtung Westen nach der Allgemeinen Mobilmachung, Ende August 1914.

Die Chefs des Deutschen Generalstabs (v.l.):
Alfred Graf von Schlieffen (1891–1906), Helmuth von Moltke
»der Jüngere« (1906–1914), Erich von Falkenhayn (1914–1916) und
Paul von Hindenburg (1916–1918).

europäischen Mächte trugen Verantwortung. Fast alle Staaten hatten enorm aufgerüstet. Nationaler Egoismus war wichtiger als gesamteuropäisches Denken und Handeln. Vor allem lösten die Bündnisverpflichtungen einen Automatismus aus, der nicht mehr gestoppt werden konnte. An dieser unheilvollen Entwicklung waren alle europäischen Kriegsparteien beteiligt. Die drohenden Gewitterwolken der Krisen vor 1914 hatten keine Seite zu einem Umdenken bewegen können.

Europa war im Sommer 1914 ein Pulverfass. Der Funke, der die Katastrophe auslöste, entzündete sich am 28. Juni 1914, als der österreichische Thronfolger Erzherzog Franz Ferdinand in Sarajewo bei einem Attentat bosnischer Separatisten tödlich getroffen wurde. Im Juli eskalierte die Situation. In einer Kettenreaktion erklärte erst Österreich den Serben und daraufhin Russland den Österreichern den Krieg. Im Deutschen Reich befeuerte der deutsche Generalstabschef die Entwicklung, indem er die Österreicher zur Generalmobilmachung drängte. Die militärische Führung hatte sich dabei nicht mit der politischen Leitung abgesprochen – eine Ungeheuerlichkeit! Deutschland stand, wie Kaiser Wilhelm II. es ausdrückte, in »Nibelungentreue« zu Österreich-Ungarn und erklärte am 1. August Russland und zwei Tage später Frankreich den Krieg.

Da der 1905 entworfene Aufmarschplan des Generalstabschefs Alfred von Schlieffen vorsah, den Angriff auf Frankreich über das neutrale Belgien und Luxemburg zu führen, folgte nun automatisch die Kriegserklärung Großbritanniens. Im Reichstag fiel die letzte mögliche Bastion, als die Parlamentarier aller Parteien die notwendigen Kriegskredite bewilligten.

Der »Schlieffenplan« sah auf dem Papier einfach aus, war aber ausgesprochen riskant. Um einen langen Zweifrontenkrieg zu vermeiden, sollte zuerst Frankreich in einem schnellen Schlag niedergerungen und anschließend Russland besiegt werden. Es gab keine nennenswerten Reserven und vor allem keinen »Plan B«. Deutschland zockte wie ein gereizter Spieler und setzte alles auf eine Karte.

Anfangs schienen die Planungen aufzugehen. Im Osten machten die Russen überraschend schnell mobil, wurden aber in den Schlachten bei Tannenberg und anschließend bei den Masurischen Seen entscheidend geschlagen. Die drohende Invasion im Osten konnte so verhindert werden.

Auch im Westen verlief anfangs alles wunschgemäß. Über Belgien und Luxemburg marschierten die deutschen Armeen durch Nordfrankreich, um in einer großen Umfassung auf Paris vorzustoßen. Als die französische Hauptstadt bereits in Reichweite der deutschen Artillerie lag, stoppten Franzosen und Briten den Vormarsch im September 1914 am Fluss Marne. Das »Wunder an der Marne« war kein Zufall, sondern das Ergebnis einer völlig überdehnten deutschen Front. Zwischen zwei deutschen Armeen hatte sich eine Lücke von 40 Kilometern aufgetan, die nur durch eine Rücknahme der Front geschlossen werden konnte. Beide Seiten versuchten nun in einem »Wettlauf zum Meer« den Gegner im Norden zu überflügeln. Im November 1914 erstarrte die Front. Die Soldaten gruben sich ein und gingen zum Stellungskrieg über, vier furchtbare Jahre lang.

Kompass

- Weil keine Seite ein ernsthaftes Interesse an der Verhinderung des Krieges hat, löst der Bündnisautomatismus einen Flächenbrand aus.
- Deutschland setzt mit dem riskanten »Schlieffenplan« militärisch alles auf eine Karte und verrechnet sich.
- Im Herst 1914 erstarren im Westen die Fronten und der Bewegungs- wird zum Stellungskrieg.

BArch|Bild 183-R34687

MHM

Oben: Deutsche Soldaten beim Frühstück im Schützengraben an der Westfront, Ende 1914.

Links: »Entlausungsschein« des 10. AOK, 1917.

81

Stellungskrieg und Materialschlacht im Westen – Bewegungskrieg im Osten

Im Herbst 1914 wurde an der Westfront aus dem Bewegungskrieg ein Stellungskrieg. Die Soldaten krallten sich förmlich in die Erde, gruben Schützengräben und Unterstände aus. Stacheldrahtverhaue sicherten das Vorfeld des »Niemandslandes«.

Der Grabenkrieg band zwar den Soldaten an den Schützengraben, aber er entfesselte eine bisher nicht gekannte zerstörerische Kraft. Die moderne Waffentechnik forderte einen ungeheuren Blutzoll. Das Maschinengewehr wurde zum Inbegriff des Maschinenkriegs. Die Typenbezeichnung des deutschen Standardmaschinengewehrs »08/15« wurde zum Sinnbild für ein seelenloses Muster. Neben dem Maschinengewehr forderte die Artillerie die größten Opfer. Da nur schwere Artillerie der Infanterie den Weg durch die Feldbefestigungen freischießen konnte, nahm die Zahl großkalibriger Geschütze bis zu 30 cm erheblich zu. Durch »Trommelfeuer« (zusammengefasstes Dauerfeuer ohne Pause) und »Feuerwalze« (dynamisches Feuer unmittelbar vor den Spitzen der vorrückenden Infanterie) versuchte man eine materielle Überlegenheit zu erreichen. Der mit Abstand größte Teil der Verwundungen und tödlichen Verletzungen des Ersten Weltkriegs ging auf den Einsatz der Artillerie zurück. Die Zerstörungskraft war kaum vorstellbar. Die großen Splitter rissen furchtbare Wunden und übersäten die Schlachtfelder mit Leichenteilen. In der Schlacht von Verdun schlug allein im schwer umkämpften Fort Douaumont auf jedem Quadratzentimeter durchschnittlich ein Geschoss ein: von der Gewehrkugel bis zur 30-cm-Granate. Bei der nahe gelegenen »Höhe 304« rasierte das Artilleriefeuer die Bergspitze um mehrere Meter ab. Allein bei Verdun gingen etwa 135 000 Waggonladungen Granaten nieder. Das entspricht einer theoretischen Zuglänge von Berlin nach Rom: fast 1400 km!

Die furchtbaren Menschenverluste der abnormen Materialschlachten wurden billigend in Kauf genommen. Im Ypernbogen verloren beide Seiten 1915 etwa 80 000 Mann, bei Verdun 1916 über 700 000 und an der Somme über 1 200 000 Soldaten. Allein am ersten Tag der Sommeoffensive verzeichneten die Briten 20 000 Tote und 40 000 Verwundete –

Rechts: Deutscher Artillerist mit 42-cm-Granate.
Oben: Luftaufnahme des von Artillerieeinschlägen zerklüfteten »Niemandslandes« vor Verdun.

die Hälfte der dort eingesetzten Infanterie. Die Geländegewinne waren lächerlich und änderten nichts am Kriegsverlauf.
Neue Waffen wurden entwickelt oder verbessert: die Handgranate, der Flammenwerfer, die Maschinenpistole, der Minenwerfer und ab 1916 die »Tankwaffe«, eine Frühform des Panzers. Ab 1916 nutzten alle Kriegsparteien den Stahlhelm. Im April 1915 setzten die Deutschen bei Ypern in Flandern zum ersten Mal Gas ein. Bis zum Ende des Krieges forderte allein diese Waffe 20 000 Tote und eine halbe Million Verletzte, viele davon Erblindete.

Die neue Kriegführung veränderte auch die Wahrnehmung der Soldaten. Aus der Perspektive des Schützengrabens war das Kampfgeschehen für den Einzelnen nicht mehr zu überblicken. Allein das Gefühl der Orientierungslosigkeit und Verlassenheit führte bei vielen Soldaten zu starken psychischen Belastungen. Auch die gewohnten Zeitrhythmen gingen verloren. Um sich der Beobachtung der feindlichen Aufklärung zu entziehen, verlagerte man das Kampfgeschehen häufig in die Nacht. Schlachten dauerten nicht mehr wie im 19. Jahrhundert Stunden oder Tage, son-

Schweres Maschinengewehr 08/15 auf modifiziertem Schlitten.

Deutscher Sturmpanzer A7V mit aufgesessenen Soldaten, Juli 1918.

dern Wochen und Monate: die Schlachten bei Verdun und an der Somme allein jeweils 150 Tage. In den Schützengräben und Unterständen fristeten die Soldaten ein jämmerliches Leben. Neben der Waffenwirkung waren sie auch den Unbilden der Witterung ausgesetzt und hausten unter primitiven hygienischen Bedingungen. Nach einer Woche waren die Männer meist so erschöpft, dass sie sich für einige Tage in einem Ruhestellungsraum in der »Etappe« erholen mussten. Dann ging es wieder nach vorne.

Krieg im Osten

Auch an der »vergessenen Ostfront« wurde Krieg geführt. Da hier allerdings die Mittel für Materialschlachten fehlten, war die Kriegführung raumgreifender. Nach dem Durchbruch in Galizien gelang es den deutschen und österreichisch-ungarischen Truppen bis zum Herbst 1915, ins Baltikum und nach Weißrussland vorzustoßen. Die russische Gegenoffensive im Sommer 1916 (»Brussilow-Offensive«) brachte die Ostfront kurzzeitig ins Wanken, blieb aber nach erheblichen Verlusten stecken. Geschwächt durch die zunehmende Demoralisierung der russischen Armee, den Rücktritt des Zaren und die beiden Revolutionen im Februar und Oktober 1917, wendete sich das

Deutsche Infanterie in Ostpreußen, 1914.

Kompass

- Der Erste Weltkrieg ist der erste industriell geführte Maschinenkrieg. Die Verbesserung der Waffenwirkung führt zu unvorstellbar großen Verlusten.

- Während an der Westfront der Stellungskrieg und die »Materialschlacht« das Kriegsbild bestimmen, wird an der Ostfront weitgehend ein Bewegungskrieg geführt.

Blatt im Osten. Die Sowjets (Arbeiter- und Soldatenräte) als neue Machthaber in Russland brauchten um jeden Preis einen Frieden mit Deutschland und Österreich-Ungarn. Im März 1918 willigten sie in einen vom Gegner aufgezwungenen »Diktatfrieden« ein. Russland musste auf das Baltikum und Polen verzichten und der Ukraine und Finnland die Unabhängigkeit zusichern.

Deutschland konnte jetzt alle seine Kräfte an der Westfront konzentrieren und hatte sich durch die Unabhängigkeit der Ukraine zudem neue Lebensmittelquellen erschlossen. Noch einmal keimte kurz die Hoffnung auf, das Kriegsglück wenden zu können – eine Hoffnung, die sich rasch als trügerisch erweisen sollte.

Oben: Deutscher Infanterist mit Gasmaske beim Sturmangriff, nach einer Zeichnung von G.S. Nöbel (1917).

Unten: Deutsche Stielhandgranate.

Luft- und Seekrieg

Die militärische Luftfahrt nahm im Ersten Weltkrieg einen rasanten Aufschwung. Bis zum Ende des Krieges hatte sich der Flugzeugbestand auf über 2500 Maschinen verzehnfacht. Die 80 000 Mann zählenden Fliegerkräfte bildeten noch keine eigene Teilstreitkraft, sondern wurden als Truppengattungen bei Heer und Marine geführt. Während die Flugzeuge zu Beginn des Krieges wie eine »fliegende Kavallerie« fast ausschließlich Aufklärungsaufgaben übernahmen, fächerte sich das Aufgabenspektrum schnell auf. Zum Kriegsende gab es neben den Aufklärungsflugzeugen (40 %) auch Jagdflugzeuge (40 %) sowie Bomber (11 %) und Schlachtflieger (9 %). Die Zeppeline, die noch vor Kriegsausbruch rüstungspolitisch bevorzugt worden waren, erwiesen sich durch ihre Größe und Unbeweglichkeit rasch als sehr verwundbar. Bis Kriegsende wurden sie vor allem bei der Marine für die strategische Aufklärung über See mit Erfolg genutzt. Auch Fesselballons spielten während des gesamten Krieges als Aufklärungsmittel eine wichtige Rolle, da das Aufklärungsergebnis über ein Telefonkabel direkt weitergegeben werden konnte. Massenhaft eingesetzte Sperrballons sollten feindliche Flugzeuge ablenken. Zu den Neuerungen gehörten auch die Aufstellung einer bereits sehr leistungsfähigen Flak mit Scheinwerfern und die Entwicklung von Großflugzeugen, die zum strategischen Bombenkrieg eingesetzt wurden. Alle Kriegsparteien beteiligten sich am Bombenterror, der vor allem die Moral und Durchhaltefähigkeit der Zivilbevölkerung treffen sollte.

An der erstarrten Westfront blieb die Fliegertruppe für alle kämpfenden Parteien das einzige bewegliche Kriegsmittel. Schnell setzte ein Rüstungswettlauf um die leistungsfähigsten Flugzeuge ein. Zum Teil in den Leistungswerten, aber vor allem in den Stückzahlen blieben die deutschen Fliegerkräfte den Alliierten bis zum Kriegsende unterlegen. Zwischen 1914 und 1918 stieg die durchschnittliche Höchstgeschwindigkeit von 100 auf 180 km/h und die Dienstgipfelhöhe von 2000 auf 8000 m. Die

Aspekte deutscher Luftkriegführung (v.l.o.):

Aufklärungszeppelin beim Überfliegen eines Linienschiffes während des Landeunternehmens »Albion«, Oktober 1917;
Deutsches Aufklärungsflugzeug über der Westfront, 1915/16;
Luftangriff eines deutschen Jagdflugzeugs an der Westfront, 1918;
Abgeschossenes Jagdflugzeug Albatros D.V.;
Soldaten am MG 08/15 bei der Flugabwehr, Mai 1916;
Aufstieg eines Fesselballons im Argonner Wald, September 1915.

Skagerrakschlacht am 31. Mai 1916, Gemälde von Wilhelm Malchin.

Entwicklungszeit für Modelle wie den Focker E I Eindecker oder den leistungsfähigen Focker D VII Zweidecker betrug allerdings nur zwischen sechs und neun Monate! Den Preis zahlten die Piloten. Allein in Deutschland kam über 3000 Mann fliegendes Personal ums Leben – zwei Drittel davon ohne Feindeinwirkung, zumeist aufgrund technischer Mängel und überhasteter Ausbildung.

Seekrieg

Schon bei Kriegsbeginn wurde deutlich, dass Deutschlands seestrategisches Konzept der Abschreckung nicht aufging. Die britische Flotte war in allen Belangen drückend überlegen. Hinzu kamen noch die Schiffe der anderen Entente-Mächte. Anders als vermutet, entschieden sich die Briten nicht für eine enge Blockade vor den deutschen Häfen, sondern für eine elastische und weit umfassende zwischen Schottland und Norwegen. Die deutschen Kräfte reichten bei weitem nicht aus, um dieses Blockade zu durchbrechen. Die Gefechte vor Helgoland (28. August 1914) und der Doggerbank (24. Januar 1915) kosteten Deutschland mehr Schiffe als Großbritannien. Umgekehrt ließen die Briten Deutschland in der Ostsee frei gewähren. Das war wichtig für die weitere Operationsführung gegen Russland.

Deutschland suchte ab 1915 sein Heil in der Flucht nach vorne und setzte nun alles daran, durch U-Boote britische Handelsschiffe zu versenken. Die politischen Risiken dieses völkerrechtlichen »Handelskrieges« waren erheblich. Die Versenkung des britischen Passagierschiffs Lusitania am 7. Mai 1915, bei der 1198 Zivilisten, darunter 120 Amerikaner, ums Leben kamen, ließ die deutsche Führung einlenken. Zu groß war die Furcht, dass die Vereinigten Staaten in den Krieg eintreten würden.

Im Frühjahr unternahm die deutsche Hochseeflotte unter ihrem neuen Befehlshaber Vizeadmiral Reinhard Scheer mehrere Versuche, durch weiterreichende Vorstöße Teilerfolge zu erzielen. Durch Funkaufklärung vorgewarnt, trafen am 31. Mai westlich der dänischen Halbinsel Jütland das britische und deutsche Aufklärungsgeschwader aufeinander. Nachdem die Hauptkräfte am folgenden Tag nachgestoßen waren, begann die größte Seeschlacht des Ersten Weltkrieges: die Skagerrakschlacht. Am Ende verlor die britische Flotte mehr Schiffe und Personal. Doch mehr als ein propagandistisch zu nutzender Erfolg war die Skagerrakschlacht für die Deutschen nicht.

Im März 1916 wurde der U-Bootkrieg schrittweise wieder aufgenommen und im Februar 1917 zum »uneingeschränkten U-Bootkrieg« erklärt. Mit fragwürdigen Berechnungen hatte man sich Hoffnungen gemacht, Großbritannien binnen weniger Monate in die Knie zu zwingen. Da nach den großen »Materialschlachten« an der Westfront die Kräfte erschöpft waren, hoffte man mit dem letzten Trumpf das Kriegsglück noch einmal zu wenden. Aber es kam anders. Der britische Seehandelsverkehr wurde zwar stark getroffen, brach jedoch nicht ein. Am 6. April 1917 erklärten die USA Deutschland den Krieg. Das sollte die Entscheidung bringen.

Kompass

- Im Ersten Weltkrieg wird das Flugzeug als Kampfmittel entdeckt. Im »Wettlauf der Ingenieure« hat Deutschland das Nachsehen.
- Die Hochseeflotte spielt keine strategische Rolle. Der Versuch, England mit einem uneingeschränkten U-Boot-Krieg in die Knie zu zwingen, misslingt.

MHM

Oben: U-Boot-Kriegsabzeichen des Ersten Weltkrieges.

Unten: Besatzungsmitglieder auf Ausguck im Turm ihres U-Boots während einer Feindfahrt.

Totaler Krieg

Der Erste Weltkrieg wird häufig als erster totaler Krieg bezeichnet. Das Totale dieses Krieges hatte mehrere Dimensionen. Da sind zuerst die totalen Kriegsziele aller Parteien mit der Forderung nach einer bedingungslosen Kapitulation. Auch die Kriegsmethoden hatten einen totalen Charakter, denn sie zielten in bisher nicht gekanntem Maß auf eine physische Vernichtung des Gegners und trugen den Krieg bewusst hinter die Front. Ein weiteres Merkmal ist die totale Mobilisierung aller personellen und wirtschaftlichen Kräfte. Und schließlich kennzeichnet den Ersten Weltkrieg die räumliche Totalität eines Konfliktes, der fast die gesamte Welt umfasste.

Bei Kriegsausbruch war kein europäischer Staat auf einen längeren Waffengang vorbereitet. Als rohstoffarmes Land war Deutschland von einem langen Krieg besonders betroffen. Die von Großbritannien erfolgreich betriebene Seeblockade zeigte schnell Wirkung. Beispielsweise reichte der für die Pulverherstellung notwendige Vorrat an Nitrat maximal für ein halbes Jahr. Ohne die Erfindung der Stickstoffgewinnung aus Luft hätte das Deutsche Reich eigentlich im Frühjahr 1915 kapitulieren müssen.

Die im Deutschen Reich im Herbst 1914 aufgestellte »Kriegsrohstoffabteilung« begann damit, die Mehrheit der kriegswichtigen Materialien zu beschlagnahmen und bedarfsgerecht zu verteilen. Die Bevölkerung wurde aufgerufen, Haushaltsgegenstände aus wertvollen Rohstoffen in Sammelstellen abzuliefern. Alles wurde benötigt: Buntmetalle, Aluminium und Gummi. Die gigantischen Materialschlachten an der Westfront zwangen Deutschland im Herbst 1916, ein umfassendes Rüstungs- und Wirtschaftsprogramm aufzulegen. Die Rüstungsproduktion konnte damit zwar binnen weniger Monate in einigen Bereichen verdoppelt werden. Aber die Produktionsziffern blieben dennoch deutlich hinter denen der Alliierten. Daran änderte auch nichts, dass Frauen vermehrt die Arbeitsplätze von Männern übernahmen, die an der Front standen. Bei Kriegsausbruch hatte Deutschland fünf Millionen Soldaten mobilisiert (7,5 Prozent der Bevölkerung) am Ende des Krieges standen elf Millionen Männer an der Front (16,5 Prozent).

Die ins astronomische steigenden Kriegskosten wurden über Kredite finanziert. Mit sogenannten Kriegsanleihen sollten Privatleute ermuntert werden, ihr Vermögen dem Staat zur Verfügung zu stellen. Begleitet durch massive Propaganda

Plakat zur 6. Kriegsanleihe nach Entwurf von Fritz Erler, März 1917.

Links: Frauen in der Rüstungsproduktion, 1916.
Rechts: Sammlungsaufruf zur Verbesserung der Ernährungssituation nach Entwurf von Julius Gipkens.

und durch die Aussicht auf gute Rendite erbrachten allein im Deutschen Reich insgesamt neun Kriegsanleihen die gewaltige Summe von 97 Milliarden Reichsmark. Eine Rückzahlung oder gar ein Gewinn waren freilich nur möglich, wenn Deutschland den Krieg gewinnen und Forderungen an den Sieger stellen würde. Die Kriegsanleihen bedeuteten noch in anderer Hinsicht eine schwere Hypothek, denn sie machten einen Kompromissfrieden ohne sichtbare Forderungen an den Gegner nahezu unmöglich.

Dramatisch gestaltete sich auch die Ernährungssituation. Als die Kartoffelernte im Herbst 1916 sehr schlecht ausfiel, mussten viele Menschen aus unteren Schichten auf Kohlrüben ausweichen. Seit dem »Kohlrüben-« oder »Steckrübenwinter« standen den meisten Deutschen nur 1000 Kalorien am Tag zur Verfügung, die Hälfte des Tagesbedarfs. Infolge des Hungers starben allein in Deutschland mehr als 800 000 Menschen. Traten Erkrankungen hinzu, hatten die körperlich Geschwächten häufig wenig entgegenzusetzen. Die furchtbarste Pandemie des 20. Jahrhunderts, die im August 1918 ausgebrochene »Spanische Grippe«, forderte weltweit vermutlich über 35 Millionen Menschenleben – mehr als durch unmittelbare Kriegsfolgen.

Kompass

- Die Totalität des Ersten Weltkrieges zeigt sich nicht nur in der Zerstörungskraft, sondern auch in der Mobilisierung aller Ressourcen für den Krieg.

Schlangestehen nach staatlichen Zuteilungen, März 1915; Lebensmittelkarte.

Die Totalität des Krieges zeigte sich schließlich in der Globalisierung. Der Hauptkriegsschauplatz war zwar Europa. Aber gekämpft wurde auch in Übersee und in den Kolonien. Rechnet man diese hinzu, dann zählten zwei Drittel der Weltbevölkerung zu den Kriegsparteien. In Europa kämpften fast eine halbe Million Soldaten aus französischen und 160 000 aus britischen Kolonien, vor allem aus Kanada, Australien und Neuseeland.

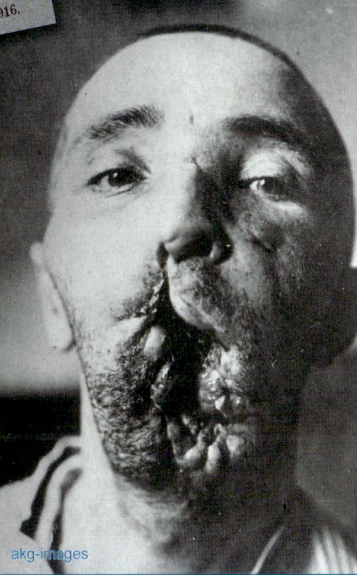

Oben: Soldat mit schwerer Gesichtsverletzung, 1916.

Links: Ansichtskarte des sogenannten Halbmondlagers in Wünsdorf bei Berlin, wo etwa 30 000 kriegsgefangene muslimische Araber, Inder und Afrikaner, aber auch Hindus und Sikhs der Entente-Armeen interniert wurden.

Rechts: Die Kaiserliche Schutztruppe im Gefecht in Deutsch-Ostafrika, Ansichtskarte nach Entwurf von Fritz Grotemeyer.

Wende, Zusammenbruch und Revolution

Erfolge haben viele Väter, Misserfolge sind Waisenkinder. Wegen der Niederlage an der Marne (1914) und dem Scheitern der Abnutzungsschlacht bei Verdun (1916) wurden die jeweils verantwortlichen Generalstabschefs nach Hause geschickt. Nun setzte der Kaiser mit der sogenannten »3. Obersten Heeresleitung« (3. OHL) auf das Duo Paul von Hindenburg und seinen Stabschef Erich Ludendorff. Beide genossen durch die »Rettung Ostpreußens« im Sommer 1914 große Popularität. Hindenburg und Ludendorff forderten die absolute Führungsgewalt für die Militär-, Außen- und Innenpolitik. Der Reichstag sollte nur noch eine Statistenrolle spielen. Der Kaiser und sein Reichskanzler ließen beide Männer gewähren und öffneten damit faktisch den Weg zu einer Militärdiktatur.

Hindenburg und Ludendorff waren erzkonservative Hardliner, mit denen kein Ausgleich und kein Kompromissfrieden zu machen war. Die Wiederaufnahme des uneingeschränkten U-Bootkrieges, der den Kriegseintritt der USA auslöste, hatten sie zu verantworten. Der spektakuläre Vorstoß des amerikanischen Präsidenten Woodrow Wilson vom 8. Januar 1918, der die vielleicht letzte Chance für einen Waffenstillstand eröffnete, wurde von der 3. OHL brüsk abgelehnt: Eine Rückgabe der eroberten Gebiete, unter anderem Elsass-Lothringens, war für Hindenburg und Ludendorff indiskutabel.

Ihre Lagebeurteilung war auf den ersten Blick nachvollziehbar. Nach der militärischen Niederlage Russlands hoffte die 3. OHL, nun alle Kräfte an die Westfront werfen zu können. Alles hing davon ab, wie schnell die Deutschen dieses neue Pfund in die Waagschale werfen würden – oder wie rasch die Amerikaner auf dem europäischen Kriegsschauplatz eingreifen könnten.

Tatsächlich schien das Kalkül Deutschlands aufzugehen. Die Operation »Michael« (21. bis 28. März 1918) und der Vorstoß zur Marne (27. Mai bis 9. Juni 1918), brachte beachtliche Geländegewinne. Aber das deutsche Heer konnte die operativen Erfolge nicht ausnutzen. Ihm fehlten die Reserven, die den Alliierten zur Verfügung standen.

Am 18. Juli begann der Gegenangriff der personell und materiell haushoch überlegenen Franzosen, Briten und Amerikaner. Die deutschen Raumgewinne, die vorher mit hohen Verlusten erkauft worden waren, gingen nun binnen weniger Tage wieder verloren. Am 8. August, dem »schwarzen Tag des deutschen Heeres«, gelang den Alliierten bei Amiens unter Einsatz Hunderter Tanks ein elf Klometer tiefer Einbruch. Durch den schnellen Rückzug und

Hindenburg, Wilhelm II. und Ludendorff (v.l.) im Großen Hauptquartier.

den eklatanten Mangel an Transportpferden und Kraftfahrzeugen ging ein großer Teil der Artillerie verloren. Der weitere Rückzug der Front war nicht mehr aufzuhalten. In dieser dramatischen Situation erschien auch der 3. OHL der Krieg nicht mehr gewinnbar. Ein politisches Einsehen oder die Übernahme einer moralischen Verantwortung ging damit allerdings nicht einher. Nach wie vor gaukelte man der »Heimatfront« und dem Reichstag mehrere Wochen lang vor, der Krieg könne irgendwie noch siegreich beendet werden. Die Taktik der OHL war einfach: möglichst wenig Raum preisgeben, um bei Friedensverhandlungen über einen Faustpfand zu verfügen.

Zur gleichen Zeit zeichnete sich ab, dass auch bei den Verbündeten die letzten Dämme brachen. Bulgarien (29. September) und die Türkei (30. Oktober) mussten kapitulieren, und Österreich-Ungarn befand sich unmittelbar vor dem Kollaps. Deutschland stand jetzt praktisch ohne Verbündete und mit einer ungeschützten Südflanke da. Das deutsche Heer verteidigte zwar noch an der Westfront. Aber erste Auflösungserscheinungen machten sich breit, indem sich Zehntausende von der Truppe absetzten.

Überstürzt begann Deutschland Anfang Oktober Waffenstillstandsverhandlungen mit den USA aufzunehmen. Die Amerikaner machten dabei deutlich, dass sie nur mit einer demokratisch legitimierten Reichsführung die Verhandlungen fortsetzen würden. Das Deutsche Reich stand mit dem Rücken zur Wand, der Spielraum für taktische Züge war aufgebraucht.

Trotz der ausweglosen Situation wollte die Marineleitung noch einmal ein letztes Zeichen militärischer Stärke setzen und

Links: Umsturz in Berlin: Ein Lastauto mit revolutionären Matrosen und Soldaten fährt durch das Brandenburger Tor, 9. November 1918.

Rechts: Philipp Scheidemann ruft von einem Fenster des Reichstages die Republik aus, 9. November 1918.

bereitete Ende Oktober das Auslaufen der Hochseeflotte vor. Viele Offiziere wollten lieber den Tod in der Schlacht finden, als mit der Schande einer schmachvollen Kapitulation zu leben. Die Masse der Marinesoldaten dachte darüber völlig anders.

Nun überstürzten sich die Ereignisse. Zahlreiche Matrosen weigerten sich, den sinnlosen Befehl auszuführen. Anfang November bildeten sich spontan Arbeiter- und Soldatenräte. Es kam zu Demonstrationen, offenem Widerstand und sogar zu Schießereien. Die Meuterei weitete sich zu einem politischen Flächenbrand aus und erreichte in wenigen Tagen Köln, München und Berlin. Das Deutsche Reich stand vor einem Bürgerkrieg.

In dieser hochexplosiven Lage erklärte der Reichskanzler Prinz Max von Baden am 9. November eigenmächtig den Thronverzicht des Kaisers und des Kronprinzen. Kurz darauf trat er selbst zurück und übergab die Regierungsgeschäfte an den Vorsitzenden der SPD, Friedrich Ebert. Die Strategie der SPD war einfach: Die Kräfte der Arbeiterbewegung bündeln, um eine weitere Radikalisierung und damit eine Revolution zu verhindern. Am Mittag des 9. November rief der sozialdemokratische Reichstagsabgeordnete Philipp Scheidemann von einem Fenster des Reichstages die Republik aus. Die ungewöhnliche Form macht deutlich, dass die Aktion ohne vorherige Absprache und relativ spontan verlief. Aber nun war eine Schwelle überschritten, hinter die man nicht mehr zurückgehen konnte. Kaiser Wilhelm II. dankte ab und ging in die Niederlande ins Exil.

Ob die nun folgenden Monate tatsächlich eine Revolution waren, ist bis heute umstritten. Unbestritten war im November 1918 das System des Obrigkeitsstaates zusammengebrochen. Und unbestritten begann nun ein offener Kampf zwischen den linksradikalen Kräften, die eine Herrschaft der Arbeiter- und Soldatenräte wollten, und den gemäßigten Kräften, die den Weg eines demokratisch-parlamentarischen Rechtsstaats suchten. Die vorläufige Regierung stützte sich dabei vor allem auf sogenannte Freikorps. Das waren Freiwilligenverbände, die sich aus ehemaligen Frontsoldaten zusammensetzten und von kaisertreuen, nationalkonservativen Offizieren geführt wurden. Die Freikorps standen dem neuen republikanischen Staat kritisch bis feindlich gegenüber. Im Sieg einer linken Revolution sahen sie jedoch eine noch größere Bedrohung für Deutschland und unterstützten deshalb die neue Regierung. Die Freikorps sollten sich noch als schwerer Ballast für die Republik erweisen.

Die Kämpfe zwischen beiden Seiten wurden erbittert geführt und forderten zahlreiche Tote. Am Ende siegte die Reichsregierung im Mai 1919 mit der Niederschlagung der letzten Räterepublik in München. Die junge Republik hatte einen schlechten Start erwischt und mit Kräften paktieren müssen, die ihr eigentlich feindlich gegenüberstanden. Das Fundament, auf dem das demokratische Deutschland aufgebaut werden sollte, zeigte bedenkliche Risse, noch ehe es gehärtet war.

Totenkopfabzeichen eines Freikorps.

Kompass

- Mit dem Eintritt der USA in den Krieg gewinnen die Alliierten ein strategisches Übergewicht, dem das Deutsche Reich und seine Verbündeten nicht mehr gewachsen sind.
- Im Oktober/November 1918 meutert die Hochseeflotte.
- Im Deutschen Reich herrschen bürgerkriegsähnliche Zustände.
- Der Kaiser tritt zurück, und in Berlin wird die Republik ausgerufen.

Literatur

Volker Berghahn, Der Erste Weltkrieg, München 2006

Der Erste Weltkrieg. Von Sarajevo bis Versailles, GEO Epoche, 14 (2004)

Gerhard Krumeich, Die 101 wichtigsten Fragen: Der Erste Weltkrieg, München 2014

Sönke Neitzel, Weltkrieg und Revolution, 1914–1918/19, Berlin 2008

Karl-Volker Neugebauer, Die Urkatastrophe des 20. Jahrhunderts. In: Grundkurs deutsche Militärgeschichte, Bd 2. Im Auftr. des MGFA hrsg. von Karl-Volker Neugebauer, München 2009, S. 1–85

Christian Stachelbeck, Deutschlands Heer und Marine im Ersten Weltkrieg, München 2013

Mit der Niederlage leben – »Dolchstoßlegende«, Versailles und die Folgen

Der 11. November ist in England und Frankreich ein Feiertag. Er wird heute nicht mehr als Tag des Sieges begangen, sondern als Erinnerungstag, an dem die Trauer um die Opfer des Ersten Weltkrieges im Mittelpunkt steht. Die Dimensionen des Weltkrieges stellten alles bisher Bekannte in den Schatten: fast acht Millionen Tote (davon 1,8 Millionen Deutsche) und annähernd 20 Millionen Verwundete (davon 4,2 Millionen Deutsche).

Der Waffenstillstand, den die deutschen Vertreter am 11. November 1918 in einem Eisenbahnwaggon im Wald von Compiègne unterzeichneten, kam einer Unterwerfung gleich. Die deutschen Truppen, die zu diesem Zeitpunkt noch tief in Frankreich und Belgien standen, mussten sich binnen zwei Wochen hinter den Rhein zurückziehen, Elsass-Lothringen räumen und zudem eine entmilitarisierte Sicherheitszone einrichten. Die strategisch wichtigen Städte Köln, Koblenz und Mainz sollten durch alliierte Truppen besetzt werden. Die britische Seeblockade blieb in Kraft. Hauptwaffensysteme, U-Boote, aber auch Lokomotiven, Eisenbahnwagen und Lastkraftwagen sollten in großer Zahl übergeben werden. Die Sieger wollten sichergehen, dass Deutschland nicht zu einem Gegenschlag ausholen konnte. Außerdem sollte Deutschland alle alliierten Kriegsgefangenen sofort freilassen, während die kriegsgefangenen deutschen Soldaten vorerst nicht heimkehren durften.

Das Ergebnis des Waffenstillstands traf die deutsche Bevölkerung wie ein Schock. Trugen nicht alle kriegführenden Parteien ihren Teil der Verantwortung? Musste sich Deutschland diesen schmachvollen Waffenstillstand gefallen lassen, wo immer noch kein alliierter Soldat das Reichsgebiet betreten hatte? Waren Heer und Flotte nicht ungeschlagen im Felde und zur See? Das Schimpfwort von den »Novemberverbrechern« ging um, die dem im Feld unbesiegten Heer in den Rücken gefallen seien. Stimmt das? Die unmissverständliche Antwort lautet: nein!

Deutschland hatte kapituliert, weil die militärischen und wirtschaftlichen Kräfte erschöpft waren. Die strategischen Defizite, die schon lange vor Ausbruch des Krieges deutlich erkennbar gewesen waren, hatten mit logischer Konsequenz zur Niederlage geführt. Jede Kriegsverlängerung hätte nur noch mehr sinnloses Leid be-

Die größte Hypothek der noch jungen Republik: die »Dolchstoßlegende«, Wahlplakat (1924) der Deutschnationalen Volkspartei nach Entwurf von Hans Schweitzer.

Weimarer Republik

Rückkehr der »im Felde unbesiegten« Schutztruppe Deutsch-Ostafrikas mit ihrem Kommandeur General Paul von Lettow-Vorbeck, 2. März 1919.

deutet. Die Oberste Heeresleitung selbst war im August 1918 zu der Einschätzung gelangt, dass der Krieg nicht mehr zu gewinnen sei. Die noch kurz vor Kriegsende geschürte Siegeszuversicht und das öffentliche Verschleiern der wirklichen Lage hatten den Blick vieler Deutscher allerdings getrübt. Die infame Behauptung, die revolutionären Umtriebe an der Front und in der Heimat hätten die Truppe des Sieges beraubt, nistete sich als »Dolchstoß« in den Köpfen der nationalen Rechten ein. Die »Dolchstoßlegende« sollte von der wirklichen Verantwortung für den Krieg ablenken und den demokratischen Kräften die Schuld an der Niederlage Deutschlands zuschreiben.

Mit Blick auf das symbolträchtige Datum begann die internationale Friedenskonferenz am 18. Januar 1919 in Versailles – genau an jenem Ort, an dem vor 48 Jahren das Deutsche Kaiserreich ausgerufen worden war. Vor allem Großbritannien und Frankreich hatten den Sieg teuer erkaufen müssen und bei der eigenen Bevölkerung hohe Erwartungen für die Zeit nach dem Krieg geweckt. Was als europäische Friedensordnung gedacht war, entpuppte sich als einseitige Veranstaltung, in der die Hauptsieger des Krieges den Ton angaben. Während Frankreich, Großbritannien, die USA und Italien die Bühne dominierten, musste Deutschland mit einem billigen Zuschauerplatz Vorlieb nehmen. Das nach vier Monaten vorliegende Vertragswerk war für Deutschland ein Schlag ins Gesicht. Nur weil der Einmarsch alliierter Truppen ins Reichsgebiet drohte, unterzeichnete die deutsche Delegation den aufgezwungenen Friedensvertrag. Deutschland wurde die Hauptschuld am Ersten Weltkrieg angelastet. Es verlor alle Kolonien und musste neben Elsass-Lothringen Gebiete an Polen, Belgien, Dänemark und die Tschechoslowakei abtreten. Das waren 10 Prozent der Bevölkerung und 13 Prozent der Fläche des alten Reichsgebietes.

Das wirtschaftlich wichtige linksrheinische Gebiet wurde von alliierten Truppen besetzt. Durch Reparationen (Wiedergutmachungen) sollten die alliierten Kriegsverluste in Form einer Ratenzahlung (bis 1950, später auf 1988 verlängert) und durch die Übergabe von Handelsschiffen, Eisenbahnen und anderen Transportfahrzeugen ausgeglichen werden. Schließlich hatte sich Deutschland fortan mit reduzierten Streitkräften zu begnügen, einem Heer von 100 000 Mann und einer kleinen Marine. Die Wehrpflicht wurde abgeschafft. Schwere Waffen und Flugzeuge waren verboten.

Die seit Kriegsende im britischen Marinestützpunkt Scapa Flow internierte deutsche Hochseeflotte entzog sich der Auslieferung an Großbritannien durch Selbstversenkung, ein spektakuläres Unternehmen, das in Deutschland mit Begeisterung aufgenommen wurde.

Der Vertrag von Versailles war eine große Hypothek für die junge Republik. Viele Deutsche fragten sich, wie ihr Land unter diesen Bedingungen wirtschaftlich wieder auf die Beine kommen konnte. Vor allem wurde der Friedensvertrag als entwürdigender »Diktatfrieden« empfunden, der einer möglichen Aussöhnung mit den europäischen Nachbarn massiv im Wege stand. Die Gründe für das Scheitern der Weimarer Republik sind vielschichtig. Der unkluge Vertrag von Versailles hat seinen Anteil daran.

Kompass

- Mit der »Dolchstoßlegende« schaffen die nationalkonservativen Kräfte den Mythos des im Felde unbesiegten Heeres. Sie schieben der Revolution die Schuld an der Niederlage Deutschlands in die Schuhe und lenken von den eigentlichen Ursachen ab.
- Der Friedensvertrag von Versailles wird zur größten Hypothek für die junge Republik von Weimar.

Der Große Kreuzer SMS HINDENBURG nach der Selbstversenkung in Scapa Flow, 1919.

Demontage eines Tanks nach den Bestimmungen des Versailler Vertrages, Zigarettensammelbild der 1920er-Jahre.

Weimar – die ungeliebte Republik

Im Januar 1919 wählten die Deutschen eine Nationalversammlung. Sie sollte die erste Regierung wählen und danach eine neue Verfassung erarbeiten. Es war die erste wirklich freie, geheime und gleiche Wahl in der deutschen Geschichte. Zum ersten Mal durften auch Frauen wählen. Der Vorsitzende der Sozialdemokratischen Partei, Friedrich Ebert, wurde zum ersten Reichspräsidenten und sein Parteifreund Philipp Scheidemann zum Ministerpräsidenten gewählt. Im August 1919 konnte die in Weimar tagende Nationalversammlung eine neue parlamentarische und demokratische Reichsverfassung verabschieden.

Die seitdem auch »Weimarer Verfassung« genannte Konstitution galt als die freiheitlichste der Welt – und das war zugleich ihr Problem. Die Verfassung stärkte die Stellung des Reichstags und schränkte sie zugleich ein, indem sie den Reichspräsidenten mit einer ungewöhnlichen Machtfülle ausstattete. Die Gleichzeitigkeit zweier Machtzentren sollte sich in der Folge als große Schwäche in Krisenzeiten erweisen. Der Reichstag besaß das Budgetrecht, überwachte die Exekutive und beschloss Gesetze. Der direkt vom Volk auf sieben Jahre gewählte Reichspräsident war Staatsoberhaupt und Oberbefehlshaber der Reichswehr im Krieg. Er konnte den Reichstag auflösen und bei Gefährdung der öffentlichen Sicherheit mit dem sogenannten Notstandsartikel auch ohne Parlament regieren. Der Reichspräsident konnte so zum »Diktator auf Zeit« werden.

Anders als im Grundgesetz der Bundesrepublik festgeschrieben, gab es keine »Fünf-Prozent-Hürde« für kleine Parteien. Die Folge war eine Zersplitterung der Parteienlandschaft. Die Reichsregierung konnte von der Opposition gestürzt werden, ohne den Zwang, im Gegenzug eine eigene Regierung stellen zu müssen. Ohne »konstruktives Misstrauensvotum«, wie es unser heutiges Grundgesetz vorsieht, waren die Regierungen der Weimarer Republik sehr anfällig.

Die Weimarer Verfassung war ausgesprochen liberal, weil sie klar mit den Kompromissen der Vergangenheit brechen wollte. Aber sie offenbarte zu viele Angriffspunkte für die radikalen politischen Kräfte von links und rechts, die die parlamentarisch-demokratische Verfassung am liebsten wieder abschaffen wollten. Dem Weimarer System und den gemäßigten politischen Kräften aus SPD, katholischem Zentrum (dem Vorläufer der CDU) und

Stützen der Gesellschaft, Gemälde (1926) von George Grosz.

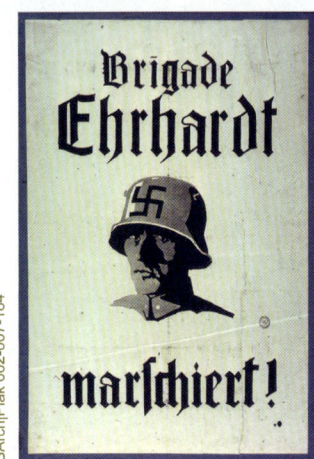

In den Wirren der Jahre 1919/20 entwickelte sich das Hakenkreuz zum Zeichen der Gegenrevolution. Angehörige der Marinebrigade Ehrhardt malten es beim Kapp-Lüttwitz-Putsch im März 1920 auf ihre Stahlhelme – ein augenscheinlicher Ausdruck ihres Willens, die bestehenden politischen Verhältnisse umzustürzen.

einigen bürgerlich-liberalen Kräften blies von Anfang an ein eisiger Wind entgegen. Zu den Gegenkräften gehörten das konservativ-monarchistisch geprägte Bürgertum, die extreme Rechte, aus der die Nationalsozialisten emporwuchsen, und die extreme Linke um die Kommunistische Partei Deutschlands. Große Teile des Staatsapparates, der Justiz und Polizei und nicht zuletzt die Reichswehr standen ebenfalls auf Distanz zu »Weimar«.

Die kurze Zeit der Weimarer Republik lässt sich in drei Phasen unterteilen. Die erste (1919–1923) stand im Zeichen permanenter Krisen. Dazu gehörten zwei gescheiterte Putschversuche von rechts: der »Kapp-Lüttwitz Putsch« (März 1920) und der »Hitler-Ludendorff-Putsch« (8./9. November 1923), der den bis dahin außerhalb Bayerns weitgehend unbekannten Nationalsozialisten Adolf Hitler an die politische Oberfläche spülte. Zahlreiche politische Morde erschütterten die junge Republik, unter anderem an Außenminister Walther Rathenau (1922). Als das Deutsche Reich 1923 mit den Zahlungen der Reparationen kurzzeitig ins Stocken geriet, schickten die belgische und die französische Regierung Soldaten. Auf die Besetzung des Ruhrgebietes antwortete die Reichsregierung mit einem mehrere Monate dauernden Generalstreik, der allerdings ohne Erfolg abgebrochen werden musste. Die kurz darauf dramatisch zunehmende Inflation machte die Reichsmark wertlos. Durch die Einführung einer neuen Währung, der Rentenmark, und das Einlenken der Alliierten konnte der Bankrott in letzter Sekunde abgewehrt werden.

Die zweite Phase (1924–1928) war durch eine wirtschaftliche und innenpolitische Stabilisierung und außenpolitische Annäherung an die ehemaligen Kriegsgegner gekennzeichnet. 1925 gelang im Vertrag von Locarno das schier Unmögliche: der Ausgleich mit dem »Erbfeind« Frankreich. Ein Jahr da-

Bettelnder Kriegsversehrter mit Eisernem Kreuz I. Klasse, 1923.

rauf wurde Deutschland, als sichtbares Zeichen internationaler Anerkennung, in den Völkerbund aufgenommen, dem Vorgänger der Vereinten Nationen. Langsam begannen sich die Fesseln des Versailler Vertrags zu lockern. Mit der Wirtschaft begann es wieder aufwärts zu gehen, nicht zuletzt, weil amerikanische Kredite den Wiederaufbau finanzierten. Es ist vor allem diese Zeit der politischen Stabilisierung und der wissenschaftlichen und kulturellen Blüte in Deutschland, die mit den »Goldenen 20er-Jahren« in Verbindung gebracht wird.

Die zarte Blüte des Aufschwungs sollte den nun beginnenden wirtschaftlichen Sturm nicht überleben, der die letzte Phase der Weimarer Republik einleitete (1929–1933). In Amerika hatten übermäßige Aktienkäufe und Investitionen eine Kreditblase entstehen lassen, die über Nacht platzte. Im Oktober 1929 stürzten die Kurse an der New Yorker Börse ins Bodenlose. Die Ausmaße der nun folgenden Wirtschaftskrise sind nur noch mit der großen Weltwirtschaftskrise vom September 2008 vergleichbar. Für das wirtschaftlich noch labile Deutschland bedeutete das eine Katastrophe. Zahlreiche Firmen machten bankrott. Die Arbeitslosigkeit stieg sprunghaft an und erreichte im Januar 1933 mit sechs Millionen ihren Höchststand.

Die extremistischen Parteien nutzten die Situation und machten das parlamentarische System und die gemäßigten Regierungsparteien dafür verantwortlich. Bei den folgenden Landtags- und Reichstagswahlen verbuchten die radikalen Parteien deutliche Stimmengewinne. Die Nationalsozialisten waren

Wahlplakat der SPD nach Entwurf von Karl Geiss (1930).

jetzt zu einer sichtbaren politischen Macht geworden. Ihr Ziel war der Umbau des Staates zu einem autoritären System.

Reichspräsident von Hindenburg, der »Sieger von Tannenberg«, Chef der 3. Obersten Heeresleitung im Krieg und seit 1925 Reichspräsident, nutzte den Spielraum der Verfassung und regierte seit 1930 über Notverordnungen und mit Regierungen, denen es an parlamentarischer Legitimation fehlte. Der Schritt von einer parlamentarischen Demokratie zu einem autoritären Präsidialstaat war damit vollzogen.

Die innenpolitische Auseinandersetzung verlagerte sich zunehmend vom Parlament auf die Straße. Alle Lager verfügten über mehr oder weniger militante Kampfverbände: die NSDAP über die braun uniformierte SA (Sturmabteilung) mit ihren Schlägertrupps, die Deutschnationale Volkspartei über den antidemokratischen und antirepublikanischen »Stahlhelm«, die Kommunisten über den »Rot-Frontkämpferbund« und die SPD über das »Reichsbanner Schwarz-Rot-Gold«, das später in der »Eisernen Front« aufging.

Das rechtsextreme Lager witterte Morgenluft und suchte schrittweise den Schulterschluss. Die Nationalsozialisten gewannen dabei immer mehr an Einfluss. Seit der Reichstagswahl vom 31. Juli 1932 stellten sie die stärkste Partei. In mehreren Ländern waren sie an der Regierung beteiligt. Doch zum Jahresende 1932 erlitt die NDSAP einige empfindliche Niederlagen bei Landtags- und Kommunalwahlen. Und auch bei den Reichstagswahlen vom 6. November 1932 mussten sie Stimmenverluste in Kauf nehmen. Zugleich machten sich erste Zeichen einer wirtschaftlichen Besserung bemerkbar. Der braune Spuk schien seinen Zenit überschritten zu haben. Gleichwohl entschied sich der greise Reichspräsident von Hindenburg im Januar 1933, den Führer der NSDAP, Adolf Hitler, mit der Bildung einer neuen Regierung zu beauftragen. Die Beweggründe sind bis heute nicht ganz klar. Hindenburg war die innenpolitischen Querelen offenbar leid. Mit dem parlamentarischen System hatte sich der monarchisch ge-

Franz von Papen am Rednerpult vor einem Adolf-Hitler-Porträt, 1933.

stimmte Offizier ohnehin nie anfreunden können. Zugleich war dem Feldmarschall des Ersten Weltkrieges der »böhmische Gefreite« aber immer suspekt gewesen. Dass er sich ohne erkennbaren Druck doch zu dieser Entscheidung durchrang, hängt vermutlich mit der Konstellation der von Hitler geführten Regierung zusammen. Die nationalkonservativen Kräfte waren darin stark vertreten. Sie sollten Hitler, wie es sein Vizekanzler Franz von Papen ausdrückte, »in die Ecke drücken, bis er quietscht«. Diese naive Einschätzung steht für einen der fatalsten und folgenreichsten Irrtümer, mit dem das dunkelste Kapitel deutscher Geschichte begann.

Kompass

Die Weimarer Republik scheitert an mehreren Gründen:

- mangelndes republikanisches Bewusstsein vieler Bürger und des Staatsapparates, die lieber einen autoritären Staat wollen,
- massive wirtschaftliche Probleme (Weltwirtschaftskrise und steigende Arbeitslosigkeit) treiben enttäuschte Wähler den radikalen Parteien zu,
- eine anfällige Verfassung, die nicht für Krisen gemacht war (Parteiensplitterung, Möglichkeit einer autoritären Präsidialregierung ohne Parlament),
- das Versagen der demokratischen Parteien, denen Parteidoktrin und Lagerdenken wichtiger sind als der gemeinsame Kampf gegen die Radikalen,
- der ungehinderte Aufstieg der NSDAP, die mit einfachen Parolen, einer effektiven Propaganda und vor allem dem charismatischen Adolf Hitler für viele Deutsche als »Retter in der Not« betrachtet wird.

Die Reichswehr – Staat im Staate

Nach dem Ersten Weltkrieg versuchten alle Staaten so rasch wie möglich ihre Truppen zu reduzieren. Die Abrüstung war nicht nur wirtschaftlich geboten. Sie sollte auch die Voraussetzungen für eine sicherere und stabilere Weltordnung schaffen. Die besiegten Staaten mussten sich an eng bemessenen Obergrenzen orientieren, weil die Siegermächte das Risiko eines neuen Krieges auf jeden Fall ausschließen wollten. Deutschland wurde verpflichtet, seine Landstreitkräfte bis zum 31. März 1920 auf 100 000 Mann und die Marine auf 15 000 Mann zu verringern. Schwere Waffen, große Kampfschiffe, U-Boote und Flugzeuge waren Deutschland fortan verboten. Um einen personellen Aufwuchs zu verhindern, bestand die Reichswehr nur aus länger dienenden Zeit- und Berufssoldaten.

Nach der im August 1919 in Kraft getretenen Verfassung der Weimarer Republik übten der Reichspräsident den Oberbefehl im Krieg und der Reichswehrminister im Frieden aus. Ein unabhängiges parlamentarisches Kontrollorgan, wie zum Beispiel der Wehrbeauftragte des Deutschen Bundestages, existierte nicht.

An der militärischen Spitze stand der Chef der Heeresleitung. Zwischen 1920 und 1926 bekleidete Generaloberst Hans von Seeckt das Amt. Er hatte sich im Weltkrieg als glänzender Stabsarbeiter hervorgetan. Seine politische Gesinnung wurde schon als Chef des Truppenamtes (vergleichbar einem Generalstab) deutlich. Als sich einige Freikorpsverbände der Auflösung widersetzten und die Regierung im »Kapp-Lüttwitz-Putsch« im März 1920 mit Waffengewalt stürzen wollten, verhielt sich Seeckt abwartend mit der Begründung: »Reichswehr schießt nicht auf Reichswehr«. Das war nur die halbe Wahrheit. Seeckt war in seinem Innersten nach wie vor Monarchist und stand der parlamentarischen Demokratie ausgesprochen kritisch gegenüber. Dem Primat der Politik, nach dem sich das Militär den politischen Vorgaben unterordnen muss, fühlte sich Seeckt nur bedingt verpflichtet.

Als Chef der Reichswehr gelang es ihm, seine militärpolitischen Vorstellungen relativ ungehindert umzusetzen. Geschickt nutzte er dafür die im Versailler Vertrag festgeschriebene personelle Abrüstung. Durch die Reduzierung des Offizierkorps

Panzerattrappen der deutschen Reichswehr in Aufstellung. Die mit Blech verkleideten Autos benutzte die Reichswehr, um ihre Truppen im Kampf gegen Tankangriffe auszubilden. Panzer selbst durfte die Reichswehr gemäß Versailler Vertrag nicht besitzen, 1932.

von 34 000 auf 30 000 Mann innerhalb weniger Monate gelang es ihm, dass nur politisch und gesellschaftlich »erwünschtes« Personal in die Reichswehr übernommen wurde. Sympathisanten der Republik blieben damit außen vor.

Vor allem schaffte es Seeckt, die Reichswehr nach den Traditionen des alten preußischen Heeres zu formen und gegenüber der Politik abzuschirmen. Sein Leitspruch lautete: »Die Form wechselt – der Geist bleibt der alte.« Politische Betätigungen und selbst das Wahlrecht blieben Soldaten verwehrt. Die dadurch verhinderte Integration der Reichswehr in die Gesellschaft gehört zu den schwersten Geburtsfehlern der Weimarer Republik. Das griffige Bild vom »Staat im Staate« macht deutlich, dass die Reichswehr ein Eigenleben führte und sich von der Weimarer Republik abschottete. Im Kampf gegen politische Gegner der Republik wurde mit zweierlei Maß gemessen. Während die Reichswehr aktiv gegen linksradikale Umsturzversuche in Thüringen und Sachsen 1923 vorging, verhielt sie sich im Kampf gegen die Rechtsradikalen in Bayern »neutral«. An dem strukturellen Dilemma änderte sich auch unter Seeckts Nachfolgern, den Generalen Wilhelm Heye (1926–1930) und Kurt von Hammerstein-Equord (1930–1934), nichts.

Friede von Versailles, Marmorstatuette. Der nackte, an den Händen gefesselte Soldat ist Ausdruck des Selbstverständnisses der Reichswehr.

Der Ausbildungsstand der Reichswehr war sehr hoch. Trotz der Schrecken des Weltkrieges gab es ein Überangebot an kriegsgedienten oder jungen Männern, die sich auch von langen Wartezeiten auf Beförderungen nicht abschrecken ließen. Die Auflagen des Versailler Vertrages versuchte man auf vielfältige Weise zu umgehen. Die Reichswehr entwickelte geheime Pläne für eine schrittweise Vergrößerung. Sie unterstützte zahlreiche paramilitärische Formationen und Wehrverbände, wie die »schwarze Reichswehr«. Und sie beteiligte sich aktiv an der Entwicklung und Erprobung von Waffensystemen, die ihr eigentlich verboten waren. Die in den 20er-Jahren beginnende deutsch-sowjetische Annäherung machte es möglich, dass Panzerfahrzeuge und Flugzeuge auf den russischen Übungsplätzen in Kasan und Lipezk getestet werden konnten. Die hier gesammelten Erfahrungen sollten sich später für den Aufbau der Wehrmacht als außerordentlich wich-

Chefs der Heeresleitung (v.l.): Wilhelm Heye und Kurt von Hammerstein-Equord.

tig erweisen. Es ist eine Ironie der Geschichte, dass dies erst die kluge Außenpolitik der gemäßigten Kräfte der Weimarer Republik möglich machte – jene Kräfte, die von der Reichswehr kategorisch abgelehnt wurden.

Hindenburg und Seeckt schreiten eine Ehrenkompanie der Reichswehr vor dem Reichstag ab, 1925.

Kompass

- Die Reichswehr steht der Weimarer Republik außerordentlich distanziert gegenüber und bildet einen »Staat im Staate«.

- Trotz der Auflagen des Vertrags von Versailles beginnt man im Geheimen mit Planungen für eine Aufrüstung.

Literatur

Ernst Willi Hansen, Der Staat im Staate – Militärgeschichte der Weimarer Republik 1919 bis 1933. In: Grundkurs deutsche Militärgeschichte, Bd 2. Im Auftr. des MGFA hrsg. von Karl-Volker Neugebauer, München 2007, S. 86–197

Weimarer Republik, Informationen zur politischen Bildung, 261 (2003)

Hitler auf dem Weg zur Macht

Historische Ereignisse werden gerne mit griffigen Schlagworten umschrieben. Leider sind diese nicht immer präzise, und manchmal vermitteln sie sogar ein falsches Bild. Die »Machtergreifung« ist so ein Fall. Jeder weiß, dass der Begriff mit der Übernahme der Regierungsgewalt durch Adolf Hitler verknüpft ist. Allerdings haben Hitler und seine Partei die politische Macht nicht mit Gewalt ergriffen. Nach dem gescheiterten Putschversuch im November 1923 hatten die Nationalsozialisten ihre Taktik geändert. Nicht durch Gewalt, sondern auf dem Weg der Verfassung sollten die politischen Mehrheiten gewonnen werden, um dann, wie es Hitler 1930 ausdrückte, »den Staat in die Form zu bringen, die unseren Ideen entspricht«.

Was waren das für Ideen? Der Nationalsozialismus war vor allem eine »Anti-Ideologie«, die sich in erster Linie durch Abgrenzung definierte. Sie war gegen das parlamentarisch-demokratische System gerichtet, gegen freiheitliches und vor allem selbstbestimmtes Denken und Handeln, gegen den christlichen Glauben und gegen »rassisch minderwertige« Menschen. Dazu gehörten in erster Linie Juden (die irrigerweise nicht als Religionsgemeinschaft sondern als »Rasse« definiert wurden), slawische Ethnien, Sinti und Roma, aber auch Homosexuelle sowie geistig und körperlich Behinderte. Juden und »Bolschewisten« wurden miteinander gleichgesetzt und zu Hauptfeinden erklärt. Über allem stand für die Nationalsozialisten die deutsche Nation. In ihr hatte der Einzelne in einer »Volksgemeinschaft« aufzugehen, nach dem Motto: »Du bist nichts, dein Volk ist alles«. Durch rigorose Auslese sollten sich die Besten durchsetzen: in der »Volksgemeinschaft« der »Führer« und im Ringen um die Vorherrschaft in der Welt die nordische »Herrenrasse«. In der Wirtschaftpolitik setzte man auf Unabhängigkeit von ausländischen Rohstoffen und Importen. Um dieses Ziel und die politische Vormachtstellung Deutschlands zu erreichen, verfolgten die Nationalsozialisten eine aggressive Außenpolitik. Der Kampf gegen das »Unrecht von Versailles« stand dabei an erster Stelle.

Der Nationalsozialismus schien vielen nicht zuletzt deshalb so attraktiv, weil er sich ausgesprochen modern gab. Er sprach alle

Der frisch ernannte Reichskanzler inmitten des neuen Kabinettes (v.l.h.): Lutz Graf Schwerin von Krosigk (Finanzen), Wilhelm Frick (Inneres), Werner von Blomberg (Reichswehr), Hermann Göring (Luftfahrt/preußisches Inneres) und Adolf Hitler, 30. Januar 1933.

Stationen auf dem Weg zur absoluten Macht (v.l.):
Der brennende Reichstag, 27. Februar; der »Tag von Potsdam«, 21. März;

gesellschaftlichen Gruppen und vor allem junge Leute an. Mit Adolf Hitler verfügte die Partei über einen krankhaft ichbezogenen Demagogen, der von der Idee beseelt war, »das Reich zu retten«. Hitler war in fast allem mittelmäßig. Aber durch seine Radikalität, seinen Instinkt für die Macht, sein Rednertalent und sein Charisma traf er den Ton des Rattenfängers, dem die Massen gläubig folgten.

Hitler kam nicht auf einem vorgezeichneten, zwangsläufigen Weg an die Macht. Bis zur Selbstentmachtung des Reichstages, von der noch zu sprechen sein wird, hätte es zahlreiche Möglichkeiten gegeben, seinen Aufstieg zu stoppen. Es war die Mehrheit der deutschen Wähler, die den Nationalsozialisten seit 1932 ihre Stimme gegeben hatte. Es waren die nationalkonservativen Kräfte, die mit Hitler einen Pakt geschlossen hatten. Und es war Reichspräsident Paul von Hindenburg, der Hitler am 30. Januar 1933 zum Reichskanzler ernannte.

Die schrittweise Übernahme der Macht durch die Nationalsozialisten war nicht von langer Hand geplant. Sie entwickelte sich vielmehr aus den sich überstürzenden Ereignissen im Frühjahr 1933. Nach der Bestallung Hitlers zum Reichskanzler setzte Hindenburg Neuwahlen für den 5. März an. Der Zufall spielte Hitler einen Trumpf in die Hände, als der Reichstag am 27. Februar in Flammen aufging. Noch in der gleichen Nacht verhaftete die Polizei den vermeintlichen Attentäter, einen holländischen Staatsbürger und Mitglied der niederländischen Kommunistischen Partei. Die Hintergründe des Reichstagbrandes sind bis heute nicht geklärt. Hitler witterte sofort die Chance. Am darauf folgenden Tag erließ er mit Billigung des Reichspräsidenten die »Verordnung zum Schutz von Volk und Staat«, durch die bis auf Weiteres alle politischen Grundrechte außer Kraft gesetzt wurden. Der NS-

die Verabschiedung des Ermächtigungsgesetzes, 23. März 1933; die darauf folgende Inhaftierung politischer Gegner in Konzentrationslagern.

Terror gegen die politischen Hauptgegner, die Kommunisten und Sozialdemokraten, konnte sich nun ungehindert entfalten.

Der Urnengang vom 5. März war also keine unabhängige und gleiche Wahl mehr. Dennoch verfehlten die Nationalsozialisten ihr Ziel und blieben deutlich unter der absoluten Mehrheit.

Hitler suchte nun den öffentlichen Schulterschluss zwischen der NSDAP und allen Kräften, die in Gegnerschaft zur Weimarer Republik standen. Die alte preußische Residenzstadt Potsdam geriet, mehr durch Zufall als durch Planung, am 21. März in den Mittelpunkt. Da der Reichstag durch den Brand nicht mehr zur Verfügung stand, verlegte man den Staatsakt zur Eröffnung des neu gewählten Parlamentes kurzerhand in die Potsdamer Garnisonkirche. Sie war nicht nur groß genug, sondern diente als Grablege Friedrichs des Großen vor allem als spektakuläre Kulisse für die Stärke und den Glanz der Monarchie. Im Anschluss nahmen Hindenburg und Hitler eine gemeinsame Parade von Verbänden der Reichswehr, des Stahlhelm und der SA ab. Der »Tag von Potsdam« sollte ein Signal des Aufbruchs setzen, das die Kräfte der alten Monarchie und der »nationalen Bewegung« miteinander versöhnte.

Nur zwei Tage später, am 23. März, kam es im Reichstag (der in ein Ausweichquartier umgezogen war) zum Showdown. Hitler legte einen Gesetzentwurf zur Abstimmung vor, der seiner Regierung erlauben sollte, in den kommenden vier Jahren auch ohne Beteiligung des Parlamentes Gesetze zu erlassen. Darunter sollten auch verfassungsändernde Maßnahmen fallen. Obendrein enthielt die Gesetzesinitiative den Vorschlag, Personen auch ohne richterlichen Beschluss in »Schutzhaft« zu nehmen, falls die öffentliche Sicherheit und Ordnung in Gefahr sei. Da alle kommunistischen Reichstagsabgeordneten bereits verhaftet oder untergetaucht waren, stimmte lediglich die SPD-Fraktion geschlossen gegen das »Ermächtigungsgesetz«. Mit anderen Worten: Das Parlament hatte sich mit einer verfassungsändernden Zweidrittelmehrheit selbst entmachtet und der Regierung diktatorische Vollmachten in die Hand gegeben. Hitler brauchte jetzt den Reichspräsidenten nicht mehr. Warum zum Beispiel die Angehörigen der katholischen Zentrumspartei oder der Bayernpartei für das »Ermächtigungsgesetz« stimmten, ist bis heute unklar. Vermutlich glaubten sie, durch Zustimmung ihre politische Mitarbeit sichern zu können. Sie konnten sich wohl auch nicht vorstellen, dass die Regeln des Parlamentes und des Rechtsstaates mit einem Schlag außer Kraft gesetzt werden würden. Hinzu kam die persönliche Angst vor der immer deutlicheren Gewalt der SA. Die systematische Verfolgung der politischen Gegner vollzog sich in der Öffentlichkeit. Am 22. März, also einen Tag vor Verabschiedung des Ermächtigungsgesetzes, gab Himmler in einer Pressekonferenz die Errichtung eines »politischen Konzentrationslagers« bekannt. Natürlich konnte sich damals niemand die zukünftigen Dimensionen solcher Lager vorstellen.

Aber dennoch musste jedem klar sein, dass die Nationalsozialisten mit ihren politischen Gegnern schonungslos umgehen würden. Das zeigte sich auch in der frechen Propaganda, für die der demagogische Propagandaminister Joseph Goebbels verantwortlich zeichnete. Im Mai 1933 fanden in Berlin und anderswo öffentliche Bücherverbrennungen von politisch Andersdenkenden oder jüdischen Autoren statt. Zahlreiche Intellektuelle verließen das Land. Viele verstanden die Warnung, und mancher erinnerte sich an die Worte des Dichters Heinrich Heine (1797–1856): »dort, wo man Bücher verbrennt, verbrennt man auch am Ende Menschen«.

Der einzige Machtfaktor, der Hitler nach der Ausschaltung des Parlamentes noch hätte gefährlich werden können, nämlich die Reichswehr, verhielt sich ruhig. In den kommenden Monaten begannen die Nationalsozialisten systematisch die Macht zu übernehmen. Fast alle staatlichen Verwaltungselemente und Organisationen wurden aufgelöst und durch nationalsozialistische Strukturen ersetzt. Diese sogenannte Gleichschaltung führte zur Auflösung der Länder im Reich, der Abschaffung aller Parteien (natürlich mit Ausnahme der Nationalsozialisten), der Entlassung oppositioneller und »nichtarischer« Beamter aus dem Staatsdienst, der Übernahme der Polizei durch Hitlers engsten Gefolgsmann, den »Reichsführer SS« Heinrich Himmler, und zur Abschaffung einer unabhängigen Justiz. Seit dem 30. Juni 1934 nannte sich Hitler »Oberster Gerichtsherr«.

Um seine Macht nach innen zu sichern, ließ Hitler Ernst Röhm, seinen alten Weggefährten und Stabschef der mächtigen SA, sowie andere politische Konkurrenten im Juni und Juli 1934 kaltblütig ermorden. Mit dem Tod des Reichspräsidenten Hindenburg am 2. August 1934 eignete er sich auch dessen Amt an. Noch am selben Tag übernahm er den Oberbefehl über das Militär und ließ die Soldaten neu vereidigen: nicht mehr auf die Verfassung, sondern auf seine Person, den »Führer und Reichskanzler«.

Parallel zur Übernahme der Macht folgte der Terror gegen politisch Andersdenkende und die systematische Entrechtung und Verfolgung der jüdischen Bevölkerung, die nicht als Religionsgemeinschaft, sondern als Rasse betrachtet wurde. Jüdische Bürger wurden schrittweise aus dem öffentlichen Leben gedrängt und in ihren Rechten massiv beschnitten. Nach der Reichsprogromnacht am 9. November 1938, von der Propaganda eines Joseph Goebbels als »Reichskristallnacht« verharmlost, bestand für Juden praktisch keine Möglichkeit mehr, das Reich zu verlassen.

Kompass

- Mit der Ausschaltung des Parlamentes verfügt Hitler über eine fast unbeschränkte Machtfülle.
- Im Prozess der »Gleichschaltung« werden alle wichtigen Staats- und Verwaltungsebenen durch nationalsozialistische Strukturen ersetzt.
- Die gnadenlose Verfolgung politisch Andersdenkender durch die Nationalsozialisten und die zunehmende Entrechtung, Erniedrigung und Verfolgung jüdischer Mitbürger beginnt bereits unmittelbar mit der Machtübernahme.

Die Maßnahmen zur Entrechtung der Juden in Deutschland waren vielfältig. Angefangen vom Boykott jüdischer Geschäfte am 1. April 1933 bis hin zur Zwangskennzeichnung ab 1. September 1941.

BArch|Bild 183-R70355

MHM

Wehrmacht und NS-Staat

Mit der Übernahme der Macht durch die NSDAP wuchs auch ihr wichtigster Kraftarm: die braun gewandete »Sturmabteilung«, kurz: SA. Sie war in mehrfacher Hinsicht eine »Parteiarmee«. Die SA war fest in den NS-Parteiapparat integriert, wurde nach militärischem Vorbild geführt, war bestens organisiert und verfügte über paramilitärische Einheiten. Ihre Stärke wuchs 1934 auf 4,5 Millionen Mitglieder. Die Führer der SA träumten von einer nationalsozialistischen Volksmiliz, in die auch die Reichswehr integriert werden sollte. Ernst Röhm, der Chef der SA, brachte das auf den Punkt: »Der graue Fels der Reichswehr soll in der braunen Flut der SA untergehen.« Reichswehr und nationalkonservative Kräfte standen diesen Überlegungen natürlich ausgesprochen kritisch gegenüber. Hitler durfte es sich mit der Reichswehr nicht verderben, wenn er seine aggressiven außenpolitischen Ziele durchsetzen wollte. Zugleich musste er versuchen, den innerparteilichen Konkurrenten Röhm in die Schranken zu weisen. Mit Hilfe der treu ergebenen SS (Schutzstaffel) und Teilen der Reichswehr entmachtete Hitler Ende Juni 1934 die SA und ließ Röhm und weitere 200 Personen ermorden.

Der »linke Flügel« der NSDAP und die SA waren über Nacht ihrer Spitze beraubt. Jetzt begann der parallele Aufstieg von Wehrmacht und SS.

Zwischen Wehrmacht (so die offizielle Bezeichnung seit 1935) und Nationalsozialisten bestand eine Teilidentität. Die Ablehnung der Republik, die Revision des Vertrags von Versailles und das Ziel, den Streitkräften in Staat und Gesellschaft mehr Gewicht zu verleihen, stießen bei den Militärs auf offene Ohren. Die Reichswehrführung startete einen »Loyalitätswettlauf«, das heißt, sie diente sich immer stärker dem NS-System an, um ihre Rolle als alleiniger Waffenträger des Reiches zu unterstreichen. Die vorher »unpolitische« Reichswehr wandelte sich zur politisierten Wehrmacht. Dazu gehörte unter anderem die Übernahme des Hakenkreuzes als eines der offiziellen Wehrmachtsymbole, die Einführung des Hitlergrußes für zivile Wehrmachtangehörige oder die Übernahme des »Arierparagraphen«, infolge dessen Soldaten jüdischen Glaubens entlassen wurden. Seit dem 2. August 1934, dem Tod Hindenburgs, mussten alle Soldaten ihren Eid persönlich auf Hitler leisten. Diese Eidesformel sollte in der Folge zum größten Hindernis für Soldaten werden, die in Opposition zum NS-Regime standen. Viele, aber keinesfalls

Vereidigung der Reichswehr auf den »Führer«, 2. August 1934. Das neue Hoheitssymbol ist auf den Stahlhelmen und auf den Uniformen zu erkennen.

alle Soldaten jubelten Hitler zu. Vor allem im Offizierkorps betrachten nicht wenige die Nationalsozialisten als arrogante Emporkömmlinge.

Hitler »kaufte« sich die Armee, indem er die Bestimmungen des Versailler Vertrags ignorierte. Er vergrößerte die Streitkräfte systematisch und führte durch spektakuläre Coups Deutschland wieder in den Kreis der Großmächte zurück. Zur gleichen Zeit begann sich die Wirtschaft zu erholen. Die Konsumgüterproduktion nahm sichtbar zu, die Arbeitslosigkeit sank drastisch. Das war allerdings nicht auf eine kluge Wirtschaftspolitik zurückzuführen, sondern auf die abflauende Weltwirtschaftskrise und auf Beschäftigungsprogramme (z.B. den Autobahnbau), die mit einer enormen Verschuldung erkauft wurden. Viele neue Arbeitsplätze entstanden in der Rüstungsindustrie. Die Abtragung des gigantischen Schuldenbergs sollte durch erfolgreiche Kriege und die Gewinnung von »Raum im Osten« erfolgen. Ohne Eroberungskriege musste das auf Pump gebaute System früher oder später wie ein Kartenhaus zusammenfallen.

Die erste Phase der Aufrüstung barg erhebliche Risiken und erfolgte im Verborgenen, weil sich Hitler der Reaktionen des Auslands nicht sicher sein konnte. Militärisch hätte Deutschland in dieser Phase England und Frankreich nur wenig entgegensetzen können. Als die Wehrpflicht 1935 eingeführt wurde, zählte die Wehrmacht bereits 300 000 Mann – dreimal so viel, wie ihr nach dem Versailler Vertrag zustand. Dabei konnte man auf geheime Planungen aus der Weimarer Republik zurückgreifen, die bereits eine drastische Heeresvergrößerung vorgesehen hatten. Die Planungsgrößen wurden in kürzesten Abständen immer wieder erweitert. Schon 1936 setzte man die Wehrpflicht von einem auf zwei Jahre herauf. Im Herbst 1939 bestand das Heer aus 52 aktiven und 51 Reservedivisionen, insgesamt 2,6 Millionen Soldaten. Die Standarddivision der Infanterie zählte etwa 17 000 Mann und verfügte über ca. 4000 Pferde, die motorisierten Großverbände über ca. 4000 Kraftfahrzeuge. Der schnelle Aufbau konnte nur mit Kompromissen bei der Ausbildung erkauft werden. Der Stellenzuwachs (allein bei Offizieren zwischen 1935 und 1938 von ca. 5000 auf 15 000) bot allerdings die Chance zur raschen Karriere. Die Bindung an das politische System wurde dadurch noch verstärkt.

Am rasantesten verlief der Aufbau der Luftwaffe, die schon vor ihrer »Enttarnung« 1935 über 18 000 Mann (einschließlich Flakartillerie) und 14 einsatzfähige Staffeln verfügte. An der Spitze stand Hermann Göring, ein erfolgreicher Jagdflieger im Ersten Weltkrieg, seit 1933 Reichsluftfahrtminister und als engster Gefährte praktisch zweiter Mann hinter Hitler. Da Göring seit 1936 als »Beauftragter für den Vierjahresplan« auch die Rüstungsindustrie steuerte, konnte die Luftwaffe aus dem Vollen schöpfen. Durch seine Sonderrolle gelang es Göring, den Aufbau der jungen Teilstreitkraft weitgehend unabhängig aber auch sehr eigensinnig durchzuführen. Dem strategischen Konzept lag ein »Sowohl-als-auch« zugrunde. Die Luftwaffe sollte in erster Linie die Heeresoperationen taktisch und operativ unterstützen, zugleich aber auch zum begrenzten strategischen Bombenkrieg befähigt werden. Angesichts der enorm engen Zeitvorgaben für Neuentwicklungen und den natürlichen Begrenzungen bei Rohstoffen und Produktionsstätten führte dieses Konzept zu einer Verzettelung der Kräfte. Die strategische Dimension des Luftkriegs und die Konsequenzen für die Luftverteidigung wurden weitgehend ignoriert. Die taktische Grundeinheit der Luftwaffe bestand aus dem Geschwader mit ca. 2000 Mann, mit etwa 120 Flugzeugen gleichen Typs. Beim Überfall auf Polen zählte die Luftwaffe 370 000 Mann.

Im Vergleich zur Heeres- und Luftwaffenrüstung musste sich die Marine hinten anstellen. Hitler hatte wenig Sinn für maritime Fragen. Für das Hauptziel, »Lebensraum« im Osten zu erobern und Deutschland zur bestimmenden Kontinentalmacht Europas zu machen, schienen Marinekräfte weniger wichtig. Außerdem hoffte Hitler auf einen Interessenausgleich mit England, der eine Flottenrüstung wie im Kaiserreich entbehrlich gemacht hätte. Das änderte sich erst 1938 mit dem Entwurf eines »Z-Plans« (Zielplan), der den Aufbau einer Mehrzweckflotte bis 1948 vorsah, die gleichermaßen zum Krieg gegen Handelsschiffe wie zum operativen Seekrieg geeignet war. Zum Planungsvolumen gehörten neben 6 Schlachtschiffen auch 2 Flugzeugträger und 183 U-Boote. Bei Kriegsbeginn ließ man den Plan fallen und versuchte nur, die im Bau befindlichen Einheiten fertigzustellen.

Ein großes Defizit bildete die Spitzengliederung der Wehrmacht. Anders als heute, waren die Führungsstäbe nicht miteinander verknüpft, sondern teilstreitkraftunabhängig. Neben den Oberkommandos von Heer, Kriegsmarine und Luftwaffe gab es noch das Oberkommando der Wehrmacht (OKW) mit dem Wehrmachtführungsstab. Die Luftwaffe unter Göring spielte, wie gesagt, eine Sonderrolle. Hitler förderte dieses System der wechselseitigen Kontrolle und Rivalitäten, um immer wieder als oberste Instanz ordnend einzugreifen. Ein strategisch planender und operativ führender »joint staff« hätte ein gefährliches Gegengewicht bedeutet, das der misstrauische Hitler unbedingt vermeiden wollte. Nach seinem Verständnis des »Führerprinzips« konnte nur einer die Fäden in der Hand halten: er selbst.

Kompass

- Mit der Entmachtung der SA 1934 verliert die Reichswehr ihren stärksten Konkurrenten als bewaffnete Macht.
- Die Wehrmacht macht sich zum willigen Instrument der aggressiven NS-Außenpolitik. Sie profitiert dabei von gewaltigen Aufrüstungsprogrammen.

MHM

BArch Bild 183-2004-1202-503

Oben: Anstecknadel des größten Mitbewerbers der Reichswehr um das Waffenträgermonopol des Staates – der SA.

Unten: Die Spitzen der Wehrmacht entbieten Adolf Hitler 1935 ihre Neujahrswünsche (v.l.): Reichskriegsminister Werner von Blomberg, Hermann Göring, Oberbehlshaber der Luftwaffe, Werner Freiherr von Fritsch, Oberbefehlshaber des Heeres, und Erich Raeder, Oberbefehlshaber der Kriegsmarine.

»Die Jugend gehört dem Führer« – Militarisierung der Gesellschaft

Die NS-Ideologie war totalitär. Das heißt, es ging nicht nur um die alleinige Macht, sondern auch um die Formung eines neuen Menschenbildes. Der Einzelne sollte vom Kollektiv geprägt werden und darin aufgehen. Damit fing man schon bei den Jüngsten an. Die Einwirkung auf die Schulen sowie eine organisierte Kinder- und Jugendarbeit genossen deshalb hohe Priorität. Hierin unterscheidet sich der Nationalsozialismus übrigens nur wenig vom Kommunismus. Im Zentrum von Hitlers Denken stand der Kampf. In ihm sollte sich jeder bewähren und die Schwachen »ausgemerzt« werden. Auch wenn Hitler selbst dem Ideal nicht annähernd entsprach, formulierte er 1935 in einer Rede, die deutsche Jugend müsse »flink wie die Windhunde, zäh wie Leder und hart wie Kruppstahl« sein.

Fahrtenmesser der »Hitlerjugend« mit eingraviertem Sinnspruch »Blut und Ehre« (o.); Fanfarenbläser des »Deutschen Jungvolks« in Worms.

Das Militär diente dabei als Leitbild und sollte die Jugendlichen zugleich auf ihre Aufgabe als künftige Soldaten vorbereiten. Eine geschickte Propaganda beförderte dieses Denken auf vielfältige Weise, zum Beispiel durch Jugendzeitschriften oder Spielfilme mit militärischen Handlungen in den »Jugendfilmstunden«. Die paramilitärische Erziehung und Uniformierung begann schon bei den Schulkindern: dem »Jungvolk« (im Volksmund »Pimpfe«) und den »Jungmädeln« im Alter von 10 bis 14 sowie der »Hitlerjugend« und dem »Bund Deutscher Mädel« im Alter von 14 bis 18 Jahren. Die Mitgliedschaft in der »Staatsjugend« war ab 1939 verbindlich. Viele Jugendliche waren begeistert von den Angeboten, die sie hier vorfanden, dem Gemeinschaftserlebnis und dem Hauch von Abenteuer, das mit Zeltlager und Luftgewehrschießen verbunden war. Unterorganisationen wie die Flieger-, die Marine- und die Motor-HJ setzten auf die Technikbegeisterung junger Menschen und warben durch attraktive Angebote. Der Nationalsozialismus vermittelte das Image einer jungen »Bewegung«, in der tatsächlich die meisten Führungspositionen mit ausgesprochen jungen Menschen besetzt waren. Der jungen Generation, so die Botschaft, gehörte in diesem System die Zukunft.

Über allem stand jedoch die Disziplinierung des Einzelnen, der ohne Widerspruch seinen Platz in der Gemeinschaft Gleichaltriger einzunehmen hatte.

Die Gläubigkeit und der Fanatismus, mit dem viele Jugendliche selbst kurz vor Kriegsende in den aussichtslosen Kampf eingriffen, unterstreicht, wie sehr die NS-Ideologie die Gesellschaft bereits durchwurzelt hatte.

Kompass

- Die Mobilisierung der Jugend spielt für die Ideologisierung und Wehrhaftmachung eine entscheidende Rolle.

Oben: Die NS-Wehrerziehung machte auch vor traditionellen Brettspielen keinen Halt.

Unten: Werbeplakat der Hitlerjugend.

Aggressive Außenpolitik und Kriegsvorbereitungen

Hitler spielte ein gefährliches Spiel. Da die europäischen Nachbarn seine Politik mit Sorge beobachteten, musste die Aufrüstung anfangs geheim erfolgen. Die erste Kampfansage an die Versailler Ordnung war das Verlassen der Genfer Abrüstungskonferenz und der Austritt aus dem Völkerbund 1933. Es folgten die Enttarnung des Aufbaus der Luftwaffe und die Einführung der allgemeinen Wehrpflicht 1935. Jetzt fühlte sich Hitler militärisch stark genug, um im Jahr darauf in das entmilitarisierte Rheinland einzumarschieren. Wieder verhielten sich die beiden stärksten europäischen Mächte, England und Frankreich, passiv. Hitler suchte nun nach Verbündeten. Er errichtete zuerst 1936 mit dem faschistischen Italien eine »Achse« (ein Begriff der Goebbelschen Propaganda, der den engen Schulterschluss verdeutlichen sollte) und schloss darauf mit Italien und Japan ein Bündnis gegen die Sowjetunion, dem 1939 auch das faschistische Spanien beitrat. Hitler stand nun nicht mehr völlig allein auf der außenpolitischen Bühne und begann die expansive Karte seiner Außenpolitik zu spielen. Im März 1938 nutzte er innenpolitische Wirren in Österreich und ließ die Wehrmacht in das kleine Nachbarland einmarschieren. Wieder hatte er die Bestimmungen des Versailler Abkommens verletzt, und wieder ließen die europäischen Nachbarn ihn gewähren. Der »Anschluss« Österreichs verbesserte Deutschlands geostrategische Situation und brachte neue Ressourcen. Aber Hitlers Appetit war noch keinesfalls gestillt. Für die eingekeilte Tschechoslowakei entstand nun eine bedrohliche Situation. Am 30. Mai 1938 erließ Hitler einen Geheimbefehl an die Wehrmacht, die »Zerschlagung« der Tschechoslowakei vorzubereiten. Der Chef des Generalstabs, Generaloberst Ludwig Beck, bat daraufhin aus Protest um seine Entlassung.

Derweil gossen die Nationalsozialisten weiter Öl ins Feuer, indem die Sudetendeutsche Partei in der Tschechoslowakei angestachelt wurde, ihr »nationales Selbstbestimmungsrecht« einzufordern. In dieser schwierigen Situation setzten England und Frankreich auf eine Politik des »Appeasement« (Beschwichtigung). Sie wollten um jeden Preis einen Krieg verhindern. Beide Staaten glaubten sich nur ungenügend gerüstet und wollten ihrer

Deutsche Panzer auf der Fahrt durch die geschmückten Straßen Komotaus während des Einmarsches ins Sudetenland, 9. Oktober 1938.

Bevölkerung, kaum 20 Jahre nach dem furchtbaren Weltkrieg, keinen neuen Krieg zumuten. Man ging davon aus, dass die Dreistigkeit Hitlers mit der Überlassung der Sudetengebiete nun ein Ende haben würde. Hinzu kam ein Zweites: »Appeasement« war keine naive »Gutmenschenpolitik«. Sie entsprang der strategischen Überlegung, Deutschland durch ein internationales Regelwerk einzubinden und durch wirtschaftlichen und politischen Druck zu kontrollieren. Nur unterschätzten alle die Brutalität, mit der Hitler vorging. Im September 1938 wurde in München ein Abkommen geschlossen, dass die Tschechoslowakei verpflichtete, die Sudetengebiete an Deutschland abzutreten. Großbritannien und Frankreich garantierten die Existenz der »Resttschechei« und hofften, dass Hitler nun zufriedengestellt sei.

Im Herbst 1938 hatte Hitler augenscheinlich alle seine Ziele erreicht: Die wesentlichen Statuten des Versailler Vertrages waren aufgehoben oder umgangen worden, und Deutschland gehörte nun wieder zu den Großmächten in Europa. Kaum einer ahnte, dass Hitler nach viel mehr strebte, nämlich der ungeteilten Vorherrschaft, erst in Europa und anschließend in der Welt.

Am 16. März 1939 fiel die Maske, als die Wehrmacht die »Resttschechei« besetzte. Das tschechische Gebiet wurde in ein »Protektorat (Schutzgebiet) Böhmen und Mähren« umgewandelt und faktisch dem Deutschen Reich angegliedert. Nur eine Woche später marschierte die Wehrmacht in das Memelgebiet ein, das Deutschland nach den Vertragsbestimmungen von Versailles 1919 hatte abtreten müssen. Im Ausland reagierte man völlig überrascht und mit Bestürzung. Mit dem Einmarsch in Tschechien griff Deutschland erstmals nach Territorien, die jenseits seiner nationalstaatlichen Grenzen lagen. Dieser Zug hatte nichts mehr mit der Revision von Versailles zu tun. Die Appeasement-Politik war nicht aufgegangen und hatte Hitler nicht beschwichtigt, sondern im Gegenteil immer mehr ermutigt. In England zog man erste Konsequenzen und führte die Wehrpflicht wieder ein.

Was nun passierte, macht deutlich, dass Macht und nicht Ideologie die Hefe ist, die jede Diktatur antreibt. Obwohl der Bolschewismus neben dem Judentum zu den erklärten Hauptgegnern der NS-Ideologie gehörte, setzte im Sommer 1939 eine geheime Annäherung Deutschlands an die Sowjetunion ein, beginnend mit Handels- und Kreditabkommen. Beide Staaten, die sich kurz zuvor noch propagandistisch hart bekämpft hatten, besiegelten am 24. August 1939 einen Nichtangriffspakt. Das war ein Paukenschlag, mit dem niemand wirklich rechnen konnte. In einem geheimen Zusatzprotokoll legten das Deutsche Reich und die

Propagandakarte mit den nach dem Münchner Abkommen 1938 von Deutschland annektierten Gebieten.

Sowjetunion ihre Interessenssphären fest: Die Linie lief längs durch Osteuropa und teilte Polen durch die Flüsse Narew, Weichsel und San. Hitlers Hauptziel, Lebensraum im Osten zu erobern, waren damit zwar geografische Grenzen gesetzt. Aber er brauchte nun keinen Zweifronten-Krieg mehr zu fürchten und hatte freie Bahn gegenüber Polen. Zwei Tage nach der Ratifizierung des Nichtangriffspaktes erteilte Hitler seinen Generalen den Befehl, Polen anzugreifen.

Kompass

- Hitlers aggressive Außenpolitik verfolgt zwei Hauptziele: zuerst die Revision des Versailler Vertrages und danach die Eroberung von »Lebensraum« im Osten.

- Die britisch-französische Politik der Beschwichtigung (»Appeasement«) scheitert, weil Hitler mehr will, als den Versailler Vertrag zu revidieren.

- Mit dem deutsch-sowjetischen Nichtangriffspakt beseitigt Hitler das letzte Hindernis auf dem Weg zum Krieg.

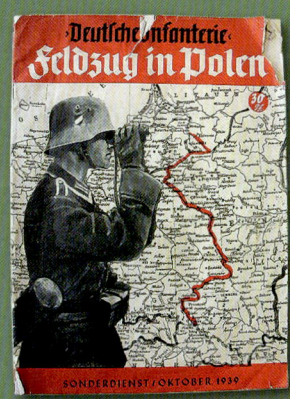

Oben: Sonderausgabe der Zeitschrift »Deutsche Infanterie« zum Polenfeldzug, Oktober 1939.

Links: Reichsaußenminister Joachim von Ribbentrop bei der Unterzeichnung des deutsch-sowjetischen Grenz- und Freundschaftsvertrags mit Josef Stalin und Wjatscheslaw Molotow (v.h.r.) in Moskau, 28. September 1939.

Die ersten »Blitzsiege« – Polen, Skandinavien und Westfeldzug

Der Bericht des Oberkommandos der Wehrmacht (OKW) vom 1. September 1939 begann mit einer Lüge: »Auf Befehl des Führers und Obersten Befehlshabers hat die Wehrmacht den aktiven Schutz des Reiches übernommen. [...] Gleichzeitig sind Geschwader der Luftwaffe zum Niederkämpfen militärischer Ziele in Polen gestartet.« Das Deutsche Reich bedurfte keines »aktiven Schutzes«. Niemand hatte es angegriffen oder in seiner staatlichen Existenz bedroht. Hitler selbst hatte den Krieg langfristig geplant, vorbereitet und schließlich bewusst entfesselt. Der »Führer« war ein Spieler, der immer auf hohes Risiko ging und am liebsten alles auf eine Karte setzte. Am 1. September hatte er bereits überreizt. Die hochgezüchtete Wehrmacht verfügte über ein beachtliches Potenzial. Aber Deutschland war weder personell noch materiell für einen langen Krieg gerüstet, schon gar nicht gegen mehrere Kriegsgegner an unterschiedlichen Fronten. Die strategischen Defizite bei Rohstoffen, in der industriellen Fertigung und beim Personal hatten sich schon im Ersten Weltkrieg gezeigt. Vor allem hatte Hitler nicht mit der Standhaftigkeit und dem Willen der westlichen Demokratien gerechnet, allen voran Großbritannien und später den USA. Als die Kriegserklärungen Frankreichs und Englands postwendend am 3. September folgten, zeigte sich die Reichskanzlei überrascht.

Hitlers Plan war einfach. Zuerst sollte Polen in einem »Blitzkrieg« besiegt und im Anschluss Frankreich mit der gleichen Taktik niedergerungen werden. Danach glaubte Hitler, mit England zu einem Arrangement kommen zu können. Der erste Schachzug ging auf. Die 1,5 Millionen Wehrmachtsoldaten, die am 1. September losmarschierten, trafen auf nur geringfügig schwächere polnische Streitkräfte, die zwar tapfer kämpften, aber in allen technischen Belangen (Artillerie, Panzer und Flugzeuge)

Auftakt zum Weltkrieg – der deutsche Überfall auf Polen (v.l.o): Die S<small>CHLESWIG</small>-H<small>OLSTEIN</small> feuert auf die Westerplatte vor Danzig; Wehrmachtsoldaten entfernen einen Schlagbaum an der deutsch-polnischen Grenze; der Bordschütze einer He 111 nimmt ein polnisches Ziel ins Visier, September 1939.

Erfolgsfaktoren des »Blitzkrieges« (v.l.u.): Taktische Luftunterstützung (Sturzkampfbomber Ju 87 beim Feindflug); motorisierte Verbände (Panzerkolonne 1940 in Frankreich); »Führen von vorne« (General Heinz Guderian in seinem motorisierten Gefechtsstand während des Westfeldzuges).

eschule Mürwik

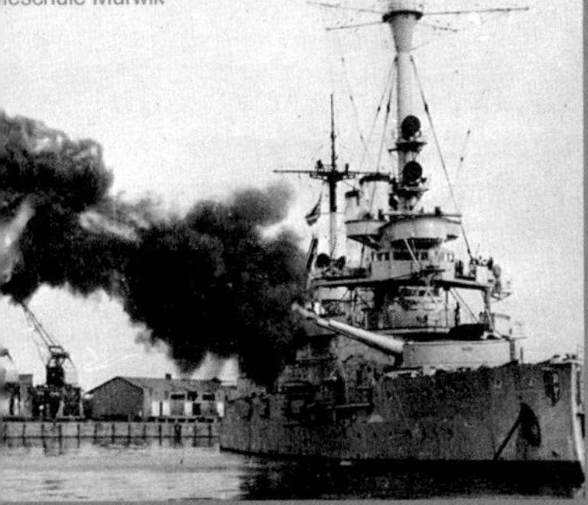

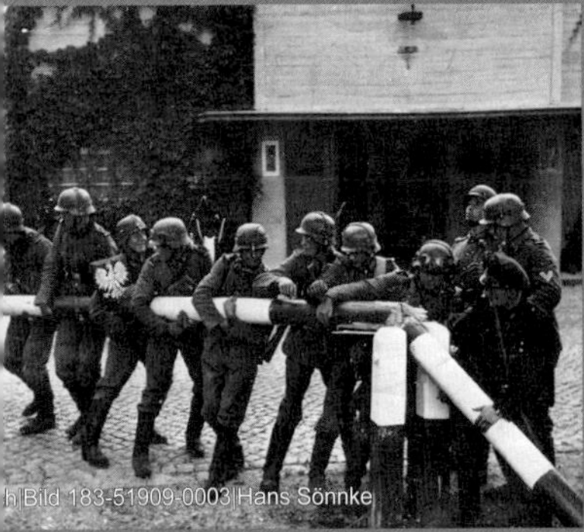

h|Bild 183-51909-0003|Hans Sönnke

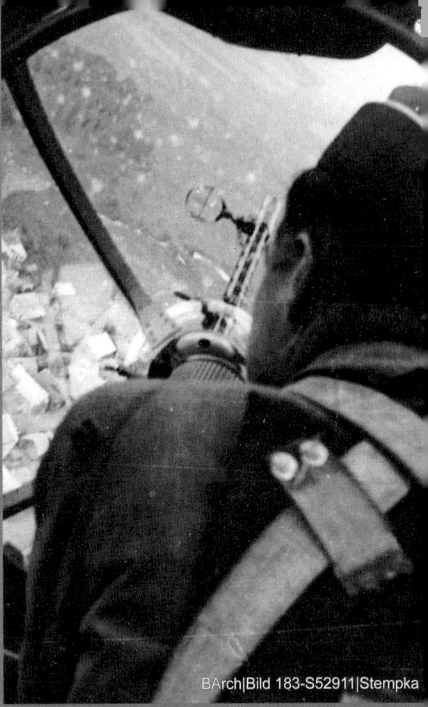

BArch|Bild 183-S52911|Stempka

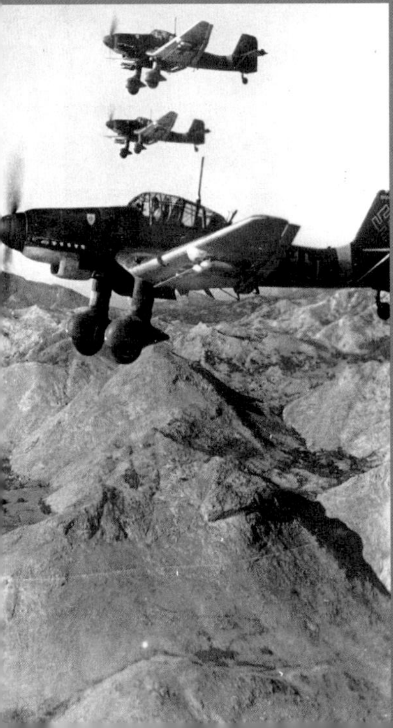

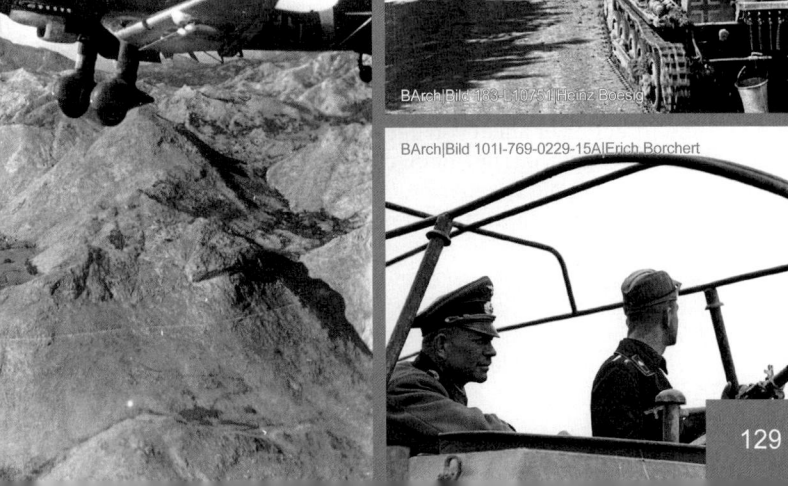

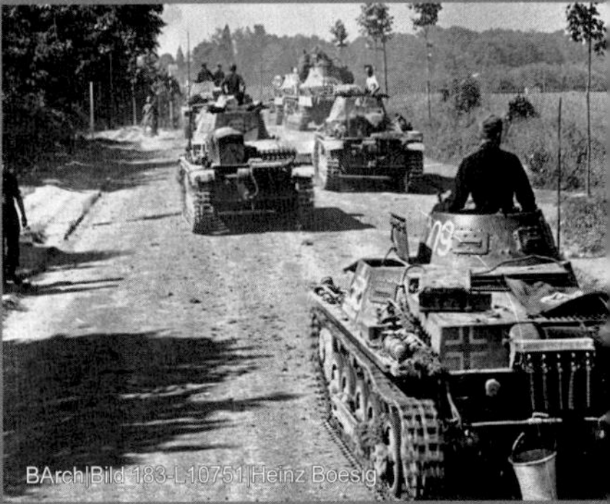

BArch|Bild 183-L10751|Heinz Boesig

BArch|Bild 101I-769-0229-15A|Erich Borchert

sowie in der operativen Führung eklatant unterlegen waren. Die polnischen Ulanen, die hilflos mit ihren Lanzen gegen deutsche Panzer anrannten, wurden zum einprägsamen Bild eines aussichtslosen Kampfes. Am 17. September begann die Sowjetunion mit dem Einmarsch in Polen, um ihre Interessen zu sichern. Kurz darauf brach der letzte polnische Widerstand zusammen. Während die westlichen Teile Polens dem Deutschen Reich einverleibt wurden, fasste man die übrigen Territorien bis zur Demarkationslinie als »Generalgouvernement« zusammen: Ein Sammelraum, freigegeben für die wirtschaftliche Ausbeutung und die Umsetzung der »rassepolitischen« Ziele.

Hitlers Vorbereitungen für den Westfeldzug wurden überraschend durch die Ausweitung des Kriegsschauplatzes in Nordeuropa gestört. Der finnisch-sowjetische Winterkrieg 1939/40 und die alliierten Planungen einer direkten Einmischung auf dem skandinavischen Kriegsschauplatz zwangen ihn zum Handeln. Um die lebensnotwendigen Erzlieferungen aus Schweden nicht zu gefährden, die Ostseezugänge zu sichern und die strategische Ausgangsposition im Kampf gegen England zu verbessern, begannen deutsche Soldaten am 9. April mit der Invasion Dänemarks und Norwegens. Dabei kam die Wehrmacht den Briten nur um wenige Stunden zuvor. Der Feldzug dauerte zwei Monate und forderte vor allem von der Kriegsmarine herbe Verluste.

Der Schwere Kreuzer ADMIRAL HIPPER beim Ausladen von deutschen Truppen vor Trondheim während der Besetzung Norwegens, April 1940.

Derweil verharrten deutsche und französische Truppen in einem »Drôle de guerre« (franz. »komischer Krieg«, auch »Sitzkrieg« genannt). Frankreich hatte nach den Erfahrungen des Ersten Weltkrieges größte Anstrengungen unternommen, seine Grenze zu Deutschland durch einen tief gestaffelten Abwehrgürtel aus Bunkern und Forts zu befestigen, die Maginot-Linie. Ein erheblicher Teil der französischen Soldaten war noch nicht voll ausgebildet. Nimmt man die Truppen der Franzosen

Gefangene britische und französische Soldaten warten im Hafen von Dünkirchen auf ihren Abtransport (o.), Juni 1940; Erinnerungsteller eines Infanteriebataillons zum Westfeldzug.

und Briten (die ein Expeditionskorps stellten) sowie der neutralen Belgier und Franzosen zusammen, dann hatte die Wehrmacht bei den Panzern ein leichtes Untergewicht, bei den Flugzeugen ein leichtes Übergewicht. Im Unterschied zu den Franzosen hatten die Deutschen ihre Panzerkräfte allerdings zusammengefasst.

Die Alliierten rechneten mit einer Wiederholung des »Schlieffenplans«, also einem Vormarsch durch Belgien; aber es kam anders. Die Wehrmacht griff auf einen Plan des Generalleutnants Erich von Manstein zurück, den sie selber lange Zeit verworfen und eigentlich für undurchführbar gehalten hatte. Er sah vor, mit den schnellen motorisierten Verbänden an einer unwegsamen Nahtstelle durchzustoßen: dem hügeligen und für Fahrzeuge kaum zugänglichen Waldgebiet der Ardennen. Der »Sichelschnittplan« ging auf – mit sehr viel Glück, dem längsten Fahrzeugstau in der modernen Militärgeschichte und unter Mithilfe der Franzosen, deren Aufklärung versagte. Während die Wehrmacht im offenen Gelände und taktisch geschickt unterstützt von der Luftwaffe nun sehr schnell vorankam, wichen die übrig gebliebenen britischen und französischen Truppen auf den Hafen Dünkirchen aus. An diesem kritischen Punkt stoppten die deutschen Panzerspitzen, um umzugruppieren, und verloren viel Zeit. Die folgenden Tage genügten Briten und Franzosen, unter

Der »größte Feldherr aller Zeiten« inmitten seines Gefolges vor dem historischen Eisenbahnwaggon im Wald von Compiègne (v.l.): Joachim von Ribbentrop, Wilhelm Keitel, Hermann Göring, Rudolf Hess, Adolf Hitler und Walther von Brauchitsch, 22. Juni 1940.

Zurücklassung allen Gerätes 216 000 britische und 123 000 französische Soldaten unter abenteuerlichen Bedingungen zu evakuieren. Ohne das »Wunder von Dünkirchen« hätte Großbritannien den Krieg wohl nur schwer fortsetzen können.

Im zweiten Teil der »Schlacht um Frankreich« setzte die Wehrmacht zur Atlantikküste und nach Süden an. Die Alliierten leisteten zähen Widerstand und konnten noch einmal fast 200 000 Mann retten. Am 22. Juni 1940 kapitulierte Frankreich. Der Waffenstillstand wurde im Wald von Compiègne unterzeichnet, im gleichen Salonwagen, in dem die deutsche Delegation 1918 die Bedingungen der Alliierten entgegengenommen hatte. Deutschland, so die Botschaft für die Welt, hatte den Weltkrieg am Ende doch gewonnen. Der größte Teil Frankreichs blieb von der Wehrmacht besetzt. Im unbesetzten südlichen Teil residierte eine französische Regierung mit Sitz in Vichy.

Hitler befand sich jetzt auf dem Höhepunkt seiner Macht. Da er freie Hand im Osten besaß, trotzte ihm nur noch England, das schon angeschlagen war. Hitlers militärische Umgebung lag ihm zu Füßen – dem »größten Feldherrn aller Zeiten«, wie ihn der Chef des Oberkommandos der Wehrmacht, Generalfeldmarschall Wilhelm Keitel, vollmundig nannte. Es ist erstaunlich, dass die professionelle Militärelite so wenig Weitblick zeigte.

BArch|N 1576 Bild-007|Ernst Herrmann

Wehrmachtsoldaten paradieren mit französischen Beutepanzern (Somua S 35 und Hotchkiss H 38) auf einem Pariser Boulevard, 1941.

Hitler hatte nicht alles richtig, sondern die Alliierten viel falsch gemacht, vor allem in der Aufklärung und in der operativen Führung, die noch nicht die Bedeutung der Koordination von Heer und Luftwaffe erkannte. In erster Linie fehlte es aber an der strategischen Einsicht, dass Deutschland einen kontinentalen Krieg aufgrund der begrenzten personellen und wirtschaftlichen Ressourcen nicht führen konnte. Jeder weitere Waffengang musste die Kräfte überdehnen – das zeigte schon die nun beginnende »Schlacht um England«.

Kompass

- Deutschland entfesselt den Weltkrieg durch den Überfall auf Polen.
- Von Beginn an wird deutlich, dass es sich nicht um einen »Normalkrieg«, sondern einen rasseideologischen Vernichtungsfeldzug handelt.
- Der Sieg über Frankreich kaschiert die bereits sichtbaren Probleme Deutschlands, einen strategischen Krieg zu führen.

MHM

Oben: Reiseführer der deutschen Truppenbetreuung für Paris, 1940.

Links: Das am 1. September 1939 gestiftete Verwundetenabzeichen in schwarzer Ausführung für ein- und zweimalige Verwundung. Es wurde an Soldaten verliehen, die durch Feindeinwirkung, unverschuldet durch eigene Kampfmittel oder schwere Erfrierungen bei Kampfhandlungen verletzt wurden.

Krieg gegen Großbritannien: »Luftschlacht um England«

Höhepunkte sind immer auch Wendepunkte. Im Spätsommer 1940 erreichte Hitler den Zenit seiner Macht. Weite Teile Europas waren von der Wehrmacht besetzt oder wurden von seinen Verbündeten kontrolliert. Allein England trotzte Hitler noch.

Unter dem Decknamen »Seelöwe« erarbeiteten die Generalstäbe der Teilstreitkräfte einen Plan zur Invasion Englands. Die Erringung der Lufthoheit über dem Kanal oder zumindest über Südengland war dafür die unabdingbare Voraussetzung. Großspurig hatte der frisch beförderte »Reichsmarschall« Hermann Göring Hitler versprochen, die britische Luftwaffe in wenigen Wochen niederzukämpfen. Auf deutscher Seite unterschätzte man die Leistungsfähigkeit der Royal Air Force. Großbritannien verfügte mit dem »Radio detection and ranging«-System (RADAR) über ein hochmodernes Aufklärungs- und Fliegerleitsystem, mit dem anfliegende Flugzeuge schon über dem Kanal geortet werden konnten. Hinzu kamen eine effektive Flugrüstung sowie der logistische und moralische Vorteil des Kampfes im Heimatland. Mitte September brach Hitler die »Luftschlacht um England« ab. Die erste deutsche Niederlage im Zweiten Weltkrieg machte deutlich, dass die Strategie, jeden Gegner einzeln zu besiegen, nicht aufging. Von nun an musste sich das Reich darauf einstellen, an mehreren Fronten gleichzeitig zu kämpfen.

Die Luftwaffe setzte nun auf einen Terrorluftkrieg gegen die britische Zivilbevölkerung. Für strategische Bombardements im Hinterland fehlte es der Luftwaffe allerdings an geeigneten Flugzeugen. Dennoch waren die Schäden erheblich. Bis zum Ende des Jahres forderte die fortgesetzte Bombardierung über 20 000 Tote und über 30 000 Verletzte. Die Bombardements schienen gleichwohl eher den Widerstandswillen der Bevölkerung zu stärken – ein Phänomen, das sich bei den späteren Luftangriffen auf deutsche Städte wiederholen sollte. Hitler, der den Wind des Luftterrors säte, sollte schon wenig später Sturm ernten.

Der Krieg gegen Großbritannien verlagerte sich nun zunehmend auf die See. In der »Schlacht im Atlantik« setzte die deutsche Marine der britischen Handelsschifffahrt durch den geschlossenen Einsatz von U-Booten massiv zu (»Rudeltaktik«).

Deutscher Bomber über London, 7. September 1940.

U-Bootbesatzung der Kriegsmarine im Ausguck während einer Feindfahrt (o.l.), Juli 1942; Generaloberst Rommel vor Tobruk (o.r.), Juni 1942; deutsche Chiffriermaschine Enigma (l.).

Die britischen Tonnageverluste stiegen dramatisch an und erreichten 1942 ihren kritischen Höchststand. 1943 trat auch hier die Wende ein. Die Briten hatten mit der Konvoitaktik, in der Transport- und Kriegsschiffe zu größeren Verbänden zusammengefasst wurden, eine höhere Standfestigkeit auf See erreicht. Verbesserte Ortungs- und Aufklärungsmittel (flächendeckender Einsatz des RADAR), die Entschlüsselung des deutschen Funkcodes (Enigma) und nicht zuletzt eine lückenlose Luftüberwachung drängten die deutschen U-Boote in die Defensive. Aufgrund der hohen Verluste wurde der U-Bootkrieg im Atlantik abgebrochen. 30 000 deutsche Seeleute hatten ihr Leben dabei gelassen. Die Schlachtschiffe der Kriegsmarine spielten trotz spektakulärer Teilerfolge (Versenkung der Hood durch die Bismarck 1941) keine nennenswerte Rolle.

Eine zunehmend schwierige Situation für Hitler entstand im Mittelmeerraum. Machpoltische und Prestigegründe hatten Italien veranlasst, 1940 in den Krieg einzugreifen. Der italienische »Duce« Benito Mussolini verfolgte das ehrgeizige Ziel, den Platz der Franzosen und Briten im Mittelmeerraum und in Nordafrika einzunehmen. Aber die italienischen Truppen waren weder gut gerüstet noch gut geführt. Als die Italiener in den nordafrikanischen Kolonien gegen Briten und Franzosen immer mehr ins Hintertreffen gerieten, entschied sich Hitler, dem Bündnispartner zu Hilfe zu kommen. Er entsandte ein deutsches »Afrika Korps« unter dem populären General Erwin Rommel, das im Januar 1941 in die Kämpfe eingriff. Nach spektakulären Anfangserfolgen und großen Raumgewinnen wurde das abgekämpfte »Afrika Korps« vor dem ägyptischen El Alamein im Oktober 1942 von frischen britischen Kräften gestoppt und nun schrittweise zurückgedrängt.

Ähnlich glücklos wie in Afrika agierte Mussolini auch bei seinem Feldzug gegen Griechenland. Als die Italiener Anfang 1941 mit dem Rücken zur Wand standen, griff die Wehrmacht auch hier ein und eroberte binnen weniger Wochen Jugoslawien und Griechenland. Hitlers Südostflanke war damit gesichert und der britische Einflussbereich im Mittelmeerraum erheblich verringert.

Alle vorangegangenen fünf Feldzüge (1939 Polen, 1940 Dänemark und Norwegen, 1940 Frankreich, 1941 Nordafrika und parallel auf dem Balkan) waren in Hitlers Denken »Nebenkriege«. Mit ihnen wurden lediglich die Voraussetzungen für den »entscheidenden« Krieg geschaffen, der zum »Lebensraum im Osten« führen und der in Hitlers Allmachtsphantasien ein reiner Weltanschauungskrieg werden sollte: der Krieg gegen die Sowjetunion.

Kompass

- Der Abbruch der »Luftschlacht um England« steht für den ersten Wendepunkt im Zweiten Weltkrieg.

Oben: Deutsche Fallschirm- und Gebirgsjäger an den Gräbern ihrer gefallenen Kameraden nach der Landung auf Kreta, Mai 1941.

Unten: Handelsübliche Kondolenzkarte der Jahre 1939 bis 1945.

Krieg gegen die Sowjetunion

Am 22. Juni 1941 begann Hitlers Hauptkrieg – ein »Krieg im Krieg«, der von langer Hand vorbereitet wurde. Bis heute hält sich hartnäckig die Behauptung, das Deutsche Reich habe einen Präventivkrieg geführt. Mit anderen Worten: man sei zum eigenen Schutz den Sowjets militärisch nur zuvorgekommen. Diese sogenannte Präventivkriegsthese ist historischer Unfug und obendrein gefährlich. Sie folgt der Propaganda der Nationalsozialisten und spielt Rechtsextremen in die Hände, die Hitlers verbrecherische Politik bis heute relativieren.

Hitler hatte im engsten Kreis nie einen Hehl aus seinen wahren Absichten gemacht. Die Spitzen der Wehrmacht waren spätestens bis 1937 von seinen strategischen Zielen, den Bolschewismus niederzuringen und »Lebensraum im Osten« zu schaffen, persönlich unterrichtet worden. Der Deutsch-Sowjetische Nichtangriffspakt war nichts als ein Trick um einen Zweifrontenkrieg zu vermeiden (vgl. S. 126 f.). Seit der Vertragsunterzeichnung betrieb Hitler eine Politik, die der Militärhistoriker Gerhard Schreiber treffend als eine Mischung aus »Irreführung und Baldrian« bezeichnet hat. Deutschland rüstete konsequent für Hitlers Hauptkrieg. Am 18. Dezember 1940 genehmigte Hitler mit der »Weisung 21« den Operationsbefehl für den »Fall Barbarossa«. Der Deckname war zugleich Programm. Er verwies auf den rotbärtigen deutschen Kaisers Friedrich I. »Barbarossa«, (1122–1190), der ruhmreich in den Kreuzzügen gekämpft hatte. In Hitlers Vorstellungen war der Krieg gegen die Sowjetunion wie ein Kreuzzug zu führen. Es ging nicht vorrangig um territoriale Erweiterung oder Machtpolitik, sondern um viel mehr. Ende März erklärte Hitler persönlich gegenüber mehr als 200 hohen Offizieren des Ostheeres, sie müssten sich im Krieg gegen die Sowjetunion auf einen »Vernichtungskampf« einstellen. Kein Kommandeur widersprach, niemand legte sein Kommando nieder!

Hinzu kommt ein Zweites. Trotz zahlreicher konkreter Warnungen der Militäraufklärung und der Geheimdienste ignorierte Stalin die Meldungen über einen bevorstehenden deutschen Angriff. Der sowjetische Diktator wollte und konnte nicht glauben, dass Hitler vertragsbrüchig werden würde. Eher widerstrebend ließ er Teile der Roten Armee in grenznahen Räumen zusammenziehen und machte es der Wehrmacht damit sogar leichter. Am 14. Juni schrieb Propagandaminister Goebbels voller Zuversicht in sein Tagebuch: »Die Russen scheinen gar nichts zu ahnen. Jedenfalls marschieren sie so auf, wie wir es uns nur

Im Hauptquartier des Oberbefehlshabers des Heeres (v.v.l.): Generalfeldmarschall Wilhelm Keitel, Generalfeldmarschall Walther von Brauchitsch, Adolf Hitler und Generaloberst Franz Halder, 1940/41.

wünschen können: dick massiert, eine leichte Gefangenenbeute.« Nein, von der Sowjetunion ging 1941 keine Bedrohung aus.

Die Wehrmachtführung machte zwei militärische Anfängerfehler: Sie unterschätzte den Gegner und sie hatte keinen »B-Plan« in der Tasche. Der Rausch der bisher so siegreichen Feldzüge hatte bei vielen Generalstäblern den Blick für die Realität vernebelt. Kein Zweifel, die Rote Armee machte keinen furchterregenden Eindruck. Seit 1936 hatte Stalin mit größter Brutalität die politische und militärische Spitze von vermeintlich unzuverlässigen Kräften »gesäubert«. Nun stand die Rote Armee im wahrsten Sinne des Wortes kopflos da. Im sowjetisch-finnischen Winterkrieg 1939/40 hatte der offenkundig schwache Gegner Finnland erfolgreich Widerstand geleistet und die Sowjettruppen in die Grenzen gewiesen. Auch von britischer und amerikanischer Seite wurde die Kampfkraft der Roten Armee eher schwach beurteilt. Was konnte schon passieren, wenn die Rote Armee auf die kampferprobte, bärenstarke Wehrmacht traf? Man ging von einem höchstens achttägigen Widerstand aus und wollte binnen 25 Tagen am Ural stehen.

Was die Wehrmachtführung sträflich außer Acht ließ, war die strategische Dimension eines Kriegs gegen die Sowjetunion: die Tiefe des Raumes, die damit verbundenen erheblichen lo-

Der Fall »Barbarossa« (v.l.): Ein berittener deutscher Artillerietrupp passiert eine Kolonne sowjetischer Kriegsgefangener, Juni 1941; ein beschädigter T-34 am Straßenrand einer zerstörten Stadt; das Einsetzen der

gistischen Probleme, das extreme Klima, die schier unerschöpflichen Ressourcen und die industrielle Leistungsfähigkeit der Sowjetunion. Vor allem aber rechnete niemand mit der Mobilisierungskraft der Stalindiktatur sowie dem Patriotismus und der Leidensfähigkeit der Sowjetbevölkerung.

Der Operationsplan der Wehrmacht sah einen neuen »Blitzkrieg« vor, der spätestens bis zum Einbruch des Winters entschieden sein sollte und musste. Für einen längeren Feldzug wurden keine Vorkehrungen getroffen. Die Wehrmacht war zum großen Teil eine berittene Armee. Auf 600 000 Kraftfahrzeuge aller Typen kamen genauso viele Pferde, vor allem als Zugtiere bei der Artillerie – keine optimale Ausstattung für schnelle Operationen.

Mehr als drei Millionen Mann (drei Viertel des Feldheeres und zwei Drittel der Luftwaffe), unterstützt durch etwa 700 000 verbündete finnische, rumänische, italienische, ungarische und spanische Soldaten, trafen zu Beginn des Feldzugs auf eine völlig überraschte Rote Armee. Anfangs schien der Plan aufzugehen. In Kesselschlachten gelang es der Wehrmacht, starke russische Kräfte zu vernichten. Bis September kamen 600 000 Rotarmisten in Kriegsgefangenschaft. Die Siegeszuversicht stieg. Die Luftwaffe gab bereits Geschirr mit dem Namenszug »Luftgau Moskau« in Auftrag.

Mitte August stellte Hitler den Angriffsplan um. Entgegen den Empfehlungen der Wehrmachtführung, die am Hauptstoß auf die sowjetische Hauptstadt Moskau festhalten wollte, splittete der »Führer« die Kräfte auf. Die Heeresgruppe Nord sollte Leningrad nehmen und die Heeresgruppe Süd in Richtung Krim und Donjezbecken vorstoßen. Hitler unterschätzte weiterhin den Gegner, den er bereits am Boden glaubte. Am 2. Oktober erhielt die Heeresgruppe Mitte den Befehl, Moskau anzugreifen.

russischen Schlammperiode, Oktober/November 1941; deutsche Soldatengräber in der winterlichen Eiswüste, 1941/42.

Die Medaille »Winterschlacht im Osten 1941/42«, im Landserjargon »Gefrierfleischorden« genannt.

Inzwischen war Stalin aus seiner anfänglichen Starre erwacht. In geschickter Anlehnung an den Widerstand gegen Napoleon 1812 proklamierte er den »Großen Vaterländischen Krieg« und appellierte an den Patriotismus der sowjetischen Bürger, ihre Heimat zu verteidigen. Unter größter Geheimhaltung begann die Rote Armee schrittweise 97 Divisionen aus Fernost an die westliche Front zu verlegen. Bis zum Ende des Jahres konnten die Sowjets insgesamt 300 neue Divisionen aufstellen. Immer deutlicher zeigte sich, dass die Rote Armee nicht nur tapfer und verbissen kämpfte. Sie verfügte teilweise auch über hervorragendes Material, dem die Wehrmacht wenig entgegenzusetzen hatte: Zum Beispiel war der sowjetische Kampfpanzer T-34 den deutschen Kampfwagen in jeder Hinsicht überlegen. Die anfangs noch erfolgreichen Angriffsoperationen der Heeresgruppe Mitte liefen sich ab Mitte Oktober fest. Auf Regen und Schlamm folgte ein ungewöhnlich früher und zudem strenger Wintereinbruch, der das Thermometer auf bis zu 40° unter Null fallen ließ. Als die deutschen Panzerspitzen nur noch 20 km vor Moskau standen, setzten die Sowjets am 5. Dezember 1941 zum Gegenangriff an. Völlig abgekämpft, ohne funktionierende Logistik und noch nicht einmal mit Winterkleidung ausgerüstet, musste die Wehrmacht auf ganzer Linie zurückweichen. Hitler selbst suchte die Verantwortung für das Desaster nicht bei sich, sondern entließ vielmehr den Oberbefehlshaber des Heeres und übernahm selbst den Oberbefehl.

Ende 1941 bezifferte das Heer seine Verluste auf fast 800 000 Tote, Vermisste und Verwundete – das war ein Viertel des

Feldheeres. Die Wehrmacht sollte sich von dieser Niederlage nicht mehr erholen. Hitler hatte seinen »Hauptkrieg« bereits in der ersten Runde verloren, wenngleich noch weitere folgen sollten. Sein fanatischer Glaube an den »Endsieg«, dem sich vor allem sein nächstes Umfeld nicht entziehen konnte oder wollte, forderte immer mehr sinnlose Opfer.

Zur gleichen Zeit weitete sich der europäische Krieg zu einem Weltkrieg aus. Am 7. Dezember hatte Japan den US-Marinestützpunkt Pearl Harbor auf Hawaii überfallen. Deutschland, das mit Japan verbündet war, erklärte daraufhin am 11. Dezember den Vereinigten Staaten den Krieg. Bis heute ist nicht ganz klar, welche tiefergehenden Absichten Hitler damit verfolgte. Deutschland und Japan hatten zwar ihre weltweiten Interessenssphären aufgeteilt (entlang des 70. Längengrades Ost). Aber eine abgestimmte Strategie gab es nicht. Beide Mächte hatten unterschiedliche strategische Ziele, und zudem fühlte sich Japan an den Nichtangriffspakt mit der Sowjetunion gebunden. Gegen seinen Hauptgegner, Stalin, stand Hitler also allein.

Im Frühjahr 1942 versuchte die Wehrmacht, die Initiative noch einmal zurückzugewinnen. Sie sollte an der Südfront über den Fluss Don vorgehen, die Ölfelder des Kaukasus besetzen und bis zur Grenze der Türkei und des Iran vorstoßen. Wieder setzte Hitler alles auf eine Karte, nahm die Entblößung anderer Fronten in Kauf und plante ohne hinreichende Reserven. Wie im Sommer 1941 schien anfangs alles nach Plan zu laufen. Doch die Rote Armee verstand es geschickt zu verteidigen und auszuweichen. Wie im Jahr zuvor teilte Hitler im Juli 1942 wiederum die Kräfte, die nun nicht mehr nacheinander, sondern gleichzeitig vorstoßen sollten: mit einer Heeresgruppe in Richtung Kaukasus und einer anderen über Stalingrad ans Kaspische Meer. Im Oktober 1942 erreichte das Deutsche Reich zwar die größte Ausdehnung seines Herrschaftsbereichs, aber die Angriffe der Wehrmacht hatten sich buchstäblich totgelaufen. Die völlig erschöpften Soldaten konnten über die Hunderte Kilometer langen Versorgungslinien kaum noch erreicht werden. In der Zwischenzeit hatte die Rote Armee Kräfte gesammelt und ging Ende November zum Gegenangriff über. Am Don wurde die deutsche 6. Armee bei Stalingrad eingekesselt (22. November 1942) und musste nach entsetzlichen Verlusten am 2. Februar kapitulieren. Von etwa 200 000 Wehrmachtangehörigen waren 60 000 gefallen, 110 000 gingen in Gefangenschaft. Nur etwa 5000 überlebten die Kriegsgefangenschaft. Die letzten sollten erst 1955 ihre Heimat wiedersehen. Beim Rückzug aus dem Kaukasus konnte die

Kompass

- Der Überfall auf die Sowjetunion ist Hitlers »Hauptkrieg«.
- Die Wehrmacht unterschätzt die strategische Dimension dieses Krieges.
- Die Wende des deutsch-sowjetischen Krieges beginnt schon im Winter 1941 vor Moskau.

An der Südflanke der deutschen Ostfront (o.), 1942; die deutsche Standardmaschinenpistole MP 40 (l.).

Wehrmacht nur durch glänzende operative Führung einer ähnlichen Katastrophe entrinnen. Doch auch hier waren die Verluste enorm.

Kurz darauf kapitulierten die Reste des »Afrika Korps« am Tunisbrückenkopf im Mai 1943: 250 000 deutsche und italienische Soldaten gerieten in Gefangenschaft. Die Südflanke von Hitlers Imperium stand nun offen wie ein Scheunentor. Sein letzter Versuch, noch einmal in die Offensive überzugehen, scheiterte im Juli 1943 in der Panzerschlacht bei Kursk. Opferbereitschaft, Mut und taktisches Können der Wehrmachtsoldaten genügten nicht im Kampf gegen Soldaten, die auch tapfer und geschickt kämpften, aber personell und materiell immer drückender überlegen waren.

Oben: Eine Kolonne deutscher Kriegsgefangener aus Stalingrad auf dem Marsch ins Gefangenenlager, Februar 1943.

Unten: Postkarte und selbstgeschnitzter Löffel aus sowjetischer Kriegsgefangenschaft.

Kriegsverbrechen, Besatzungspolitik und Völkermord

Gibt es nicht in allen Kriegen auf jeder Seite Kriegsverbrechen? Die Antwort lautet: leider ja. Wer genauer hinsieht, wird jedoch erhebliche Unterschiede feststellen. An der Kriegführung Deutschlands im Zweiten Weltkrieg wird das besonders deutlich. Hitlers Kriege hatten von Anfang an einen kriminellen Charakter. Die Ausrottung der jüdischen und slawischen Bevölkerung in den besetzten Gebieten war das Hauptziel, das hinter der territorialen Eroberung zurücktrat. Zahlreiche Kriegsverbrechen auf dem Balkan, in Frankreich und Italien belegen, dass auch dort die ethische Hemmschwelle für staatlich verordneten Mord sehr gering war. Das blutige Handwerk übten nicht nur die Angehörigen der SS, der Waffen-SS, des Sicherheitsdienstes und der Polizei aus. Auch die Wehrmacht unterstützte dabei auf breiter Linie und zum Teil sogar an führender Stelle: bei Deportationen, bei Massenerschießungen, im brutalen Verhalten gegenüber der Zivilbevölkerung und im Umgang mit Kriegsgefangenen, vor allem der Roten Armee. Von 5,7 Millionen sowjetischen Kriegsgefangenen verloren etwa 3,3 Millionen im Verantwortungsbereich der Wehrmacht ihr Leben, die meisten erfroren oder verhungerten. Die Legende von der »sauberen Wehrmacht« hat die historische Forschung eindeutig entlarvt.

Die Verbindung von Kriegsverbrechen und Wehrmacht wird an einigen Befehlen für den Russlandfeldzug deutlich, die klar gegen geltendes Völkerrecht verstießen. Im »Barbarossa-Erlass« vom 13. Mai 1941 wurde bei Verbrechen gegen die Zivilbevölkerung der Verfolgungszwang durch die Vorgesetzten aufgehoben. Der »Kommissarbefehl« vom 6. Juli 1941 legte fest, politische Kommissare (Politoffiziere der Roten Armee) bei Gefangennahme »grundsätzlich sofort mit der Waffe zu erledigen«. Am 16. September 1941 erließ das Oberkommando der Wehrmacht den »Sühnemord-Befehl«, wonach jedes deutsche Soldatenleben mit dem Tod von 50 bis 100 Kommunisten gesühnt werden sollte. Am 10. Oktober 1941 erließ der Oberbefehlshaber der 6. Armee, Generalfeldmarschall Walter von Reichenau, einen Befehl, der an Deutlichkeit kaum zu überbieten war: »Das wesentlichste Ziel des Feldzuges gegen das jüdisch-bolschewistische System ist die vollständige Zerschlagung der Machtmittel und die Ausrottung des asiatischen Einflusses im europäischen Kulturkreis [...] Der Soldat ist im Ostraum nicht nur ein Kämpfer nach den Regeln der Kriegskunst, sondern auch Träger einer un-

Nach dem Massaker an der jüdischen Bevölkerung in der Schlucht von Babi Yar bei Kiew (29./30. September 1941) werden die zurückgelassenen Habseligkeiten der Opfer durchsucht.

erbitterlichen völkischen Idee [...] Deshalb muß der deutsche Soldat für die Notwendigkeit der harten, aber gerechten Sühne am jüdischen Untermenschen volles Verständnis haben.«

Kein Zweifel, viele Angehörige der Wehrmacht waren angewidert von solchen Befehlen und ignorierten sie. Bis heute ist kein einziges Beispiel bekannt, dass die Verweigerung eines dieser verbrecherischen Befehle zu ernsthaften persönlichen Konsequenzen geführt hätte. Wer standhaft blieb, musste nicht um sein Leben fürchten. Zugleich gab es nicht wenige, die als willige Instrumente mitmachten: um nicht aufzufallen, aus mangelnder Zivilcourage oder weil sie die Ziele im Grunde unterstützten.

Zu Beginn des Russlandfeldzuges wurde die Wehrmacht von der Bevölkerung freudig begrüßt, vor allem in Weißrussland und der Ukraine. Die Menschen glaubten, endlich von der drückenden Last des Stalinterrors befreit zu werden und hofften auf eine nationale Autonomie. Aber schnell zeigte sich, dass die Deutschen nicht als Befreier sondern als Besatzer kamen. In allen besetzten Gebieten wurden strenge Besatzungsregime eingerichtet.

Öffentliche Hinrichtung von als Partisanen verdächtigten Zivilisten bei Orel, Winter 1941/42 (o.); das deutsche Bandenkampfabzeichen (l.) in Bronze.

Sie sorgten für die wirtschaftliche Ausbeutung, damit das Deutsche Reich seinen Krieg weiterführen und der Lebensstandard in Deutschland gehalten werden konnte. Zugleich unterstützten und koordinierten die Besatzungsregime die systematische Menschenjagd auf die jüdische Bevölkerung. Besonders brutal war die Besatzungspolitik in Polen und der Sowjetunion. Hier wurden Juden in Razzien zusammengetrieben und erschossen, unter unsäglichen Bedingungen in Ghettos eingepfercht oder gleich in Konzentrationslager deportiert, wo sie durch Arbeit vernichtet oder in den Gaskammern ermordet wurden. Hitler und sein engster Kreis wussten um die Dimensionen der »Endlösung« und beschränkten sich wohl aus diesem Grund auf mündliche Befehle und Weisungen. Der Völkermord an den Juden (griechisch Holocaust = vollständig Verbranntes, oder hebräisch Schoah = große Katastrophe) forderte etwa 6 Millionen Menschenleben.

Die Nationalsozialisten planten einen weiteren Völkermord, der nur aufgrund des Kriegsverlaufs nicht umgesetzt werden konnte. Unter der harmlos klingenden Bezeichnung »Generalplan Ost« beabsichtigte man, mehr als 30 Millionen Slawen aus den baltischen Ländern, dem Generalgouvernement (Polen) und dem westlichen Teil der Sowjetunion nach Sibirien zu vertreiben. Durch Hunger und Kälte sollten diese Menschen wortwörtlich »verschrottet« werden. Und schließlich gab es neben Juden und Slawen eine dritte Gruppe, die nicht in das rassepolitische Konzept der Nationalsozialisten passte: vermutlich 200 000 Sinti und Roma,

Kompass

- Die Wehrmacht ist aktiver Teil der verbrecherischen Kriegführung der Nationalsozialisten.

- Das Bild von der »sauberen Wehrmacht« ist eine Legende.

Slg. Wolfgang Haney

Zufahrt zum KZ Auschwitz-Birkenau nach der Befreiung durch die Rote Armee am 27. Januar 1945.

die als »Zigeuner« ebenfalls durch Massenerschießungen oder in den Gaskammern ermordet wurden.

Um es noch einmal deutlich zu machen: Viele Wehrmachtangehörige sind für diese Verbrechen nicht in Haftung zu nehmen. Aber die Wehrmacht war in zweierlei Hinsicht schuldhaft verstrickt. Die militärische Führung wusste zum Teil sehr detailliert von den Verbrechen. Zahlreiche Wehrmachtverbände unterstützten die Arbeit der Mörderbanden der SS und des Sicherheitsdienstes aktiv oder wenigstens durch Duldung. Und zweitens schuf die Wehrmacht durch ihre Eroberungen einen militärischen »Schutzschirm«, ohne den Deportationen, Massenerschießungen und Vergasungen nicht möglich gewesen wären. Das Bild von der »sauberen Wehrmacht« ist eindeutig widerlegt.

Oben: Knopf der KZ-Häftlingsbekleidung mit der Gravur »Deutsche Mode«.

Unten: Kinder und Jugendliche im Warschauer Ghetto, Mai 1941.

Im Feuersturm – der Bombenkrieg

Die Erfahrungen des Ersten Weltkrieges hatten gezeigt, dass die Luftstreitkräfte in Zukunft eine zentrale Rolle spielen würden. Dabei entwickelten sich recht unterschiedliche Luftkriegsphilosophien über die Kräfte und den Einsatz aus der Luft. In Deutschland konnte man sich nicht recht entscheiden und wählte die Option einer »Sowohl-als-auch-Luftwaffe«. Sie sollte in erster Linie der taktisch-operativen Unterstützung des Heeres dienen und an zweiter Stelle zu einem begrenzten Bombenkrieg fähig sein. In Großbritannien konzentrierte man sich hingegen auf starke Jägerverbände und eine strategische Bomberflotte, die den Gegner im Hinterland treffen sollten.

Auf beiden Seiten blieben die ersten Flächenbombardements auf Warschau und Rotterdam (1939), London und Coventry (1940) sowie das Ruhrgebiet (1940) weit hinter den Erwartungen zurück. Die eigenen Verluste waren hoch, und die Zielgenauigkeit ließ zu wünschen übrig. Während die deutsche Luftwaffe mit der Ausweitung des Kriegsschauplatzes ihre Kräfte teilen musste, bündelte die Royal Air Force ihre Kräfte im strategischen Bombenkrieg. Aus britischer Sicht war dies die einzige Möglichkeit, die Initiative auf dem europäischen Kriegsschauplatz nicht zu verlieren.

Im Frühjahr 1942 begann das britische »Bomber Command«, mit der neuen Strategie des »target area bombing« (Flächenzielbombardements) und den hochmodernen Lancaster-Bombern systematisch deutsche Großstädte zu bombardieren. Neue Navigations- und Zielsysteme und massierte Angriffe sollten die Operationen effektiver machen. Durch »dehousing« (englisch: Enthausung) glaubte man die Moral der Zivilbevölkerung entscheidend treffen zu können. Um die Verluste möglichst gering zu halten, flog die Royal Air Force die meisten Angriffe bei Nacht. Im Frühjahr 1943 griff die US Air Force ein, die mit der B 17 »Flying Fortress« über den damals leistungsfähigsten Bomber verfügte. Im »round the clock bombing« flogen die Briten bei Nacht und die Amerikaner bei Tag ihre Angriffe. Der abgestimmte Einsatz von Spreng- und Brandbomben verwandelte die deutschen Innenstädte in ein Feuermeer. Bei den großen Luftangriffen mit über 1000 Flugzeugen auf Köln (Mai 1942), Hamburg (Juli 1943), und Dresden (Februar 1945) kamen jeweils Zehntausende von Menschen ums Leben.

Ruinen in der Kölner Innenstadt nach alliiertem Luftangriff, Dezember 1943.

Feuernde Flugabwehrkanonen (Flak) während eines alliierten Luftangriffes über einer deutschen Stadt.

Trotz dieser furchtbaren Verluste verfehlten die Alliierten ihr Ziel. Die kombinierte deutsche Flugabwehr aus Flak und Jägern fügte den Alliierten bis zum Zusammenbruch der Luftverteidigung 1944 schwerste Verluste zu. Allein die Briten verloren während des Krieges über 10 000 Bomber und 50 000 Mann Besatzungsmitglieder. Auf der anderen Seite stand ein enormer Personal- und Materialaufwand der deutschen Luftverteidigung. Allein die Flak zählte Ende 1943 etwa 1 Million Mann. Nach Berechnung der Luftwaffe benötigte das deutsche Standardgeschütz 8,8 cm Flak 41 über 8000 Schuss um einen wirksamen Treffer zu erzielen. Allein 1944 wurden fast 200 000 000 Schuss Flakmunition aller Kaliber produziert!

Wirksamkeit entwickelte der Bombenkrieg vor allen dann, wenn er sich gezielt gegen die Infrastruktur, Verkehrsknotenpunkte und Treibstofflager richtete, beispielhaft bei der Vorbereitung der Invasion in der Normandie.

Der Bombenkrieg war ein Abnutzungskampf auf beiden Seiten, der den Ausgang des Krieges nur wenig beeinflusste. Das eigentliche Ziel, die Menschen mürbe zu machen, wurde nicht erreicht. In Deutschland solidarisierte sich vielmehr die Zivilbevölkerung in den Luftschutzkellern und zerstörten Innenstädten mit dem NS-Regime. Die Rüstungswirtschaft wurde dezentralisiert, teilweise unterirdisch fortgeführt und erreichte während des Höhepunkts des Bombenkrieges 1944 zugleich ihre größten Produktionsziffern.

Braunschweig am Morgen nach einem Luftangriff, 1944.

Kompass

- Der Bombenkrieg über Deutschland fordert schwere Verluste, entscheidet aber nicht den Ausgang des Krieges.

Oben: Plakat zu Verdunkelungsmaßnahmen nach einem Entwurf von Otto Sander-Herweg, 1943.
Unten: Flugabwehrscheinwerfer.

Der Bombenkrieg hat die Wahrnehmung des Krieges nachhaltig bis heute geprägt. Die Narben sind in unseren Städten bis heute zu sehen. Im Zweiten Weltkrieg starben weltweit im Bombenhagel etwa eineinhalb Millionen Menschen: knapp 500 000 in Deutschland (davon etwa drei Viertel Zivilisten) und etwa 60 000 durch deutsche Bombenangriffe und »Vergeltungswaffen« in Großbritannien. In Deutschland waren am Ende des Krieges über 50 Prozent der Industrieanlagen und Infrastruktur, 20 Prozent des Wohnraums und zahllose Kulturdenkmäler zerstört. Wenn ältere Menschen vom Krieg sprechen, dann haben sie oft diese Bilder im Kopf, bei denen sich die Grenzen zwischen Front und Heimat auflösten.

»... ich bin bereit dazu« – der Widerstand gegen Hitler

Es waren wenige, sehr wenige Deutsche, die den Mut zum offenen Widerstand gegen das nationalsozialistische Unrechtsregime aufbrachten. Die überwältigende Mehrheit der Deutschen war begeistert von Hitlers Politik oder solidarisierte sich zumindest mit ihr. Hitlers »Erfolge« schienen für sich zu sprechen: die Revision des Vertrags von Versailles, der wirtschaftliche Aufstieg und die Beseitigung der Arbeitslosigkeit. Selbst die immer schwierigere Kriegslage rüttelte nicht an der grundlegenden Verbundenheit zwischen »Volk« und »Führer«. Die Abschaffung des Rechtsstaates und die moralische Verwerflichkeit einer aggressiven Außen- und Militärpolitik stellten nur die wenigsten infrage. Und auch die Radikalität des nationalsozialistischen Rassenwahns wurde von den meisten unterschätzt: weil sie es nicht besser wussten, weil sie wegschauten oder weil sie sich die Dimensionen nicht vorstellen konnten oder wollten. Falsch verstandener Patriotismus und ein fehlgeleitetes Pflichtgefühl banden viele Deutsche noch an das NS-System, als die Kriegssituation schon aussichtslos war.

Klebezettel der »Roten Kapelle«, Mai 1942.

Umso wichtiger ist es, der wenigen Männer und Frauen zu erinnern, die mutig und unter Einsatz ihres Lebens dem Unrechtssystem trotzten. Der »Aufstand des Gewissens« hatte viele Facetten. Er reichte vom passiven Widerstand vieler Ungenannter, der Rettung politisch oder rassisch verfolgter Menschen bis zu Attentats- und Umsturzversuchen. Zu den bekanntesten Gruppierungen gehörte die »Weiße Rose« um die Studenten Hans und Sophie Scholl, die nach gemeinem Verrat 1943 hingerichtet wurden. Zu nennen ist auch die kommunistische »Rote Kapelle«, die evangelische Kirchenopposition um die »Bekennende Kirche«, die öffentliche Verurteilung der Nationalsozialisten durch den katholischen Bischof von Münster, Clemens August Graf von Galen, der Widerstand aus Kreisen ehemaliger SPD- oder Gewerkschaftsmitglieder oder das bürgerliche Widerstandszentrum des »Kreisauer Kreises«. In ihrer Unterschiedlichkeit einte alle Gruppen das Ziel, das NS-Regime zu beseitigen.

Martin Bormann (2.v.l.) und Hermann Göring (4.v.l.) besichtigen die am 20. Juli 1944 zerstörte Lagebaracke des »Führerhauptquartiers Wolfschanze« bei Rastenburg in Ostpreußen.

Eine zentrale Rolle spielten die militärischen Widerstandszirkel. Denn nur die Wehrmacht verfügte über die Machtmittel, um das NS-System zu stürzen. Bereits während der Sudetenkrise im September 1938 gab es erste Überlegungen, durch einen kollektiven Rücktritt der Generalität Hitler vor vollendete Tatsachen zu stellen. Allein der Chef des Generalstabs, General Ludwig Beck, nahm damals seinen Hut (vgl. S. 124). Es fällt auf, dass dem militärischen Widerstand überwiegend Offiziere des Heeres angehörten, die in höheren Kommandobehörden ihren Dienst taten. Im Unterschied zu ihren Kameraden an der Front, die täglich ums Überleben kämpften, verfügten sie über einen größeren Bewegungsspielraum.

Die Widerständler standen vor zwei Hauptproblemen: der Eidbindung an Hitler und der militärischen Lage. Viele Offiziere fühlten sich durch den persönlich auf Hitler geleisteten Eid in ihrer Soldatenpflicht an den Führer gebunden – solange dieser lebte. Eine gewaltsame Beseitigung des Staatsoberhauptes und obersten Befehlshabers, dazu noch im Krieg, schien ihnen undenkbar. Dass Hitler seinen Eid hundertfach gebrochen hatte, durch Ausschaltung der Verfassung, durch den Bruch internationaler Verträge und anhaltende Verbrechen gegen das

Verschwörer des 20. Juli 1944 (v.l.o.):
Oberst i.G. Claus Graf von Stauffenberg, Oberleutnant d.R. Werner von Haeften, Oberst Albrecht Ritter Mertz von Quirnheim, General der Infanterie Friedrich Olbricht, Generaloberst a.D. Ludwig Beck, Generalmajor Henning von Tresckow, General der Nachrichtentruppe Erich Fellgiebel und Generalfeldmarschall a.D. Erwin von Witzleben.

Völkerrecht, wollte vielen nicht aufgehen. Das zweite Problem bestand in der militärischen Lage. Solange Hitler militärische Erfolge aufweisen konnte, war die Chance für einen erfolgreichen Sturz des NS-Regimes eher gering. Der Vorwurf eines erneuten »Dolchstoßes« lag in der Luft. Erst mit der sich immer deutlicher abzeichnenden Niederlage wuchs die Chance zur Beseitigung des Tyrannen.

Aus einigen kleineren Widerstandsnestern kristallisierte sich eine Gruppe um Generalmajor Henning von Tresckow (1901–1944) und Oberst i.G. Claus Graf von Stauffenberg (1907–1944) heraus. Mehrere geplante Attentatsversuche schlugen fehl und konnten nur mit sehr viel Glück verschleiert werden. Als Tresckow wieder an die Front versetzt wurde, konzentrierten sich alle Planungen auf Oberst Stauffenberg. Der schwer verwundete Generalstabsoffizier war Stabschef beim Befehlshaber des Ersatzheeres in Berlin, der zugleich die Befehls- und Kommandogewalt über alle Wehrmachtverbände im Reich innehatte. Mit Stauffenbergs Hilfe entwickelten die Verschwörer einen Umsturzplan, der sich die Operationsbefehle zur Niederschlagung innerer Unruhen im Reich zunutze machte und unter dem Decknamen »Walküre« geführt wurde. Die Idee war einfach: Hitler und der Kreis seiner engsten Vertrauten sollten durch eine Bombe ausgeschaltet werden. Direkt danach sollte »Walküre« ausgelöst und unter Entwaffnung der SS die vollziehende Gewalt im Reich übernommen werden. Der einfache Plan hatte allerdings mehrere Haken. Das Attentat konnte nur von jemand ausgeführt werden, der direkten Zugang zu Hitler hatte – das war Stauffenberg. Außerdem mussten die Fäden unmittelbar nach dem Attentat in Berlin durch eine charismatische Persönlichkeit zusammengehalten werden – das war ebenfalls Stauffenberg.

BArch|Bild 146-1984-079-02

Stauffenberg bei seinem ersten Anlauf zum Attentat auf Adolf Hitler im »Führerhauptquartier Wolfschanze«, 15. Juli 1944.

Am 20. Juli 1944 ging fast alles schief. Als Stauffenberg zur Lagebesprechung kam, fehlten Himmler und Göring, die nach Hitler mächtigsten Männer im Reich, die ebenfalls ausgeschaltet werden sollten. Statt wie gewohnt in einem Bunker wurde die Besprechung in einer leichten Baracke angesetzt. Schließlich wurde Stauffenberg beim Scharfmachen der Bombe gestört und konnte nur eine statt zwei Sprengsätze vorbereiten. Als Stauffenberg unter einem Vorwand die Lagebaracke verließ, explodierte die Bombe um 12.42 Uhr. Er sah ein vollkommen zerstörtes Gebäude und war sich sicher: Hitler ist tot! Aber der Oberst irrte. Wie durch ein Wunder war Hitler nur leicht verletzt, weil die Druckwelle in dem leichten Bau entweichen konnte.

Die unklare Situation im Führerhauptquartier führte dazu, dass die Operation »Walküre« erst ausgelöst wurde, als Stauffenberg am Nachmittag mit dem Flugzeug Berlin erreichte, also viel zu spät. Daran änderte auch nichts, dass »Walküre« in Wien, Prag und Paris erfolgreich anlief. Je deutlicher es wurde, dass Hitler das Attentat überlebt hatte, desto mehr verloren die Verschwörer den Rückhalt. Stauffenberg und seine engsten Mitverschwörer wurden noch in der Nacht vom 20. auf den 21. Juli 1944 verhaf-

Der Prozess gegen die Verschwörer des 20. Juli 1944 vor dem Volksgerichtshof (v.l.): Hermann Reinecke, Roland Freisler und Heinrich Lautz.

tet und durch ein Standgericht zum Tode verurteilt. Im Innenhof des Bendler-Blocks starben in jener Nacht neben Stauffenberg, General Friedrich Olbricht, Oberst Albrecht Ritter Mertz von Quirnheim und Stauffenbergs Adjutant Oberleutnant Werner von Haeften.

Hitler nahm fürchterliche Rache. Die Ermittlungen der Geheimen Staatspolizei deckten ein weit verzweigtes Verschwörernetz auf. 7000 Personen wurden verhaftet darunter auch völlig unbeteiligte Familienangehörige, die in »Sippenhaft« für die »Verbrechen« ihrer Familien büßen sollten. Vor dem sogenannten Volksgerichtshof wurde mit den Angeklagten in Schauprozessen kurzer Prozess gemacht und 200 Todesurteile ausgesprochen. Um seine perverse Phantasie zu befriedigen, veranlasste Hitler, dass die Verurteilten »wie Schlachtvieh aufgehängt« und die Hinrichtungen für ihn gefilmt wurden.

Die mutigen Verschwörer und Attentäter des 20. Juli hatten ihr Leben in die Waagschale geworfen, obwohl nur geringe Erfolgschancen bestanden. Und selbst bei einem geglückten Attentat wäre die weitere Zukunft des Deutschen Reiches ungewiss gewesen. Wie hätte sich die Wehrmachtführung verhalten? Wie hätte man das Imperium von Heinrich Himmler aus SS und Polizeikräften in den Griff bekommen? Und vor allem: Wie wäre es außen- und militärpolitisch weitergegangen? Hätten die Alliierten nach den deutschen Kriegsgräueln und ihrem klar vereinbarten Kriegsziel der bedingungslosen Kapitulation mit sich überhaupt verhandeln lassen? Es wäre naiv zu glauben, die Verschwörer hätten diese Fragen ausgeblendet. Sie wussten, was

Die ehemalige Hinrichtungsstätte Berlin-Plötzensee.

> **Kompass**
> - Der Widerstand gegen Hitler ist vielschichtig und umfasst teilweise sehr unterschiedliche Gruppen.
> - Ein erfolgreicher Staatsstreich konnte nur aus den Reihen des Militärs erfolgen.

sie taten, und ordneten ihr Handeln einer größeren Idee unter. Henning von Tresckows brachte es auf den Punkt: »Denn es kommt nicht mehr auf den praktischen Zweck an, sondern darauf, dass die deutsche Widerstandsbewegung vor der Welt und vor der Geschichte den entscheidenden Wurf gewagt hat. Alles andere ist daneben gleichgültig.«

Der Krieg sollte noch ein weiteres grauenvolles Jahr dauern, in dem mehr Menschen starben als in den fünf Jahren zuvor.

Oben: Widerstand der letzten Stunde – Major Karl Biedermann, Kommandeur des Heeresstreifendienstes »Groß-Wien«, hatte versucht, die Stadt kampflos den herannahenden Sowjets zu übergeben, um weitere sinnlose Opfer zu verhindern. Nachdem sein Vorhaben verraten wurde, henkte man ihn und seine Mitverschwörer öffentlich, 8. April 1945.

Links: Militärische Ehrenwache im Innenhof des Bendler-Blocks, 20. Juli 2003.

Der Untergang

Es war eine theatralische Inszenierung, ganz nach dem Geschmack von Reichspropagandaminister Goebbels. Wenn man den Ton hört, läuft es einem noch heute kalt den Rücken herunter. Unmittelbar nach der Niederlage von Stalingrad beschwor Goebbels am 18. Februar 1943 im brechend vollen Berliner Sportpalast den unbedingten Siegeswillen des deutschen Volkes und schleuderte der Menge die Frage entgegen: »Wollt ihr den totalen Krieg? Wollt ihr ihn, wenn nötig, totaler und radikaler, als wir ihn uns heute überhaupt erst vorstellen können?« Die handverlesenen Teilnehmer, viele Parteigenossen der NSDAP, jubelten frenetisch – aber vorstellen konnte sich vermutlich niemand, was Goebbels mit »totaler Krieg« meinte.

Stalingrad war verloren. In Nordafrika zeichnete sich eine Niederlage ähnlichen Ausmaßes ab. Und die Amerikaner griffen immer stärker in den Krieg ein. In dieser aussichtslosen Situation versuchte das System alle Kräfte zu mobilisieren: im Ausschöpfen aller Ressourcen, in der Rüstungsproduktion und in der Mobilisierung der Bevölkerung zum Kampf. Tatsächlich erreichte die Rüstungsproduktion 1944 ihren Höhepunkt – nicht zuletzt, weil »Fremdarbeiter« aus den besetzten Gebieten herangezogen wurden und Kriegsgefangene und KZ-Häftlinge sich zu Tode schufteten. Frauen ersetzten Männer an ihren Arbeitsplätzen, damit diese an die Front konnten. Eine halbe Millionen Frauen schlüpfte in Uniformen und unterstützte die Truppe als Wehrmachthelferinnen. 200 000 Jugendliche zwischen dem 15. und 17. Lebensjahr wurden als Flakhelfer eingezogen: halbtags Schüler, halbtags und vor allem nachts Soldaten in Uniform. Angesichts der immer verzweifelteren Personallage wurden im Oktober 1944 alle »wehrfähigen Männer« zwischen 16 und 60 Jahren zum Volkssturm zusammengefasst – Hitlers letztes Aufgebot, ohne jeden militärischen Wert.

Zugleich nährte die Propaganda die Hoffnung auf »Wunderwaffen«, mit denen die quantitative Unterlegenheit ausgeglichen werden sollte. Tatsächlich entwickelten deutsche Ingenieure als

Stationen auf dem Weg zum Untergang (v.l.o):
Joseph Goebbels bei seiner berüchtigten Sportpalastrede am 18. Februar 1943; KZ-Häftlinge beim Bau eines U-Boot-Bunkers, 1944; das letzte Aufgebot – Frauen und Kinder – bei der Ausbildung an der Panzerfaust und der Auszeichnung mit dem Eiseren Kreuz, März 1945; der Marschflugkörper V-1 vor dem Start, 1944/45; die Dresdener Innenstadt im Frühling 1945.

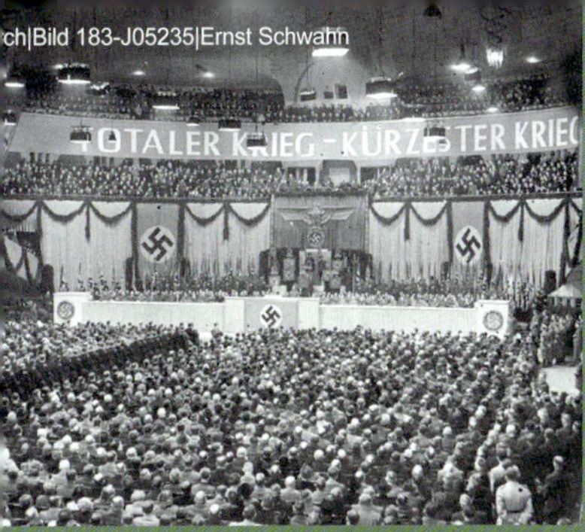

ch|Bild 183-J05235|Ernst Schwahn

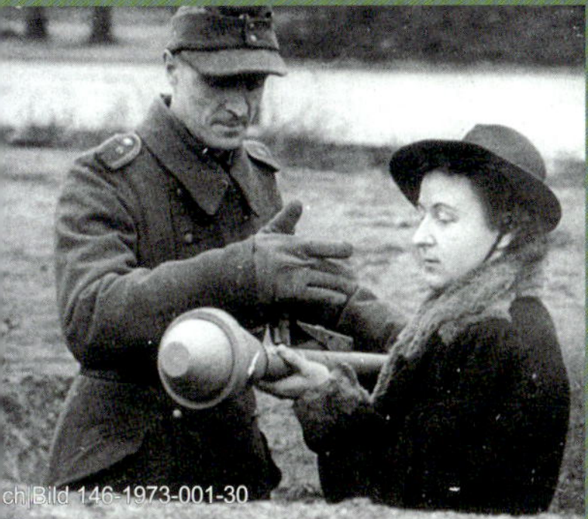

ch|Bild 146-1973-001-30

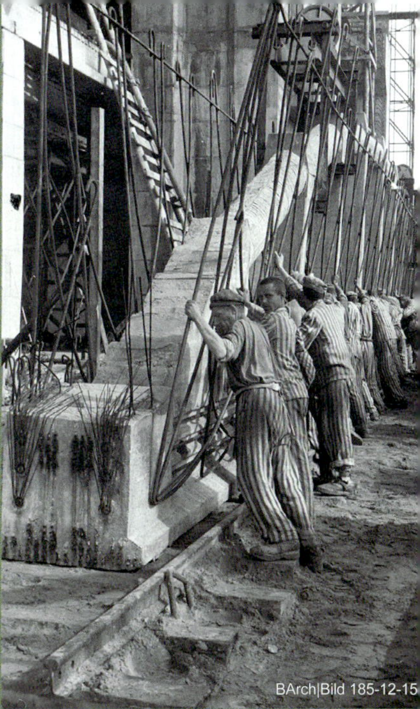

BArch|Bild 185-12-15

BArch|Bild 146-1973-029A-24A|Lysiak

BArch|Bild 183-Z0309-310|G. Beyer

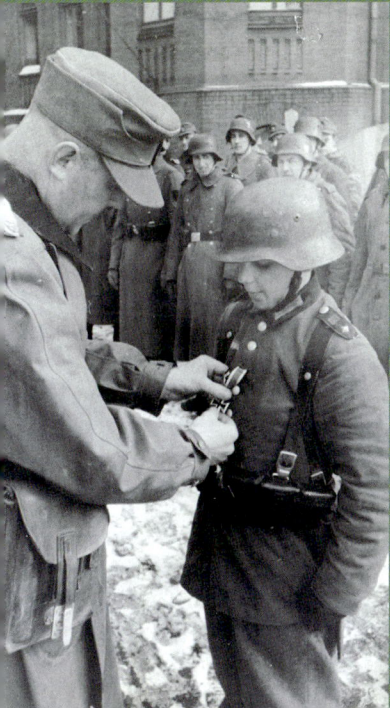

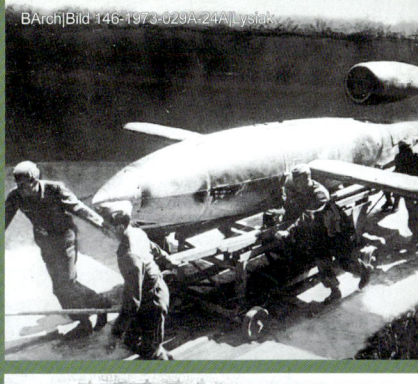

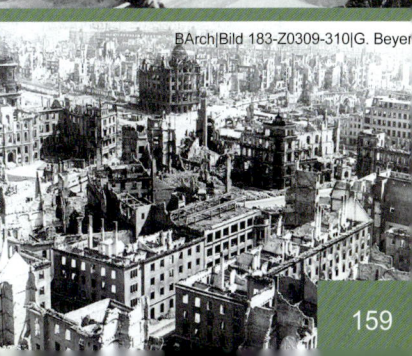

Letzte Kriegsanstrengungen (v.l.): Strahljäger Me 163 »Komet«; Wertmarke des Arbeitslagers Mittelbau-Dorau;

erste leistungsfähige Strahltriebwerke für Raketen und Flugzeuge, die allerdings weit vor der Serienreife an der Front eingesetzt wurden. Wie in anderen Rüstungsprojekten fehlte es auch hier an einer klaren Schwerpunktsetzung. Angesichts der Rohstoffknappheit und des Mangels an erfahrenen Piloten hätten jedoch auch serienreife Strahljäger wie die Me 262, die Me 163 »Komet« oder Raketen wie die V-2 (»V« steht für Vergeltung) keine Wende herbeiführen können. Die rücksichtslose Produktion der »Wunderwaffen« wurde unterirdisch im KZ »Dora Mittelbau« im Harz betrieben. Sie kostete 20 000 Menschen das Leben – ein Vielfaches mehr, als ihr Einsatz gegen die Alliierten.

Ein heikler Punkt der bis heute die Gemüter bewegt, ist die Atombombe. Es steht fest, dass es Planungen für den Bau einer Nuklearwaffe gab, die allerdings nur halbherzig betrieben wurden. Hitlers kranke Phantasie stieß offenbar an ihre Grenzen, die Dimensionen einer solchen Waffe zu erkennen. Wie weit die Amerikaner zu diesem Zeitpunkt mit ihrem streng geheim gehaltenen Pogramm waren, wusste man in Deutschland nicht.

Im Frühsommer 1944 stand das Deutsche Reich mit dem Rücken zur Wand. Briten und Amerikaner operierten tief in Italien und hatten bereits Rom eingenommen. An der Ostfront hatte die Rote Armee weite Teile des sowjetischen Territoriums zurückerobert. Die Wehrmacht behauptete nur noch das Baltikum und Weißrussland. Hitler glaubte, im äußersten Fall unter Preisgabe von Raum, im Osten noch längere Zeit verteidigen zu können. Nach seiner Auffassung musste die Entscheidung im Westen fallen. Hier standen deutsche Soldaten in Frankreich, den Beneluxländern, Dänemark und Norwegen. Vor allem die franzö-

Geschützstellung am »Atlantikwall«, Frühjahr 1944; »verbrannte Erde« an der Ostfront im Bereich der Heeresgruppe Mitte, August/September 1944.

sische Küste war unter gewaltigem Aufwand mithilfe von Bunkern, Artilleriestellungen und Sperrwerken zum »Atlantikwall« ausgebaut worden. Hitler ging davon aus, einen Angriff auf die »Festung Europa« erfolgreich abwehren zu können. Anschließend wollte er sich wieder dem östlichen Kriegsschauplatz zuwenden. Irgendwann musste die Invasion kommen – aber wann und wo?

Unter größter Geheimhaltung hatten die Alliierten bereits 1943 mit den Vorbereitungen für eine Invasion Frankreichs begonnen. Die kraftraubenden Operationen gegen die Japaner im Pazifik und die logistischen Vorbereitungen verzögerten allerdings das Unternehmen. Der Angriff sollte nach den Planungen der Alliierten in der Normandie erfolgen, während Hitler mit einer Invasion an der schmalsten Stelle des Kanals, bei Calais, rechnete. Nach mehrfacher Terminverschiebung begann am 6. Juni 1944 die größte triphibische Operation der Militärgeschichte. Trotz erbittertem Widerstand durch die Wehrmacht gelang es den Alliierten, binnen 24 Stunden einen Brückenkopf zu bilden und bis Ende Juli 1,5 Millionen Soldaten und gewaltige Mengen von Material anzulanden. Die Befreiung Europas vom nationalsozialistischen Terror war jetzt nur noch eine Frage der Zeit.

Fast zur gleichen Zeit setzte die Rote Armee zu einer Generaloffensive an, die zum Zusammenbruch der Heeresgruppe Mitte und der Balkanfront führte. Im August landeten die Alliierten zudem in Südfrankreich. Unter größten Verlusten zogen sich die deutschen Truppen an allen Fronten zurück. Mitte Dezember 1944 hatte die Rote Armee Warschau erobert, und die Briten und Amerikaner standen bereits auf Reichsgebiet. Hitler glaubte ernsthaft, mit einer Offensive in den Ardennen das Blatt noch

Deutscher Flüchtlingstreck in Ostpreußen, Dezember 1944; Armbinde des »Volkssturmes«.

einmal wenden zu können. Die Überraschung gelang, aber nach einem nur kleinen taktischen Erfolg brach der Angriff nach wenigen Tagen zusammen. Die Verluste waren katastrophal, die letzten deutschen Reserven verbraucht.

Im Januar und Februar 1945 begann die Schlussoffensive der Alliierten. In dieser Endphase verdichtete sich noch einmal die Gewalt. Vor allem auf deutscher Seite stiegen die Verluste sprunghaft an, an der Front genauso wie bei der Zivilbevölkerung. Wer sich nicht bedingungslos in den Dienst des »Endsieges« stellte, musste mit gnadenlosem Terror rechnen. Die Brutalität des deutschen Vernichtungsfeldzuges im Osten schlug jetzt von russischer Seite zurück. Berichte über Grausamkeiten der Roten Armee wurden von der NS-Propaganda noch befeuert, um den Widerstandswillen der Bevölkerung zu schüren. Der rasche Vormarsch der Sowjettruppen und sinnlose Durchhaltebefehle verhinderten eine planmäßige Evakuierung. Mithilfe der Kriegsmarine gelang es, zwischen Januar und Mai 1945 1,5 Millionen Zivilisten und etwa eine halbe Millionen Soldaten aus den deutschen Ostgebieten zu evakuieren.

Hitler zog sich in seinen Bunker unter der Reichskanzlei zurück. Niemand weiß, ob er in seinem Wahn aus Allmacht und Realitätsverlust wirklich an ein Wunder glaubte. Er flüchtete sich in krankhafte Phantasien von Sieg oder Untergang, die in der zynischen Feststellung gipfelten: »Wenn der Krieg verloren geht, wird auch das Volk verloren sein.« Das deutsche Volk schien ihn verlassen zu haben und sollte nun dafür büßen – mit dem Volkstod. Mitte März legte Hitler in seinem »Nero-Befehl« fest, dass alle Industrie- und Versorgungseinrichtungen vernichtet werden mussten, bevor sie dem Gegner in die Hände fielen. Dass dem deutschen Volk damit zugleich die Lebensgrundlage genommen wurde, nahm er billigend in Kauf. Glücklicherweise wurden die Befehle nicht ausgeführt.

Während die einen Wehrmachtführer und Parteigrößen den sinnlosen Kampf um seiner selbst willen fanatisch fortsetzten, stahlen sich andere durch Flucht oder Selbsttötung aus der Verantwortung. Auch Hitler wählte diesen Weg und machte seinem Leben am 30. April von eigener Hand ein Ende. Wenige Stunden später besetzten sowjetische Truppen die Reichskanzlei.

Die neue Reichsregierung unter dem Oberbefehlshaber der Marine Großadmiral Dönitz leitete nun die Kapitulationsverhandlungen ein. Am 8. Mai schwiegen überall in Europa die Waffen.

Die Bilanz des Zweiten Weltkrieges sprengt noch heute unsere Vorstellungskraft. Der von Hitler entfesselte Krieg forderte weltweit mehr als 60 Millionen Menschenleben, in Asien 15 Millionen Chinesen (6,5 Millionen Soldaten und 8,5 Millionen Zivilisten) und 2,5 Millionen Japaner (je 1,2 Millionen Soldaten und Zivilisten), in Europa 20 Millionen Sowjetbürger (13 Millionen Soldaten und 7 Millionen Zivilisten), 7 Millionen Deutsche (über 3 Millionen Soldaten und fast 4 Millionen Zivilisten) sowie 5,5 Millionen Polen (fast ausschließlich Zivilisten). Unter den Genannten sind auch 6 Millionen Juden: erschossen, verhungert oder wie Ungeziefer bestialisch vergast.

Kompass

- Die Invasion der Westalliierten im Juni 1944 und der zeitgleiche Zusammenbruch der Heeresgruppe Mitte im Osten leiten das Ende des Krieges in Europa ein.

- Trotz aussichtsloser Lage setzt Hitler den Kampf fort. Für ihn gibt es nur »Sieg oder Untergang«.

- In der Endphase des Krieges sterben mehr Menschen als in den vorangegangen Kriegsjahren.

Literatur

Jörg Echternkamp, Die 101 wichtigsten Fragen: Der Zweite Weltkrieg, München 2010

Mario Frank, Der Tod im Führerbunker. Hitlers letzte Tage, Berlin 2005

Sebastian Haffner, Anmerkungen zu Hitler (EA 1978)

Rolf-Dieter Müller, Hitlers Wehrmacht 1935–1945, München 2012

Karl-Volker, Neugebauer, Größenwahn und Untergang. In: Grundkurs deutsche Militärgeschichte, Bd 2. Im Auftr. des MGFA hrsg. von Karl-Volker Neugebauer, München 2007, S. 296–437

Thomas Reuther, Widerstand und Wehrmacht, Freiburg i.Br. 2013

Gerhard Schreiber, Der Zweite Weltkrieg, München 2002

Niederlage – Befreiung – »Stunde Null«?

Am 8. Mai 1985, auf den Tag genau 40 Jahre nach Ende des Zweiten Weltkrieges, hielt der damalige Bundespräsident Richard von Weizsäcker im Deutschen Bundestag eine bewegende Rede. Im In- und Ausland fanden seine Worte große Beachtung: »Sieg oder Niederlage, Befreiung von Unrecht und Fremdherrschaft oder Übertragung zu neuer Abhängigkeit, Teilung, neue Bündnisse, gewaltige Machtverschiebungen – der 8. Mai 1945 ist ein Datum von entscheidender historischer Bedeutung in Europa.«

Das Kriegsende konnte sehr unterschiedlich erlebt werden: Für die Alliierten und die vom NS-Terror verfolgten war es ohne Frage ein Tag der Befreiung. Für sehr viele Deutsche, die bis zum Schluss an die Sache des Nationalsozialismus glaubten, steht das Datum für eine demütigende Niederlage. Das 1871 gegründete Deutsche Reich hatte nach nicht einmal 75 Jahren aufgehört zu existieren. Der geläufige Begriff der »Stunde Null« ist ungenau und in gewisser Hinsicht sogar irreführend. Sicher, das Kriegsende und der Untergang des NS-Regimes bedeuteten einen Neuanfang. Aber die deutsche Gesellschaft wurde nicht ausgewechselt. Die Menschen mit ihren persönlichen Erfahrungen und Wertvorstellungen lebten weiter. In vielen Bereichen gab es einen Neuanfang mit neuen Köpfen, mit Männern und Frauen, die in Opposition zum Nationalsozialismus gestanden hatten. Aber viele Angehörige der alten Eliten, zum Beispiel in der öffentlichen Verwaltung, in der Volksbildung, bei der Polizei oder bei der Justiz, übernahmen schon bald wieder ihre alten Funktionen. Manche von ihnen hatten wenig oder nichts dazugelernt. Die Diskussion über diesen Teil der deutschen Geschichte sollte erst einige Jahrzehnte später geführt werden.

In jedem Fall steht 1945 für den absoluten Tiefpunkt in der deutschen Geschichte. Das Land war ein Trümmerhaufen – wortwörtlich und im übertragenen Sinne. Militärisch und politisch lag es völlig am Boden. Es trug die moralische Verantwortung für einen verbrecherischen Angriffskrieg und einen industriellen Völkermord ohne jeden Vergleich. Gesellschaftlich war Deutschland durch Flucht und Vertreibung zerrissen. Und schließlich hatten die kriegsbedingte Auszehrung und der jahrelange Bombenkrieg das Land wirtschaftlich ruiniert. So unterschiedlich die Menschen

Plakat zu den Nürnberger Kriegsverbrecherprozessen nach Entwurf von Jürgen Freese, 1946.

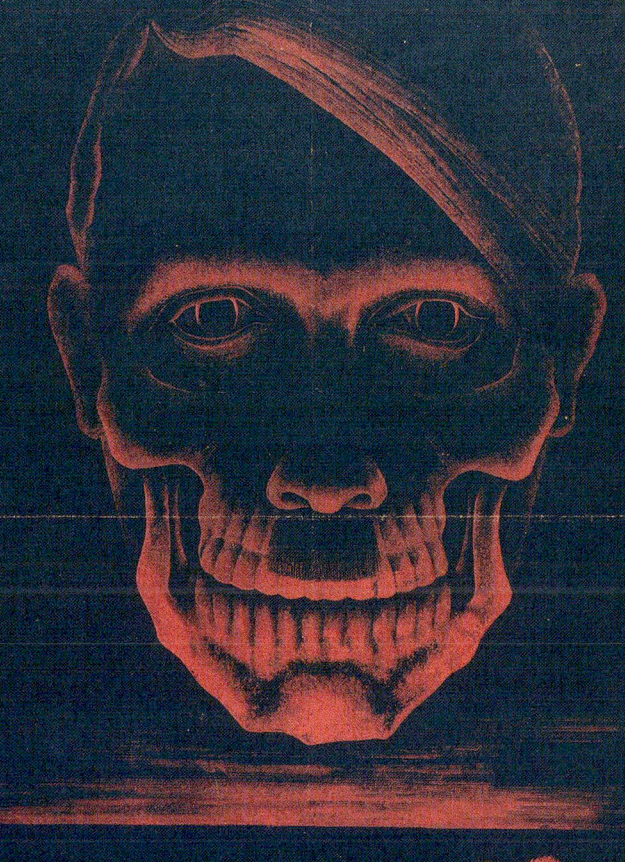

Die »Großen Drei« während der Potsdamer Konferenz vom 17. Juli bis 2. August 1945 (v.l.): Winston Churchill, Harry S. Truman und Josef Stalin.

das Kriegsende wahrnahmen – allen gemeinsam war die Sorge vor einer ungewissen Zukunft. Wie würden die Sieger sich verhalten? Konnte es je wieder wirtschaftlich aufwärtsgehen? Durfte Deutschland darauf hoffen, irgendwann einmal wieder in den Kreis der Völkergemeinschaft aufgenommen zu werden? Und vor allem: Wie würde man die nächste Zeit überleben?

Die USA, Großbritannien und die Sowjetunion hatten sich in mehreren Konferenzen schon während des Krieges und unmittelbar danach auf eine europäische Nachkriegsordnung verständigt und damit auch die Weichen für die Zukunft Deutschlands gestellt. Auf der Konferenz von Potsdam 1945 formulierte man das Ziel der »5 D«:

- Denazifizierung: Entnazifizierung der deutschen Gesellschaft,
- Demilitarisierung: vollständige Abrüstung,
- Demokratisierung: Aufbau eines demokratischen Rechtsstaates,
- Dezentralisierung: Auflösung zentraler Verwaltungseinheiten und Zerschlagung von Wirtschaftskonzernen,
- Demontage: Abbau von Industrieanlagen zur Begleichung von Kriegsschäden.

Deutschland verlor außerdem ein Viertel seines Staatsgebietes von 1937. Der Rest wurde in vier Besatzungszonen eingeteilt: im Osten die Sowjetische Besatzungszone (SBZ), im Norden eine britische, im Süden eine amerikanische und im Westen eine franzö-

Landwirtschaft vor dem zerstörten Reichstag, Juni 1946.

Kompass

- Das Jahr 1945 markiert einen der wichtigsten Wendepunkte in der deutschen Geschichte.
- Mit dem Sieg über Hitler zerbricht das Zweckbündnis der Alliierten.

sische Besatzungszone. Berlin erhielt einen Sonderstatus und wurde ebenfalls in vier Zonen aufgeteilt. Die Oberbefehlshaber der Besatzungszonen übernahmen im Juni 1945 die Regierungsgewalt.

Sehr schnell zeigte sich, dass sich die Westalliierten und die Sowjetunion einzig in der Bekämpfung des gemeinsamen Feindes, des nationalsozialistischen Deutschlands, einig gewesen waren. Die Sowjetunion hatte völlig andere Vorstellungen von der Neuordnung Europas, dem Selbstbestimmungsrecht der Völker und dem Begriff Demokratie als die westlichen Staaten. Mit Deutschlands Niederlage zerbrach das Zweckbündnis. Die Waffen schwiegen, aber ein Frieden für Europa rückte in weite Ferne. Aus dem »heißen« wurde einer »kalter Krieg«, der Europa und die Welt über 40 Jahre in zwei Blöcke spalten sollte.

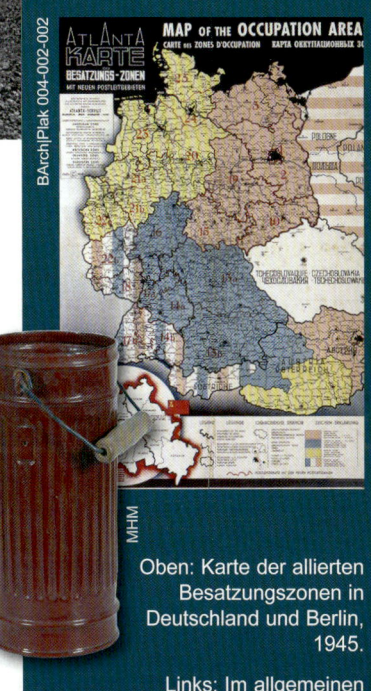

Oben: Karte der alliierten Besatzungszonen in Deutschland und Berlin, 1945.

Links: Im allgemeinen Mangel unmittelbar nach dem Krieg waren Improvisationstalent und Erfindungsreichtum gefragt: Ein ehemaliger Gasmaskenbehälter als umfunktionierte Milchkanne.

Die Teilung der Welt und Berlin-Blockade

Die Allianz zwischen den Westmächten und der Sowjetunion war ein Zweckbündnis. Es hielt nur so lange, bis das gemeinsame Ziel erreicht war: die totale Niederlage des Deutschen Reiches. Die Karten im Mächtepoker wurden nun neu gemischt. Die Vereinigten Staaten von Amerika und die Sowjetunion hatten sich als unbestrittene Sieger etabliert. Die Amerikaner schienen dabei im Vorteil, weil sie sich auf eine enorme Wirtschaftskraft stützen konnten und anfangs als einzige Supermacht über die Atombombe verfügten. Relativ schnell nach der bedingungslosen Kapitulation zeigten sich erste Risse in der Anti-Hitler-Koalition. Die Euphorie des gemeinsamen Sieges, die Kapitulation Japans im August 1945 und die Gründung der Vereinten Nationen im Oktober 1945 konnten die grundlegenden ideologischen Gegensätze allenfalls für eine kurze Zeit überdecken. Die Kluft zwischen den Wertvorstellungen der westlichen Demokratien und der kommunistischen Ordnung war nicht zu überbrücken. Das Besondere dieses Konfliktes war sein ideologischer Gehalt und sein globaler Charakter.

Die Fronten verhärteten sich schnell. Die Sowjetunion verfolgte das strategische Ziel, ihren Einflussbereich so weit wie möglich nach Westen zu verschieben. Im ersten Schritt wurde das eigene Staatsgebiet nach Westen ausgedehnt (Baltische Staaten, fast die Hälfte Polens, Teile Weißrusslands und der Ukraine sowie Rumäniens und der Tschechoslowakei). Im zweiten Schritt erfolgte die systematische Sowjetisierung aller Staaten, in denen die Rote Armee am Ende des Zweiten Weltkrieges stand. Statt der Demokratisierung der Länder, die man auf der Konferenz von Potsdam noch beschlossen hatte, wurden die osteuropäischen Staaten nacheinander nach sowjetischem Vorbild in »Volksdemokratien« umgewandelt. Konkret bedeutete das: Einsetzung von kommunistischen Regierungen, die ihre Macht nicht mehr aus der Hand geben sollten, Enteignung von Grundbesitzern und Industriellen, Verfolgung politisch Andersdenkender, Einschränkung der Meinungsfreiheit und ein mehr oder minder offener Kampf gegen die Kirchen. Die Machtübernahme begann 1946 in Bulgarien und Albanien, setzte sich 1947 in Rumänien und Polen und 1948 in der Tschechoslowakei fort und endete 1949 in Ungarn. Die Versuche in Griechenland und in der Türkei scheiterten. Alle »Satellitenstaaten« waren politisch, militärisch und wirtschaftlich von der Sowjetunion abhängig.

Das sowjetische Ehrenmal am Reichstag, Juni 1946; Befehl Nr. 1 des Berliner Stadtkommandanten Generaloberst Nikolai Bersarin, April 1945.

Im Westen erkannte man früh die Gefahr. 1946 prägte der ehemalige britische Premierminister Winston Churchill den Begriff des »Eisernen Vorhangs« – ein griffiges Bild für die gewaltsame Teilung Europas von der Ostsee bis zur Adria. Die Abschottung des sowjetischen Machtbereichs zum Westen unterstrich, dass der doktrinäre Staatssozialismus kein attraktiver Exportschlager war, sondern Angst vor der westlichen Konkurrenz haben musste.

Die immer deutlicher werdende aggressive Expansionspolitik der Sowjetunion führte 1946/47 zu einem Kurswechsel der amerikanischen Außenpolitik, der Politik des »containment« (Eindämmung). US-Präsident Harry S. Truman sicherte im März 1947 allen »in ihrer Freiheit bedrohten freien Völkern« militärische und wirtschaftliche Hilfe zu. Auf die sogenannte Truman-Doktrin folgte im Juni des gleichen Jahres ein umfassendes Angebot zum wirtschaftlichen Aufbau durch materielle Hilfe und Kredite. Der Marshall-Plan (benannt nach dem gleichnamigen US-Außenminister) richtete sich an alle europäischen Staaten. Rasches Wirtschaftswachstum und Wohlstand schienen den USA das beste Mittel im Kampf gegen ein totalitäres Machtsystem im Osten. Die mittlerweile zusammengeschlossenen westlichen Besatzungszonen Deutschlands profitierten besonders von dem

Hilfsprogramm. Die kommunistischen Satellitenstaaten, einschließlich der sowjetischen Besatzungszone in Deutschland (also der späteren DDR) wurden hingegen gezwungen, auf die dringend benötigten amerikanischen Hilfsgelder zu verzichten.

Der Systemkonflikt zwischen Ost und West spitzte sich immer deutlicher an der Nahtstelle zu, im geteilten Deutschland. Im westlichen Teil zeigten die wirtschaftliche Zusammenlegung der Besatzungszonen und der Marshallplan schnell Wirkung. Der Durchbruch kam im Juni 1948 mit der Währungsreform und der Einführung der D-Mark (Deutsche Mark). Die amerikanische Deutschlandpolitik war klar: Um jeden Preis sollte verhindert werden, dass der westliche Teil Deutschlands in den sowjetischen Machtbereich fallen würde.

Mit gutem Grund traute die amerikanische Führung der Sowjetunion und vor allem Stalin nicht über den Weg. Die Motive der sowjetischen Deutschlandpolitik sind bis heute allerdings nicht klar. Manches spricht dafür, dass Stalin nur ein nachrangiges Interesse an Deutschland hatte und lediglich den Anschluss der Westzonen an den amerikanischen Einflussbereich verhindern wollte. Möglicherweise hätte sich die Sowjetunion mit einem neutralen, militärisch harmlosen Deutschland arrangiert. Kurz vor seinem Tod hatte der sowjetische Diktator in der bis heute umstrittenen »Stalin-Note« 1952 ein entsprechendes Angebot unterbreitet. Der Westen ging darauf nicht ein. Die systematische Verfolgung politisch Andersdenkender im eigenen Land und die aggressive Außenpolitik zeigten unmissverständlich, wes Geistes Kind die Machthaber im Kreml waren.

Die Währungsunion und die Einführung der D-Mark in den westlichen Besatzungszonen sowie in Berlin wertete Stalin als Kampfansage. Er wollte die Westalliierten an ihrer vermeintlich empfindlichsten Stelle treffen. Am 24. Juni 1948 riegelten Sowjettruppen alle Verkehrswege nach Berlin mit dem Ziel ab, die Stadt auszuhungern. Amerikaner und Briten traten entschlossen auf und entschieden sich, die Stadt so lange wie möglich mit allen lebensnotwendigen Gütern aus der Luft zu versorgen. Die legendären »Rosinenbomber« versorgten in 280 000 Flügen elf Monate lang die Millionenstadt – eine logistische Meisterleistung. An die Entbehrungen und die 70 verunglückten amerikanischen und britischen Piloten erinnert noch heute das Luftbrückendenkmal in Berlin, die »Hungerkralle«, und sein Gegenstück in Frankfurt am Main. Die Berlin-Blockade hatte den unbedingten Machtanspruch der Sowjetunion noch einmal unmissverständlich deutlich gemacht. Sie verfehlte nicht nur ihr Ziel, den Westen zu verunsichern oder gar zu spalten. Sie beförderte im Gegenteil die Westorientierung des freien Teils Deutschlands und den Zusammenschluss der demokratischen europäischen Staaten unter Führung der USA. Es ist kein Zufall, dass die Erarbeitung des Grundgesetzes durch den Parlamentarischen Rat genau in die Phase der Berlin-Blockade fällt. Im gleichen Zeitraum (6. Juli 1948 bis 4. April 1949) wurden unter Führung der USA Verhandlungen über ein westliches Bündnis geführt, das am 24. August 1949 in Kraft trat: Die Nordatlantische Vertragsorganisation, kurz NATO (North Atlantic Treaty Organization).

Stalins Rechnung war nicht aufgegangen. Im Gegenteil, die Berlin-Blockade hatte die freie westliche Welt enger zusammengebracht und dem Westteil Deutschlands einen Weg in die Zukunft gewiesen. Am 12. Mai beendeten die Sowjets die Blockade Berlins. Durch diesen ersten Höhepunkt im Kalten Krieg waren die Fronten im Ost-West-Konflikt endgültig geklärt, aber auch unauflöslich verhärtet. Die Westmächte, und allen voran die USA, hatten sich als Schutzmacht des freien Teils Deutschlands etabliert. Aber die Wiedervereinigung des geteilten Deutschlands sollte für Jahrzehnte in weite Ferne rücken.

Kompass

- Die Anti-Hitler-Koalition zerbricht schon bald nach dem Sieg über Deutschland.
- Der Kalte Krieg ist ein globaler Systemkonflikt zwischen den Supermächten USA und Sowjetunion sowie ihren Verbündeten.

Oben: Startschuss für das Wirtschaftswunder: D-Mark-Schein der Erstausgabe.

Mitte: »Rosinenbomber« im Anflug auf Berlin, 24. Juni 1948.

Unten: Warnschild vor Sektorengrenze.

171

Eine Nation – zwei deutsche Staaten

Mit der Kapitulation hatten die Siegermächte USA, Großbritannien, Frankreich und die Sowjetunion die Macht in ihren Besatzungszonen übernommen. Die militärischen Oberbefehlshaber übten die Regierungsgewalt in ihrem jeweiligen Verantwortungsbereich aus. Um die notwendige Versorgung der deutschen Bevölkerung bewältigen zu können, beauftragten die Alliierten schnell politisch unbelastete Deutsche mit Verwaltungsaufgaben, anfangs nur als Bürgermeister und Landräte, bald aber auch als Ministerpräsidenten. Ein wichtiger Schritt auf dem Weg zu einer eigenverantwortlichen Verwaltung war die Zulassung politischer Parteien nur wenige Monate nach Kriegsende. Aufbauend auf den Parteistrukturen der Weimarer Republik entstanden neue Parteien, die sich schrittweise zu Volksparteien entwickelten: Die konservativen Unionsparteien CDU und CSU öffneten sich für Angehörige aller Konfessionen, die neu gegründete SPD grenzte sich immer deutlicher von den Kommunisten ab, und die Liberalen überwanden mit der FDP ihre traditionelle Spaltung in Rechts- und Linksliberale. Die Westmächte und allen voran die USA strebten eine wirtschaftliche und politische Konsolidierung ihres Verantwortungsbereichs an. Bis 1946 wurden in allen Besatzungszonen neue Länder gebildet, die als Bundesländer bis heute Bestand haben. Gleichzeitig begannen die Alliierten mit der Entnazifizierung Deutschlands. Die NSDAP wurde verboten, 6 Millionen ehemalige Mitglieder der Partei oder ihrer Organisationen befragt und die Hauptverbrecher in Nürnberg 1945/46 vor einen Internationalen Gerichtshof gestellt.

Während in den westlichen Besatzungszonen konkurrierende Parteien entstanden, freie Wahlen durchgeführt und ein föderatives System aufgebaut wurden, setzte die Sowjetunion in der SBZ (Sowjetische Besatzungszone) auf Zentralisierung der Verwaltung und der politischen Willensbildung. Alle Parteien wurden zu einem »antifaschistischen Block« zusammengeschlossen. Im April 1946 erfolgte der erzwungene Zusammenschluss von SPD und KPD (Kommunistische Partei Deutschlands) zur SED (Sozialistische Einheitspartei Deutschlands). Eine Befragung der SPD-Mitglieder fand nicht statt. Kritiker wurden eingeschüchtert oder mundtot gemacht. Mit der Zwangsvereinigung waren die Weichen für eine Parteidiktatur gestellt.

Unter den Bedingungen der zunehmenden Blockkonfrontation verschärfte sich das innenpolitische Klima in der SBZ. Durch massive Unterstützung der Sowjetischen Militäradministration gelang es der SED, ihren Führungsanspruch immer weiter auszubauen. Während man offiziell weiterhin am Ziel der Vereinigung Deutschlands festhielt, begann sich in der SED ab 1947 die »Zwei-Lager-Theorie« durchzusetzen. Die eigenen politischen Ziele und die Politik der SBZ wurden als »fortschrittlich« und die des konkurrierenden politischen Lagers als »reaktionär« verunglimpft. Eine Einheit Deutschlands war demnach nur möglich, wenn die »fortschrittlichen Errungenschaften« des Sozialismus und Kommunismus ihren Platz finden würden. Die Sowjetische Militäradministration unterstützte nun die SED massiv bei der Umwandlung der Besatzungszone in einen kommunistischen Einheitsstaat nach sowjetischem Vorbild. Im Sommer 1948 erfolgte die Umgestaltung der SED zur kommunistischen Kaderorganisation nach dem Vorbild der Kommunistischen Partei der Sowjetunion. Zugleich wuchs der Druck auf den politischen Gegner. Ehemalige Konzentrationslager wie Buchenwald oder Oranienburg wurden als »Sonderlager« weitergeführt. Nicht wenige politische Häftlinge der NS-Zeit fanden sich am gleichen Ort wieder hinter Stacheldraht!

Plakat der SED-Bezirksleitung Eisenach zum Marshall-Plan, 1948.

Parallel zu dem im Westen im September 1948 gebildeten Parlamentarischen Rat (vgl. S. 171) setzte die SED einen Volksrat ein, mit dem Ziel, eine Verfassung zu erarbeiten. Der Prozess der politischen Willensbildung wurde offiziell im Mai 1949 mit den Wahlen zum Volkskongress abgeschlossen. Allerdings handelte es sich nicht um freie Wahlen, denn es standen nur Einheitslisten zur Verfügung, die von der SED angeführt wurden. Mit dem Inkrafttreten der neuen Verfassung am 7. Oktober 1949 entstand mit der DDR ein neuer Staat, formal souverän, aber politisch auf

Auf dem Weg in die deutsche Teilung (v.l.):
Letzte Lesung des Grundgesetzes im Parlamentarischen Rat am
7. Mai 1949; der Deutsche Volksrat konstituiert sich zur

Dauer von der Sowjetunion abhängig. Vor allem fehlte es der DDR schon bei ihrer Gründung an politischer Legitimation: Die Bürger wurden nicht zur Verfassung befragt, und die Regierung war nicht durch freie und geheime Wahlen legitimiert. Die Diktatur der SED hatte den Osten Deutschlands fest in der Hand – 40 Jahre lang.

Ganz anders verlief die Entwicklung im westlichen Teil Deutschlands. Hier erarbeitete der Parlamentarische Rat eine neue Verfassung, die, antitotalitär ausgerichtet, die Zugriffsgewalt des Staates einschränken sollte. Die Strukturfehler der letztlich gescheiterten Weimarer Verfassung sollten sich auf keinen Fall wiederholen. Das Ziel war eine wehrhafte Demokratie auf der Grundlage eines stabilen Verfassungsfundamentes. Stabilität war das oberste Gebot. Dazu gehörte eine starke Regierung mit einem starken Bundeskanzler, der nur durch ein konstruktives Misstrauensvotum gestürzt werden konnte (Abwahl des Kanzlers nur bei gleichzeitiger Neuwahl eines Nachfolgers). Der Bundespräsident erhielt – im Unterschied zu Weimar – nur repräsentative Aufgaben. Das föderative Element wurde durch starke Länder betont, die in der Verwaltung und durch die Mitwirkung bei Gesetzen eine wichtige Rolle spielten. Die Einführung einer Fünfprozent-Sperrklausel bei Bundes- und Landtagswahlen verhinderte die Aufsplitterung der Parteienlandschaft. Volksabstimmungen waren nicht vorgesehen, um die Politik von kurzfristigen Stimmungen und populistischen Entscheidungen freizuhalten. Da die ostdeutschen Landsleute an

Provisorischen Volkskammer der Deutschen Demokratischen Republik, 7. Oktober 1949.

dem Verfassungsentwurf nicht mitwirken konnten und das Ziel einer Vereinigung hohe Priorität genoss, wurden bewusst Zeichen der Vorläufigkeit gewählt. Darum erhielt die am 8. Mai 1949 verabschiedete Verfassung nur den Behelfsnamen »Grundgesetz«. Als Bundeshauptstadt wählte man nicht das historisch naheliegende Frankfurt am Main (Sitz des Paulskirchenparlamentes von 1848/49), sondern ein Provisorium am Rhein: die kleine Stadt Bonn.

Nach 1849 und 1919 lag 1949 im dritten Anlauf ein Verfassungswerk vor, das sich als Glücksfall für die deutsche Geschichte erweisen sollte. Es war ein großer Wurf, der die Rückkehr Deutschlands in die Völkergemeinschaft ebnete, ein freiheitlich-demokratischer Fels in Zeiten von Krisen und Teilung, eine Grundlage für wirtschaftlichen Aufschwung und ein gemeinsames Fundament für ein vereintes Deutschland.

Kompass

- Unter völlig unterschiedlichen politischen und wirtschaftlichen Rahmenbedingungen entwickeln sich in Deutschland zwei deutsche Staaten.

- Die Westalliierten setzen auf unabhängige Parteien, demokratische Willensbildung und föderale Strukturen. Beides schlägt sich im Grundgesetz und der Gründung der Bundesrepublik Deutschland nieder.

- Die Sowjetunion drängt auf die Umgestaltung ihrer Zone nach staatssozialistischem Vorbild: kommunistische Parteidiktatur, Umbau der Wirtschaft durch Verstaatlichung, keine freien Wahlen, kein starker Föderalismus. Die DDR ist das Produkt dieser Politik.

Wahlplakat der SPD, 1949.

Das nukleare Zeitalter – Rüstungswettlauf, Abrüstungsinitiativen und Entspannungspolitik

Der 6. und der 9. August 1945 veränderten die Welt. Die Wirkungen reichen bis in unsere Gegenwart und werden uns wahrscheinlich auch in Zukunft begleiten. Mit dem Abwurf der Atombomben auf Hiroshima und Nagasaki hatten die Vereinigten Staaten zum äußersten Mittel gegriffen, um den Krieg gegen Japan zu beenden. Die fanatische, todesverachtende Kriegführung der Japaner ließ den Amerikanern keine andere Wahl – das ist die eine Lesart. Die andere sieht weniger freundlich aus und wirft den Amerikanern vor, sie hätten mit der ersten Zündung der Nuklearwaffen der Welt ihre neue Stellung als Supermacht demonstrieren wollen.

Wie kein anderes Waffensystem veränderte die Atombombe das sicherheitspolitische und strategische Denken in kürzester Zeit. Schnell verloren die USA ihre Monopolstellung. Die Sowjetunion zündete 1949 ihre erste Atombombe und bereits 1953 die erste Wasserstoffbombe. Andere Staaten zogen nach: England 1952, Frankreich 1960 und China 1964. Entscheidend war allerdings der Rüstungswettlauf zwischen den USA und der Sowjetunion. Das nukleare Vernichtungspotenzial erreichte binnen weniger Jahre eine unvorstellbare Größe. Bis zum Beginn der 60er-Jahre wurde in 416 militärischen Atomversuchen eine Sprengkraft freigesetzt, die hundertmal so stark war wie alle Explosionen des Zweiten Weltkrieges zusammengenommen.

Je stärker sich das konventionelle Waffenarsenal seit Beginn der 50er-Jahre zugunsten des Ostblocks verschob, umso mehr stützte sich die amerikanische Strategie auf ein Übergewicht an Atomwaffen. Die strategischen Planungen der USA sahen vor, im Konfliktfall bereits sehr früh Nuklearwaffen kürzerer Reichweite einzusetzen: die Strategie der »massiven Vergeltung«. Beide Seiten stellten Überlegungen an, ob die Möglichkeit bestand, durch einen nuklearen Erstschlag das gesamte Atomwaffenarsenal des Gegners zu vernichten, bevor dieser zum Rückschlag ausholen konnte. Ein gigantisches Wettrüsten setzte ein, um dem Gegner keine qualitative und quantitative Überlegenheit einzuräumen. Da beide Supermächte dennoch in der Lage waren, selbst bei einem Überraschungsangriff mit genügend Atomwaffen zurückzuschlagen, entstand eine Pattsituation, das »Gleichgewicht des Schreckens«. Das Misstrauen beider Blöcke war dennoch so groß, dass keine Seite Anstalten machte, die Rüstungsspirale anzuhalten.

Explosion einer Atombombe.

Um 1960 verfügten sowohl die USA als auch die Sowjetunion über Internkontinentalraketen, mit denen der Gegner vom heimischen Boden aus direkt bedroht werden konnte. Beide Seiten setzten auf ein gestaffeltes System aus Kurz- und Mittelstrecken- sowie Interkontinentalraketen. Die Frage strategisch geeigneter Stützpunkte spielte hierbei eine besondere Rolle.

Die Situation drohte zu eskalieren, als die Sowjetunion im Oktober 1962 begann, Mittelstreckenraketen auf der befreundeten sozialistischen Insel Kuba zu stationieren. Ohne Vorwarnung hätte damit jeder Punkt in den USA getroffen werden können. Die US-Regierung unter Präsident John F. Kennedy reagierte entschlossen und stellte der Sowjetunion ein Ultimatum zum Abzug der Raketen. Für 13 Tage stand die Welt an der Schwelle zum Dritten Weltkrieg. Im letzten Moment lenkte die Sowjetführung ein und zog die Raketen ab.

Die Kuba-Krise hatte die Supermächte vorsichtiger gemacht. Man vereinbarte die Einrichtung eines »heißen Drahtes«, einer direkten Telefonverbindung zwischen dem Kreml und dem Weißen Haus. Vorsichtigen Annäherungen auf dem diplomatischen Parkett folgten erste kleine Schritte zur Rüstungskontrolle. Atomwaffen bekamen nun immer mehr den Charakter von »politischen Waffen«, die vor allem als Druckmittel genutzt wurden. Seit Ende der 60er-Jahre setzten die USA auf die Strategie der »flexible response« (flexiblen Antwort). Danach sollte ein nuklearer Angriff nicht mehr automatisch mit einem nuklearen Gegenschlag, sondern »angemessen« und abgestuft erfolgen.

Die Massenvernichtungswaffen trugen sicherlich zu einer Stabilisierung des Ost-Westkonfliktes und ohne Zweifel zur Verhinderung eines Weltkrieges bei. Der Preis war allerdings hoch, denn der »nukleare Friede« musste durch enorme Rüstungskosten und die ständige Bedrohung der Vernichtung der Erde erkauft werden.

Ende der 60er-Jahre begannen beide Seiten im zähen Ringen mit Verhandlungen über Rüstungsbegrenzungen. 1968 unterzeichneten die USA und die UdSSR den Atomwaffensperrvertrag, der die Weitergabe von Kernwaffen an Nichtatommächte verbot. In zwei Verträgen über die Begrenzung strategischer Atomwaffen einigte man sich auf die Begrenzung von Raketenabwehrsystemen (SALT I 1969) und auf die Höchstgrenze für Nuklearwaffen (SALT II 1979). Die Abrüstungsbemühungen im konventionellen Bereich, also bei Truppenstärken und Waffensystemen, gestalteten sich weit schwieriger und wurden Anfang 1989 ohne Ergebnis abgebrochen.

Trotz den Abrüstungsverhandlungen suchten beide Supermächte ihre Chance, die Pattsituation zu ihren Gunsten zu entscheiden. Als die Sowjetunion 1976 ankündigte, mobile und damit nicht zu ortende Abschusssysteme für Mittelstreckenraketen vom System SS-20 aufzustellen, fühlte sich der Westen massiv bedroht. Mit dem »NATO-Doppelbeschluss« legte man sich auf eine doppelte Strategie fest. Sie sah vor, im ersten Schritt, so weit es ging, mit der Sowjetunion zu verhandeln und bei Ausbleiben eines Erfolgs in angemessener Frist im zweiten Schritt nachzurüsten. Mit anderen Worten: Handeln und Verhandeln. Als die Gespräche ohne Ergebnis blieben, begannen die NATO-Staaten 1983 in Mitteleuropa mit der Nachrüstung. Die »Nachrüstungsdebatte« führte zu massiven innenpolitischen Kontroversen, die von der immer stärker werdenden Friedensbewegung getragen wurde. Die ehrlichen Ängste der Bürgerbewegung vor einem »nuklearen Holocaust« sollten auch heute mit Respekt gewürdigt werden. Zugleich zeigte sich aber, dass die Taktik der Sowjetunion nicht aufgegangen war: Die NATO-Staaten hatten sich als einig gezeigt und konnten nun in der neuen Rüstungsrunde ihre ganze

Nukleare Kurzstreckenrakete Pershing I eines Flugkörpergeschwaders der Bundeswehr, Anfang der 70er-Jahre.

Wirtschaftskraft in die Waagschale werfen. Die wirtschaftlich maroden Ostblockstaaten konnten dieses Tempo nicht mehr mitgehen. Wenn sie auf die westliche Nachrüstung antworten wollten, drohte früher oder später der wirtschaftliche Kollaps.

Aus heutiger Perspektive ist deshalb unstrittig, dass der NATO-Doppelbeschluss entscheidenden Anteil am Zusammenbruch des Sowjetsystems und damit des Ostblocks hatte.

Kompass

- Mit dem Abwurf der ersten Atombomben über Hiroshima und Nagasaki beginnt das nukleare Zeitalter.
- Die massive Aufrüstung mit Nuklearwaffen in Ost und West führt zu einem »Gleichgewicht des Schreckens«.
- In der Kuba-Krise 1962 steht die Welt kurz vor einem nuklearen Weltkrieg.
- Die Nachrüstungsdebatte Anfang der 80er-Jahre spaltet die öffentliche Meinung in Deutschland.
- In der letzten Nachrüstungsrunde erweist sich der Westen als wirtschaftlich und politisch stärker.

Literatur

Deutschland nach dem Krieg 1945–1955, GEO Epoche, 9 (2002)

Ulrich Mählert, Kleine Geschichte der DDR, München 1998

Marie-Luise Recker, Geschichte der Bundesrepublik Deutschland, München 2002

Markus Wackerbeck, Der NATO-Doppelbeschluss 1979. Zur Strategie des Gleichgewichts. In: Militärgeschichte, 3 (2003), S. 18–21

Andreas Wirsching, Deutsche Geschichte im 20. Jahrhundert, München 2001

Auf dem Weg zur westdeutschen Wiederbewaffnung

Die Verschärfung des Ost-West-Konfliktes durch die Berlin-Blockade (1948/49) und den Koreakrieg (1950–1953) lösten in der jungen Bundesrepublik Deutschland eine sicherheitspolitische Diskussion aus. Wie sollten sich die Westdeutschen positionieren? Viele Bundesbürger ängstigten sich vor der aggressiven Außenpolitik der Sowjetunion. Die blutige Niederschlagung des Aufstandes vom 17. Juni 1953 in der DDR markierte aus deutscher Sicht den vorläufigen und traurigen Höhepunkt. Der Kreml hatte unmissverständlich deutlich gemacht, dass sich die DDR nur nach sowjetischem Vorbild entwickeln durfte.

Im Westen Deutschlands verfolgte man eine grundlegend andere Politik. Der erste deutsche Bundeskanzler, Konrad Adenauer, steuerte die Bundesrepublik zielstrebig auf einen westlichen Kurs. Dabei wurde deutlich, dass die bisher geleistete wirtschaftliche Unterstützung und der Schutz der Freiheitsrechte über kurz oder lang nicht zum Nulltarif zu haben sein würden. Die überwältigende Mehrheit der Bundesbürger wollte die Westbindung und die Garantie von Freiheit und Sicherheit – aber zu welchem Preis? Die Erfahrungen des Krieges lagen gerade erst fünf Jahre zurück. Viele Menschen hatten sich damals geschworen, nie wieder eine Waffe in die Hand zu nehmen. »Ohne mich«, so lautete damals die Devise einer Bewegung, die sich gegen jede Form eines deutschen Wehrbeitrages aussprach. Die SPD und die Gewerkschaften unterstützten diese Position. Nicht wenige Menschen in der DDR dachten übrigens ähnlich. Aber sie konnten ihre Meinung unter den Bedingungen der Diktatur nicht offen sagen.

Die sichtbaren Erfolge der Demokratisierung und Stabilisierung der Bundesrepublik, aber nicht zuletzt auch geostrategische Überlegungen der Westmächte setzten die Frage eines westdeutschen Wehrbeitrages ab 1950 auf die Tagesordnung. Am 3. Oktober 1950 trafen sich im Eifelkloster Himmerod hinter verschlossenen Türen 15 deutsche Militärexperten (meist ehemalige höhere Offiziere der Wehrmacht), um über einen künftigen deutschen Wehrbeitrag zu diskutieren. Unstrittig war: Neue deutsche Streitkräfte mussten mit dem Ungeist der Diktatur brechen, und sie mussten in ein internationales Verteidigungssystem eingebunden sein. Die dabei verabschiedete »Himmeroder Denkschrift« war ein »Richtungsschuss« auf dem Weg zur spä-

Der Bundesminister für Verteidigung Theodor Blank ernennt die ersten 101 Soldaten der neu gegründeten Bundeswehr in der Bonner Ermekeil-Kaserne, 12. November 1955.

Der schwierige Weg der Wiederbewaffnung (v.l.): Plakate von Befürwortern (Bund aktiver Demokraten e.V.) und Gegnern des westdeutschen Wehrbeitrages, 1955; Wolf Graf Baudissin, Kurt Fett, der

teren Bundeswehr. Kurz darauf richtete Adenauer in der Bonner Ermekeil-Kaserne die »Dienststelle des Bevollmächtigten des Bundeskanzlers für die mit der Vermehrung der alliierten Truppen zusammenhängenden Fragen« ein. Der Monsterbegriff steht für die Vorgängerorganisation des Bundesministeriums für Verteidigung und wurde unter seinem ersten Leiter (und später ersten Verteidigungsminister) einfach nur »Dienststelle Blank« oder »Amt Blank« genannt.

Die sicherheitspolitische Rolle der Bundesrepublik hing entscheidend von der Fürsprache und Unterstützung der ehemaligen Kriegsgegner ab. Trotz des geglückten Starts der jungen westdeutschen Demokratie bestanden immer noch zum Teil erhebliche Vorbehalte gegenüber den Deutschen – wie gesagt, das Kriegsende lag erst wenige Jahre zurück. Umso wichtiger ist aus heutiger Perspektive die Weitsicht einiger Staatsmänner zu werten. Schon im August 1950 unterbreitete der britische Premierminister Winston Churchill den Vorschlag für eine »Europa-Armee«. Der französische Ministerpräsident René Pleven nahm den Faden auf und entwickelte den Plan weiter. Im Mai 1952 lag das Konzept für eine »Europäische Verteidigungsorganisation« (EVG) vor. Sie sah die Verschmelzung der Streitkräfte Frankreichs, Italiens, Belgiens, der Niederlande und Luxemburgs und der Bundesrepublik

Journalist Henri-Jean Duteil, Theodor Blank, Adolf Heusinger und Ulrich de Maizière im Gespräch im »Amt Blank«, 11. März 1955; die Himmeroder Denkschrift vom 3. Oktober 1950.

Deutschland vor. Als Gegenleistung und Aufwertung des neuen Bündnispartners trat im Mai 1952 der »Deutschlandvertrag« in Kraft, der zur Aufhebung des Besatzungsstatuts führte. Die »Dienststelle Blank« bezifferte die Gesamtstärke des deutschen Verteidigungsbeitrags auf 500 000 Mann (darunter zwölf Heeresdivisionen). Diese Größenordnung war nur über eine Wehrpflichtarmee zu erreichen, deren Dienstpflicht mindestens 18 Monate umfassen musste.

Alle Zeichen deuteten auf eine »Europaarmee« hin. Doch im letzten Moment scheiterte die Umsetzung der EVG im August 1954, weil Frankreich den Verlust seiner Hoheitsrechte befürchtete.

Trotz ihres Scheiterns waren die Verhandlungen für die Bundesrepublik von entscheidender Bedeutung. Für jeden sichtbar fuhr der Zug nun in Richtung eines Wehrbeitrags bei gleichzeitiger Integration in ein Westbündnis. Zugleich beseitigte der Blick jenseits des »Eisernen Vorhangs« die letzten Illusionen über den wahren Charakter des Sowjetsystems. Der innenpolitische Widerstand gegen eine Wiederbewaffnung Westdeutschlands begann zu bröckeln. Im Februar 1954 folgte eine vom Bundestag mehrheitlich beschlossene Ergänzung des Grundgesetzes, mit der die Wehrhoheit des Bundes begründet wurde.

Die ersten Freiwilligen beim Formaldienst auf dem Kasernengelände in Andernach; rechts daneben der erste Kampfanzug der Bundeswehr, 1956.

Im Oktober 1954 ebnete die Unterzeichnung der »Pariser Verträge« den Beitritt der Bundesrepublik zur Westeuropäischen Union (WEU) und zur NATO. Der freie Teil Deutschlands war damit Vollmitglied zweier Verteidigungsbündnisse. Das Vertragswerk garantierte einerseits den Schutz der Freiheit und der Souveränität jedes Partners und forderte andererseits die Solidarität und damit einen Beitrag zur gemeinsamen Verteidigung. Mit dem Inkrafttreten der »Pariser Verträge« am 5. Mai 1955 war die Bundesrepublik Deutschland wieder ein souveräner Staat. Am 9. Mai erfolgte die Aufnahme in die NATO.

Die Bundeswehr war geboren, aber bis heute kann man über den Geburtstermin diskutieren. Die Bundeswehr setzt sich aus dem Verteidigungsministerium, den Streitkräften und der zivilen Wehrverwaltung zusammen.

Das Bundesministerium der Verteidigung wurde am 7. Juni 1955 aus der Taufe gehoben, als die »Dienststelle Blank« offiziell in ein Ministerium umgewandelt und der »Beauftragte der Bundesregierung für Sicherheitsfragen«, Theodor Blank, zum ersten Verteidigungsminister ernannt wurde. Die Wehrverwaltung der Bundeswehr, wurde mit der »Verwaltungsstelle Andernach« am 24. Oktober 1955 ins Leben gerufen. Für die Streitkräfte ist der Ehrentag der 12. November 1955. An diesem Tag erhielten die ersten 101 Freiwilligen in der Bonner Ermekeil-Kaserne ihre

Werbeplakat der Bundeswehr, 1957/58.

Ernennungsurkunden aus der Hand des Verteidigungsministers. Die Entscheidung für dieses Datum erfolgte bewusst. Der 12. November 1955 war der 200. Geburtstag des preußischen Heeresreformers Gerhard von Scharnhorst. Sein Name ist fest verbunden mit einem grundlegenden Neuanfang und der Verknüpfung von soldatischem Dienst und bürgerlichen Rechten. Mit dem 12. November wurde also ein doppeltes Zeichen gesetzt: Ein Hinweis auf die Tradition und ein Signal für die Zukunft, einen neuen Soldatentyp zu schaffen. Die Bundeswehr hält dieses wichtige Datum in Erinnerung und führt jedes Jahr in Bordenau bei Hannover, an jener Stätte, wo Scharnhorsts militärisches Wirken begann, ein Feierliches Gelöbnis durch.

Kompass

- Anfang der 50er-Jahre führt die Bundesrepublik eine emotionale Debatte über einen deutschen Wehrbeitrag (»Ohne-mich-Bewegung«).
- Für die Westintegration der Bundesrepublik spielt der deutsche Wehrbeitrag eine entscheidende Rolle.

Oben: Nach Verwendung diverser ausländischer Modelle wird das von Heckler & Koch gefertigte Sturmgewehr G3 ab 1959 als Standardbewaffnung der Bundeswehr eingeführt.

Unten: Plakat zu einer Versammlung der Deutschen Friedensgesellschaft/Bund der Kriegsgegner, Anfang der 1950er-Jahre.

Innere Führung und Staatsbürger in Uniform

Die Bundeswehr ist einmalig in der deutschen Geschichte als erste und einzige Wehrpflichtarmee in der Demokratie. Unsere Geschichte hat zahlreiche Beispiele für ein falsches Rollenverständnis des Militärs. Im Kaiserreich beanspruchte es eine Sonderrolle in Staat und Gesellschaft. Der Reichswehr fehlte die Bindung an die Verfassung der Weimarer Republik. Die Wehrmacht ließ sich, teilweise willig, von den Nationalsozialisten für eine verbrecherische Politik missbrauchen. Und die 1956 gegründete Nationale Volksarmee der DDR war nicht, wie sie immer wieder gerne betonte, eine »Armee des Volkes«, sondern eine Armee der Partei im Dienste der SED-Diktatur.

Bei der Gründung der Bundeswehr zog man die Lehren aus den bittern historischen Erfahrungen. Damit die Integration der Streitkräfte in ein demokratisches System gelingen konnte, brauchte die Bundeswehr zwei verbindliche Vorgaben: *erstens* einen klaren verfassungsmäßigen Rahmen, der eine Einbindung der Streitkräfte in das parlamentarische System sicherstellte, und *zweitens* ein neues Selbstverständnis, das soldatische Pflichten und demokratische Rechte sinnvoll miteinander verknüpfte.

Mit Blick auf die jüngere Geschichte enthielt der zweite Punkt einige Sprengkraft. Soldaten in der Demokratie mochten vielleicht noch angehen, aber Demokratie unter den Soldaten – wie sollte das funktionieren, ohne das Prinzip von Befehl und Gehorsam außer Kraft zu setzen? Man brauchte eine gänzlich neue Führungsphilosophie, die sich von »alten Zöpfen« verabschiedete, klare Maßstäbe vorgab, aber doch flexibel genug war, um sich entwickeln zu können. Soldatischer Gehorsam durfte kein Wert an sich sein, sondern musste an Werte und Normen gebunden werden. Schon bei der Weichenstellung für eine Wiederbewaffnung der Bundesrepublik spielten diese Überlegungen eine wichtige Rolle. Die ersten Ideen entwickelte ein ehemaliger Major i.G. der Wehrmacht (der übrigens dem gleichen Jahrgang 1907 angehörte wie Graf Stauffenberg) aus der Dienststelle Blank: Wolf Graf von Baudissin. Er schuf ein Konzept, das seit 1953 im offiziellen Sprachgebrauch »Innere Führung« heißt und zum Markenzeichen der Bundeswehr werden sollte.

Die Idee war im Grunde sehr einfach. Es ging um die Herstellung eines Dreiklangs aus *Legitimation*, *Integration* und *Identität*

Der Leiter der Abteilung »Inneres Gefüge« im »Amt Blank« Wolf Graf Baudissin im Gespräch mit Jugendlichen anlässlich einer Diskussionsveranstaltung im November 1954.

Ulrich de Maizière, Wolf Graf Baudissin und Johann Adolf Graf von Kielmansegg (v.l.) werden von der Hamburger Universität mit dem Freiherr-vom-Stein-Preis wegen ihrer Verdienste um die Innere Führung ausgezeichnet, 10. Februar 1965; Heft der »Schriftenreihe Innere Führung«, 1950er-Jahre.

von Streitkräften. Alle drei Begriffe leiteten sich unmittelbar aus den jüngsten historischen Erfahrungen ab. *Legitimation* hieß, dass der Einsatz von Streitkräften nur als äußerstes Mittel der Politik, nur zur Verteidigung und nur bei strikter Bindung an geltendes Recht erlaubt sein durfte. *Integration* forderte, dass die Soldaten in die demokratischen Strukturen eingebunden wurden, dass sie die gleichen Rechte wie andere Staatsbürger genossen und dass alles vermieden werden musste, wieder einen »Staat im Staate« entstehen zu lassen. Die neue *Identität* schließlich gründete auf dem Selbstverständnis, der verfassungsmäßigen Ordnung zu dienen, und keinem Kaiser, keinem Führer und keiner Partei. Die Erfüllung aller drei Forderungen sollte die Professionalität der Streitkräfte nicht hemmen sondern im Gegenteil befördern; weil die Soldaten in ein freiheitlich demokratisches Rechtssystem eingebunden sind, weil sie überzeugt sind von ihrem Handeln und weil sie die Unterstützung der Gesellschaft erfahren. Zum Leitbild dieses Konzeptes wurde der »Staatsbürger in Uniform«.

Baudissin, der 1956 als Oberst in die Bundeswehr übernommen wurde und rasch zum General aufstieg, stand nicht allein. Besondere Unterstützung erfuhr er von den späteren Generalen Johann Adolf Graf von Kielmansegg und Ulrich de Maizière, dem vierten Generalinspekteur der Bundeswehr, die das Konzept weiterentwickelten.

Bundeswehrplakat, 1956.

Aber es galt auch viele Widerstände zu überwinden. Auf allen Führungsebenen fanden sich Soldaten, für die Innere Führung nur »Inneres Gewürge« war. Sie klammerten sich an Traditionen, die mitunter in der Wehrmacht oder teilweise sogar noch in der Reichswehr wurzelten. Sie misstrauten der Öffnung der Streitkräfte, ihrer Einbindung in demokratische Strukturen und fürchteten einen Werteverfall. Das Grundrecht der politischen Beteiligung von Soldaten, die Zulassung von Gewerkschaften in den Kasernen, die parlamentarische Kontrolle (z.B. durch den Wehrbeauftragten) oder die Abgrenzung der Bundeswehr von der Wehrmacht war für einige nur schwer zu akzeptieren.

Und dennoch setzte sich das Konzept der Inneren Führung durch. Nicht nur weil es modern war und die richtige Antwort auf die Fehler der Vergangenheit gab, sondern auch, weil es keine ehrliche Alternative dazu gab. In allen Krisen der Bundeswehr, im Zuge der Wiedervereinigung, in den Einsätzen und im Prozess der Transformation und Anpassung an neue Strukturen hat sich die Innere Führung bewährt.

Kompass

- Das Konzept der Inneren Führung ist seit Gründung der Bundeswehr das Fundament für die Legitimation und Integration von Streitkräften in Staat und Gesellschaft und damit Kern der Identität aller Bundeswehrsoldaten.
- Das Konzept der Inneren Führung setzt sich in den 50er- und 60er-Jahren in den Streitkräften nur schrittweise durch.

Slg. Knud Neuhoff

Oben: Das Ringen um die Tradition zieht sich bis in die Gegenwart, wie das Beispiel des Jagdgeschwaders Mölders zeigt. Der Verband wurde 2005 aufgrund der Teilnahme seines Namenspatrons am Spanischen Bürgerkrieg (1936–1939) in der Legion Condor umbenannt.

Unten: Die »if. Zeitschrift für Innere Führung« thematisiert die Traditionssäulen Freiheitskriege und Widerstand in seiner Märzausgabe 2007.

Die Bundeswehr in den Aufbaujahren (1955–1962)

Die Väter und Mütter, die das Grundgesetz 1949 aus der Taufe hoben, hatten ursprünglich nicht an Streitkräfte gedacht. Der Aufbau einer Armee erforderte darum zunächst eine Änderung der Verfassung. Diese erfolgte in zwei Schritten: zuerst durch die Änderung des Grundgesetzes über die Wehrhoheit des Bundes (am 26. März 1954) und zwei Jahre später durch eine Ergänzung des Grundgesetzes über die Wehrverfassung (am 19. März 1956). Bemerkenswert: Während viele Bürger der Bundeswehr noch abwartend kritisch gegenüber standen, stimmte der Bundestag der Wehrverfassung mit 320 zu 20 Stimmen zu.

Das Kind war geboren, aber über den Taufnamen waren sich die Eltern und Paten überhaupt nicht einig. Eine demoskopische Befragung ergab, dass sich 30 Prozent der Militärs für den Namen »Wehrmacht« und nur 20 Prozent für »Bundeswehr« aussprachen. Auch die Parlamentarier vertraten unterschiedliche Positionen. Schließlich entschied sich die Mehrheit des Bundestages am 6. März 1956 für den Namen *Bundeswehr*. Heute wissen wir, dass dies eine gute Wahl war. Der neue Name machte unmissverständlich deutlich, dass hier etwas völlig Neues entstand.

Die neue Wehrverfassung bildete das verfassungsmäßige Gerüst und wurde von drei Säulen getragen. Die erste betraf die Bindung der Bundeswehr an Recht und Gesetz. Die zweite gründete auf der parlamentarischen Kontrolle der Bundeswehr: durch die Budgetierung des Parlaments, die Einflussnahme durch den Haushaltsausschuss, die Einrichtung eines Verteidigungsausschusses und die Einsetzung eines Wehrbeauftragten. Die dritte Säule bezog sich auf das Verhältnis von militärischer und politischer Führung. Dazu gehörte vor allem die Unterordnung der militärischen unter die politische Leitung (im Frieden der Verteidigungsminister, im Verteidigungsfall der Bundeskanzler bzw. die Bundeskanzlerin), aber auch die Trennung von Streitkräften und ziviler Wehrverwaltung. Anders als die Wehrmacht verfügte die Bundeswehr nicht über einen Generalstab. Das Amt des Generalinspekteurs, als oberster Soldat der Bundeswehr, wurde 1957 eingerichtet. Er war nicht »Generalstabschef« oder »Oberbefehlshaber«, sondern Leiter des Führungsstabes und oberster Berater der Bundesregierung. Erst mit dem neuen Aufgabenprofil der Einsätze sollten er weitere Kompetenzen erhalten.

Mit der Gründung der Bundeswehr erfolgte die Mitgliedschaft in der NATO – beides bildete eine unauflösliche Einheit. Die

Plakat-Aktion in Düsseldorf zur Werbung von Bundeswehrfreiwilligen, Oktober 1956.

Einbindung in das Bündnis war der Bundeswehr also in die Wiege gelegt. Die Bündniszugehörigkeit bedeutete in bestimmten Bereichen einen Verlust an Selbstständigkeit, zum Beispiel durch den Verzicht auf ein nationales Oberkommando. Andererseits war die Bundeswehr in der NATO nicht nur »Truppensteller«, sondern auch gleichberechtigter Partner mit entsprechenden Mitspracherechten. Das zeigte sich besonders deutlich an der Besetzung von Spitzenpositionen durch deutsche Offiziere. So wurde zum Beispiel General Hans Speidel 1957 Oberbefehlshaber über die NATO-Landstreitkräfte Europa Mitte und der erste Generalinspekteur, General Adolf Heusinger, zwischen 1961 und 1964 Vorsitzender des ständigen Militärausschusses der NATO.

Große Probleme in den ersten Jahren bereitete der qualitative und quantitative Aufbau der Bundeswehr. Die Bundeswehr konnte und wollte nicht auf ehemalige Angehörige der Wehrmacht verzichten. Man hätte Führungspositionen schlecht mit Berufsanfängern besetzen können und vertraute daher auf die militärisch-fachliche Erfahrung aus Reichswehr und Wehrmacht. Zugleich erkannte man die Schwierigkeit, die sich aus der politischen Verstrickung der Wehrmacht in die verbrecherische NS-Politik ergab. Die Bundeswehr

Bundeskanzler Konrad Adenauer besucht im Beisein von Verteidigungsminister Theodor Blank und den Generalen Adolf Heusinger und Hans Speidel die ersten 1000 Freiwilligen der neu aufgestellten Bundeswehr in Andernach, 20. Januar 1956.

meinte es ernst mit dem grundlegenden Neuanfang – wer politisch belastet war oder nicht voll hinter dem Prinzip von Streitkräften in der Demokratie stand, hatte in Führungsverwendungen nichts verloren. Alle Bewerber oberhalb des Dienstgrades Oberst mussten sich deshalb einer genauen Überprüfung durch den »Personalgutachterausschuss« stellen. Von 601 Bewerbern konnten 101 die Forderungen nicht erfüllen. Die strenge Auswahl überzeugte auch die bisherigen Kritiker der Bundeswehr und stärkte das Vertrauen der Öffentlichkeit in die neue Armee.

Zu den größten Hürden gehörte das Erreichen der personellen Planungsgröße, die mit den NATO-Partnern für die Bundeswehr vereinbart worden waren, nämlich 500 000 Soldaten. Einen notwendigen Schritt bildete die Einführung der Allgemeinen Wehrpflicht, die vom Bundestag am 21. Juli 1956 beschlossen wurde und anfangs zwölf Monate dauern sollte. Durch ein vereinfachtes Verfahren sollte Beamten des Bundesgrenzschutzes der Wechsel zur Bundeswehr erleichtert werden. 9500 von ihnen machten von der Regelung Gebrauch, darunter viele spätere Berufsunteroffiziere und Offiziere.

Auch bei der Uniform zeigte sich der Geist des Neuen. Während sich die Marine an den international üblichen, traditionellen Formen orientierte, versuchte man bei Heer und Luftwaffe neue Wege zu beschreiten. Farbe und Schnitt orientierten sich anfangs an den Uniformen der verbündeten Streitkräfte. Da die neuen Entwürfe auf wenig Gegenliebe stießen, entschied sich das Verteidigungsministerium 1957, die Uniform anzupassen. Die wichtigsten Elemente bestimmen noch heute die Uniformen: Heer und Luftwaffe führten wieder die Kragenspiegel in den Waffenfarben ein, die zweireihige kurze Jacke (das sogenannte Affenjäckchen) wurde durch den einreihigen Uniformrock mit vier aufgesetzten Taschen ersetzt, und schließlich führte man als Kopfbedeckung das traditionelle »Schiffchen« ein, das sich bei Marine und Luftwaffe bis heute großer Beliebtheit erfreut. Die Übernahme traditioneller Elemente – vor allem bei den Effekten (Sterne, Eichenlaub, Kordelfarben, Kragenspiegel), aber auch bei spezifisch deutschen Dienstgradbezeichnungen (Unteroffizier, Feldwebel) – sollte durch Rückgriffe an altes militärisches Brauchtum die Akzeptanz erhöhen. Der Chef der Reichswehr, General Seeckt, hatte den Satz geprägt, »Die Form wechselt, der Geist bleibt der alte«. Der Umgang mit militärischem Brauchtum zeigt, dass die Bundeswehr dieses Denken vom Kopf auf die Füße stellte. Hier blieb die Form in manchen Bereichen die alte, aber der Geist hatte sich grundlegend verändert!

Die Bundeswehrplanung war ambitioniert. Man plante für den Aufbau von drei Teilstreitkräften:

- 340 000 Mann für das Heer, unterteilt in 12 Heeresdivisionen mit anfangs 34 und später 36 Brigaden,
- 110 000 Mann für die Luftwaffe mit 20 Luftwaffengeschwadern,
- 38 000 Mann für die Marine mit 172 Schiffen und Booten sowie zwei fliegenden Geschwadern.

Das waren ehrgeizige Ziele, und der Aufbau dauerte wesentlich länger als geplant. Am Engagement und Organisationstalent der Aufbaugeneration fehlte es nicht – im Gegenteil. In NATO-Wettbewerben und bei Überprüfungen durch die Partner konnte sich die Bundeswehr schnell Respekt erwerben. Aber es fehlte in den ersten Jahren an allem: an Vorschriften, Ausrüstung, Unterkünften und modernen Waffen (viele stammten noch aus dem Zweiten Weltkrieg). Die materiellen Engpässe konnten erst Schritt für Schritt überwunden werden, anfangs mit Großgerät, das die Verbündeten, vor allem die USA, zur Verfügung stellten, und dann mit Lizenzbauten und eigenen Produktionen aus der deutschen Rüstungsindustrie. Die größten Schwierigkeiten bereitete der Personalaufbau der mittleren Führungsebene. Es fehlte vor allem an

Der Bundesminister für Verteidigung Franz Josef Strauß im Gespräch mit Generalleutnant Hans Röttiger während der »Lehr- und Versuchsübung 58« in der Lüneburger Heide am 3. September 1958.

qualifizierten Unteroffizieren und Feldwebeln als Ausbilder oder technisches Fachpersonal. Bei der Luftwaffe zeigte sich das besonders deutlich. Hier sollte Mitte der 60er-Jahre auf einen Zeit- oder Berufssoldat ein Wehrpflichtiger kommen. Tatsächlich betrug das Verhältnis nur etwa sieben zu eins. Um die Lücken zu schließen, übernahmen viele Wehrpflichtige Aufgaben von Unteroffizieren, und Feldwebel schlüpften in die Rolle von Offizieren, zum Beispiel als Piloten von Kampfflugzeugen oder Hubschraubern.

Die Gründungsphase dauerte etwa bis 1962, als die geplante Präsenzstärke erreicht war. Am 22. Februar des gleichen Jahres beschloss der Bundestag die Verlängerung der Wehrpflicht von zwölf auf 18 Monate. Die Dienstverlängerung war eine Reaktion auf die am 24. Januar von der DDR beschlossene Einführung der Wehrpflicht mit einer Dienstzeit von 18 Monaten.

Mit Beginn der 60er-Jahre nahm die gesellschaftliche Akzeptanz der Bundeswehr deutlich zu. In ersten humanitären Hilfseinsätzen nach Erdbeben 1960 in Marokko und 1962 im Iran zeigten die Soldaten, dass sie auch im Katastropheneinsatz zu gebrauchen waren. Die vorläufig größte Bewährungsprobe bestand die Bundeswehr im Februar 1962, als eine Sturmflut unerwartet Hamburg und große Teile Niedersachsens und Schleswig-Holsteins verwüstete. Der damalige Hamburger Innensenator Helmut Schmidt ergriff die Initiative und wandte sich direkt an die Kommandeure der Bundeswehr um Hilfe. Das war zwar ein klarer Verstoß gegen das Grundgesetz, das einen Einsatz der Bundeswehr im Innern aus historischen Gründen grundsätzlich ausschloss. Aber in dieser bedrohlichen Situation war nicht die Zeit, auf langwierige Gesetzesinitiativen zu warten.

Bundeswehr|Medienzentrale|Siwik

Kompass

- Die Gründungsphase der Bundeswehr wird begleitet von einer Änderung und Ergänzung der Verfassung.
- Von Beginn an ist die Bundeswehr in die verfassungsmäßige Ordnung der Bundesrepublik eingebunden.
- Der Aufbau der Bundeswehr ist 1962 abgeschlossen.

Panzergrenadiere beim Absitzen vom Mannschaftstransportwagen M 113.

40 000 Soldaten unterstützten mit schwerem Gerät, dichteten Deiche ab und evakuierten Menschen in lebensbedrohlichen Situationen – neun von ihnen verloren dabei ihr Leben. Die junge Bundeswehr zeigte, was in ihr steckte, und dass die Soldaten Teil der Gesellschaft waren. Trotz des Imagegewinns sollte es noch bis 1968 dauern, bis der Hilfseinsatz der Streitkräfte bei Naturkatastrophen im eigenen Land in der Verfassung verankert wurde. Angesichts der Selbstverständlichkeit, mit der die Bundeswehr zum Beispiel bei den Hochwassern an der Oder 1997 oder an der Elbe 2002 und 2013 eingesetzt wurde, mag uns das heute erstaunen. Aber in den 1960er-Jahren gab es immer noch einige Vorbehalte gegen das eigene Militär – die Erfahrungen vieler Menschen aus Diktatur und Krieg waren immer noch wach. Es brauchte lange, bis Vertrauen wachsen konnte.

Bundeswehr|Medienzentrale|Detmar Modes

Slg. Knud Neuhoff

Oben: Ein Helikopter vom Typ Alouette beim Katastropheneinsatz über dem überschwemmten Hamburg im Februar 1962. Die Flutkatastrophe erforderte den ersten größeren Hilfseinsatz der Bundeswehr.

Links: Die anlässlich des Elbehochwasser im August 2002 gestiftete »Einsatzmedaille Fluthilfe«.

Der Weg nach Westen – die Bundeswehr im Bündnis

Die Geschichte der Bundeswehr ist eine Geschichte im Bündnis. Noch vor der Gründung der Bundeswehr trat die junge Bundesrepublik der NATO bei. Die Verschmelzung von Sicherheits- und Bündnispolitik erklärt sich nur vor dem Hintergrund der einschneidenden Erfahrungen des Zweiten Weltkrieges und der zunehmenden Verhärtung der Ost-West-Konfrontation. Verständlicherweise war das Misstrauen gegenüber einem deutschen Wehrbeitrag nicht nur in Deutschland sehr groß. Allen Kriegsgegnern stand vor Augen, wie schnell Deutschland nach der Niederlage von 1918 wieder zur militärischen Großmacht aufgestiegen und aus dem Kreis der Völkergemeinschaft ausgeschieden war. Zugleich wurde schon kurz nach Kriegsende deutlich, dass Deutschland in dem zunehmend sich verhärtenden Ost-West-Gegensatz als »Frontstaat« eine Schlüsselstellung einnehmen würde. Ganz gleich aus welchem Blickwinkel und mit welcher politischen Absicht man die Dinge betrachtete: Deutschland bildete bei allen sicherheitspolitischen Überlegungen der unmittelbaren Nachkriegszeit immer einen entscheidenden Bezugspunkt.

Die ersten westlichen Sicherheitsbündnisse nach dem Ende des Zweiten Weltkrieges, der sogenannte Vertrag von Dünkirchen 1947 (Frankreich und Großbritannien) und der Brüssler Vertrag 1948 (Frankreich, Großbritannien, die Niederlande, Belgien und Luxemburg), richteten sich ausdrücklich gegen ein militärisch wieder erstarktes Deutschland. In den USA begrüßte man anfangs die europäische Initiative, weil der Beitrag der Vertragsstaaten zur »kollektiven Selbstverteidigung« gegen jegliche Aggression und damit auch gegen einen möglichen Angriff der Sowjetunion gerichtet war. Gleichwohl scheute sich Washington dem Bündnis beizutreten, weil man einen »Beistandsautomatismus« auf jeden Fall vermeiden wollte.

Aber das Thema eines wechselseitigen Bündnisses der freien westlichen Welt war nun auf der Agenda, vor allem, weil der Ost-West-Konflikt zu eskalieren drohte (Berlin-Blockade 1948/49, Verdichtung der sowjetischen Herrschaft in Osteuropa, Vorbereitung der Sowjetunion zum Bau einer Atombombe 1949). Für die USA bedeutete das einen grundlegenden Kurswechsel. Weil die Verfassung der Vereinigten Staaten die Mitgliedschaft in einem Bündnissystem in Friedenszeiten verbot, musste mit der sogenannten Vandenbergresolution 1948 erst der rechtliche Rahmen geschaffen werden.

Titelblatt einer Informationsbroschüre über die politische Notwendigkeit der NATO, 1962.

Am 4. April 1949 ratifizierten zwölf Staaten in Washington nach langen und zähen Verhandlungen den Nordatlantik Pakt (North Atlantic Treaty Organization). Belgien, Dänemark, Frankreich, Großbritannien, Island, Italien, Kanada, Luxemburg, die Niederlande, Norwegen, Portugal sowie die USA verpflichteten sich zu einem Bündnis politischer und wirtschaftlicher Zusammenarbeit und zu gegenseitigem Beistand im Falle eines Angriffs. Der NATO-Vertrag gründete auf dem Artikel 51 der Charta der Vereinten Nationen, der allen Staaten das Recht der individuellen und kollektiven Selbstverteidigung einräumt. Die Idee des NATO-Vertrages ruht auf vier Säulen. *Erstens* handelt es sich um eine Wertegemeinschaft, die auf den Grundsätzen der Demokratie, der individuellen Freiheit und der Herrschaft des Rechts beruht. *Zweitens* bedeutet die Pflicht zum Beistand keine Pflicht zum Einsatz militärischer Mittel. Mit anderen Worten: Jedes Mitglied entscheidet individuell, in welcher Form es den Verbündeten unterstützt, möglicherweise auch nur wirtschaftlich oder diplomatisch. *Drittens* soll der Angriff auf ein Vertragsmitglied als Angriff gegen das gesamte Bündnis gewertet werden. Und *viertens* versteht sich die NATO als institutionelle Klammer zwischen den Staaten Nordamerikas und Westeuropas.

Als kurz nach Gründung der NATO die erste deutsche Bundesregierung unter Konrad Adenauer gewählt wurde, war schnell klar, dass zumindest die Bundesrepublik so rasch wie möglich den Anschluss an die westliche Staatenwelt suchen würde. Nur eine zügige Integration in die westliche Staatengemeinschaft versprach die Voraussetzungen für wirtschaftlichen Aufschwung. Und nur eine Aufnahme in die sicherheitspolitischen Strukturen konnte die Freiheit der jungen westdeutschen Demokratie sichern. Nur durch die Annäherung an die Wirtschafts- und Verteidigungsstrukturen konnte ein »Reißverschlusseffekt« entstehen, der schrittweise zu einer Rückübertragung der alten Hoheitsrechte führen würde. Klar war allerdings auch: Je deutlicher sich die Bundesrepublik in Richtung Westintegration bewegte, umso weiter entfernte sie sich von der Möglichkeit einer baldigen Wiedervereinigung.

Konrad Adenauer entschied sich für den Weg nach Westen – ein Kurs, der vom Wähler bestätigt wurde, der allerdings lang und steinig war. Ein wichtiges Signal ging 1951 von der Gründung der Montanunion aus (eigentlich »Europäische Gemeinschaft für Kohle und Stahl«), in der ein gemeinsam kontrollierter Markt für die wichtigsten rüstungswirtschaftlichen Rohstoffe geschaffen wurde.

Gleichlaufend wurde die Bundesrepublik von den Westmächten ermuntert, die Planungen für den Aufbau militärischer Strukturen fortzusetzen. Die Erarbeitung der sogenannten Himmeroder Denkschrift, einer im Oktober 1950 verfassten Planungsskizze für die Aufstellung deutscher Streitkräfte, bildete den Startschuss. Kurz darauf machte der französische Außenminister René Pleven den Vorschlag zum Aufbau einer »Europäischen Verteidigungsgemeinschaft« (EVG), in der gemeinsame europäische Streitkräfte in den übernational geführten Strukturen eines geeinten Europas aufgestellt werden sollten. Wenngleich der Pléven-Plan am Ende am Votum der Franzosen (von denen die Idee ursprünglich stammte) scheiterte, war die Tür für einen deutschen Sicherheitsbeitrag in einem Bündnis der westlichen Staatengemeinschaft nun weit offen. Zugleich war jetzt klar, dass ein westdeutscher Wehrbeitrag nur noch in der NATO stattfinden konnte.

Nicht nur in der Bundesrepublik, auch im Ausland wurde über Deutschlands Wiederbewaffnung kontrovers und teilweise sehr emotional diskutiert. Während die USA und Großbritannien auf eine Mitgliedschaft Deutschlands in einer Verteidigungsallianz drängten, reagierten die Franzosen anfangs kühl. Die Erinnerung an die über Generationen gepflegte »Erbfeindschaft« und, mehr noch, das Trauma einer zweifachen Besatzungszeit im Ersten und Zweiten Weltkrieg saßen tief. Dass die junge Bundesrepublik doch so rasch den Weg in das nordatlantische Bündnis fand, hing entscheidend von vier Faktoren ab: der Verschärfung des Ost-West-Konfliktes Anfang der 50er-Jahre (Korea-Krieg 1950–1953, Volksaufstand in der DDR vom 17. Juni 1953), der besonderen geostrategischen Rolle Deutschlands an der Nahtstelle des Ost-West-Konfliktes, dem sichtbaren Etablieren einer freiheitlich-demokratischen Verfassungsordnung in der Bundesrepublik und schließlich dem Drängen der Supermacht USA, Westdeutschland so schnell wie möglich in die Allianz zu integrieren. Mit Blick auf die jüngste Geschichte und Rücksicht auf die unmittelbaren Nachbarn, trat die Bundesrepublik am 6. Mai 1955 der Westeuropäischen Union bei, die ihr anfangs enge Fesseln anlegte (Schließlich war der Brüssler Vertrag – also die Vorgängerorganisation – ursprünglich ein Sicherheitsbündnis *gegen* Deutschland gewesen.). Drei Tage später folgte dann am 9. Mai die Vollmitgliedschaft in der NATO. Auch hier gab es zahlreiche Auflagen, wie den Verzicht auf ABC-Waffen, enge Bestimmungen zur Rüstungskontrolle und die Einbindung in eine internationale Kommandostruktur. Beide Mitgliedschaften bescherten der Bundesrepublik zwar nicht die volle Souveränität, aber die unbedingte Anerkennung in der westlichen Staatengemeinschaft.

Als letzter der geplanten Großverbände des Heeres wird die 12. Panzerdivision (oben: Verbandsabzeichen) am 10. April 1965 unter NATO-Oberbefehl gestellt.

Atlantische Verpflichtungen (v.l.): Ulrich de Maizière bei einer Vorführung im U.S. Army Combat Development Command Experimental Center in Fort Ord, CA, März 1965; Abzeichen des 1968 aufgestellten maritimen NATO-Eingreifverbandes Standing Naval Force Atlantic: Ständige Teilnehmernationen waren die USA, Großbritannien, Kanada, die Niederlande und die Bundesrepublik.

Als Bündnisarmee unterstand die Bundeswehr in allen wichtigen Fragen der strategischen Planung und Führung der NATO. So wurden die Kampfverbände des Heeres, mit Ausnahme weniger Kräfte der Territorialverteidigung, im Kriegsfall direkt von der NATO geführt. Bei der Luftwaffe unterstanden die Kräfte der Luftverteidigung und der Luftraumüberwachung, also alle wichtigen Truppenteile, schon im Frieden der NATO. Auch die Aufgaben der territorialen Landesverteidigung mussten eng mit der NATO abgestimmt werden. Obgleich die Bundesrepublik über keine atomaren, biologischen oder chemischen Waffen verfügen durfte, fand man über die Formel der »nuklearen Teilhabe« eine Möglichkeit der Integration. Sowohl die Luftwaffe als auch das Heer verfügten über Waffensysteme, die konventionelle, aber auch atomare Sprengköpfe verschießen konnten, zum Beispiel die Flugabwehrrakete Nike Hercules, den Flugkörper Pershing 1, die Kurzstreckenraketen Honest John und Lance sowie Haubitzen der Kaliber 155 und 203 mm. Während die Bundeswehr die Waffensysteme unterhielt und ihre Soldaten daran ausbildete, blieb der Einsatz atomarer Munition unter Vorbehalt der NATO bzw. der amerikanischen Streitkräfte.

Schon mit Beginn der Aufstellung war klar, dass die Bundeswehr die Rolle eines Eckpfeilers im atlantischen Bündnis ein-

nehmen würde. Seit den 70er-Jahren trug sie die Hauptlast bei den konventionellen Kräften in Europa und hatte wesentlichen Anteil an der Überwachung der Seewege an der atlantischen Nordflanke.

Dass die Integration der Bundeswehr in die NATO so schnell und erfolgreich glückte, hängt nicht zuletzt mit der nationalen Durchmischung der Führungsstäbe, bis hin zur Besetzung höchster Stellen durch Offiziere der Bundeswehr, zusammen. Prominente Beispiele der Gründungsphase sind die »Väter« der jungen Bundeswehr, die Generale Heusinger, Speidel und Kielmansegg, die alle höchste Führungsverwendungen in der NATO bekleideten, u.a. als Stellvertreter des Obersten Alliierten Befehlshabers Europa (SACEUR) oder als Oberbefehlshaber Europa Mitte.

Das Grundgesetz formuliert den Rechtsrahmen der Integration Deutschlands in die NATO: »Der Bund kann sich zur Wahrung des Friedens einem System gegenseitiger kollektiver Sicherheit einordnen; er wird hierbei in die Beschränkung seiner Hoheitsrechte einwilligen, die eine friedliche und dauerhafte Ordnung in Europa und zwischen den Völkern der Welt herbeiführen und sichern.« (Art. 24,2). Das Prinzip der Freiheitlich Demokratischen Grundordnung ist auch eine Verpflichtung für Staat und Bürger, die Werte des Gemeinwesens zu verteidigen.

Kompass

- Bundeswehrgeschichte ist Bündnisgeschichte. Die Integration der Bundesrepublik in das NATO-Bündnis ist Grundvoraussetzung für den Aufbau der Bundeswehr.
- Die Bundeswehr entwickelt sich rasch zu einem zentralen politischen und militärischen Pfeiler im Bündnis.
- Mit der Bündnisintegration rückt die Bundesrepublik näher an den Westen. Der Preis dafür ist hoch, denn die deutsche Wiedervereinigung ist nun in weiter Ferne.

Bundeswehr|Medienzentrale

Das Flugabwehrraketensystem Hawk für die Bekämpfung von Flugzielen in niedrigen und mittleren Höhen – insbesondere Jagdbombern – wurde im Jahre 1965 bei der Bundeswehr eingeführt und bildete neben der weiter reichenden Nike und deren Nachfolgerin Patriot über mehrere Jahrzehnte das Rückgrat der integrierten Luftverteidigung der NATO.

»Es ist nicht alles Gold was glänzt« – Kritik, Krisen und Konflikte

Am 10. Oktober 1962 machte das Nachrichtenmagazin »Der Spiegel« mit einem Bericht auf, der die Bundesrepublik erschüttern und den Verteidigungsminister wenige Wochen später sein Amt kosten sollte. Unter dem Titel »Bedingt abwehrbereit« berichtete der Artikel über die NATO-Stabsübung »Fallex 62«, an der auch die Bundeswehr beteiligt war. Das Ergebnis war nach den Recherchen des »Spiegel« ernüchternd: Die Bundeswehr wäre demnach bei einem Angriff mit konventionellen Waffen so deutlich unterlegen, dass sie nur mit dem Einsatz westlicher Atomraketen wirkungsvoll verteidigt werden könnte. Das Verteidigungsministerium war nach diesem Artikel nicht nur blamiert. Verteidigungsminister Franz Josef Strauß sah in der Veröffentlichung auch einen Fall von Landesverrat. Ob die folgende Reaktion aus verletzter Eitelkeit oder Sorge um die Sicherheit des Landes geschah, muss offenbleiben. In jedem Fall betrieb der Verteidigungsminister beim Bundesgerichtshof die Verhaftung des Redakteurs sowie des Herausgebers des »Spiegel«, Rudolf Augstein, der drei Monate in Haft bleiben sollte.

Sofort entbrannte ein öffentlicher Protest. Viele Bürger sahen die Pressefreiheit bedroht und fragten, ob die Justiz wirklich unabhängig gehandelt hatte. Die Angst vor dem »Atomtod« ging um, und das Krisenmanagement der Bundeswehr weckte bei nicht wenigen Misstrauen. Anfangs bestritt Strauß, auf die Verhaftung in irgendeiner Form Einfluss genommen zu haben. Vor dem Bundestag zur Rede gestellt, musste er allerdings zugeben, die Unwahrheit gesagt zu haben. Verteidigungsminister Franz Josef Strauß und mit ihm zwei Staatssekretären blieb daraufhin nur noch der Rücktritt. Das öffentliche Ansehen der Bundeswehr war schwer beschädigt.

Die Kritiker bekamen zusätzliche Nahrung, weil die Umsetzung der Inneren Führung zur gleichen Zeit in der Truppe immer wieder auf Ablehnung stieß. 1963 gelangten Einzelheiten über Schikanen in einer Ausbildungskompanie im Fallschirmjägerbataillon 252 in Nagold an die Öffentlichkeit. In einem besonders schwerwiegenden Fall war ein Rekrut während eines Marsches gestorben. Weitere Untersuchungen ergaben, dass es sich bei der »Nagold-Affäre« nur um die Spitze eines Eisberges handelte. Der Wehrbeauftragte Hellmuth Guido Heye kritisierte, dass die Grundsätze der Inneren Führung nicht überall verstanden und umgesetzt würden. Am 5. Juli 1964 wandte er sich in einem

Skandalträchtige Schlagzeilen aus den Anfangsjahren der Bundeswehr.

Artikel für die Zeitschrift »Quick« an die Öffentlichkeit, und redete Klartext: »Wenn wir das Ruder jetzt nicht herumwerfen, entwickelt sich die Bundeswehr zu einer Truppe, wie wir sie nicht gewollt haben. Der Trend zum Staat im Staate ist unverkennbar [...] Wir verspielen heute in der Bundeswehr durch unzeitgemäße, oft miserable Menschenführung das Vertrauen der Soldaten.«

Es gärte in der Bundeswehr. Vor allem ältere Soldaten, die teilweise noch durch Kaiserzeit, Reichswehr und Wehrmacht geprägt worden waren, begegneten der Inneren Führung ausgesprochen reserviert. Die Kritik richtete sich gegen den neuen Führungsstil, gegen die parlamentarische Kontrolle, gegen das Beschwerderecht und Beteiligungsrechte sowie gegen die soziale Öffnung des Offizierkorps. Die offene Kritik reichte bis in die höchsten Führungsebenen. Der stellvertretende Inspekteur des Heeres, Generalmajor Hellmut Grashey, forderte 1969 in einer Rede, die Innere Führung müsse endlich ihre »Maske« ablegen. In einer zur gleichen Zeit vom Inspekteur des Heeres, Generalleutnant Albert Schnetz, veranlassten Studie hieß es, die »übertriebene parlamentarische Kontrolle des Militärs« sei ein Fehler. Vielmehr müsse an die »Kampf-, Schicksals- und Notgemeinschaft« der Soldaten appelliert werden. General Grashey musste gehen, aber General Schnez verblieb auf seinem Posten.

Der Widerstand gegen dieses Denken von vorgestern nahm nicht ab. Der 1969 ins Amt gekommene Verteidigungsminister Helmut Schmidt setzte mit dem »Weißbuch 1970 zur Sicherheit der Bundesrepublik Deutschland und zur Lage der Bundeswehr«

Das 1966 gesunkene U-Boot HAI (S 170) nach seiner Hebung durch einen Schwimmkran; die Gedenkanzeige in der »Marine-Runschau«.

ein unmissverständliches Zeichen. Dort hieß es: »Die Grundsätze der Inneren Führung [sind] keine Maske, die man ablegen könnte, sondern ein Wesenskern der Bundeswehr. Wer sie ablehnt, taugt nicht zum Vorgesetzten und Soldaten.« Wenig später erfolgte die Einführung der Zentralen Dienstvorschrift (ZDv) 10/1 (Hilfen für die Innere Führung) und der ZDv 12/1 (Politische Bildung), mit der die Rahmenbedingungen verbindlich festgeschrieben wurden. Die politische Leitung nutzte den Spielraum, den ihr das Grundgesetz einräumte, zum Besten für die Bundeswehr.

In den 50er- und 60er-Jahren standen auch Mängel in der Ausbildung der Soldaten sowie die Beschaffungspolitik in der öffentlichen Kritik. Am 3. Juni 1957 kamen in Bayern 15 Rekruten eines Luftlande-Jägerbataillons um Leben, als sie im Rahmen einer

Panzergrenadiere mit dem Schützenpanzer HS 30 bei Schießübungen in Hammelburg 1960; das Anfang der 80er-Jahre eingeführte Barettabzeichen der Truppengattung.

Ausbildung die reißende Iller durchqueren sollten. In die Trauer um die Verunglückten mischte sich heftige Kritik an den Ausbildungsmethoden der Bundeswehr. Auch die Marine erlebte einen ähnlich schwarzen Tag, als am 14. September 1966 das U-Boot HAI (S 170) bei einer Ausbildungsfahrt in der Nordsee sank. Da die Suchaktion erst sehr spät eingeleitet wurde, konnte von 20 Besatzungsmitgliedern nur eines gerettet werden. Die Marine zog die Konsequenzen aus dem Unglück, veränderte die Ausbildung und entwickelte neue Rettungstechniken.

Missglückte rüstungspolitische Großprojekte und deren Folgen sorgten in der Aufbauphase für zusätzlichen Wirbel. Die Erfahrungen des Zweiten Weltkrieges hatten gezeigt, dass die Infanterie in einem hoch technisierten Krieg ein gepanzertes Kettenfahrzeug brauchte. Auf dem internationalen Rüstungsmarkt gab es solche Fahrzeuge, aber sie waren der Bundeswehr zu teuer. Man entschied sich deshalb für die Neuentwicklung eines Schützenpanzers. Den Zuschlag erhielt die Schweizer Firma Hispano Suiza für den HS 30. Um als Bündnispartner schnell wahrgenommen zu werden und aus Prestigegründen, übte die politische Seite einen erheblichen Zeitdruck aus. Am Ende erfolgte die Auslieferung eines Schützenpanzers, dem die Serienreife

Starfighter F-104 F der deutschen Luftwaffe; Triebwerk des am 5. November 1965 abgestürzten Starfighters, dessen Pilot Dieter Thormeyer ums Leben kam.

fehlte und dessen Mängel schnell deutlich wurden. Milliarden waren in den Sand gesetzt worden. Noch bevor der HS 30 an alle Truppenteile ausgeliefert worden war, begann man 1969 mit den Planungen seines Nachfolgers, dem Marder. Zur gleichen Zeit kamen Schmiergeldzahlungen bei der Auftragsvergabe des »Schrottpanzers« ans Licht.

Ein Rüstungsskandal von noch größerer Dimension belastete die Luftwaffe. Die Geschichte der F-104, genannt Starfighter, und des HS 30 weisen erstaunliche Parallelen auf. Beide Waffensysteme wurden überstürzt entwickelt. In beiden Fällen erfolge die Gewährung finanzieller Sonderkonditionen für die Produktionsfirmen (beim HS 30 Hispano Suiza und beim Starfighter die Firma Lockheed). Und in beiden Fällen musste man kurz nach der Einführung die mangelnde Einsatztauglichkeit eingestehen. Das war mehr als peinlich. Beide Skandale sollten das Ansehen der Bundeswehr in der Öffentlichkeit und das Vertrauen der Truppe in ihre Führung belasten.

Da die Bundesrepublik wenige Jahre nach Kriegsende über keine Luft- und Rüstungsindustrie verfügte, musste man bei der Beschaffung eines neuen Kampfflugzeuges auf ausländische Produkte zurückgreifen. Aus heute nur schwer nachvollziehbaren

Gründen entschied man sich gegen die leistungsfähigere, robustere und preiswertere Alternative, die französische Mirage III A. Stattdessen gab man der F-104 der amerikanischen Firma Lockheed den Vorzug. Der Starfighter hatte durchaus Qualitäten und zeichnete sich durch eine sehr hohe Geschwindigkeit aus. Bis heute schwärmen viele Piloten von den Flugeigenschaften. Der Starfighter war ursprünglich als reiner »Schönwetterabfangjäger« gedacht. Die Bundeswehr wollte aber ein Basisflugzeug für alle taktischen und operativen Szenarien: einen allwetterfähigen Abfangjäger, der auch als Jagdbomber und Aufklärer genutzt werden konnte. Das Ergebnis der zahlreichen Ergänzungen und Anbauten war das Baumuster F-104 G. Diese »Eier legende Wollmilchsau« war ausgesprochen anfällig und brachte die Flugzeugführer schnell in schwierige Situationen. Die Zahl der Abstürze stieg in den 60er-Jahren beängstigend. Aus dem »Sternenkämpfer« machte die Presse den »Witwenmacher«, »no return container« oder »fliegenden Sarg«. Bis zur Ausmusterung im Jahr 1987 verlor die Luftwaffe mit 253 Maschinen mehr als ein Viertel ihrer Starfighterflotte. 110 Piloten ließen dabei ihr Leben. In den 70er-Jahren löste die wesentlich sicherere F-4 Phantom den Starfighter ab, und ein Jahrzehnt später folgte das Mehrzweckkampfflugzeug Panavia Tornado, das die Bundeswehr bis heute fliegt.

Kompass

- Der Aufbau der Bundeswehr wird von mehreren inneren Krisen und Konflikten begleitet, die ihren Höhepunkt in den 60er-Jahren erreichen.
- Das Konzept der Inneren Führung kann sich anfangs nur gegen Widerstände durchsetzen.
- Mit dem Schützenpanzer HS 30 und dem Kampfflugzeug Starfighter scheitern die beiden größten Rüstungsprojekte der Bundeswehr in den 50er- und 60er-Jahren.

Bundeswehr|Medienzentrale

Im Jahre 2010 sorgte das Segelschulschiff der Deutschen Marine, die GORCH FOCK, nach dem Tod einer Offiziersanwärterin für negative Schlagzeilen.

Bundeswehr und Gesellschaft

Die Bundeswehr war ein Findelkind der Bundesrepublik: nicht geplant, anfangs nicht gewünscht aber mit der Zeit immer stärker akzeptiert und schließlich fest in die staatsbürgerliche Familie integriert. In den 60er-Jahren stand sie häufig im Mittelpunkt öffentlicher Diskussionen. Die »Spiegelaffäre«, die Schwierigkeiten beim Umsetzen der Inneren Führung und Fehler in der Rüstungsbeschaffung schadeten dem öffentlichen Ansehen (vgl. S. 202–207). Andererseits zeigte sich immer deutlicher, dass die Bundeswehr kein Ableger der Wehrmacht war, keine »Schule der Nation« und kein »Staat im Staate« – im Gegenteil. Der öffentliche Umgang mit kritischen Fragen, die parlamentarische Kontrolle der Bundeswehr und das Urteil der Wehrpflichtigen über den Dienst in den Streitkräften halfen, Vorbehalte langsam abzubauen. Hinzu kam die Verschärfung des Ost-West Konfliktes, die viele Bundesbürger von der Notwendigkeit eines Wehrbeitrags überzeugte. Seit Mitte der 60er-Jahre stieg die Zustimmung zur Bundeswehr kontinuierlich.

Der Einsatz der Bundeswehr bei der Hamburger Sturmflut hatte eine Lücke in der Verfassung deutlich gemacht (vgl. S. 194). Welche Aufgabe sollten die Streitkräfte bei einem Einsatz im Innern spielen? Wer durfte die Bundeswehr zu welchem Zweck »anfordern«? Das war – und ist bis heute – eine ausgesprochen heikle Frage, die weit über den Einsatz im Katastrophenfall hinaus geht. Die schlechten Erfahrungen mit dem Notstandsartikel der Weimarer Verfassung machten viele Bürger misstrauisch. Nach teilweise heftigen Diskussionen und öffentlichen Protesten fand man 1969 einen Kompromiss. Die Hilfe der Bundeswehr war nur dann erlaubt, wenn sie zur Bekämpfung von Gegnern der Freiheitlich Demokratischen

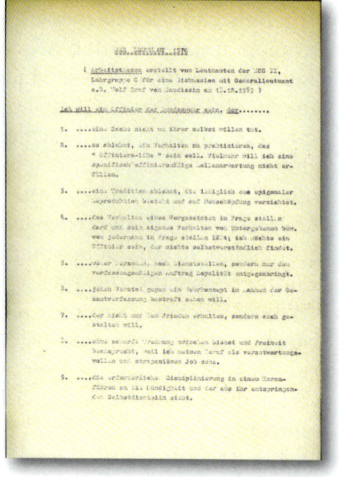

Archiv Hans Ehlert

Entgegen den Einlassungen von Schnez und Grashey empfand die jüngere Offiziergeneration die Innere Führung nicht als Gängelung. Das Thesenpapier »Leutnant 70« ist als direkte Antwort auf die Äußerungen der Generale zu verstehen.

Bundesrepublik im Kalten Krieg

Eine angetretene Formation des Wachbatallions erwartet die Ankunft Charles de Gaulles anlässlich der Deutsch-Französischen Konsultationen, 4. Juli 1963.

Die Big Band der Bundeswehr wurde 1971 auf Initiative des Verteidigungsministers Helmut Schmidt gegründet, der sich einen »modernen Sound für eine moderne Armee« wünschte. Bisher hat sie über 30 Schallplatten und CDs veröffentlicht.

Grundordnung diente und gleichzeitig die Kräfte von Landes- und Bundespolizei nicht ausreichten. Der Einsatz von Streitkräften zur Niederwerfung von Streiks oder ähnlichen Arbeitskämpfen wurde ausdrücklich untersagt.

Besonders wichtige Akzente für die Integration der Streitkräfte in die Gesellschaft konnte Helmut Schmidt in seiner Zeit als Verteidigungsminister setzen (1969–1972). Entschlossen trat er den Widersachern der Inneren

Zeiten des Umbruchs (v.l.): Verteidigungsminister Georg Leber inmitten der ersten weiblichen Sanitätsoffiziere, 1975; die Folgen der vom Verteidigungsministerium 1972 erlassenen, bis heute im Wesentlichen fortbestehenden Verordnung, wonach das (männliche) Kopfhaar weder die Uniform noch den Hemdkragen berühren darf.

Führung entgegen. Mit dem »Weißbuch 1970« und den Zentralen Dienstvorschriften »Hilfen für die Innere Führung« (ZDv 10/1) sowie »Hilfen für die Politische Bildung« (ZDv 12/1) setzte er klare Orientierungspunkte.

In Schmidts Amtszeit wurden auch bildungspolitische Weichen gestellt, die bis heute wirken. Länger dienende Soldaten erhielten die Möglichkeit einer zivilberuflichen Qualifikation. Unteroffiziere, die nicht Berufsoldat werden konnten oder wollten, profitierten davon besonders. Um den Berufseinstieg für Unteroffiziere attraktiver zu gestalten und die Möglichkeit des Aufstiegs zu verbessern, wurde 1969 die Laufbahn der Fachdienstoffiziere eingeführt. In die Offizierausbildung integrierte man schließlich seit dem Herbst 1973 ein obligatorisches Studium, das sich an zivilen Standards orientierte. Die Bildungsinitiativen verfehlten ihr Ziel nicht. Sie trugen entscheidend dazu bei, den Dienst in den Streitkräften attraktiver zu machen und damit das Nachwuchsproblem besser in den Griff zu bekommen. Zugleich setzte durch zivil erworbenes Know-how auf allen Führungsebenen ein Professionalisierungsschub ein. Die Bundeswehr wurde dadurch offener, moderner und effizienter.

Schmidts Nachfolger Georg Leber setzte den Kurs fort und sorgte dafür, dass sich die Streitkräfte erstmals für Frauen öffneten. Zwischen der Einführung der Laufbahn für weibliche Sanitätsoffiziere 1975 und der Öffnung der gesamten Sanitätslaufbahn für Frauen 1988 lag allerdings ein langer Weg. Die letz-

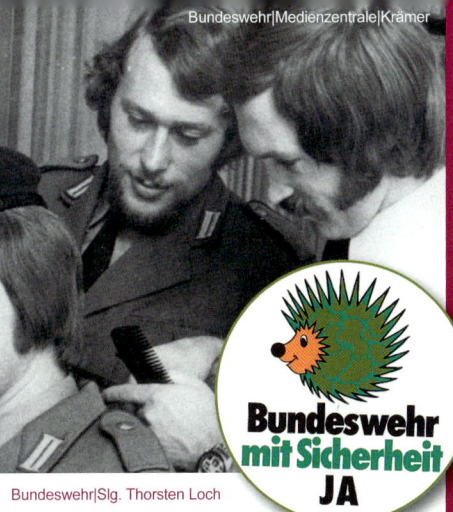

Bundeswehr|Slg. Thorsten Loch

te Hürde fiel am 11. Februar 2000, als die Entscheidung des Europäischen Gerichtshofes in Luxemburg Frauen den Weg für alle militärischen Laufbahnen ebnete. Ähnlich wie bei der Umsetzung der Inneren Führung und der Bildungsreform, gelang es auch hier, durch gute Argumente und konsequente Vorgaben die Widerstände bei einigen »Altgedienten« zu überwinden. Die Öffnung der Streitkräfte für Frauen hat die Bundeswehr im Innern und in der Außenwahrnehmung nachhaltig positiv verändert. Ob in der Grundversorgung oder im Einsatz: Frauen sind zu einem selbstverständlichen Bestandteil der Bundeswehr geworden. Ihr Anteil unter den Zeit- und Berufssoldaten wächst ständig und soll in Zukunft 15 Prozent betragen (vgl. ausführlich S. 258–261).

Oben: Der Igel als friedliches, aber wehrhaftes Maskottchen, Bundeswehraufkleber, Anfang der 80er-Jahre.

Kompass

- Die gesellschaftliche Akzeptanz der Bundeswehr wächst erst mit der Zeit. Die 60er-Jahre sind geprägt von öffentlichen Debatten über missglückte Rüstungsprojekte und den Widerständen gegen die Innere Führung.
- In den 70er-Jahren rückt die Bundeswehr durch eine Bildungsoffensive noch näher an die Gesellschaft.
- Die schrittweise Öffnung der Streitkräfte für Frauen verändert das Innere Gefüge und die Außenwahrnehmung der Bundeswehr zum Positiven.

Literatur

Entschieden für Frieden. 50 Jahre Bundeswehr: 1955 bis 2005. Im Auftr. des MGFA hrsg. von Klaus-Jürgen Bremm u.a., Freiburg i.Br. 2005

Grundkurs deutsche Militärgeschichte, Bd 3: Die Zeit nach 1945. Armeen im Wandel. Im Auftr. des MGFA hrsg. von Karl-Volker Neugebauer, München 2008

Zentrale Dienstvorschrift 10/1: Innere Führung. Selbstverständnis und Führungskultur der Bundeswehr. Hrsg. vom Bundesministerium der Verteidigung, Bonn 2008

Verdeckte Aufrüstung und Aufbau der NVA

Bis heute hält sich hartnäckig die Behauptung, bei der Aufrüstung sei Westdeutschland den Ostdeutschen immer einen Schritt voraus gewesen. Wer genauer hinsieht, wird diese Aussage schnell als Propaganda entlarven, denn tatsächlich war es umgekehrt. In der Sowjetischen Besatzungszone (SBZ) und der späteren DDR hat es viel früher militärähnliche Organisationen und kaserniertes Militär gegeben als im Westen. Allein die Einführung der Wehrpflicht erfolgte in der DDR später, weil dazu erst die Grenze durch den Bau der Berliner Mauer dicht gemacht werden musste. Ohne diese Maßnahme, das wussten die Machthaber in Ost-Berlin, hätte sich ein Großteil der Wehrpflichtigen vorzeitig in den Westen abgesetzt.

Der Startschuss zur Wiederbewaffnung Ostdeutschlands fiel am 30. Juli 1946, als die Sowjetische Militäradministration (SMAD) per Geheimbefehl festlegte, die Polizeikräfte der SBZ zu zentralisieren. Das Ziel war klar: der Aufbau eines von der SED gesteuerten, zuverlässigen Sicherheitsapparates. Obwohl diese Entscheidung im krassen Gegensatz zu den Absprachen der Alliierten über die Nachkriegsordnung in Deutschland erfolgte, wonach alle Machtstrukturen dezentralisiert werden sollten, ließ sich die SMAD nicht beirren. Noch im gleichen Jahr folgte der Aufbau der »Deutschen Verwaltung des Innern«, einer Art Innenministerium, sowie die Aufstellung erster Grenzpolizeieinheiten. Im Juni 1948 fiel die Entscheidung, 10 000 Polizisten und die gleiche Anzahl Grenzpolizisten zu kasernieren. Die offizielle Begründung aus Ost-Berlin lautete, man müsse auf die »Spalterpolitik« des Westens reagieren. Tatsächlich baute man jetzt militärähnliche Organisationsformen mit schwerer Bewaffnung auf, die klar in Richtung regulärer Streitkräfte marschierten. Durch enge Personalauswahl und politische Kontrolle verfügte die SED nun über einen immer stärkeren Arm, der vor allem einem Ziel diente, der Sicherung der eigenen Macht.

Der Kurs wurde im Oktober 1949 fortgesetzt, als man die kasernierten Volkspolizeibereitschaften und ihre Ausbildungseinrichtungen unter dem unverdächtigen Decknamen »Hauptverwaltung Ausbildung« (HVA) zusammenfasste. Die Organisation und Bewaffnung, zum Teil bereits mit Artillerie und Panzern sowjetischer Bauart, zeigte klar erkennbare militärische Strukturen. Die

Plakat zur Gründung der Nationalen Volksarmee (NVA) der Deutschen Demokratischen Republik am 18. Januar 1956.

HVA zählte bereits 50 000 Mann. Zur Erinnerung: Die am 23. Mai 1949 gegründete Bundesrepublik Deutschland verfügte weder über paramilitärische Organisation noch ließ das Grundgesetz den Aufbau von Streitkräften zu.

Der zielgerichtete Ausbau ostdeutscher Streitkräfte erreichte 1952 eine neue Qualität. Im April 1952 notierte DDR-Staatspräsident Wilhelm Pieck, die »Pazifistische Periode« sei vorbei, und das Ziel müsse lauten »Volksarmee schaffen ohne Geschrei«. Im Juli verkündete die SED-Führung den planmäßigen Aufbau des Sozialismus und die Aufstellung nationaler Streitkräfte. Was jetzt entstand war eine Organisation, die sich weder in der Bewaffnung (Panzer, Flugzeuge und Schiffe sowjetischer Bauart) noch in den Führungsstrukturen von einer regulären Armee unterschied, die aber den verschleiernden Namen »Kasernierte Volkspolizei« (KVP) erhielt. Der ursprünglich von der Sowjetunion geforderte Umfang von 300 000 Mann erwies sich schnell als maßlos überzogen und musste deutlich nach unten korrigiert werden. Immerhin erreichte man bis Mitte 1953 einen Bestand von 113 000 Mann. Für die kleine DDR mit damals etwa 18 Millionen Einwohnern war das sehr viel.

Der rasche Aufbau der KVP verschärfte ein Problem, das sich schon bei den kasernierten Polizeibereitschaften und der Hauptverwaltung Aufklärung gezeigt hatte. Geeignetes Personal war nur schwer zu finden. Einerseits verlangte die SED von ihren Bewerbern »kaderpolitische Voraussetzungen«. Das hieß vor allem politische Treue zur SED und keine privaten Kontakte »in den Westen«. Die DDR verstand sich als »antifaschistischer Arbeiter- und Bauernstaat«, der sich klar von der Wehrmacht abgrenzte. Die Verteidigung des Staates sollten in die Hände von »Werktätigen«, also vorrangig Arbeitern, Bauern und kleinen Angestellten gelegt werden. Angehörige der »Intelligenz«, darunter verstand die DDR ausgebildete Fachkräfte oder Akademiker und Kinder aus diesen Gruppen, hatten dabei in der Regel das Nachsehen.

Ein großes Problem ergab sich bei der Besetzung von militärischen Führungspositionen. Da man in Spitzenverwendungen auf militärisches Wissen nicht völlig verzichten konnte, musste man in der Aufbauphase notgedrungen auch auf höhere Wehrmachtoffiziere zurückgreifen. Zu den Bekanntesten gehörte der ehemalige Wehrmachtgeneral Vincent Müller, der in der NVA zum Chef des Hauptstabes und Stellvertreter des Ministers avancierte. Bis Ende der 50er-Jahre wurden die meisten ehemaligen Wehrmachtoffiziere und Generale in den Ruhestand versetzt. Das Personalproblem an der Spitze blieb bestehen.

Ähnlich schwer tat man sich, trotz umfangreicher Werbemaßnahmen, genügend freiwillige Soldaten und Unteroffiziere zu finden. Wie im Westen gab es auch im Osten viele Vorbehalte gegen eine Wiederbewaffnung. Außerdem herrschte in der zivilen Berufswelt Arbeitskräftemangel, und die Betriebe lockten mit vergleichsweise guten Verdienstmöglichkeiten. Wo die politische »Überzeugungsarbeit« nicht ausreichte, setzten die Werber darum auf sozialen Druck, der bis in die Familien reichte. Man schreckte auch nicht davor zurück, unter den Kriegsheimkehrern zu werben. Nicht wenige unterschrieben aus Angst, wieder zurückgeschickt zu werden. Und schließlich kam ein weiterer, vielleicht entscheidender Punkt hinzu: Die KVP genoss in der Öffentlichkeit durch undiszipliniertes Auftreten und schwierige Dienstbedingungen nicht den besten Ruf.

Als die Volkammer der DDR am 18. Januar 1956 die Gründung der Nationalen Volksarmee (NVA) beschloss, wurde kein neues Kind geboren, sondern lediglich ein älterer Sprössling umgetauft. Bis 1990 konnte man in den Schul- und Geschichtsbüchern der DDR lesen, die Gründung der Nationalen Volksarmee sei eine Antwort auf den Beitritt der Bundesrepublik zur Europäischen Verteidigungsgemeinschaft (EVG) und zur NATO gewesen (vgl. S. 180–185). Heute weiß man es besser.

Kompass

- Die geheime Aufrüstung der SBZ/DDR beginnt bereits kurz nach Kriegsende. Spätestens 1948 werden paramilitärische Organisationen planmäßig aufgebaut.
- Die Gewinnung von politisch zuverlässigen Freiwilligen mit »richtigem Lebenslauf« erweist sich als großes Problem.

BArch|Bild 183-54882-0003|Spillner

MHM

Oben: Vereidigung einer Einheit der Bereitschaftspolizei in Schwerin am 28. April 1950.

Unten: Der in den 60er-Jahren gestiftete und nie verliehene Blücher-Orden für Taperkeit.

Armee für Frieden und Sozialismus?
– die NVA im Warschauer Pakt

War die Gründung des Warschauer Paktes 1955 nicht die logische Konsequenz aus der Aufnahme der Bundesrepublik Deutschland in die NATO? Die Antwort lautet ja und nein. Die freie westliche Welt hatte unter Führung der USA und unter dem Dach der NATO den Schulterschluss gesucht und die Bundesrepublik am 9. Mai 1955 in das westliche Bündnis aufgenommen. Ohne die aggressive Außenpolitik der Sowjetunion wäre ein westliches Schutzbündnis überhaupt nicht nötig gewesen (vgl. S. 168–171). Wenn man sich die Sicht der Sowjetunion zu eigen macht, dann war der Ausbau der NATO tatsächlich eine Bedrohung – gegen den alleinigen Machtanspruch des Kreml und seinen expansionistischen Drang. Am 14. Mai 1955 unterzeichneten die Sowjetunion und ihre ost- und mitteleuropäischen Satellitenstaaten in Warschau einen Vertrag, der alle Partner im Fall einer militärischen Auseinandersetzung zum gegenseitigen Beistand verpflichtete. Zu den Gründungsmitgliedern gehörte auch die DDR.

Das im Osten »Warschauer Vertrag« und im Westen »Warschauer Pakt« bezeichnete Bündnis unterschied sich grundlegend von der NATO. Alle Partner waren wirtschaftlich und politisch von der Sowjetunion abhängig, die zudem alle gemeinsamen Kommandostrukturen dominierte. Im Unterschied zur NATO gab es eine automatische Beistandspflicht für jedes Mitglied und keine Möglichkeit, das Bündnis aus eigenem Antrieb zu verlassen. Der »Warschauer Pakt« war keine Allianz unter Partnern oder Gleichen, sondern eine sicherheitspolitische Diktatur ohne kooperative Befehls- und Kommandostrukturen. Die »Waffenbrüder« hatten sich nach den Vorgaben der Sowjetunion zu richten.

Als die Volkskammer am 18. Januar 1956 den Aufbau der Nationalen Volksarmee und des Ministeriums für Nationale Verteidigung beschloss, war schon längst alles entschieden und auf die Spur gesetzt. Die DDR verfügte spätestens seit 1948 über kasernierte, paramilitärische Einheiten und war in allen wichtigen Entscheidungen von den Weisungen aus Moskau abhängig. Die 1952 gegründete Kasernierte Volkspolizei (KVP) zählte bereits 90 000 Mann mit zwei Armeekorps zu Lande sowie See- und Luftstreitkräften. Am 1. März 1956 meldete das Ministerium für Nationale Verteidigung (MfNV), mit Sitz im nahe Berlin gelegenen Strausberg, die Arbeitsbereitschaft aller Stäbe und Kommandobehörden. Das Datum wurde in den fol-

Oben: Ost-Berliner Arbeiter greifen während des Aufstandes vom 17. Juni 1953 mit Steinen sowjetische Panzer an.
Rechts: Plakat der sowjetischen Militäradministration von Berlin, 17. Juni 1953.

genden Jahren als »Gründungstag der NVA« mit großem Propagandaaufwand gefeiert.

Die NVA war in mancherlei Hinsicht wirklich »nur« die andere deutsche Armee. Der Kernauftrag beider Streitkräfte konzentrierte sich auf die Landesverteidigung im Bündnis – insofern waren die Organisationsstrukturen ähnlich. Wie die Bundeswehr spielte auch die NVA an der Nahtstelle des Eisernen Vorhangs eine besondere Rolle in ihrem Bündnis. Auf allen Führungsebenen gab es Männer, die noch Erfahrungen im Krieg gesammelt hatten und ihre alten Feindbilder überwinden mussten. Ähnlich wie die Bundeswehr versuchte auch die NVA den Spagat zwischen einer »Armee neuen Typs«, die radikal mit der jüngeren Vergangenheit brach und zugleich die »guten« Traditionen deutscher Militärgeschichte lebendig hielt. Da es sich um Wehrpflichtarmeen handelte, hatten beide Seiten ein besonderes Interesse an der Integration der Streitkräfte in die je-

Die Minister für Nationale Verteidigung (v.l.): Willi Stoph, Heinz Hoffmann, Heinz Keßler und Theodor Hoffmann.

weilige Gesellschaft. Und schließlich sollte man nicht vergessen, dass sich sowohl die Bundeswehr als auch die NVA innerhalb ihrer Bündnisse schnell den Ruf eines zuverlässigen und professionellen Musterschülers erwarben.

Aber schon ein oberflächlicher Blick genügt, um die Unterschiede deutlich zu machen. Die NVA war keine »Armee des Volkes«, wie sie immer gerne betonte, sondern eine »Armee der SED«. Die Streitkräfte wurden weder durch ein demokratisch gewähltes Parlament noch durch eine kritische Öffentlichkeit kontrolliert, was willkürliches Handeln begünstigte. Im Unterschied zur Bundeswehr gab auch keine strikte Trennung zwischen politischer Leitung (Ministerium) und militärischer Leitung (Streitkräfte). Die Minister für Nationale Verteidigung übernahmen beide Aufgaben in einer Person: Willi Stoph (1956–1960), Heinz Hoffmann (1960–1985), Heinz Keßler (1985–1989) sowie Theodor Hoffmann (1989/90). Eingebettet in ein engmaschiges Netz der Militarisierung der DDR, hatte die NVA nicht nur den Auftrag der Landesverteidigung, sondern auch der Erziehung der Soldaten zu »sozialistischen Staatsbürgern«. Die Forderung, die Armeeangehörigen zum »Hass auf den Klassenfeind« zu erziehen, gehört dabei zu den traurigsten Kapiteln. Die NVA war ein politisches Machtinstrument in den Händen der SED-Diktatur.

In diesem Zusammenhang ist auch das Bild von der »Armee für Frieden und Sozialismus« infrage zu stellen. Schon die Kasernierte Volkspolizei hatte aktiv mitgewirkt, den Volksaufstand vom 17. Juni 1953 mit Gewalt niederzuschlagen. Beim Bau der Berliner Mauer am 13. August 1961 spielte die NVA eine zentrale Rolle. Im August 1968 stand die NVA zur Niederschlagung des »Prager Frühlings« bereit und wurde nur im letzten Moment gestoppt. In Moskau, nicht in Ost-Berlin stellten sich Bedenken ein, genau 30 Jahre nach der Wehrmacht wieder deutsche Soldaten in die Tschechoslowakei einmarschieren zu lassen. Diese Strategie fand in der Breschnew-Doktrin, benannt nach dem damaligen sowjetischen Staats- und Parteichef, ihre griffige Formel: Jeder Versuch, die kommunistische Herrschaft infrage zu stellen, sollte von den »Bruderländern« notfalls mit Gewalt niedergeschlagen werden. Ähnlich bedenkenlos plante die militärpolitische Führung 1980/81, sich an der gewaltsamen Niederschlagung der Gewerkschaftsbewegung »Solidarnoćś« zu beteiligen. Und schließlich stellte die NVA im Herbst 1989 fast 20 000 Mann auf, die Volkspolizei und Stasi bei der Niederschlagung der »Konterrevolution« helfen sollten und die teilweise gegen die friedlichen Demonstranten auch zum Einsatz kamen. Eine »Armee«, die nicht nur dem Sozialismus sondern auch dem Frieden dient, sieht anders aus.

Generaloberst Heinz Keßler besucht NVA-Truppen, die in die Militäraktion zur Niederschlagung des »Prager Frühlings« einbezogen sind, 1968.

Solange die NVA eine Freiwilligenarmee war, hielt man im Wesentlichen den Personalbestand der KVP. Mit der Einführung der 18-monatigen Allgemeinen Wehrpflicht 1962 begann der schrittweise Ausbau auf 170 000 Mann. Die Gliederung, Ausrüstung und Ausbildung der NVA orientierte sich am sowjetischen Vorbild. Dem Ministerium für Nationale Verteidigung unterstanden drei Teilstreitkräfte. Die Landstreitkräfte (LaSK) hatten ihr Kommando in Geltow bei Potsdam, genau dort, wo heute der Sitz des Einsatzführungskommandos der Bundeswehr ist. Die mit etwa 100 000 Mann größte Teilstreitkraft gliederte sich in einen nördlichen und einen südlichen Militärbezirk (vergleichbar einem Armeekorps) mit je drei Divisionen. Die Divisionen wiederum bestanden aus Regimentern, die in Größe und Struktur mit kleinen Brigaden der Bundeswehr zu vergleichen sind. Hinzu kamen Unterstützungs- und Transportverbände. In der offensiven Militärdoktrin des Warschauer Paktes bildeten gepanzerte Rad- und Kettenfahrzeuge das Rückgrat der Landstreitkräfte. Folglich zeichneten sich die Landstreitkräfte der NVA durch hohe Mobilität, Panzerkraft (T-55 und ab Mitte der 70er-Jahre T-72, BMP-1 ab 1973 und BMP-2 ab 1983) und starke Rohr- und Raketenartillerie (Geschosswerfer BM-24) aus. Mitte der 80er-Jahre kamen Armeefliegerkräfte mit modernsten Kampfhubschraubern hinzu (Mi-8 und Mi-24).

Unter dem sperrigen Namen »Luftstreitkräfte/Luftverteidigung« (LSK/LV) wurden drei Divisionen mit 35 000 Mann geführt. Seit 1962 waren Jagdfliegerkräfte, Flugabwehreinheiten und Gefechtsstände im »Diensthabenden System« des Warschauer Paktes direkt dem Oberbefehlshaber der sowjetischen Luftverteidigung unterstellt. Zu den Standardmodellen zählte die MiG-17 (60er- und 70er-Jahre), die SU-22 (seit Anfang der 70er-Jahre) und die MiG-23 (seit Ende der 70er-Jahre). Im Mai 1989 erhielten die Luftstreitkräfte mit der MiG-29 ein sehr leistungsfähiges Modell, das in der Bundeswehr bis 2004 eingesetzt wurde.

Ähnlich wie die Luftwaffe der Bundeswehr, verfügten auch die LSK/LV über Abschussrampen für nukleare Kurzstreckenraketen (Typ 8-K11 ab 1962 und Typ Luna am 1967). Die Verfügungsgewalt über die nuklearen Sprengköpfe blieb bei den sowjetischen »Waffenbrüdern«.

Die »Seestreitkräfte«, die erst 1960 den Namen Volksmarine erhielten, umfassten schließlich 14 000 Mann und gliederten sich in drei Flottillen. Die Hauptaufgabe bestand in der Küstensicherung sowie der Unterstützung der sowjetischen Stoßkräfte bei offensiven Kampfhandlungen. Die meisten Schiffe und Boote wurden in Werften der DDR, vor allem der Peenewerft in Wolgast, gebaut.

Neben Raketen- und Torpedoschnellbooten, sowie U-Jagd- und Minenabwehrkräften verfügte die Volksmarine auch über eine Brigade mit Landungsbooten vom Typ »Robbe«. Im Unterschied zur Bundesmarine hatte die Volksmarine weder Zerstörer noch Fregatten oder U-Boote.

Wie die Bundeswehr verfügte auch die DDR über eine territoriale Verteidigungsebene, auf der die Zusammenarbeit mit der zivilen Verwaltung koordiniert wurde. Angelehnt an die Verwaltungsstruktur der DDR, befand sich in jedem der 218 Kreise der DDR ein Wehrkreiskommando und in jedem der 14 Bezirke ein Wehrbezirkskommando. Im Verteidigungszustand folgten diese Kommandobehörden den Weisungen der zivilen Führungsebene und sollten die Führungs- und Bewegungsfreiheit der eigenen Truppen sicherstellen sowie wichtige Objekte und Einrichtungen schützen. Im Friedenszustand koordinierten die Wehrkreis- und Bezirkskommandos Musterungen, Einberufungen sowie das wichtige Feld der Militärpropaganda und sozialistischen Wehrerziehung.

Bei gemeinsamen Waffenübungen, die solch klangvolle Namen wie »Oktobersturm« oder »Waffenbrüderschaft« trugen, konnte die NVA im Verbund mit den »Waffenbrüdern« ihre Leistungsfähigkeit eindrucksvoll unter Beweis stellen.

BArch/Bild 183-J1015-0008-001/Rainer Mittelstädt

Anlanden von Schützenpanzerwagen während des Manövers »Waffenbrüderschaft«, 1970.

Ein neues politisches Denken setzte erst mit dem politischen Machtwechsel 1985 in der Sowjetunion ein. Mit den programmatischen Schlagwörtern »Glasnost« (Offenheit) und »Perestroika« (Umgestaltung) begann der neue sowjetische Staats- und Parteichef Michael Gorbatschow die verkrusteten Strukturen aufzubrechen. Auch sicherheitspolitisch setzten nun sichtbare Veränderungen ein. 1987 verabschiedete die Sowjetunion eine neue Militärdoktrin, mit der sie sich schrittweise von der bedingungslosen Angriffsstrategie löste. 1989 folgte nach verlustreichen Kämpfen der Abzug der sowjetischen Truppen aus Afghanistan. Nur wenige ahnten damals, dass der Zusammenbruch der kommunistischen Herrschaftssysteme und die Auflösung des Warschauer Paktes unmittelbar bevorstanden.

Werbeplakat für den Warschauer Pakt, um 1965.

Kompass

- Der 1955 gegründete Warschauer Pakt ist ein offensiv ausgerichtetes Militärbündnis, in dem die Sowjetunion die vollständige Kontrolle ausübt.
- Die DDR bildet mit ihren Streitkräften einen militärischen Eckpfeiler im Warschauer Pakt.
- Die NVA bezeichnet sich zwar als »Armee des Volkes«, ist in Wahrheit aber eine Armee im Dienste der alleinherrschenden SED.
- Mit der Breschnew-Doktrin von 1968 rechtfertigt die Sowjetunion ihren Interventionsanspruch gegenüber sozialistischen Staaten.
- Mit dem Machtwechsel zu Michael Gorbatschow beginnt langsam ein neues sicherheitspolitisches Denken in der Sowjetunion.

Im Dienste der Partei – Parteiherrschaft, Kontrolle und Überwachung in der NVA

Der besondere Charakter der NVA wird in ihrer Struktur als Parteiarmee deutlich. Die NVA war kein »Staat im Staate« wie die Reichswehr. Sie schottete sich zwar aufgrund übertriebener Geheimhaltung und Angst vor öffentlicher Kontrolle nach außen ab. Aber sie führte kein politisches Eigenleben, sondern stand immer loyal zur Partei. Zur Durchsetzung des Parteianspruchs verfügte die NVA über eine unabhängige Parteistruktur. Dem Politapparat gehörten etwa 5000 bis 6000 Mitarbeiter an. Der »Politoffizier« bildete eine eigenständige Laufbahn. An der Spitze stand die »Politische Hauptverwaltung« (PHV). Deren Chef im Rang eines Generaloberst oder Admirals war zugleich Stellvertreter des Ministers. Die Politstrukturen setzten sich auf allen Führungsebenen bis zur Kompanie, Batterie oder Staffel fort. Jede Einheit verfügte über einen »Politstellvertreter«. Er war für die politische Schulung und Indoktrination aber auch die Überwachung und Kontrolle des Personals verantwortlich. Man könnte auch sagen, im Politbereich lagen »Buchhaltung« und »Rechnungsprüfung« in einer Hand. Zur Politischen Verwaltung gehörten außerdem die Bereiche »Agitation und Propaganda« für die Vermittlung des politischen Willens sowie Schulungs- und Kultureinrichtungen, das Filmstudio der NVA in Berlin-Biesdorf, das Armeemuseum in Dresden und 23 Militärorchester.

Von allen Armeeangehörigen, aber ganz besonders von den Berufssoldaten erwartete die Partei einen »klassenmäßigen Standpunkt«. Dazu gehörte vor allem die Mitgliedschaft in der SED. Dazu muss man wissen, dass nur etwa ein Sechstel der erwachsenen DDR-Bürger Mitglied der SED war. Der NVA gelang es, den Anteil der Parteimitglieder kontinuierlich zu steigern. Er lag Ende der 80er-Jahre bei den Offizieren bei fast 100, bei den Berufsunteroffizieren bei etwa 50 und bei den jüngeren Unteroffizieren auf Zeit bei unter 20 Prozent. Ohne Mitgliedschaft in der Partei bestand keine Chance auf Karriere. Der Anspruch einer »Armee des Volkes« erfüllte sich in dieser Hinsicht also nicht. Die Zahlen der Parteimitgliedschaft sagen natürlich wenig über die tatsächliche politische Überzeugung des Führungspersonals aus. Mancher mag nur aus Nützlichkeitsgründen in die SED eingetreten sein. Dennoch: Über die Parteimitgliedschaft verfügte die NVA über ein weiteres Kontroll- und Disziplinierungsmittel ihrer Führungskader. Aus Meinungsbefragungen Tausender Armeeangehöriger

SCHWUR

Ich schwöre, meinem Vaterland, der Deutschen Demokratischen Republik,
allzeit treu zu dienen,
sie auf Befehl der Arbeiter-und-Bauern-Regierung unter Einsatz meines Lebens
gegen jeden Feind zu schützen,
den militärischen Vorgesetzten unbedingten Gehorsam zu leisten,
immer und überall die Ehre unserer Republik
und ihrer Nationalen Volksarmee zu wahren

Plakat einer Propaganda-Ausstellung, 1957; die höchste militärische Auszeichnung der DDR, der Scharnhorst-Orden.

und aus Stimmungsbildern, die von der PHV zusammengetragen wurden, geht hervor, dass die politische Überzeugung der Offiziere und Berufsunteroffiziere bis weit in die 80er-Jahre sehr stabil war.

Das Selbstbild der NVA lässt sich am besten im Leitbild der »Armee des Volkes« zusammenfassen. Dazu gehörte ein neues Traditionsverständnis, das mit den alten deutschen Streitkräften brach (insbesondere der »faschistischen Wehrmacht«) und sich an den »progressiven Militärtraditionen« orientierte (vom Bauernkrieg über die Revolution von 1848 bis zu sozialistischen und kommunistischen Kampfbewegungen im 20. Jahrhundert). Vorbilder suchte man besonders in der Geschichte der Sowjetunion, von der Oktoberrevolution 1917 bis zum »Großen Vaterländischen Krieg« gegen Hitler. Als eine »Armee für Frieden und Sozialismus« sollte die NVA dem Schutz und der Verbreitung der Idee des Sozialismus und dem weltweiten Frieden dienen – immer an der Seite der Sowjetunion. Das Motto lautete einfach: »Von der Sowjetunion lernen heißt siegen lernen«. Von der sowjetischen Pädagogik übernahm man auch die Leitfigur der »sozialistischen Soldatenpersönlichkeit«. Dieser sozialistische Supermann sollte der kommunistischen Partei treu ergeben, von der Überlegenheit des Sozialismus überzeugt und dazu militärisch professionell und kameradschaftlich sein. In der militärischen Gemeinschaft sollten die Soldaten in »entwickelten sozialistischen Beziehungen« erleben, dass die Interessen von Partei und Armee mit ihren eigenen Anliegen übereinstimmten. Diese Interessenidentität von Staat, Armee und Gesellschaft machte den Kern der »Armee des Volkes« aus.

Der Führungsanspruch der SED auf nationaler und der Führungsanspruch der Sowjetunion auf internationaler Ebene durften nicht hinterfragt werden. Wer Kritik an diesen Glaubenssätzen übte oder auch nur eine sachliche Diskussion einforderte, bekam postwendend erhebliche Probleme mit dem allmächtigen Politapparat.

Plakat zum Traditionsverständnis der NVA, 1957.

Die politische Aus- und Weiterbildung war eine Pflicht, der sich niemand entziehen konnte. Rein rechnerisch verbrachte jeder Armeeangehörige etwa eine Stunde täglich mit »Rotlichtbestrahlung«. Wie jeder DDR-Bürger lebten auch die Soldaten in zwei sogenannten Parallelwelten. In der einen Welt galt die Sprache und Logik der Partei, der Agitation und Propaganda, der man sich notgedrungen anpasste. In der anderen Welt hatte man seine eigene Meinung, die meist ganz anders aussah.

Aber niemand konnte sich sicher sein, dass persönliche Einschätzungen im Kameradenkreis nicht die falschen Ohren zu hören bekamen. In keiner anderen Organisation der DDR verfügte das Ministerium für Staatssicherheit über so viele Spitzel wie bei der NVA und bei den Grenztruppen. Durchschnittlich jeder achte Armeeangehörige arbeitete als »IM« (Inoffizieller Mitarbeiter) für die Stasi. In Stäben und Kommandobehörden war die Quote höher als in der Truppe. Wer konnte seinem Kameraden trauen? In jedem Truppenteil taten die hauptamtlichen Mitarbeiter der Staatssicherheit ihren Dienst, etwas mysteriös »Verwaltung 2000« genannt – räumlich getrennt, aber dennoch für jeden sichtbar. Unsichtbar waren ihre Methoden: Auswertungen von Spitzelberichten, Einsicht in private Post, Abhören »verdächtiger« Personen, Einfluss auf die Personalführung sowie »operative Arbeit« an missliebigen oder verdächtigen Personen.

Wer den engen politischen Vorgaben nicht folgen wollte, wer mutig dagegenhielt, wer in Diskussionen andere Auffassungen ver-

Muster eines Einlieferungsersuchens in die Militärstrafvollzugsanstalt, 1963.

trat oder als Grenzsoldat den Schießbefehl nicht mehr befolgen wollte, der konnte schnell den harten Arm der Staatsmacht zu spüren bekommen. Der Tatbestand der »staatsfeindlichen Hetze« war schon erfüllt, wenn man den diktatorischen Anspruch der SED infrage stellte. Die Beschuldigten mussten sich vor Militärgerichten verantworten, die meist harte Urteile sprachen. Berüchtigt und gefürchtet war der militärische Strafvollzug im »Armeeknast« in Schwedt an der Oder. Durch den gleichzeitigen Arbeitseinsatz in Industriebetrieben, körperlich harter militärischer Ausbildung und »politischer Erziehung« versuchte man den Gefangenen gefügig zu machen und wenn nötig psychisch zu brechen. »Dann kommst Du nach Schwedt« war mehr als ein geflügeltes Wort; es war eine Drohung, die jeder Armeeangehörige verstand.

Kompass

- Die NVA ist eine Parteiarmee im Dienste der SED. Indoktrination, Überwachung und Kontrolle der Armeeangehörigen haben hohe Priorität.
- Die Staatssicherheit spielt bei der Überwachung und Kontrolle eine wichtige Rolle.
- Das Armeegefängnis in Schwedt an der Oder ist eine offene Drohung für widerständiges Verhalten.

Oben: Eine Einheit der Volksmarine bei der Erntehilfe, 1962.

Unten: »Polit-Kiste« mit Materialsatz für politische Arbeit (MPA), die sogenannte Rotlichtbestrahlung.

Militarisierter Sozialismus – Mobilisierung und Wehrerziehung

Die DDR gehörte zu den am meisten militarisierten politischen Systemen in der deutschen Geschichte. Die Intensität der ostdeutschen Militarisierung lässt sich nur mit der des Kaiserreiches oder der NS-Diktatur vergleichen. Das Militär spielte eine Sonderrolle, die weit über den verfassungsmäßigen Auftrag der Landesverteidigung hinausging. Die SED-Führung hielt mit dieser Auffassung nicht hinter dem Berg. Erich Honecker sagte zum Beispiel bei einem Truppenbesuch 1978: »Es gibt keinen Bereich unseres gesellschaftlichen Lebens, der nicht von den Belangen der Landesverteidigung durchdrungen ist.« Am folgenden Tag konnte die Rede jeder DDR-Bürger im Zentralorgan »Neues Deutschland« nachlesen. Noch deutlichere Worte finden sich im Programm der SED von 1982, wo es heißt: »Die Landesverteidigung ist Wesensmerkmal der entwickelten sozialistischen Gesellschaft.«

Das Militär sollte also mehr als nur äußerstes Mittel zum politischen Zweck sein, sondern Geist und Seele des sozialistischen Staates bilden. Mit einem radikalen Freund-Feind-Bild grenzte sich die DDR von ihrem ärgsten Widersacher ab, dem »westlichen Kapitalismus und Imperialismus«. Diese Abgrenzung gipfelte im Leitbild der »Erziehung zum Hass auf den Klassenfeind«. Bei diesem traurigsten Kapitel der Militarisierung der DDR handelte es sich nicht um eine überspitzte Theorie, sondern um gezielte geistige Brandstiftung. Die Spuren dieses Feindbildes lassen sich in allen Bildungseinrichtungen, in den Medien und den Streitkräften der DDR nachweisen. Sicher, viele DDR-Bürger mochten solche Parolen nicht erreichen, und auch mancher NVA-Soldat mag sich angewidert abgewendet haben. Doch wer leicht zu beeinflussen war, nicht zuletzt jüngere Menschen, mochte den Propagandaformeln Glauben schenken.

Die »sozialistische Wehrerziehung« erfasste die gesamte DDR-Bevölkerung. Sie begann bereits im Kindergarten, setzte sich in den Schulen fort und reichte über den Wehrdienst hinaus bis zum Abschluss der Berufsausbildung. Dabei ging es nicht nur um die geistige und körperliche Wehrertüchtigung. Kaum weniger wichtig war die Disziplinierung, die durch das Erleben militärischer Strukturen im Alltag erreicht wurde. Dazu gehörten das Einüben militärischer Verhaltensweisen, zum Beispiel durch die Uniformierung in den staatlichen Jugendorganisationen, Aufmärsche bei politischen Veranstaltungen, militärische

Militarisierung der Jugend (v.l.): Schießausbildung am Luftgewehr im GST-Sommerlager, 1967; Plakat anlässlich des 30. Jahrestages der Gründung der GST nach Entwurf von Ralf-Jürgen Lehmann, 1982.

Grußformen und Fahnenappelle in der Schule. Schon in den ersten Klassen enthielten Schulbücher Geschichten von »guten« und »bösen« Soldaten, und die Kinder rechneten nicht nur mit Äpfeln und Birnen sondern auch mit Panzern und Kanonen. Ab 1978 mussten alle Schüler der 9. und 10. Klasse das Pflichtfach »Wehrkunde« belegen. Wehrausbildung und politische Indoktrination gingen dabei Hand in Hand. Wehrsportliche Geländespiele (z.B. im Winter das »Manöver Schneeflocke«) und ein zweiwöchiges Wehrausbildungslager rundeten die Wehrerziehung ab.

Eine wichtige Rolle spielten die Angebote der »Gesellschaft für Sport und Technik« (GST). Hinter dem unverdächtigen Namen verbarg sich eine Organisation des Ministeriums für Nationale Verteidigung, die junge Menschen durch attraktive Angebote wehrfähig machen sollte. Dazu gehörten zum Beispiel Segelfliegen, Fallschirmspringen, Funken, Schießausbildung oder Motorradfahren. Die Möglichkeit, den Führerschein fast kostenlos abzulegen, machte aus der GST eine »Fahrschule der DDR«. Durch Technikbegeisterung und das Erleben des Gemeinschaftsgefühls im »Kollektiv« sollten vor allem männliche Jugendliche als Zeit- und Berufssoldaten für die NVA geworben werden.

Als einziges Land im Warschauer Pakt bot die DDR jungen wehrpflichtigen Männern die Möglichkeit, ihren Dienst auch ohne Waffen abzuleisten. Ab 1964 konnte man sich in der DDR aus religiösen oder anderen weltanschaulichen Gründen für einen Dienst als »Bausoldat« entscheiden. Im Unterschied zur Bundesrepublik blieben die Waffendienstverweigerer allerdings Angehörige der Streitkräfte und trugen Uniform. Statt militärischer Rangabzeichen trugen sie einen Spaten auf der Schulterklappe. Und auch sonst waren sie Militärangehörige und, vor allem, Staatsbürger zweiter Klasse. Bausoldaten konnten nicht befördert werden und mußten erhebliche gesellschaftliche Nachteile in Kauf nehmen. Der Weg zum Studium war zum Beispiel verbaut.

Bausoldaten wurden in speziellen Einheiten zusammengefaßt und zum Bau militärischer und ziviler Anlagen eingesetzt. Seit den 80er-Jahren unterstützten sie massiv industrielle Betriebe. Bis zum Ende der DDR leisteten mehr als 12 000 »Spatis« einen waffenlosen Dienst.

Die Militarisierung der DDR lässt sich vielleicht am deutlichsten in nackten Zahlen fassen. Alle Organisationen und Verbände, die im »System der sozialistischen Landesverteidigung« eine Rolle spielten, wurden als »bewaffnete Organe« bezeichnet. Ende der 80er-Jahre gehörten dazu die Nationale Volksarmee (170 000) und die Grenztruppen der DDR (50 000), die Kräfte des Ministeriums des Innern, vor allem die Deutsche Volkspolizei, die kasernierten paramilitärischen Volkspolizeibereitschaften, der Zoll und andere (113 000). Eine wichtige Gruppe bildeten die »Kampfgruppen der Arbeiterklassen«, eine Art Miliz, die von den Betrieben gestellt wurden und wie leichte motorisierte Infanterieverbände ausgerüstet waren (ca. 200 000). Auch das Ministerium für Staatssicherheit, zählte als »bewaffnetes Organ« dazu (91 000 Mann). Die schon genannte »Gesellschaft für Sport und Technik« (640 000) sowie die »Zivilverteidigung« (490 000) stellten zwar keine bewaffneten Einheiten. Aber sie übernahmen im System der Mobilisierung und militärpolitischen Erziehung und Überwachung eine sehr wichtige Aufgabe. Ähnliches gilt für die »Freiwilligen Helfer der Volkspolizei« (150 000) und die »Freiwilligen Helfer der Grenztruppen« (ca. 5000), die als Informanten und Hilfspersonal eine wichtige Stütze bildeten. Schließlich muss man noch die 400 000 Reservisten der NVA erwähnen, von denen etwa 150 000 in aktiven »Reservistenkollektiven« zusammengefasst waren. Zählt man alle bewaffneten Organe zusammen, dann kommt man auf etwa zwei Millionen Männer und Frauen, unter Einschluss der Reservisten sogar auf zweieinhalb Millionen.

Kampfgruppen-Appell vor dem Lenin-Denkmal in Eisleben, 1969.

Kompass

- Die DDR ist eine militarisierte Gesellschaft. Das zeigt sich am deutlichsten im Erziehungswesen und in den Größenordnungen der »bewaffneten Organe«.
- Die aggressive Militärpropaganda gipfelt in der »Erziehung zum Hass auf den Klassenfeind«.

Das Verhältnis von militärischen, paramilitärischen und zivilen Landesverteidigern zu »unmilitärischen« Zivilisten war enorm: Jeder vierte bis fünfte erwerbstätige Erwachsene war in irgendeiner Form in das »System der Landesverteidigung« eingebunden. Zum Vergleich: in der Bundesrepublik war es in der gleichen Gruppe gerade einmal jeder 34. Und auch wenn man alle Bürger, vom Säugling bis zum Greis, einrechnet, lag die Quote in der DDR bei 1:7, in der Bundesrepublik nur bei 1:40.

Dieses groteske Missverhältnis lässt sich weder mit dem Bedürfnis nach angemessener Landesverteidigung noch mit politischen oder militärischen Forderungen aus der Sowjetunion erklären. Vielmehr nutzte die DDR die militärischen und paramilitärischen Strukturen der »bewaffneten Organe« zur Mobilisierung, Überwachung und politischen Erziehung ihrer Bürger. Es ging vorrangig um die Militarisierung der Gesellschaft zur Sicherung der eigenen Macht.

Oben: Schulterklappe der »Spatis«.

Unten: Studenten der Leipziger Kunsthochschule im Lager für Zivilverteidigung während eines Orientierungsmarsches unter ABC-Vollschutz, 1976.

»Entwickelte sozialistische Beziehungen« – die Innenansicht der NVA

Streitkräfte, zumal Wehrpflichtarmeen, sind wie ein Resonanzboden für gesellschaftliche und politische Verhältnisse. Wie der Schallboden eines Musikinstrumentes reflektieren sie bestimmte Schwingungen und verstärken sie – vor allem wenn es sich um schrille Töne handelt. Dieses Phänomen kann man auch bei der Nationalen Volksarmee wiederfinden. Da Auftrag und Struktur von Streitkräften grundsätzlich ähnlich sind, kann man viele Probleme im inneren Gefüge der NVA auch in anderen Armeen beobachten. Das Besondere bei der Volksarmee und den Grenztruppen war die Intensität. Abgeschottet hinter Kasernenmauern, ohne parlamentarische Kontrolle und ohne die Möglichkeit der öffentlichen Kritik, konnte sich ein System verselbstständigen, bei dem fast ausschließlich der Auftrag und nur selten der Mensch im Mittelpunkt stand.

Die militärprofessionelle Leistung der Soldaten stimmte. Der Dienst in der NVA war hart und körperlich fordernd. Die meisten Armeeangehörigen verfügten über eine gute bis hervorragende Ausbildung. 85 Prozent der Soldaten mussten ständig in der Kaserne verfügbar sein. Offiziell begründete man die hohe Einsatzbereitschaft damit, ständig mit einem Angriff der NATO rechnen zu müssen. Wie wenig dieses Argument überzeugen konnte, wird noch zu zeigen sein. Die durchschnittliche Wochenarbeitszeit lag bei etwa 70 Stunden. Wehrpflichtige konnten, wenn überhaupt, die Kaserne höchstens einmal in der Woche verlassen. Urlaub war selten: 18 Tage in 18 Monaten. Da die militärischen Einrichtungen meist abgelegen waren und die Infrastruktur in der DDR mangelhaft war, verloren die Heimaturlauber häufig sehr viel Zeit auf der Bahn. Eine gezielt heimatferne Einberufung verschärfte den Effekt. Dass ein Thüringer an der Ostsee Dienst tat und ein Rostocker im Erzgebirge, war nicht Zufall, sondern gewolltes Prinzip der Personalplaner. Die militärische Führung glaubte, so eine bessere Kontrolle ausüben zu können. Die knappe Freizeit sollte im »sozialistischen Kollektiv« und mit »sinnvollen Tätigkeiten« ausgefüllt werden, zum Beispiel in der angeleiteten »Kulturarbeit«, in der »Singebewegung«, der »Arbeitsgemeinschaft schreibender Soldaten« oder beim gemeinsamen Basteln. Eine individuelle und damit unkontrollierte Freizeitbetätigung wurde nicht gerne gesehen.

Private Rundfunk- und Fernsehempfänger in den Unterkünften waren verboten. Vor allem durften die Armeeangehörigen keine

Gefechtsausbildung in den Landstreitkräften der NVA, 1964.

Westsender einschalten, auch dann nicht, wenn es sich nur um Sportübertragungen oder Unterhaltungssendungen handelte. Diese Gängelung erzeugte bei allen Armeeangehörigen großen Unmut. Vor allem fühlten sie sich nicht als mündige Staatsbürger ernst genommen. Es liegt auf der Hand, dass sich viele Soldaten dieser lächerlichen Form der politischen Erziehung durch die Hintertür entzogen.

Während die militärische Leitung viel in die hervorragende Unterbringung von Fahrzeugen investierte, spotteten etliche Unterkünfte jeder Beschreibung. Warmes Duschen war oft nur einmal in der Woche zu festgelegten Zeiten möglich. Es gab nur eingeschränkte Möglichkeiten zum Wäschewaschen oder Wäschetausch. Einige Zeitzeugen erinnern sich bis heute an den strengen Geruch, der vom Dienst bei der NVA ausging. Das Essen war zwar reichhaltig, aber viele Soldaten kritisierten die Qualität. Vor allem galt innerhalb militärischer Anlagen ein striktes Alkoholverbot, auch nach Dienstschluss, und nicht nur in den Gemeinschaftsräumen, sondern auch in den Kantinen. In allen Einheiten entwickelten die Soldaten eine große Kreativität, trotz dem Verbot Alkohol in die Kasernen zu schmuggeln.

Während die Militärpropaganda das Idealbild von »entwickelten sozialistischen Beziehungen« im Militärkollektiv hochhielt,

Wunsch und Wirklichkeit (v.l.): Clubraum einer Grenztruppeneinheit bei Erfurt, 1965; Plakat zum berüchtigten Ministerbefehl Nr. 30 von 1974, der den Umgang mit Alkohol in der NVA eindämmen sollte – umgangssprachlich wurde der Erlass »15/37« genannt, weil sich nur die Hälfte daran gehalten habe; Soldaten des ersten Diensthalbjahres (»Spritzer«) müssen

stand es um das Vertrauen untereinander und zu den Vorgesetzten nicht zum Besten. Anschreien und Beschimpfungen durch Vorgesetzte und willkürliches Verhalten waren in vielen Einheiten an der Tagesordnung. Dass es sich bei dieser Einschätzung nicht um westliche Propaganda handelte, beweisen geheime Untersuchungen der Politischen Hauptverwaltung und der Staatssicherheit. Danach lag die Zahl der Disziplinarbestrafungen, der Befehlsverweigerungen und der tätlichen Angriffe auf Vorgesetzte erschreckend hoch. Mitte der 80er-Jahre zählte die Stasi über 10 000 vorsätzliche Körperverletzungen in der NVA allein in einem Jahr! In zahlreichen, selbstverständlich geheim gehaltenen Meinungsbefragungen gab ein großer Teil der Armeeangehörigen an, sich im Ernstfall nicht aufeinander verlassen zu können. Auch in dieser Hinsicht war die Volksarmee keine »Armee des Volkes«. Die interne Kritik an der Armee zeigt sich auch an einer sehr skurrilen Sprache, die viele Soldaten in kürzester Zeit annahmen. Diese eigentümliche, von Außenstehenden kaum zu verstehende Sprache aus Kunstworten ließ jeden Respekt vor dem politischen System und jeden Waffenstolz vermissen. Der »Ehrendienst bei der Fahne« war in der Sprache der Soldaten nur die »Zeit bei der Asche«.

Das »sozialistische Kollektiv« zerfiel nach Dienstschluss in zwei Gruppen. Während die Zeit- und Berufssoldaten schnellstmöglich den Weg aus der Kaserne zu ihren Familien suchten, blieben sich die kasernenpflichtigen Mannschaften selbst überlassen. In den meisten Einheiten herrschte jetzt das Regiment der »EKs«.

MHM

in Unterwäsche und mit Kerze auf dem Helm Spalier zum feierlichen Anschnitt des Maßbandes der »EKs« stehen.

Die Abkürzung »EK« stand für »Entlassungskandidat«. Dabei handelte es sich um die etwas älteren Soldaten des letzten Diensthalbjahres, die ihre Macht gegenüber den Jüngeren ausspielten, vor allem den frisch eingezogenen »Füchsen« oder »Spritzern«. Das Regime der »EKs« konnte von Schabernack, über Repressalien bis zu körperlichen Misshandlungen und sexuellem Missbrauch reichen. Die »EK-Bewegung« war kein Strohfeuer, sondern ein Schwelbrand. Die NVA-Führung wusste davon, bekam das Problem aber nie in den Griff. Viele Vorgesetzte schauten bewusst weg, weil die »EKs« ein Teil des Herrschaftssystems waren und die Volksarmee nach innen stabilisierten. Die Duldung dieser Anarchie bedeutete einen militärischen und moralischen Offenbarungseid der deutlich machte, wie brüchig das innere Gefüge der NVA tatsächlich war.

Kompass

- Die NVA verfügt durch hohen Stundenansatz und hartes Training allgemein über ein gutes bis sehr gutes Ausbildungsniveau.
- Die Freiräume außerhalb des Dienstes sind sehr eng bemessen.
- Die ungewöhnlich hohe Zahl von Disziplinarverstößen, verbalen und körperlichen Entgleisungen zeugt von einem brüchigen Inneren Gefüge.
- Die Tyrannei der »EK-Bewegung«, der Herrschaft der alten über die jungen Wehrpflichtigen, bekommt die NVA nie in den Griff.

»EK«-Maßband für die letzten 150 Diensttage.

MHM

Soldaten unterschreiben die zur Entlassung überreichten Reservistentücher zur Erinnerung.

»Niemand hat die Absicht eine Mauer zu errichten« – das Grenzregime der DDR

Zu den traurigsten Kapiteln der deutschen Geschichte gehört die vierzigjährige Teilung unseres Landes. Manche übersehen, dass auch dieser Abschnitt ein Stück deutscher Militärgeschichte ist.

1952 begann die DDR, die innerdeutsche Grenze systematisch abzuriegeln. Durch den Aufbau einer Grenzpolizei und die Nutzung von Stacheldraht und Beobachtungstürmen war es von nun an für DDR-Bürger sehr schwer, unbeschadet in den Westen zu gelangen. Unter dem entlarvenden Decknamen »Aktion Ungeziefer« wurden 1952 mehrere tausend Menschen von heute auf morgen aus dem grenznahen Raum umgesiedelt. Offiziell ging es der DDR darum, den sozialistischen Staat vor dem Einsickern von Agenten aus dem Westen und einem Überfall durch die NATO zu schützen. In der Propagandasprache der DDR war stets vom »antifaschistischen Schutzwall« die Rede. Tatsächlich hatten die immer dichter werdenden Grenzanlagen nur einen Zweck: der DDR-Bevölkerung ihre Freiheitsrechte zu nehmen und die Herrschaft der SED zu sichern.

Das einzige noch verbliebene Schlupfloch befand sich im geteilten Berlin, an der Grenze zwischen den Ost- und Westsektoren. Berlin war für das SED-Regime wie eine offene Wunde, deren ständiger Blutverlust den »Patienten DDR« über kurz oder lang zum Kollaps führen musste. Da viele DDR-Bürger keine politische und wirtschaftliche Zukunft im sozialistischen Teil Deutschlands mehr sahen, stimmten sie mit den Füßen ab. Schätzungen gehen davon aus, dass mehr als zweieinhalb Millionen DDR-Bürger zwischen 1949 und 1961 ihrem Land den Rücken kehrten. Wer nach missglückter Flucht gefasst wurde, musste mit langjährigen Haftstrafen rechnen. 1961 stiegen die Flüchtlingszahlen dramatisch an. Allein im Juli 1961 gelang 30 000 Menschen die Flucht. Der größte Teil dieser »Republikflüchtlinge« waren gut ausgebildete, jüngere Menschen, die der DDR-Wirtschaft nun an allen Stellen fehlten. Die SED-Führung musste handeln, wenn sie nicht den wirtschaftlichen Zusammenbruch oder den Verlust der politischen Macht riskieren wollte. Als der mächtigste Mann der DDR, der Staatsratsvorsitzende Walter Ulbricht, am 15. Juni auf einer internationalen Pressekonferenz verkündete:»Niemand hat die

Angehörige der »Kampfgruppen der Arbeiterklasse« (Betriebskampfgruppen) riegeln im Zuge des Baus der Berliner Mauer das Brandenburger Tor ab, 13. August 1961.

235

Absicht eine Mauer zu errichten«, liefen die Vorbereitungen zur Grenzschließung bereits auf Hochtouren. Am 13. August 1961 riegelte die Grenzpolizei, unterstützt von der Volksarmee und den Betriebskampfgruppen und überwacht von sowjetischen Truppenteilen, die Stadtgrenze nach Westberlin ab.

Der 13. August 1961 markiert einen tiefen Einschnitt in der deutschen Geschichte. Die Grenze war jetzt dicht, die DDR-Wirtschaft konnte sich langsam erholen, und das Regime stabilisierte sich. Für den Erhalt ihrer Herrschaft musste die SED aber einen hohen Preis bezahlen. Nicht nur das internationale Ansehen war ramponiert. Auch viele DDR-Bürger hatten nun das Gefühl, vielleicht für immer eingemauert zu sein, und begannen sich auf Dauer in der Diktatur einzurichten. Die Westmächte reagierten verhalten, weil sie für die Freiheit der DDR-Bürger keinen Weltkrieg riskieren wollten.

Mit dem Bau der Berliner Mauer begann eine Optimierung des gesamten Grenzsystems. Aus der Grenzpolizei (die bisher dem Ministerium des Innern unterstand) wurden nun die »Grenztruppen der NVA« (1974 umbenannt in »Grenztruppen der DDR«). Ihre fast 50 000 Mann unterstanden direkt dem Ministerium für Nationale Verteidigung und bildeten eine vierte Teilstreitkraft. Die Durchsetzung der Grenztruppen mit Angehörigen der Staatssicherheit war besonders dicht. In allen sensiblen Sicherheitsbereichen, also an den Grenzübergangsstellen oder bei den Grenzaufklärern, die im Westen operierten, hatte die Stasi das Kommando. Die Ausbildung, Ausrüstung und Bewaffnung orientierte sich sowohl an den Aufgaben des Grenzdienstes als auch am Auftrag einer motorisierten Infanterie. Die strategischen Überlegungen des Warschauer Paktes gingen bis Ende der 80er-Jahre stets von einem Überfall der NATO aus. Die Grenztruppen sollten in diesem Szenario befähigt sein, gegen die erste Angriffswelle zu verzögern und anschließend den Gegenangriff zu unterstützen. Das 12 000 Mann starke Grenzkommando Mitte hatte den Auftrag, gemeinsam mit Kräften der NVA, der Betriebskampfgruppen, der Volkspolizei und der Sowjetischen Streitkräfte, Berlin zu erobern. Die Grenztruppen verfügten deshalb auch über schwere Waffen wie Artillerie, Geschoss- und Flammenwerfer für den Orts- und Häuserkampf.

Entlang der innerdeutschen Grenze wurde nun das vermutlich perfekteste System der Grenzüberwachung und Grenzkontrolle in der neueren Geschichte errichtet. Die DDR selbst sprach von einem »Grenzregime«. Darunter verstand man alle Maßnahmen der Grenzsicherung, Grenzüberwachung und Grenzkontrolle.

Parade anlässlich des 25. Jahrestages des Mauerbaus, 13. August 1986.

Die Grenze war also viel mehr als eine Demarkationslinie. Die Grenzüberwachung und -kontrolle war Teil des Herrschaftssystems der DDR und zeichnete sich durch einen autoritären und gewalttätigen Charakter aus. Sie sollte in erster Linie nach innen wirken, um die DDR-Bürger an der Flucht in den Westen zu hindern. Dazu gehörte vor allem ein tief gestaffelter Grenzstreifen mit einer Länge von 1378 km an der innerdeutschen Grenze und 161 km rund um West-Berlin. Verdächtige Personen oder Bürger mit Fluchtabsichten sollten schon weit vor den eigentlichen Grenzanlagen erkannt und abgefangen werden. Innerhalb des fünf Kilometer breiten Grenzstreifens konnten sich die dort ansässigen Bewohner nur unter großen Einschränkungen bewegen. Jeder Besuch musste vorher schriftlich eingereicht und genehmigt werden. Sogenannte Freiwillige Helfer der Grenztruppen und Stasispitzel unterstützten die Grenzer bei ihrer Arbeit. Ein dichtes System aus Betonmauern, verminten Sicherungsstreifen, Sperrwerken für Fahrzeuge und einem mit Selbstschussanlagen bewehrten Metallzaun machten jede Überquerung zu einem lebensgefährlichen Unterfangen. 600 Beobachtungstürme, 60 000 Selbstschussanlagen, 1,3 Millionen verdeckt verlegte Antipersonenminen und ein ausgeklügeltes Beleuchtungssystem unterstützten die Grenztruppen bei ihrem

Der »Antifaschistische Schutzwall« mit Kreuzen für die »Maueropfer« von der Bernauer Straße aus gesehen, 1984.

Auftrag. Selbst ein Laie konnte erkennen, dass die Grenzanlagen nicht gebaut waren, um einen Überfall aus dem Westen abzuweisen, sondern um DDR-Bürgern die Flucht in die Bundesrepublik zu verwehren. Die KFZ-Sperren und spanischen Reiter waren zum Beispiel nach Osten ausgerichtet, genauso wie die Selbstschussanlagen.

Angesichts der dichten Überwachung erscheint es fast wie ein Wunder, dass es zwischen 1961 und 1989 dennoch etwa 40 000 Bürgern der DDR gelang, die Grenze in irgendeiner Form zu überwinden. Wesentlich mehr Menschen scheiterten bei ihrem Fluchtversuch und mussten langjährige Haftstrafen absitzen. Etwa 1000 Personen, davon 136 an der Berliner Mauer, verloren ihr Leben bei Fluchtversuchen. Mitte der 80er-Jahre begann die DDR, die Selbstschussanlagen und Bodenminen wieder abzubauen – nicht aus besserer Einsicht, sondern weil andernfalls ein Milliardenkredit aus der Bundesrepublik geplatzt wäre.

Der »pioniertechnische Ausbau« war mittlerweile so perfekt, dass die gefährlichen Minen entbehrlich schienen. Außerdem stand die Grenze Tag und Nacht unter Bewachung. Die Grenzsoldaten hatten klare Anweisungen, bei Grenzdurchbrüchen auf Flüchtende zu schießen. Erich Honecker selbst forderte in einer Sitzung des Nationalen Verteidigungsrates 1974, »nach wie vor muß bei Grenzdurchbruchsversuchen von der Schusswaffe rücksichtslos Gebrauch gemacht werden, und es sind die Genossen, die die Schusswaffe erfolgreich angewandt haben, zu belobigen [...] an den jetzigen Bestimmungen wird sich diesbezüglich weder heute noch in Zukunft etwas ändern.«

Die Dienstvorschriften der Grenztruppen setzten diese Forderung konsequent um. Die bis heute immer wieder aufkeimenden Diskussionen über das Fehlen eines »Schießbefehls« an der Grenze sind somit hinfällig. Wer in die Freiheit fliehen wollte, musste damit rechnen, erschossen zu werden. Obwohl in der Regel nur politisch zuverlässige Soldaten an der Grenze eingesetzt werden sollten, empfanden viele Grenzer diese Form des Dienstes als psychisch außerordentlich belastend. Im äußersten Fall wurden sie binnen Sekunden vor die Wahl gestellt, auf ihren eigenen Kameraden zu schießen oder ihnen die Flucht zu ermöglichen.

Das Grenzregime der DDR war in seiner Dimension und Perversion nur noch mit dem gigantischen Überwachungsapparat der Stasi vergleichbar. Ohne die »Logik« der Grenze und der Stasi versteht man die DDR nicht. Die Herrschaft der SED gründete nicht auf demokratischer Legitimierung, sondern auf Gewalt. Angesichts der in den 50er- und frühen 60er-Jahren anhaltenden Flüchtlingsströme konnte die DDR nur durch das Abriegeln ihrer Grenze überleben. Mit der Öffnung der Grenzanlagen und dem Fall der Mauer brach zwangsläufig auch die Diktatur der SED zusammen.

Kompass

- Die Grenze durch Deutschland hat drei Funktionsebenen: Sie ist eine militärische Grenze (Warschauer Pakt/ NATO), eine Systemgrenze (Ost/West) und eine Wirtschaftsgrenze (Rat für wirtschaftliche Hilfe im Ostblock/ Europäisches Wirtschaftsgebiet).
- Die Mauer dient nicht zur Sicherung nach Westen, sondern ist zentraler Bestandteil der Herrschaftssicherung nach innen.
- Die Grenztruppen sind eine Teilstreitkraft, unterstehen dem Ministerium für Nationale Verteidigung und haben im Kriegsfall einen Kampfauftrag.

Die Plastik »Grenzsoldat« von Hans Eickworth wird am Haupteingang zur Ost-Berliner Stadtkommandantur enthüllt, 28. Februar 1967.

Heißer Herbst und Friedliche Revolution

Im Herbst 1989 brach in der DDR ein Sturm des Protestes los, der die SED-Machthaber von ihren Stühlen fegte. Die meisten bezeichnen diesen Epochenbruch als »Wende«, aber man sollte vorsichtig mit dem Begriff sein. Nach dem Sturz Erich Honeckers verkündete sein Nachfolger und langjähriger Kronprinz Egon Krenz, nun sei die Zeit der »Wende« angebrochen. Damit waren aber nicht ehrliche Reformen gemeint, sondern allenfalls geringfügige »Korrekturen« und die Wiedererlangung der politischen Initiative durch die SED. Das Herrschaftsmonopol wollten die Kommunisten zu diesem Zeitpunkt aber mit niemandem teilen.

Für die dramatischen Ereignisse jener Wochen ist die Bezeichnung »Friedliche Revolution« treffender. Sie macht deutlich, dass es sich um einen wirklichen, mehr noch, einen radikalen Bruch der alten Macht- und Herrschaftsverhältnisse handelte. Das Attribut »friedlich« ist angemessen. Der Sicherheitsapparat, vor allem die Deutsche Volkspolizei und die Stasi, ging zwar teilweise mit großer Brutalität gegen die Demonstranten vor. Aber anders als 1848 oder 1919 floss kein Blut. Die Gründe dafür, dass die Gewalt nicht eskalierte, sind vielfältig und werden bis ins Letzte nie vollkommen aufzuklären sein – dazu später mehr.

Wo stand die DDR am Vorabend der Ereignisse? Politisch, wirtschaftlich und moralisch war das SED-Regime seit Mitte der 80er-Jahre am Ende. Die reformorientierte Politik der Sowjetunion unter ihrem charismatischen Generalsekretär Michael Gorbatschow hatte bei vielen Bürgern der DDR Hoffnungen auf Veränderungen im kommunistischen Lager geweckt. In Polen meldete die Gewerkschaft Solidarnośc ihren Anspruch auf politische Teilhabe an. Aber all das interessierte den sozialistischen Musterschüler am westlichen Rand des Sowjetimperiums wenig. Das Politbüromitglied Kurt Hager äußerte zynisch in einem Interview für ein westdeutsches Magazin: »Würden Sie, wenn Ihr Nachbar seine Wohnung neu tapeziert, sich verpflichtet fühlen, Ihre Wohnung ebenfalls neu zu tapezieren?«. Aber selbst Tapezieren hätte nicht mehr ausgereicht, denn das Unternehmen DDR stand vor dem Bankrott. Die Wirtschaft lag am Boden und erreichte gerade einmal ein Drittel der Produktivität der Bundesrepublik. Die DDR hatte Jahre auf Pump gelebt und

Nach Beendigung der Militärparade zum 40. Jahrestag der Gründung der DDR am 7. Oktober 1989 umarmt ein NVA-Offiziersschüler seine Frau.

fast alles in den Konsum und nicht in die Infrastruktur investiert. Die Auslandsverschuldung betrug 1989 monatlich eine halbe Milliarde DM. Die Innenstädte zerfielen, die Kanalisation, Straßen- und Eisenbahnsysteme waren in einem katastrophalen Zustand. Die Umweltverschmutzung nahm so schlimme Formen an, dass die durchschnittliche Lebenserwartung in der DDR Ende der 80er-Jahre sogar sank.

Gleichzeitig steigerte sich die politische Unzufriedenheit. Unter dem Dach der Kirche, die als einzige Großorganisation in der DDR auf kritischer Distanz zum SED-Regime stand, organisierten sich bunte und oft sehr kleine Oppositionsgruppen. In der Gesellschaft fing es immer stärker an zu gären. Im Mai 1989 spitzte sich die Situation zu. Die Opposition wies der SED überzeugend nach, dass sie die Kommunalwahlen vom 7. Mai gefälscht hatte. Fast zur gleichen Zeit, am 2. Mai 1989, fasste die Volksrepublik Ungarn den Entschluss, die Grenzanlagen zu Österreich abzubauen. Als die Kommunistische Partei Chinas wenige Wochen später gegen oppositionelle Studenten auf dem »Platz des Himmlischen Friedens« mit äußerster Brutalität vorging, hatte die SED-Führung nichts Besseres zu tun, als ihre Solidarität zum Ausdruck zu bringen. Die Botschaft war unmissverständlich und nach innen gerichtet: Vorsicht Opposition, wir dulden keine »Konterrevolution« und sind wie die Chinesen zum Äußersten bereit.

Jeder DDR-Bürger verstand diese Signale. In der DDR schien sich politisch nichts zu ändern, das Regime hielt an der Macht fest. Tausende von DDR-Bürgern nutzten die einzige Chance, die sie noch sahen. Allein in der zweiten Septemberhälfte flohen 35 000 Menschen über Ungarn in den Westen. Als die DDR ihren Bürgern Reisen nach Ungarn nicht mehr erlaubte, suchten Tausende in der Botschaft in Prag Unterschlupf. Die Bilder ihrer Ausreise gingen um die Welt.

Der Protest gegen die Lebensumstände in der DDR begann sich nun zu wandeln. Viele Bürger wollten ihr Land, das sie als ihre Heimat empfanden, gar nicht verlassen. Sie wollten Reformen, Meinungs- und Pressefreiheit, Reisemöglichkeiten, wirtschaftliche Freiheiten und politische Mitbestimmung. Der Widerstand gegen das System verlagerte sich nun auf die Straße. Die Schwerpunkte lagen im Süden der Republik, in Dresden, Plauen und Leipzig, wo immer mehr Menschen friedlich auf der Straße für politische Veränderungen demonstrierten.

Die Situation trieb unmittelbar vor dem 7. Oktober, dem 40. Jahrestag der DDR, auf einen Höhepunkt zu. Die SED wollte

Montags-Demonstration mit 70 000 Teilnehmern in der Leipziger Innenstadt, 9. Oktober 1989.

an ihrem Geburtstag demonstrieren, dass sie fest im Sattel saß. Aber wie würden die Demonstranten reagieren? Ende September erließ Erich Honecker eine Weisung, nach der »diese feindlichen Aktionen im Keime erstickt werden« sollten. Wenige Tage später setzte der eifrige Minister für Nationale Verteidigung, Armeegeneral Heinz Keßler, die politischen Vorgaben für die NVA um. Einige Bereiche der NVA wurden in erhöhte Gefechtsbereitschaft versetzt. Zugleich bildete man aus NVA-Angehörigen bewegliche Einsatzkräfte in Hundertschaften, die Volkspolizei und Stasi bei der Niederschlagung der Demonstrationen unterstützen sollten. In den folgenden Wochen wurden in Berlin und anschließend in Leipzig, Dresden und anderen Städten insgesamt 179 dieser Hundertschaften aufgestellt – fast 18 000 Mann. Aber die NVA war mit einem solchen Einsatz völlig überfordert. Es fehlte ihr an der entsprechenden Ausbildung; außerdem erlaubte die DDR-Verfassung keinen Einsatz im Innern. Und wer konnte sich schließlich noch auf eine NVA verlassen, bei der mindestens die Hälfte der Wehrpflichtigen und mehr als ein Viertel der Berufssoldaten nach geheimen Befragungen nicht mehr hinter der Politik der SED stand? Tatsächlich hielten sich die Einsatzhundertschaften eher im Hintergrund, kamen selten direkt zum Einsatz und bildeten vor allem Sperrketten und eine Verstärkung der Drohkulisse. Viele Soldaten saßen zwischen

Das Brandenburger Tor am Morgen nach der Maueröffnung, 10. November 1989; ein typisches Berlin-Souvenir unserer Tage.

den Stühlen. Einige brachten sogar den Mut auf, die Fronten zu wechseln und mit den Demonstranten mitzuziehen.

Am 9. Oktober stand die Situation in Leipzig auf des Messers Schneide. 70 000 Menschen demonstrierten friedlich für Bürgerrechte und freie Wahlen, während die Kräfte der Staatsmacht auf den Befehl zum Losschlagen warteten. Es war weniger die Klugheit der SED-Verantwortlichen vor Ort, die eine Katastrophe an jenem Abend verhinderte. Es waren vielmehr handfeste Gründe, die eine Wiederholung des 17. Juni 1953 verboten, als der Volksaufstand mit Gewalt niedergeschlagen worden war: Die SED stand im Herbst 1989 alleine da, sie hatte keine Unterstützung durch die sowjetischen Truppen, auf die NVA war kein Verlass, und angesichts der wirtschaftlichen Abhängigkeit der DDR vom Westen wäre ein hartes Losschlagen einem vorgezogenen politischen Selbstmord gleichgekommen. Und schließlich hatte die SED wohl vor nichts so viel Angst, wie vor Bildern einer gewaltsamen Niederschlagung, die anschließend jeder über die Westmedien sehen konnte. Tatsächlich sollte die freie Medienberichterstattung die weiteren Ereignisse maßgeblich beeinflussen.

Der 9. Oktober 1989 markierte eine Wegscheide. Immer mehr Menschen fassten Mut und demonstrierten in immer mehr Städten der DDR unter dem Motto »Wir sind das Volk«. Als einen

Monat später, am 9. November, die Situation in Berlin noch einmal zu eskalieren drohte, blieben die Verstärkungskräfte der NVA und der Grenztruppen in ihren Kasernen. Die geschlossenen Reihen der Demonstranten öffneten die Tore der Mauer, erst in Berlin und bald überall an der innerdeutschen Grenze. Der Schriftsteller Durs Grünbein hat das mit den schönen Worten umschrieben: »Man hörte Sektkorken knallen, die einzigen Schüsse, die in dieser Nacht fielen.«

Die Sehnsucht der Menschen nach Freiheit erwies sich als stärker als die Erfahrungen der Angst

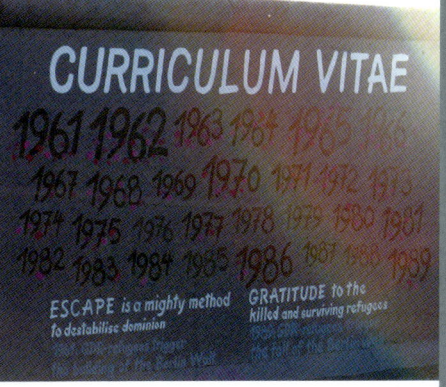

Der auf der Berliner East Side Gallery verewigte Lebenslauf des »Antifaschistischen Schutzwalls«.

und die eingeübte Gewohnheit der Resignation. Es war eine Mischung aus Wut und Enttäuschung, aus Mut, Zivilcourage und dem Willen zur Veränderung, die die Menschen auf die Straße trieb und das alte System von der politischen Bühne jagte.

Kompass

- Die »friedliche Revolution« im Herbst 1989 verläuft unblutig, weil die SED-Staatsmacht nicht mehr fähig und bereit ist, die eigene Macht bis zum Äußersten zu verteidigen.
- Der Mut und die Wut der DDR-Bürger bringen das SED-Regime zu Fall.

Literatur

Grundkurs deutsche Militärgeschichte, Bd 3: Die Zeit nach 1945. Armeen im Wandel. Im Auftr. des MGFA hrsg. von Karl-Volker Neugebauer, München 2008

Winfried Heinemann, Die DDR und ihr Militär, München 2011

Im Dienste der Partei. Handbuch der bewaffneten Organe. Im Aufr. des MGFA hrsg. von Torsten Diedrich, Hans Ehlert und Rüdiger Wenzke, Berlin 1988

Matthias Rogg, Ronny muß zur Volksarmee. Militär und Gesellschaft in der DDR. In: Militärgeschichte, 4 (2006), S. 4–9

1989 und die Rolle der Gewalt. Hrsg. von Martin Sabrow, Göttingen 2012

Zwei Armeen ein Vaterland?
Bundeswehr und NVA im Vereinigungsprozess

Die Mauer war die Krücke, ohne die die DDR zusammenbrechen musste. Ihr Bau sicherte der SED 1961 das politische Überleben, ihr Einsturz 1989 läutete das Ende der SED-Herrschaft ein. Unter den Trümmern der am 9. November 1989 einstürzenden Mauer konnte sich die alte Führung unter Egon Krenz nicht mehr halten. Am 13. November bildete der als gemäßigt geltende Hans Modrow als Ministerpräsident eine neue Regierung. Er kündigte umfangreiche Reformen und den Ausbau einer Vertragsgemeinschaft mit der Bundesrepublik an. Der Minister für Nationale Verteidigung, Armeegeneral Heinz Keßler, wurde durch Admiral Theodor Hoffmann ersetzt.

Im Gegensatz zu seinem Vorgänger galt Hoffmann als politisch weniger belastet und versuchte einen neuen Kurs einzuschlagen. Dazu gehörten die Stabilisierung der stark verunsicherten NVA, die klare Trennung von politischer und militärischer Führung und eine Militärreform. Die NVA sollte vorsichtig an demokratische Strukturen herangeführt werden, ohne ihren Charakter als sozialistische Streitkraft zu verlieren. Das war ein ausgesprochen steiniger Weg. Auf der einen Seite ging vielen Altkadern und Spitzenmilitärs die Reform viel zu weit, während der Ruf nach raschen Veränderungen vor allem an der Basis und bei jüngeren Berufssoldaten immer lauter wurde.

In der Silvesternacht 1989/90 eskalierte die Situation im Standort Beelitz, südwestlich von Potsdam. Soldaten traten dort in den Streik, besetzten die Kaserne und forderten eine Beschleunigung der Militärreform: Beteiligungsrechte, menschenwürdige Arbeitszeiten und Schutz gegen Willkür. Erst als der Minister persönlich erschien und erhebliche Zugeständnisse machte, konnte die Situation bereinigt werden. In den folgenden Wochen kam es an 40 weiteren Standorten zu offenen Protesten oder Streiks, die nur durch Vermittlung der Führung entschärft werden konnten. Hoffmanns Reformwerk war ein Anfang und ein Schritt in die richtige Richtung. Nach seinen eigenen Worten ging es darum, verloren gegangenes Vertrauen wiederzugewinnen und aus einer »Armee des Volkes« eine »Armee des ganzen Volkes« zu machen, gelöst von den Fesseln der Parteiherrschaft der SED, parlamentarisch kontrolliert und über kurz oder lang demokratisch legitimiert. Hoffmans

Das Wachregiment der Nationalen Volksarmee marschiert letztmalig zum Großen Wachaufzug vor die Neuen Wache, 26. September 1990.

Militärreformen in der NVA (v.l.): Demonstration von Wehrpflichtigen in Cottbus am 3. Januar; Gründung des Verbandes der Berufssoldaten der DDR am 29. Januar in Leipzig;

Verdienst ist es, die NVA vor dem Auseinanderbrechen bewahrt zu haben. Die militärischen Liegenschaften blieben zuverlässig bewacht, und es gab nie Anzeichen für einen Putsch der Militärs. Das eigentliche Ziel wurde allerdings verfehlt. Angesichts des enormen Zeitdrucks und der inneren Widerstände konnte die Reform nur Stückwerk bleiben.

Derweil hatte sich die politische Stimmung in der DDR grundlegend gewandelt. Der Ruf der Demonstrationen im Herbst 1989 »Wir sind das Volk« veränderte sich zu »Wir sind ein Volk«. Das war ein unüberhörbares Bekenntnis zur deutschen Einheit. Die erste und einzige freie Volkskammerwahl am 18. März 1990 bestätigte diesen Trend und bescherte der »Allianz für Deutschland« einen überwältigenden Wahlsieg. Die Weichen standen auf Vereinigung, aber niemand hatte für den deutsch-deutschen Zug einen Zeitplan in der Tasche. Was nun in weniger als einem halben Jahr passierte, vollzog sich in einer atemberaubenden Geschwindigkeit.

Mit einem Paukenschlag erfolgte die Ernennung des neuen Verteidigungsministers. Die Wahl war auf Rainer Eppelmann gefallen, einen ehemaligen Bausoldaten, also einen Wehrdienstverweigerer (vgl. S. 228), Pfarrer und Leitfigur der Friedensbewegung. Das Ministerium erhielt den vielsagenden Namen »Ministerium für Abrüstung und Verteidigung«. Auf Betreiben Eppelmanns schuf man das neue Amt des »Chefs der NVA«, das sein Amtsvorgänger, Admiral Hoffman, übernahm – ein geschickter Schachzug, um den militärischen Sachverstand nicht zu verlieren und die Militärreform fortzusetzen.

Berliner Republik

Broschüre des Ministeriums für Abrüstung und Verteidigung; Offiziere der NVA werden in Strausberg in Anwesenheit von Theodor Hoffmann und Rainer Eppelmann neu vereidigt, 20. Juli 1990.

Dem neuen Minister für Abrüstung und Verteidigung blieb nicht viel Zeit. Eppelmann ging vom Fortbestehen der Bündnisse NATO und Warschauer Pakt aus. Er glaubte so, die NVA auch über die deutsche Einheit hinaus für eine Übergangszeit retten zu können. Eppelmann betrat dabei dünnes Eis: Zwei Armeen in einem Land, das hatte es in der Geschichte bisher nicht gegeben! Die Umsetzung dieses kühnen Plans blieb vage, weckte aber bei sehr vielen Berufssoldaten der NVA die Hoffnung auf eine Zukunft in der Volksarmee. Eppelmanns Bonner Konterpart, Bundesverteidigungsminister Gerhard Stoltenberg, verfolgte einen völlig anderen Kurs. Für ihn konnte es nur *eine* bundesdeutsche Armee in *einem* Bündnis geben, nämlich der NATO. Die griffige Formel lautete »Ein Staat – eine Armee«.

Der Knoten wurde am 15./16. Juli im Kaukasus zerschlagen, bei einer Gesprächsrunde zwischen Bundeskanzler Helmut Kohl und Michael Gorbatschow. Das Bild der beiden Staatsmänner, die in sichtlich gelöster, fast freundschaftlicher Atmosphäre in Strickjacken miteinander verhandelten, ging um die Welt. Der sowjetische Generalsekretär hatte sich einverstanden erklärt, dass Gesamtdeutschland die Bündnisfrage selbst entscheiden könne. Damit war der Weg frei für die Vereinigung beider deutscher Staaten mit einer Armee unter dem Dach der NATO. Auch die anderen alliierten Siegermächte des Zweiten Weltkrieges konnten für diesen Weg gewonnen werden, allen voran die Vereinigten Staaten und nach einigem Zögern auch Großbritannien und Frankreich.

Entlassung von Generalen und Admiralen der NVA aus dem aktiven Dienst durch Minister Rainer Eppelmann, 24. September 1990.

Die übrigen Probleme konnten am 12. September 1990 in Moskau bei der Unterzeichnung des Zwei-plus-Vier-Vertrages aus dem Weg geräumt werden. Das historische Datum markiert das formale Ende der Nachkriegszeit. Die Formel »Zwei-plus-Vier« stand für die beiden deutschen Staaten sowie für die alliierten Siegermächte Sowjetunion, USA, Großbritannien und Frankreich. Das Vertragswerk kam einem Friedensvertrag zwischen Deutschland und den ehemaligen Kriegsgegnern des Zweiten Weltkrieges gleich.

- Das vereinigte Deutschland akzeptierte die territorialen Veränderungen des Zweiten Weltkrieges und erkannte die Oder-Neiße-Grenze zu Polen als endgültige östliche Grenze an.
- Das vereinigte Deutschland sollte über Streitkräfte von höchstens 370 000 Mann verfügen und auf atomare, biologische und chemische Waffen verzichten.
- Gesamtdeutschland durfte Mitglied der NATO werden. Allerdings durften alliierte Streitkräfte nur im Westteil der Bundesrepublik stationiert werden. Die Sowjetunion erklärte sich dazu bereit, ihre Truppen schrittweise aus dem Beitrittsgebiet (also der noch bestehenden DDR) abzuziehen. Die Einzelheiten sollten in einem Folgevertrag geklärt werden, den die Bundesregierung im Oktober 1990 unterzeichnete. Für die geringe Summe von 15 Milliarden DM entschädigte Deutschland die Sowjetunion für die Rücknahme ihres stärksten Faustpfandes.

Am 20. September verabschiedeten Volkskammer und Bundestag den Einigungsvertrag mit Zweidrittelmehrheit. Die DDR

Offiziere der NVA während einer Schulung der Bundeswehr, 1990.

Kompass

- Mit dem Sturz des SED-Regimes beginnt in der NVA zögerlich eine Militärreform, die aber in den Anfängen stecken bleibt.
- Im Zuge des Vereinigungsprozesses spielt die NVA nur eine Nebenrolle.
- Unter der Formel »Ein Staat – eine Armee« hat die NVA in einem vereinten Deutschland keine Zukunft mehr.

wurde nicht, wie fälschlicherweise immer wieder zu hören ist, von der Bundesrepublik »gekauft« oder »übernommen«. Die frei gewählte und damit von den Bürgern der DDR legitimierte Volkskammer hatte sich bereits am 23. August mit überwältigender Mehrheit für den Beitritt zur Bundesrepublik Deutschland entschieden. Grundlage bildete der Artikel 23 des Grundgesetzes, der diese Möglichkeit des Beitritts eröffnete. Die alternative Möglichkeit der Ausarbeitung einer neuen Verfassung nach Artikel 146 des Grundgesetzes verwarf man bewusst. Die Zeit drängte. Niemand konnte wissen, ob die labilen innenpolitischen Verhältnisse in der Sowjetunion eine ähnlich günstige Chance in Zukunft zulassen würden. Und schließlich überwog das übermächtige Gefühl, endlich die Teilung Deutschlands zu überwinden.

Oben:
Die Truppenfahnen zweier Bataillone werden in Bad Düben bei einem Appell am Vorabend der Übernahme durch die Bundeswehr eingerollt, 2. Oktober 1990.

Unten:
Eingelagerte Truppenfahnen der NVA im Magazin des Militärhistorischen Museums der Bundeswehr in Dresden.

Die Bundeswehr als »Armee der Einheit«

Die Vereinigung beider deutscher Staaten steht für die größte Herausforderung der jüngeren deutschen Geschichte. Alles war neu. Für die friedliche Auflösung und den Beitritt eines Staates gab es weder ein historisches Vorbild noch einen »Schubkastenplan«, den man hätte ziehen können. Von heute auf morgen mussten die Rechts- und Sozialsysteme angeglichen, die marode Wirtschaft umgestellt und die ökologische Katastrophe in Ostdeutschland gestoppt werden. Für die Bundeswehr galt es, die materielle und personelle Integration der Nationalen Volksarmee in die Bundeswehr zu meistern. Als der Vereinigungsvertrag am 3. Oktober 1990 inkraft trat, zählte die gesamtdeutsche Bundeswehr 585 000 Mann (davon knapp 90 000 ehemalige NVA-Angehörige) sowie 230 000 Zivilbedienstete (davon annähernd 50 000 ehemalige zivile Mitarbeiter der NVA). Der »Zwei-plus-Vier-Vertrag« verpflichtete Gesamtdeutschland auf eine Truppenstärke von maximal 370 000 Mann (vgl. S. 250). Ein neues Stationierungskonzept sah vor, 58 000 Mann auf dem ehemaligen Territorium der DDR und in Berlin zu belassen und eine eigene Wehrverwaltung aufzubauen. Alle Truppenteile, Stäbe und Einrichtungen in den fünf neuen Bundesländern wurden unter einem zentralen »Bundeswehrkommando Ost« mit Sitz in Strausberg zusammengefasst. Zum ersten Befehlshaber wurde Generalleutnant Jörg Schönbohm ernannt. Erstmals in der Geschichte der Bundeswehr unterstanden einem deutschen Befehlshaber Elemente aller drei Teilstreitkräfte.

Die Bundeswehr stand vor einer gewaltigen organisatorischen und logistischen Aufgabe. Die NVA hinterließ ein riesiges Waffenarsenal, das in der schwierigen Übergangsphase zuverlässig bewacht und nun ordnungsgemäß übergeben werden konnte. Obwohl ein erheblicher Teil der Militärführung und der Berufssoldaten dem neuen politischen System kritisch gegenüberstand, verhielt man sich loyal. Diese wohl größte und vielleicht sogar einzige nennenswerte Leistung der Volksarmee sollte nicht vergessen werden.

Das Dilemma der materiellen Hinterlassenschaft lässt sich auf eine einfache Formel bringen: Was die Bundeswehr benötigte, war in einem schlimmen Zustand (nämlich die Liegenschaften), und was sich in einem guten Zustand befand, wurde nicht benötigt (nämlich Waffen und Gerät). Die Masse des Großgerätes, auch moderne Fahrzeuge und Waffensysteme, entsprach nicht den NATO-Standards, zum Beispiel die Kalibergrößen, aber

Rainer Eppelmann, Gerhard Stoltenberg und Generalleutnant Jörg Schönbohm am 3. Oktober 1990 in Strausberg.

auch zahlreiche Sicherheitsbestimmungen passten nicht überein. Über eine Millionen Handwaffen, 295 000 Tonnen Munition, 2300 Kampfpanzer, 9000 gepanzerte Spezialfahrzeuge, 5000 Artillerie-, Raketen und Flugabwehrsysteme, 700 Transport- und Kampfflugzeuge, 192 Schiffe und Boote sowie 85 000 Kraftfahrzeuge wurden abgerüstet. Weniges ging als Waffenexporte in sichere Drittländer. Das meiste musste verschrottet werden. Von den neueren Waffensystemen übernahm lediglich die Luftwaffe die hochmoderne MiG-29 und flog das Modell bis 2004. Bei den Liegenschaften bot sich ein trostloses Bild. Fast alle der 2285 ehemaligen Objekte der NVA und der sowjetischen bzw. russischen Truppen befanden sich in einem sanierungsbedürftigen Zustand, manches spottete jeder Beschreibung. Wenn die Soldaten in Drögeheide von der »Tropfsteinhöhle« sprachen, meinten sie die Truppenküche.

Ein weiteres Problem der militärischen Hinterlassenschaft betraf die innerdeutsche Grenze. Die Bundeswehr unterstützte beim Rückbau und vor allem dem Räumen von Minen, dem Abriss von 1334 km Grenzsperranlagen, fast 600 Beobachtungstürmen und Führungsbunkern und vielem mehr. Am Ende trug der

Wege zur Einheit (v.l.): Kampfpanzer der ehemaligen NVA stehen zur Verschrottung (im Bild) bereit; Neueinkleidung von Mot.-Schützen in Bad Salzungen, 20. September 1990.

»Antifaschistische Schutzwall« noch zum Aufbau Ost bei: Der größte Teil der geschrädderten Betonelemente diente nämlich dem Straßenbau in den neuen Bundesländern als Unterlage.

Kaum geringer waren die personellen Herausforderungen. Bundeswehr und Volksarmee hatten sich Jahrzehnte als Gegner gegenübergestanden. Viele Bundeswehrangehörige machten erhebliche Vorbehalte gegenüber der NVA geltend. Die Politisierung der Volksarmee, ihre Verantwortung als Machtarm eines diktatorischen Systems und die Lehrdoktin der »Erziehung zum Hass« sprachen gegen eine Übernahme ehemaliger NVA-Angehöriger in die Bundeswehr. Ideologische Vorbehalte bestanden auch auf Seiten der Volksarmee, wo viele Berufssoldaten im Zuge der Vereinigung ihren Rock an den Nagel gehängt hatten. Zwischen diesen unversöhnlichen Fronten machten viele Soldaten in Ost und West schrittweise die Erfahrung, dass hinter der Uniform immer auch ein Mensch stand und dass sich selbst tief gehende politische Grundüberzeugungen ändern konnten.

Für viele kam der Entschluss, unter bestimmten Bedingungen ehemalige Angehörige der NVA in die Bundeswehr zu übernehmen, überraschend. Im Nachhinein kann man diese Entscheidung

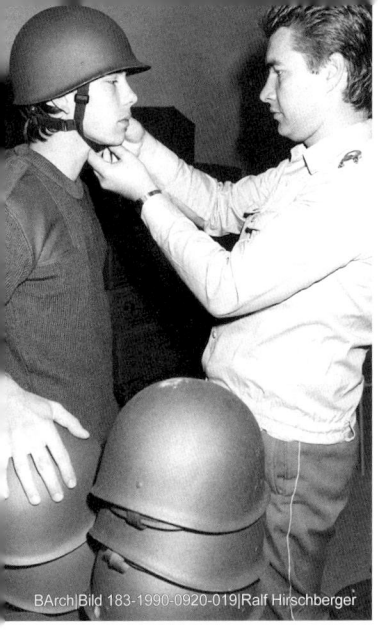
BArch|Bild 183-1990-0920-019|Ralf Hirschberger

nur als Glücksfall bezeichnen. Generalleutnant Schönbohm selbst gab die Parole für das Bundeswehrkommando Ost aus: »Wir kommen nicht als Sieger zu Besiegten, sondern als Deutsche zu Deutschen«. Mit Blick auf den politischen Charakter der NVA entschied man sich, keinen General und Admiral der Volksarmee sowie keinen Armeeangehörigen über 50 Jahre zu übernehmen. Die Grenzziehung bei Dienstgrad und Alter folgte einer gewissen Willkür und dürfte im Einzelfall auch zu Fehlentscheidungen geführt haben – aber man wollte klare, nicht zu diskutierende Tatsachen schaffen. Das galt umso mehr für alle früheren Angehörigen der Politorgane sowie alle hauptamtlichen und inoffiziellen Mitarbeiter der Stasi, für die es keinen Platz in gesamtdeutschen Streitkräften geben sollte.

Alle 51 000 Zeit- und Berufssoldaten der NVA, die mit dem 3. Oktober 1990 Angehörige der Bundeswehr wurden, konnten sich bis zum 31. Dezember 1990 für eine Probezeit von zwei Jahren entscheiden (Status SaZ 2). Zwei Drittel der Offiziere entschieden sich bis zum Ende des Jahres 1990, unter sozial verträglichen Bedingungen die Bundeswehr zu verlassen, weil sie sich mit dem neuen System nicht arrangieren konnten oder keine persönliche Perspektive sahen. Insgesamt nutzten etwa 6000 Offiziere, 11 200 Unteroffiziere und 800 Mannschaftssoldaten die Chance, für zwei Jahre in der Bundeswehr zu dienen. Bei den Offizieren war das nur jeder zweite, bei den Unteroffizieren und Mannschaften waren es hingegen 90 Prozent.

Nach Ablauf der Verpflichtungszeit und einer positiven Eignungsprüfung durch eine unabhängige Kommission erhielten rund 12 200 ehemalige Angehörige der NVA die Zusage, als Berufs- oder Zeitsoldat übernommen zu werden. Aus unterschiedlichen Gründen hatte sich die Zahl bis Ende 1993 noch einmal um 2000 verringert – aus persönlichen Motiven oder weil eine Mitarbeit bei der Stasi nachgewiesen werden konnte. Am Ende übernahm die Bundeswehr rund 10 800 Soldaten mit einer Vordienstzeit in

Schrittweise Angleichung (v.l.): Maschinenpistole KM »Kalaschnikow«, die Standardwaffe der NVA, noch mit »Kalaschnikow« ausgerüsteter Wachposten vor der Albertstadt-Kaserne in Dresden, 1991; MiG-29 der deutschen Luftwaffe, 2004.

der NVA (etwa 3000 Offiziere, 5000 Unteroffiziere mit Portepee, 2000 Unteroffiziere ohne Portepee und 200 Mannschaften).

»Ossis« und »Wessis« arbeiteten in Truppenteilen und Stäben miteinander. Sie lernten durch Ausbildung, Lehrgänge und Versetzungen schnell den jeweils anderen Teil Deutschlands und den »anderen« Deutschen besser kennen. Gleiches galt für die neu einberufenen Wehrpflichtigen. Das Konzept der Inneren Führung bewährte sich ein weiteres Mal durch kooperative Führungsformen, Transparenz und Integrationsfähigkeit.

Aber es gab auch Probleme, die nicht verschwiegen werden sollen. Da die NVA ein wesentlich höheres Dienstgradniveau kannte, mussten viele ostdeutsche Soldaten bei der Übernahme im Dienstgrad herabgestuft werden. Offiziere waren davon besonders betroffen. Nicht immer waren hier die Kriterien für jeden nachvollziehbar. Große Verbitterung löste die ungleiche Bezahlung aus, die verwaltungsrechtlich begründet wurde, die aber auch westdeutsche Kameraden nicht verstanden. Seit 2008 gilt endlich in der gesamten Bundeswehr: gleicher Sold für gleiche Arbeit.

 Kompass

- Die »Armee der Einheit« ist ein wichtiger Motor im Vereinigungsprozess.
- Die Auflösung der materiellen Hinterlassenschaft der NVA und die Integration ihrer ehemaligen Soldaten in die Bundeswehr gehört zu den größten Leistungen der Bundeswehr.

Mit der Zeit begann die Bundeswehr, von unten nach oben zusammenzuwachsen. Die Verlegung wichtiger Dienststellen in die neuen Bundesländer (z.B. die Heeresunteroffizierschule in Delitzsch, die Marinetechnikschule in Stralsund oder die Bundesverwaltungsschule in Berlin) hat erheblich dazu beigetragen. Der größte Teil des Nachwuchses an Zeit- und Berufssoldaten stammt heute aus dem Osten unseres Landes. Die Bundeswehr hat insgesamt vorbildlich und für manchen überraschend vorgemacht, wie die innere Einheit vollzogen werden kann. Mehr noch, die Streitkräfte und die Wehrverwaltung sind zu einem Schrittmacher der inneren Einheit Deutschlands geworden.

Oben: Nachwuchswerbung der »Armee der Einheit«.

Links: NVA-Sportanzug (siehe Etikett) mit neuem Hoheitsabzeichen, wie er noch bis Ende der 90er-Jahre ausgegeben wurde.

Frauen in der Bundeswehr

»Frau Feldwebel« – vor dreißig Jahren in der Bundeswehr undenkbar, heute selbstverständlich. Der Stein des Anstoßes war der Antrag von Tanja Kreil, einer jungen Frau, die sich 1996 für eine Laufbahn als Waffeninstandsetzerin bewarb.

Frauen in den Streitkräften hatte es schon vorher gegeben. 1975 war die Laufbahn für weibliche Sanitätsoffiziere geöffnet worden und 1988 für den gesamten Sanitätsdienst sowie für den Militärmusikdienst. In der NVA konnten Frauen seit 1982 neben dem Sanitätsdienst auch in der Logistik, im Fernmeldewesen und als Politoffizier eingesetzt werden. Führungsverwendungen blieben ihnen allerdings verwehrt. Mit dem Ende der NVA wurden alle Frauen der NVA, mit Ausnahme der Soldatinnen des medizinischen Dienstes, verabschiedet.

In der Bundswehr konnten Frauen auch Karriere machen. 1994 war mit Verena Weymann die erste Frau in der deutschen Militärgeschichte zur Generalärztin befördert worden. Aber eine Bewerberin für den Truppendienst – das war neu und für viele Männer nur schwer zu akzeptieren. Trotz fachlicher Eignung wies das Kreiswehrersatzamt Frau Kreils Antrag mit dem Hinweis zurück, das Grundgesetz erlaube nicht den Wehrdienst von Frauen. Diese Entscheidung löste nun eine juristische Lawine aus, mit der sich am Ende die höchste richterliche Instanz beschäftigte, der Europäische Gerichtshof in Luxemburg. Am 11. Januar 2000 erging das Urteil, wonach Frauen nicht vom Dienst an der Waffe ausgeschlossen werden durften, weil dies gegen das Grundrecht der Gleichbehandlung von Männern und Frauen verstoße. Das Luxemburger Urteil legte nicht fest, inwieweit sich die Bundeswehr für Frauen öffnen musste, d.h. welche Ausbildungs- und Verwendungsreihen nicht möglich waren. Aber die juristische Entscheidung zwang zu raschem Handeln.

In der Öffentlichkeit und in den Streitkräften wurden Stimmen immer lauter, die auf die körperlichen Defizite von Frauen hinwiesen, auf die Schwierigkeiten beim Zusammenleben von Männern und Frauen in der militärischen Gemeinschaft sowie auf mögliche psychische Konfliktsituationen im Einsatz. Andere NATO-Partner hatten zwar längst ihre Laufbahngruppen für Frauen geöffnet, dabei aber sehr unterschiedliche Erfahrungen gemacht. Der Umgang mit Sexualität bildete dabei den Dreh- und

Zum Feierlichen Gelöbnis angetretene Rekrutinnen und Rekruten des Luftwaffenausbildungsregiments 1 in Goslar, 2. Februar 2001.

Frauen stehen in allen Teilstreitkräften der Bundeswehr »ihren Mann« (v.l.): Ob an Bord der GORCH FOCK, im Cockpit eines Kampfjets oder in Afghanistan.

Angelpunkt. Repräsentative Meinungsumfragen in Deutschland zeigten allerdings, dass rund drei Viertel der Bundesbürger verbesserte Zugangsmöglichkeiten für Frauen in der Bundeswehr vorbehaltlos begrüßten. Die Bundeswehr ließ sich von diesem Votum leiten und entschied sich schließlich für den unbeschränkten Zugang von Frauen für alle Ausbildungsgänge, einschließlich der Kampftruppe.

Im Januar 2001 traten die ersten 244 weiblichen Rekruten ihren Dienst in der Bundeswehr an. Heute sind fast 9 Prozent aller Zeit- und Berufssoldaten Frauen, etwa 17 000 insgesamt (Stand 2010). Mittelfristig soll der Frauenanteil streitkräfteweit 15 Prozent und beim Sanitätsdienst 50 Prozent betragen. Der Zugewinn von Frauen hat der Bundeswehr ein neues Personalreservoir erschlossen. Wir finden Frauen heute in allen Laufbahnen und auf allen Verwendungs- und Führungsebenen: als Technikerinnen, als Gruppen- und Teileinheitsführerinnen, als Spieß, als Pilotin, als Kompaniechef und in Generalstabsverwendungen. Bis zum ersten weiblichen Bataillons- oder Abteilungskommandeur ist es nur noch eine Frage der Zeit. Ohne Frauen würde es heute nicht mehr gehen in der Bundeswehr, weder im Grundbetrieb noch im Einsatz.

Die Öffnung der Streitkräfte für Frauen markiert eine Zäsur für die Bundeswehr. Keine Frage, viele Männer haben Zeit gebraucht, um sich an weibliche Kameraden und Vorgesetzte zu gewöhnen. Frauen haben die deutschen Streitkräfte positiv verändert. Das betrifft vor allem den persönlichen Umgang mit-

Bundeswehr|Alexander Linden

Kompass

- Die Öffnung der Streitkräfte für Frauen vollzieht sich schrittweise und ist anfangs nur auf den Sanitäts- und später den Musikdienst beschränkt.
- Seit 2001 sind Frauen für alle Verwendungen in den Streitkräften zugelassen.

einander, den zwischenmenschlichen Ton und Fragen, die in einer reinen Männergesellschaft nicht offen und schon gar nicht öffentlich diskutiert wurden, wie zum Beispiel die Vereinbarkeit von Familie und Beruf. Frauen haben die gesellschaftliche Akzeptanz der Bundeswehr gesteigert und sind heute voll integriert.

Bundeswehr|Medienzentrale

Bundeswehr|DeCastro

Oben: Grundausbildung von Sanitätsoffizieranwärterinnen in München, 1989.

Links: Die Vereinbarkeit von Familie und Beruf hat als Thema mittlerweile auch die Bundeswehr erreicht.

Die Bundeswehr im Wandel von der Verteidigungs- zur Einsatzarmee

Das Ende des Kalten Krieges hatte die Welt verändert und Deutschland die Wiedervereinigung gebracht. Mit der Auflösung des Ost-West-Konfliktes schien ein weltumspannender Krieg mit Nuklearwaffen in weite Ferne gerückt. Einige hofften sogar, zukünftig kaum noch in militärische Rüstung investieren zu müssen und forderten das Einlösen einer »Friedensdividende«. Schnell zeigte sich jedoch, dass die Welt nicht sicherer geworden war. Die weltweiten Sicherheitsrisiken hatten nicht abgenommen, sondern sich vielmehr qualitativ verändert und verschoben. Deutschland war buchstäblich »von Freunden umzingelt« und musste nicht mehr befürchten, zum nuklearen Schlachtfeld eines Systemkonfliktes zu werden. Aber neue Risiken keimten auf, die zur Zeit des Kalten Krieges eine eher untergeordnete Rolle gespielt oder noch gar nicht existiert hatten. Dazu gehörten ungelöste territoriale Fragen, Staatszerfall auch an den Rändern Europas, unterdrückte ethnische Konflikte, religiöser Fanatismus und unkontrollierter Handel mit Waffen sowie die Verbreitung von Massenvernichtungsmitteln. Die Globalisierung eröffnete durch die weltweite Vernetzung neue Chancen und zeigte zugleich die Abhängigkeiten auf: im Welthandel, in der Zufuhr von Rohstoffen und Energie, im Schutz von Transportwegen und Informationsnetzen und in der Ökologie. Das sicherheitspolitische Spektrum hatte sich aufgefächert und an Komplexität zugenommen. Deutschland, als eine der weltweit führenden Industrie- und Handelsnationen im Herzen Europas, war von diesen Veränderungen besonders betroffen.

Ein neues Denken begann sich durchzusetzen: nämlich dass verantwortliche Sicherheitspolitik mehr bedeutete als der rein militärische Schutz der Landesgrenzen und dass man Risiken dort begegnen muss, wo sie entstehen. Deutschland war aufgefordert, gemeinsam mit seinen Partnern mehr internationale Verantwortung zu tragen. Die damalige politische Leitung unter Bundeskanzler Helmut Kohl und seinen Verteidigungsministern Gerhard Stoltenberg (1989–1992) und Volker Rühe (1992–1998) begann einen schrittweisen Prozess der Gewöhnung an »out-of-area-Einsätze« der Bundeswehr. Einen »Richtungsschuss« bildeten die im November 1992 erlassenen »Verteidigungspolitischen Richtlinien«, auf deren Grundlage die Bundeswehr neu ausgerichtet wurde. Danach sollte der Kernauftrag der Landes- und Bündnisverteidigung durch die »Hauptvertei-

Angetretene deutsche Blauhelmsoldaten vor dem German Field Hospital in Phnom Penh, Kambodscha, Juni 1993.

digungskräfte« sichergestellt werden. Zur Konfliktverhütung oder Krisenbewältigung sollten zusätzlich »Krisenreaktionskräfte« bereitgestellt werden. Nun begann die Transformation: der Umbau der Bundeswehr von einer Ausbildungs- und Präsenzarmee, die ausschließlich der Landesverteidigung diente, zur weltweit operierenden Eingreif- und Stabilisierungstruppe im Rahmen der NATO und bei internationalen Missionen.

Die ersten Einsätze im Irak (UNSCOM 1991–1996), in Kambodscha (UNAMIC/UNTAC 1991–1993), in Somalia (UNOSOM 1993/94) und Ruanda (UNAMIR 1994) sowie die Teilnahme an verschiedenen Missionen im ehemaligen Jugoslawien (Sharp Guard 1992–1996, Luftbrücke nach Bosnien und Herzegowina 1992–1996) erhitzten die öffentliche Debatte in Deutschland. Operierte die Bundeswehr noch auf dem Boden des Grundgesetzes? War es moralisch überhaupt gerechtfertigt, deutsche Soldaten in Länder zu schicken, in denen 50 Jahre zuvor die Wehrmacht gewütet hatte? War das nicht Verrat an dem Grundsatz, dass von deutschem Boden nie wieder Krieg ausgehen durfte? Schließlich landete die Frage vor dem Bundesverfassungsgericht, das am 12. Juli 1994 ein Urteil von großer politischer Tragweite fällte: Die Beteiligung der Bundeswehr an Maßnahmen der kollektiven Friedenssicherung war verfassungsgemäß, vorausgesetzt, der Deutsche Bundestag stimmte zu.

Auf Grundlage der Entscheidung des höchsten deutschen Gerichtes debattierte das Parlament am 22. Juli nun über die

Deutsche Teilnahme an internationalen Einsätzen (v.l.): Abschiedsappell des deutschen UNOSOM-Kontigentes in Somalia, März 1994; Beladung von Transall-Maschinen der deutschen Luftwaffe für die Luftbrücke nach Sarajewo, August 1994; die Fregatte RHEINLAND-PFALZ, die im Rahmen der Operation Allied Force 1999 in der Adria kreuzte.

Durchsetzung eines Beschlusses des UN-Sicherheitsrates zur Überwachung des Flugverbots über Bosnien und Herzegowina und des Adria-Embargos. Nach leidenschaftlicher und zum Teil hitziger Debatte beschloss der Bundestag mit großer Mehrheit den erstmaligen Einsatz bewaffneter Streitkräfte.

Dieser wichtige Tag in der Geschichte der Bundeswehr zeigte zweierlei: Erstens stellt sich Deutschland seiner internationalen Verantwortung im Rahmen kollektiver Sicherheitssysteme, und zweitens wurde die Bedeutung des Parlamentes für die Bundeswehr gestärkt. Die einfache Formel lautet: Ohne Parlamentsbeschluss kein Einsatz. Kein deutscher Soldat konnte ohne Mehrheitsbeschluss des Deutschen Bundestages in eine wie auch immer geartete Mission geschickt werden. Das 2004 verabschiedete »Parlamentsbeteiligungsgesetz« ergänzte, dass die nachträgliche Zustimmung des Parlamentes nur bei Gefahr im Verzuge eingeholt werden durfte. Außerdem erhielt der Bundestag das »Rückholrecht«, mit dem jeder Einsatz vorzeitig abgebrochen werden konnte. Die damit geschaffene Rechtssicherheit hob den juristischen Schwebezustand auf. Jeder Soldat im Einsatz wusste nun, dass kein geringerer als die gewählten Vertreter des Volkes hinter ihrer Mission standen.

Mit dem schrittweisen Staatszerfall der ehemaligen Republik Jugoslawien und den damit einhergehenden gewaltsamen Konflikten stand die Bundeswehr vor neuen Herausforderungen. Nach dem brutalen Bürgerkrieg in Bosnien und Herzegowina (1992–1995), dem fast 150 000 Menschen zum Opfer fielen, be-

Kompass

- Nach dem Ende des Kalten Krieges reagiert Deutschland auf die veränderten sicherheitspolitischen Rahmenbedingungen. Es beginnt die Transformation der Bundeswehr von der Landesverteidigungs- zur Einsatzarmee.

MHM

teiligte sich Deutschland an mehreren von EU, UN und NATO geführten Missionen zur Befriedung und Stabilisierung der Region. Dabei wurden dauerhaft bis zu 3300 Soldaten eingesetzt.

Zugleich spitzte sich die Situation im Kosovo dramatisch zu. Als die Serben ihre gewaltsamen Übergriffe gegen die überwiegend muslimische Bevölkerung mit äußerster Brutalität fortsetzten und die Friedensverhandlungen von Rambouillet im Februar 1999 platzen ließen, reagierte die NATO, um eine noch größere humanitäre Katastrophe zu verhindern. Da die Allianz ohne UN-Mandat agierte, bleibt die Entscheidung bis heute völkerrechtlich umstritten. Unterstützt von der Luftwaffe, bombardierte die NATO zwischen März und Juni 1999 gezielt Ziele in Serbien. Mit dem ersten Kampfeinsatz deutscher Streitkräfte für eine friedensstiftende Mission im Rahmen der NATO begann zugleich ein neues Kapitel in der Geschichte der Bundeswehr.

Oben: Feldpostkarte aus dem Somalia-Einsatz der Bundeswehr.

Links: Checkpoint-Schild des deutschen SFOR-Kontingents.

Weltweit im Einsatz für den Frieden – Bundeswehr und Sicherheitspolitik im 21. Jahrhundert

Wer den Tag bewusst erlebt hat, wird sich noch genau an Einzelheiten erinnern. Manche erfuhren es im Radio oder in den Fernsehnachrichten, andere erhielten einen Anruf oder wurden von wildfremden Menschen spontan angesprochen. Alle teilten das Entsetzen, die Sprachlosigkeit über das Geschehen und das Gefühl, Zeuge eines historischen, aber furchtbaren Augenblicks der Weltgeschichte zu sein. Die Bilder der zwei Flugzeuge, die sich als fliegende Bomben in die Twin Towers des World Trade Centers von New York bohrten, haben sich in unsere Erinnerung eingebrannt. Der 11. September 2001 hat die Welt verändert, die Sicherheitspolitik und das Lebensgefühl vieler Menschen.

Kampf gegen den internationalen Terrorismus

Schon am folgenden Tag beschloss der UN-Sicherheitsrat mit der Resolution 1386, dass die Anschläge von New York und Washington als bewaffneter Angriff auf die USA und Bedrohung der internationalen Sicherheit einzuschätzen seien. Schnell erhärtete sich der Verdacht, dass hinter den Attacken ein internationales Terrornetzwerk stand – fanatische Irrlichter, die im Namen ihrer Religion Chaos stiften wollen, um ihre machtpolitischen Ziele zu erreichen. Die Angriffe vom 11. September zielten auf das wirtschaftliche und politische Zentrum der USA, aber sie trafen die gesamte freie westliche Welt. Am 2. Oktober löste die NATO erstmals den Bündnisfall aus und begann kurz darauf, unter dem Mandat der Vereinten Nationen das Terrornetzwerk an der Wurzel zu bekämpfen – in Afghanistan. Der Deutsche Bundestag bekräftigte seine Verpflichtungen der Bündnistreue nach Artikel 5 des NATO-Vertrages und mandatierte den Einsatz seiner Soldaten am 22. Dezember 2001. Der Bundeswehreinsatz wurde kontrovers und mit großer Vehemenz diskutiert. Nicht nur das politische linke Lager und Friedensgruppen mahnten vor den unkalkulierbaren Folgen eines militärischen Eingreifens. Für die Regierung und einen Großteil der Bevölkerung gab es allerdings keine praktikable Alternative zum Einsatz, denn dieser folgte der Bündnissolidarität und diente nicht zuletzt dem Schutz der Bürgerinnen und Bürger unseres Landes. Verteidigungsminister Peter Struck prägte das griffige Bild, dass die Sicherheit Deutschlands auch am Hindukusch verteidigt werden müsse. Tatsächlich führten viele Terrorspuren

Ein deutscher Soldat der International Assistance Force (ISAF) bei seinem Patrouillengang durch Kabul.

direkt zu afghanischen Ausbildungscamps oder in das afghanisch-pakistanische Grenzgebiet – zum Beispiel bei der im September 2007 hochgenommenen »Sauerlandgruppe«. Ein vorschneller Rückzug aus Afghanistan hätte unkalkulierbare Folgen für die Sicherheit einer politisch ausgesprochen brüchigen Region bedeutet.

Die Bundeswehr hat seitdem an der Seite ihrer Verbündeten als lange Zeit drittgrößter Truppensteller einen wesentlichen Beitrag zur Stabilisierung und zum Wiederaufbau des verwüsteten Landes geleistet. Afghanistan hat die Bundeswehr geprägt und in Teilen auch verändert. Kein anderer Einsatz hat durch Dauer und Intensität die Familien der Soldaten so stark belastet. Aus einer ursprünglich nur als Stabilisierungseinsatz geplanten Mission wurde ein bewaffneter Konflikt, mit Opfern an Leib und Seele. Erstmals in der Bundeswehrgeschichte mussten sich Streitkräfte und Öffentlichkeit mit gefallenen Soldaten und dem Schicksal von Hinterbliebenen auseinandersetzen. Die Schwierigkeit, in einem asymmetrischen Kampfeinsatz, zivile Opfer zu vermeiden, heizte die Debatte zusätzlich an. Kein anderer Einsatz hat bisher so deutlich gezeigt, was es im Kern bedeutet, Soldat zu sein, und was die Pflicht zur Tapferkeit einem jeden Angehörigen der Streitkräfte abverlangen kann.

Konsequenzen des internationalen Engagements (v.l.): Bundeswehrbus nach Sprengstoffanschlag in Kabul am 7. Juni 2003, bei dem vier Soldaten getötet wurden; im Innern des Ehrenmals der Bundeswehr; Bundeskanzlerin Angela Merkel und Verteidigungsminister Franz Josef Jung zeichnen 2009 die ersten deutschen Soldaten mit dem Ehrenkreuz der Bundeswehr für Tapferkeit aus.

Eine Reihe von Maßnahmen wurden ergriffen, um die Versorgung von Soldatinnen und Soldaten, die im Einsatz zu Schaden gekommen sind, zu verbessern – zum Beispiel das 2009 verabschiedete Einsatzweiterverwendungsgesetz. Im gleichen Jahr konnte das Ehrenmal der Bundeswehr eingeweiht werden. Erstmals wird damit an einem zentralen und öffentlich zugänglichen Ort aller Soldatinnen und Soldaten und zivilen Mitarbeiterinnen und Mitarbeiter gedacht, die in Folge der Ausübung ihrer Dienstpflicht für die Bundesrepublik Deutschland ums Leben gekommen sind. Schließlich konnten im Juli 2009 die ersten Ehrenkreuze der Bundeswehr für Tapferkeit verliehen werden: an vier Feldwebel für ihren mutigen Einsatz in Afghanistan.

Die Bundeswehr hat sich unter den Bedingungen der Einsätze in ihrem Selbstverständnis weiter entwickelt. Aber sie ist sich in ihrem Wesen treu geblieben. Die verfassungsmäßige Legitimation und das Konzept der Inneren Führung haben sich als belastbares und ausbaufähiges Fundament erwiesen. Warum diese Entwicklung so lange gedauert hat, warum sich Teile der Gesellschaft mit dem Auftrag und Leitbild der Bundeswehr immer noch so schwer tun, und warum manches in unserem Land und

in unseren Streitkräften jetzt und in Zukunft anderen Prämissen folgt, als bei unseren Partnern, hat entscheidend mit unserer Vergangenheit zu tun. Das historische Erbe ist keine Schuld, die über Generationen weitergegeben wird. Es kann aber auch nicht einfach abgeschüttelt und von heute auf morgen vergessen gemacht werden. Historische Erfahrungen, Traditionen und Mentalitäten prägen politische Entscheidungen, die Gesellschaft und jeden Einzelnen von uns viel dauerhafter, als es vordergründig scheint. Die Beschäftigung mit der Geschichte kann helfen, diese Zusammenhänge besser zu verstehen.

Kompass

- Mit dem Einsatz in Afghanistan beginnt ein neues Kapitel in der Geschichte der Bundeswehr.
- Die öffentliche Auseinandersetzung über Deutschlands Rolle in der Welt und der Auftrag der Bundeswehr wird auch in Zukunft die öffentliche Debatte bestimmen.

Literatur

Auslandseinsätze der Bundeswehr. Im Auftr. des MGFA hrsg. von Bernhard Chiari und Magnus Pahl, Paderborn 2010

Bundeswehr im Einsatz. Katalog zur Ausstellung des 15. Jahrestags der ersten Parlamentsmandatierung von bewaffneten Einsätzen der Bundeswehr im Ausland. Hrsg. vom Bundesministerium der Verteidigung, Berlin 2009

Reiner Pommerin, Vom »Kalten Krieg« zu globaler Konfliktverhütung und Krisenbewältigung – Militärgeschichte zwischen 1990 und 2006. In: Grundkurs deutsche Militärgeschichte, Bd 3. Im Auftr. des MGFA hrsg. von Karl-Volker Neugebauer, München 2008, Bd 3, S. 272–395

Unteroffiziere in deutschen Streitkräften

Der Feldwebel – historisch älter als der Soldat

Der Feldwebel ist älter als der Soldat. Gemeint ist nicht das Lebensalter, sondern der Begriff. Wann der »Feldwaibel«, »Feldweibel« oder einfach nur »Waibel« das erste Mal auftauchte, ist nicht ganz klar, vermutlich irgendwann Mitte des 15. Jahrhunderts. Der »Soldat« begegnet uns im deutschsprachigen Schrifttum erst einhundert Jahre später. Als die Heere am Ende des Mittelalters immer größer wurden und sich der Kampf vom berittenen Panzerreiter auf den Fußsoldaten verlagerte, brauchte man Profis für die Organisation des Truppenkörpers. In den Heeren entstanden sogenannte »Ämter« (lateinisch »officium«, woraus sich später der Offizier ableitete). Der Begriff stammte aus der zivilen Verwaltung. Es ging also weniger um Truppenführung, sondern eher um Militärverwaltung und Logistik. Die Heere unterschieden zwischen drei Führungs- und Verwaltungsebenen: dem Regiment von mehreren tausend Mann (geführt von einem Oberst), dem Fähnlein von bis zu 400 Mann (geführt von einem Hauptmann) und der Rotte, einer Gruppe, die bis zu 10 Mann zählte (geführt von einem Rottmeister, der allerdings nur für Fragen zuständig war, die wir heute als »inneren Dienst« bezeichnen würden).

Der Feldwaibel, Holzschnitt von Jost Ammann aus dem »Ständebuch« (1568).

Die Feldwebel gehörten noch zu Beginn des 16. Jahrhunderts zu den Regimentsämtern. Der Landsknechtsführer Georg von Frundsberg verfügte für eine Armee von 35 Fähnlein über lediglich 16 Feldwebel. Der Feldwebel war also kein nachgeordneter Unterführer oder Gehilfe. Seine Aufgabe bestand in der Aufstellung der Zug- und Schlachtordnung. Der »Feldwaibel« hatte namentlich nichts mit »Weibern« zu tun. Die Bezeichnung leitete sich vielmehr vom mittelhochdeutschen »waiben« ab. Das bedeutete weben oder sich schnell hin und her bewegen. Es ging also um eine geschäftige Tätigkeit, die man mit dem Amt des Feldwebels verband. Dafür musste man Geistesgegenwart besitzen, rechnen können und über

Fünf Landsknechte, zeitgenössischer Kupferstich von Daniel Hopfer.

Erfahrung und natürliche Autorität verfügen. Feldwebel konnte nur werden, wer das Waffenhandwerk mit dem langen Spieß, dem kurzen Breitschwert, der Halbarte (= Hellebarde) und den Handbüchsen und »Rohren« (= Frühformen der Handfeuerwaffen) beherrschte. Daneben übernahmen die Feldwebel die Ausbildung der Haufen. Einsatz, Planung und Ausbildung – alle Elemente des heutigen »Führungsgrundgebiets 3« bei der Bundeswehr – kamen im Amt des Feldwebels zusammen.

Der sogenannte Gemeinwebel war nicht hinterhältiger als sein Regimentskamerad, sondern ein »allgemeiner«, oder einfacher Webel. Der Gemeinwebel wurde aus dem Kameradenkreis der Knechte des Fähnleins gewählt und übernahm ähnliche Funktionen wie der Feldwebel für das Regiment. Die Wahlverfahren und die Amtszeit waren unterschiedlich geregelt. Der Gemeinwaibel stand in der Hierarchie zwischen dem Hauptmann und seinen Stellvertretern (dem Leutnant und dem Fähnrich) und dem Rest der Landsknechte. Er fungierte als Mittelsmann bei Konflikten, übernahm die Ausbildung und ordnete das Fähnlein für die Schlachtaufstellung.

Feld- und Gemeinwebel erhielten monatlich drei bis vier Solde. Jeder gewöhnliche Landsknecht wurde mit einem Sold in Höhe von vier rheinischen Gulden entlohnt. Vier Gulden waren gutes Geld, denn selbst ein ausgebildeter städtischer Facharbeiter konnte kaum mehr verdienen. Mit dem Drei- bis Vierfachen gehörte der Feldwaibel also zur Gruppe der Besserverdienenden. Die Kriegsordnungen der zweiten Hälfte des 16. Jahrhunderts empfahlen den Kriegsherren, ihren Feldwebeln einen »Jungen«, also einen Burschen zur persönlichen Bedienung zur Seite zu stellen. Auch dies macht deutlich, wie angesehen das Amt des Feldwaibels damals gewesen ist.

Mit der Professionalisierung des Militärs im 16. Jahrhundert begann sich auch die Öffentlichkeit für die bunten Kriegshaufen zu interessieren. In zahlreichen Holzschnitten stellten die Topkünstler ihrer Zeit die Vielzahl der militärischen Ämter vor. Bilder und Texte vermitteln uns eine Vorstellung dieser stolzen, selbstbewussten Kriegsleute. In einem um 1535 entstandenen Holzschnitt stellt sich ein solcher Feldwebel vor:

Ulrich von Ulm – Barchant Weber
Eyn gemein Waybel pin ich pestelt
Von einem Fenlein Knecht erwelt
Da von hab ich Drey Monatd Soldes
Das macht ein Wochen drey stuck goldes
Da von thue ich meng stolzen Truncke
Das ich fur war in meiner Duncke
Mit Parchant nit erweben mag
Ob ich die nacht wyrck zu dem Tag

Ulrich von Ulm – Barchant*-Weber
Ich bin zu einem Gemeinwebel bestellt,
von einem Fähnlein Knechte erwählt,
davon habe ich drei Monate Sold.
Das macht in der Woche drei Goldstücke.
Davon kann ich eine Menge vertrinken,
das ich fürwahr mit meiner Arbeit
mit Barchantweben nie erarbeiten würde,
ob ich bei Nacht oder bei Tag am Werk bin.
* Leinen und Baumwolle

Ulrich von Ulm hatte also seinen Webstuhl mit dem Amt im Fähnlein vertauscht. Er betont die gute Bezahlung, von der er offensichtlich wesentlich besser leben (und länger trinken) konnte, als vom Handwerk der Weberei. Ähnlich selbstbewusst präsentiert sich sein Kamerad, der aus seinem neuen Amt gleich einen neuen Nachnamen gemacht hat: Clas (= Klaus) Feldtwaybel:

> Clas Feldtwaybel bin ich genant.
> Vor Pavia ward ich erkandt.
> Da ich die pest Schlachtordnung macht.
> Dardurch gewunnen wir die Schlacht.
> Des sindt mir noch die Haubtleüt holdt
> Geben mir drifach doppel Soldt.

Clas erzählt uns eine kleine Geschichte. Er hat bei Pavia gefochten, einer bedeutenden Schlacht, die 1525 im Norden Italiens geschlagen wurde und den Landsknechten großen Ruhm einbrachte. Er hat sich dabei durch eine gute Organisation der Schlachtordnung hervorgetan und scheint damit das Schlachtenglück gewendet zu haben. Für diese Leistung respektieren ihn die Hauptleute des Regiments und zahlten ihm einen dreifachen Doppelsold: also sechsmal so viel wie einem einfachen Landsknecht.

Der Feldwebel und der Gemeinwebel waren aber nicht die einzigen Ämter in den Landsknechtshaufen. Die riesigen Heere mussten bezahlt und verwaltet werden. Beutelisten wurden erstellt, die Landesherren wollten schriftlich über den Gang des Feldzugs unterrichtet werden, und schließlich nahm der Schriftverkehr zu, wenn es um den Austausch von Gefangenen und die Einforderung von Lösegeldern ging. Man sieht: Militärbürokratie und die Schlacht mit Tinte und Papier ist keine Erfindung unserer Tage, sondern schon mehr als ein halbes Jahrtausend alt.

Um diese Papierflut zu bewältigen, benötigten die Regimenter und Fähnlein sogenannte Musterschreiber, die die Personallisten führten und den gesamten Schriftverkehr für den Oberst oder Hauptmann erledigten – ein wichtiges Amt, das oft als Karrieresprungbrett diente. Die Pfennigmeister verwalteten die Kriegskasse, auch sie mussten schreibkundig sein und obendrein rechnen und wirtschaften können. Musterschreiber und Pfennigmeister sind die Vorläufer der heutigen Wehrverwaltung, der Rechnungs- und Personalführer.

Zur Aufrechterhaltung der Disziplin und Ordnung verfügten die Regimenter über einen Profos, der als Chef der Lagerpolizei den Lagermarkt organisierte und bei Streitigkeiten mit seinen Gehilfen, den Steckenknechten, einschritt. Die Durchsetzung der Militärjustiz oblag dem Schultheißen, der in der Hierarchie einem Hauptmann vergleichbar war. Ihm standen als Helfer mehrere Gerichtswebel und ein Nachrichter zur Seite, der die sogenannten Leibstrafen vollzog. Da man beim Militär zu dieser Zeit keine entehrenden Strafen kannte, gab es eigentlich nur zwei Möglichkeiten: Freispruch oder das Todesurteil. Eine wichtige Rolle spielten auch die technischen Spezialisten, wie die Feuerwerker, der Pulvermeister oder die Büchsen-, Stück- oder Zeugmeister bei der Artillerie (»Stück« steht für eine Kanone, »Zeug« steht für Rüstung, Gerät oder Geschütz). Der Begriff des Meisters war dem zivilen Handwerk entlehnt und dort nur den erfahren, selbstständigen und meist wirtschaftlich erfolgreichen Handwerkern vorbehalten. Ein Meister im Landsknechtshaufen war nicht irgendwer, sondern *der* Fachmann auf seinem Gebiet. Bei der Artillerie pflegte man sogar zünftige Strukturen, mit Gesellen- und Meisterprüfungen wie im zivilen Handwerk. Ganz gleich ob Organisator, Techniker oder Verwalter – diese Spezialisten waren den meist adeligen Anführern in fachlicher Hinsicht haushoch überlegen. In einer Kriegsordnung von 1598 kann man lesen:

> »Ein Musterschreiber muss ein geschickter, vorsichtiger Geselle sein, unverdrossen, nicht versoffen noch verschlafen und fast eines Hauptmanns Meister sein, der selber nicht wohl schreiben und rechnen kann.«

Kein Wunder, dass diese Männer Aufstiegsmöglichkeiten hatten, und manche wussten diese auch zu nutzen. Es gibt einige Beispiele von Feldwebeln, Musterschreibern oder Zeugmeistern, die sich »von der Pike auf« hochdienten und Karriere machten.

Verschiedene Handfeuerwaffen, im Vordergrund eine Hakenbüchse, Federzeichnung um 1512.

Das Militär des 16. Jahrhunderts kannte noch nicht die Unterscheidung zwischen Dienstgrad und Dienststellung. Es gab auch noch keine Rangabzeichen – die Stellung erkannte der Außenstehende in der Regel an der Pracht der Kleidung und dem Wert der Bewaffnung. Die Landsknechtsheere unterschieden nur zwei Statusgruppen: die Landsknechte und besser verdienenden »Doppelsöldner« auf der einen und die Inhaber eines Amtes auf der anderen Seite. Wenn wir heute manchmal von der Gruppe der »Dienstgrade« sprechen, dann greifen wir unbewusst auf diese alte Trennung zurück, die zwischen einfachen Kriegsleuten und Soldaten sowie den Vorgesetzten unterscheidet.

Die Trennung zwischen »Oberoffizieren« und »Unteroffizieren« begann erst im 17. Jahrhundert, in der Epoche des Dreißigjährigen Krieges (1618–1648). In dieser Zeit war die Ära der Landsknechte schon vorbei. Die finanzielle und rechtliche Situation der Kriegsleute hatte sich deutlich verschlechtert und damit auch die Möglichkeit, selbstbewusst Sonderrechte einzufordern. Die Verbände waren aus taktischen und logistischen Gründen immer kleiner geworden. Regimenter zählten im Dreißigjährigen Krieg nicht mehr zu Tausenden sondern oft nur noch zu Hunderten, und die Fähnlein schrumpften von 400 Landsknechten auf kaum mehr als 50 oder höchstens 100 Soldaten. Diese Veränderungen stärkten die mittlere Führungsebene und vergrößerten die Kluft zwischen der Kompanieführung (Hauptmann, Leutnant und Fähnrich – bei der Kavallerie Cornett genannt) und der Truppe.

Der Aufstieg wurde für die unteren Ränge immer schwerer. Aber es gibt Beispiele wie Peter Holzappel (1585–1648), der aus bäuerlichen Verhältnissen stammte, lange Jahre als Soldat und Unterführer diente und es später mit Geschick zum Grafen von Melander und kaiserlichen Feldmarschall brachte. Oder Konrad Wiederholt (1598–1676), der als einfacher Soldat und Ausbilder in württembergische Dienste trat und durch Zähigkeit und Geschick zum Oberstleutnant und Festungskommandanten aufstieg.

Musketier mit Luntenschlossmuskete, kolorierter Kupferstich von Jacob de Gheyn (1609).

In den Soldlisten dieser Zeit findet man den Feldwebel eher selten, dafür aber den neuen Rang des Korporals. Der Name leitet sich aus dem italienischen »capo« ab (Kopf, Haupt, Anführer) und bezeichnet den Führer einer Korporalschaft, vergleichbar mit einer Gruppe oder einem Zug. Seine Aufgabe bestand vor allem im »Thrillern«, dem drillmässigen Einüben standardisierter Bewegungen.

Das hatte vor allem mit den taktischen Veränderungen zu tun. Während die Landsknechte des 16. Jahrhundert noch in geschlossenen Haufen mit Spießen, Hellebarden und Schwertern kämpften, benutzten die Soldaten des 17. Jahrhunderts immer häufiger die Arkebusen oder Musketen genannten Feuerwaffen. Deren Zielgenauigkeit und Durchschlagskraft war so gering, dass eine effektive Wirkung nur bei geschlossenem Einsatz erreicht werden konnte. Die Koordination des gemeinsamen Ladens, Zielens und Feuerns erforderte viel Disziplin und drillmässiges Üben. Damit schlug die Stunde der Ausbilder, der Korporale, die schon bald den Titel Unteroffizier führen sollten.

Korporale, Sergeanten und Unteroffiziere im 18. Jahrhundert

Nach 30 Jahren Krieg (1618–1648) waren die Kriegsteilnehmer wirtschaftlich völlig erschöpft und Deutschland in weiten Teilen verwüstet. Die meisten Landesherren rüsteten aber nur einen Teil ihrer Truppen ab – das war neu, denn seit dem Ende des Mittelalters wurden die Söldnerheere nur so lange unterhalten, wie man Krieg führte. Soldaten kosteten Geld, auch wenn sie nicht im Felde standen. Aber die Sorge vor einem neuerlich aufflammenden Konflikt schien vielen Fürsten so groß, dass sie aus den kriegserfahrenen Regimentern die Veteranen, die sogenannten »versuchten« oder »beschossenen Knechte«, zusammenzogen, um Kaderstämme für die Ausbildung und Führung zu schaffen. In dieser Zeit taucht der Begriff des Unteroffiziers auf. In Brandenburg-Preußen lässt er sich erstmals in den Kriegsartikeln von 1656 nachweisen.

Die Unterscheidung zwischen »Oberoffizieren« und »Unteroffizieren« hängt mit den Musterlisten jener Zeit zusammen, in denen die Namen aller Soldaten einer Kompanie zusammengefasst wurden. Die Musterlisten waren das wichtigste Verwaltungsdokument der damaligen Armeen. Sie bildeten die Grundlage für die Rangeinstufung jedes Soldaten. Eine Kopie für den Kriegsherrn oder die von ihm beauftragten Beamten diente zur Abrechnung der Soldbeträge. Sold erhielten die Kompaniechefs nur für die Männer, die auf der Musterliste geführt wurden. Die Musterliste muss man sich wie ein mehrfach gefaltetes Blatt im Hochformat vorstellen, etwas größer, aber durchaus vergleichbar mit einem »flyer«. Auf der ersten Seite, der »prima plana«, standen die Führer der Kompanie. In der oberen Hälfte wurden die »Oberoffiziere« aufgeführt: der Hauptmann (auch Kapitän oder Capitain, bei der Kavallerie Rittmeister genannt), der Leutnant sowie der Fähnrich (bei der Kavallerie hieß er Cornett). In der unteren Hälfte der ersten Seite standen die »Unteroffiziere«: der Feldwebel, zwei bis drei Sergeanten, zwei bis drei Korporale, eventuell ein Gefreitenkorporal (vergleichbar einem Offizieranwärter), ein Fourier (der Versorgungsunteroffizier), der Musterschreiber, zwei bis drei Tambours (Trommler und Pfeifer), der Feldscher (Sanitätsunteroffizier), der Kapitän d'Armes (Waffenunteroffizier) und bei der Kavallerie der Hufschmied. Bei den technischen Truppen, wie der Artillerie, den Pionieren und den Festungsbauern, zählten die meisten Spezialisten und Fachleute zu den Unteroffizieren, zum Beispiel die Wallmeister, Schirrmeister, Zimmerleute, Feuerwerker und Schmiede.

Mit der Unterscheidung in Ober- und Unteroffiziere vollzog sich zugleich eine soziale und fachliche Trennung. Während die meisten Oberoffiziere dem Adel oder begüterten Bürgertum entstammten, kamen die Unteroffiziere in der Regel aus kleineren Verhältnissen. Viele hatten sich durch Tapferkeit und Leistung hochgedient und verfügten meist über entsprechende Lebenserfahrung. Während die Oberoffiziere verstärkt taktische Führungsaufgaben übernahmen, wurden die Unteroffiziere in den Bereich der Ausbildung und des Funktionsdienstes abgedrängt. Die soziale Herkunft und nicht zuletzt die finanziellen Möglichkeiten entschieden, wer als Ober- oder Unteroffizier anmusterte. Häufig waren die Dienststellungen sogar käuflich. Wer über genügend Geld verfügte, konnte bereits in sehr jungen Jahren eine Kompanie übernehmen. Am Ende des 17. Jahrhunderts war die Kluft zwischen Ober- und Unteroffizieren bereits so groß, dass die unteren Ränge nur noch schwer aufsteigen konnten.

Zu den großen Hindernissen gehörten auch die Bildungsunterschiede. Während die Oberoffiziere ausnahmslos lesen und schreiben konnten, zählten sehr viele Unteroffiziere des 17. und viele des 18. Jahrhunderts noch zu den Analphabeten. Preußen, das über ein vorbildliches Bildungssystem verfügte, führte die allgemeine Schulpflicht erst 1717 ein, Bayern sogar erst 1802. Danach dauerte es noch Jahrzehnte, bis man von einer wirklichen Schreib- und Lesefähigkeit breiter Bevölkerungsgruppen ausgehen konnte.

Lese- und Schreikenntnisse erwartete man bei den Unteroffizieren vom Gefreitenkorporal (der ja später Offizier werden sollte), dem Fourier (damit die Abrechnung stimmte) und dem Feldwebel. Dessen Aufgabe kann man mit einem heutigen Kompanie-, Batterie- oder Staffelfeldwebel vergleichen. In einer Vorschrift für die kurfürstlich-brandenburgischen Truppen unter Kurfürst Friedrich III. wurde gefordert:

> »Der Feldwebel hat fast die ganze Last der Companie auff sich und nichts bei der Compagnie geschehe, es sey so geringe, alß es wolle, das er nicht nachricht darvon habe«.

Der Feldwebel hatte demnach eine zentrale Stellung und musste über alles auf dem Laufenden sein: den Personalbestand, das innere Gefüge und die Ausbildung.

Farblithografie von Soldaten des Grenadier-Garde-Bataillons (No. 6) im Jahre 1745. Bei den abgebildeten Stangenwaffen handelt es sich um einen Sponton für Offiziere und ein Kurzgewehr (r.) für Unteroffiziere.

Zu Beginn des 18. Jahrhunderts begann man, in den Armeen die Organisation und Ausbildung durch einheitliche »Reglements« (vergleichbar den heutigen Vorschriften) zu verbessern. Preußen war in dieser Hinsicht führend. Kein Geringerer als der preußische König Friedrich Wilhelm I. selbst erließ 1726 das »Reglement Vor Die Königl.[ich] Preußische Infanterie«. Die »Mutter aller Vorschriften« fasste erstmals die wichtigsten Ausbildungsinhalte und Befehle für das »Chargieren« (= Feuern und Laden im Gefecht) und die einzelnen Handgriffe im Umgang mit dem Gewehr zusammen. Des Weiteren bestimmte das Reglement Regeln für die Ordnung in der Garnison und im Feld, für die Versorgung, die Ausrüstung und den Sold und fasste das Disziplinarwesen zusammen. Schließlich wurden die Stellenanforderungen bis ins Kleinste festgelegt.

Der eigentliche Autor des Reglements, Fürst Leopold von Anhalt Dessau (1676–1747), war ein Vertrauter und guter

Freund des Preußenkönigs. Der »Alte Dessauer« gehörte zu den populärsten preußischen Generalen und gilt als der wichtigste Reformer des preußischen Heeres im 18. Jahrhundert. Vermutlich führte er den Gleichschritt ein und den eisernen Ladestock, mit dem die Soldaten schneller ihre Vorderladergewehre laden konnten. Schon damals galten strenge Regeln im Umgang mit Vorschriften, weil man sich vom Ausland nicht in die Karten schauen lassen wollte. Ein Unteroffizier, der das ihm anvertraute Reglement verlor, musste mit dreijähriger Haft und Zwangsarbeit rechnen.

Das Infanteriereglement von 1726 formulierte erstmals die Anforderungen an die einzelnen »Chargen« (Dienstgrade). Am ausführlichsten beschäftigte sich das Reglement mit dem untersten Unteroffizierdienstgrad, dem Korporal. Er sollte vor allem durch tadelloses Auftreten und gutes Waffenhandwerk den jüngeren Soldaten ein Beispiel geben. Von ihm wurde erwartet, dass er den Gefreiten an Erfahrung und Fachwissen übertraf. Auch charakterliche Befähigung, vor allem Wahrheitsliebe und Treue sowie ein besonderer Mut wurden gefordert. Im Garnisonsdienst übernahmen die Korporale unter Anleitung der Sergeanten die Ausbildung der Soldaten. Der Korporal musste mit seiner körperlichen Leistungsfähigkeit ein Vorbild sein, vor allem wenn es ums Marschieren ging. Der Hinweis war nicht unerheblich. Bei strapaziösen Gewaltmärschen mussten die Korporale dafür sorgen, dass die Marschfolge nicht abriss, und legten deshalb oft weitere Strecken zurück, um zurückgefallene Soldaten »einzusammeln«. Zu den weiteren Aufgaben gehörte die Begleitung der Soldaten beim Fouragieren (dem Organisieren von Versorgungsgütern) sowie die Überwachung der Posten und Wachen in der Garnison und im Feldlager. Im Gefecht trugen die Unteroffiziere dafür Verantwortung, dass die Soldaten nicht »aus dem Glied tanzten« oder – noch schlimmer – »schmählich ihre Posten und Fahne verlassen«. Dabei sollte man sich klarmachen, unter welchem enormen physischen und psychischen Druck die Soldaten im Feuerkampf standen. Die Taktik war auf das rhythmische Feuern in einer geschlossenen Linie ausgerichtet. Alles zielte auf die Feuerwirkung, Deckung spielte keine Rolle. Die Korporale standen darum im Gefecht dort, wo es am gefährlichsten war, nämlich in der ersten Reihe oder unmittelbar hinter den schießenden Soldaten, um Desertionen zu verhindern.

Der zweite Unteroffizierdienstgrad war der Sergeant. Der Name stammt aus dem Lateinischen und bedeutet »der Dienende«. Die Dienstgradbezeichnung findet sich bis heute in zahlreichen Streitkräften. Ältere Unteroffiziere konnten bei Bewährung darauf hoffen, zum Sergeanten befördert zu werden. Sie sollten enge Bindung zu den Oberoffizieren halten und diese im äußersten Notfall im Gefecht sogar ersetzen können. Die Führung eines Pelotons (vergleichbar einer Teileinheit) blieb aber die absolute Ausnahme.

Den höchsten Unteroffizierdienstgrad bekleidete der Feldwebel. Ähnlich wie der Spieß von heute stand er über allen Unteroffizieren der Kompanie. Er sollte das gesamte preußische Offizierreglement im Kopf haben – immerhin fast 200 Seiten. Auch die komplette »Rangierrolle«, also die Namensliste der Kompanie, sollte der Feldwebel auswendig kennen. Zu seinen Aufgaben gehörte die Aufsicht über die Korporale und Sergeanten, die ordnungsgemäße Ausrüstung der Soldaten, ihre Unterbringung und Verpflegung im Feld und die pünktliche Auszahlung des Soldes. Der Feldwebel sollte auch ein Auge auf den Gesundheitszustand und die Feldverwendungsfähigkeit der Soldaten werfen. Er erfüllte damit die wichtige Rolle des Vorgesetzten und Mittlers zwischen der Kompanieführung und den Mannschaften. Als einziger Unteroffizier hatte er den Anspruch, gesiezt zu werden.

In seiner Schrift »Der vollkommene Teutsche Soldat« von 1726 fordert der sächsische Oberstleutnant und Militärschriftsteller Hans Friedrich von Flemming von einem Unteroffizier zusammenfassend, er solle

> »die Gemeinen nicht brutalisieren, sich auch mit ihnen nicht allzugemein machen, ein nüchtern Leben führen, die Debauche, das Spiel und Sauffen vermeiden, die Reinlichkeit in ihrer Kleidung sich befleißigen, die Exercitia so wohl mit der Mousquete als kurtzen Gewehr machen, und sich bey allen ihren vorfallenden Diensten und Commando-Sachen fertig, accurat und vigilant erweisen.«

Aus der Sicht der Obrigkeit standen die Unteroffiziere näher bei den Mannschaften als bei den Offizieren. Materiell ging es Unteroffizieren deutlich besser als ihren Untergebenen. Sie verdienten fast doppelt so viel wie die »Gemeinen« und erhielten aufgrund ihrer besseren finanziellen Stellung auch leichter den begehrteren »Heiratskonsens«, ohne den kein Soldat die Ehe schließen durfte. Trotz der vielfältigen Aufgaben und hohen Anforderungen genoss der Dienst der Unteroffiziere kein besonders hohes Ansehen. In den Augen der Offiziere fehlte den Korporalen, Sergeanten und Feldwebeln etwas Wesentliches: der

Auf dieser allegorischen Darstellung finden sich alle gängigen Militärstrafen des 18. Jahrhunderts – vom Spießrutenlaufen bis zum Tod durch den Strang, Kupferstich aus »Der Vollkommene Teutsche Soldat« von Hans Friedrich von Flemming (1726).

point d'honneur (franz. Ehrenstandpunkt). Unteroffiziere waren nicht ehrlos, aber sie genossen nicht die Anerkennung als »Männer von Ehre«. Das zeigt sich unter anderem im Militärstrafrecht, das auch für Unteroffiziere entehrende Strafen vorsah. Wachvergehen konnten zum Beispiel mit »Krummschließen« bestraft werden (mehrstündigem Festbinden von Armen und Beinen in einer schmerzhaften Haltung). Im Unterschied zu den Oberoffizieren konnten die Unteroffiziere auch keine Ehrenzeichen erwerben. In Preußen erhielten den berühme Orden »Pour le Mérite« nur Offiziere.

Und schließlich werden die Standesunterschiede in der Besoldung deutlich. Der Sergeant erhielt zwar mit vier Talern nicht nur den doppelten Sold eines einfachen Musketiers, sondern auch doppelt so viel Verpflegung – was nicht verzehrt wurde, konnte eingetauscht oder verkauft werden. Aber die Einkünfte machten nur ein Drittel des Verdienstes eines Leutnants aus, der zwölf Taler verdiente und nur den Bruchteil der Besoldung eines Hauptmanns, der auf ein Monatseinkommen von bis zu 200 Talern kommen konnte.

Und die Aufstiegschancen? Das hing entscheidend davon ab, unter welchem Landesherren man diente. In den süddeutschen Territorien, vor allem in Bayern, gelang geeigneten Sergeanten oder Feldwebeln der Aufstieg leichter als zum Beispiel in Preußen. Im preußischen Infanteriereglement von 1726 hieß es:

> »Wenn ein Unteroffizier, welcher kein Edelmann, große Meriten [Verdienste] und einen offenen Kopf, auch dabei ein gut Exterieur und wenigstens 12 Jahre gedient hat, inngleichen kein Branntweinsäufer ist, soll er zum Secund-Lieutnant [Leutnant] vorgeschlagen werden.«

Natürlich war es ein großer Schritt vom Unteroffizier zum Leutnant. Aber der wirklich große Sprung über die »Hauptmannskante« glückte nur den Allerwenigsten.

Der Anteil der Unteroffiziere adeliger Herkunft dürfte im Reichsdurchschnitt bei fünf bis zehn Prozent gelegen haben. In Preußen lag die Quote allerdings deutlich niedriger. Adlige Unteroffiziere finden sich vor allem bei der Kavallerie, natürlich bei den Gefreiten Korporalen und einigen Feldwebeln. Viele verarmte Landadlige hatten nicht das Geld, um sich in ein attraktives Regiment einzukaufen und suchten so ihre Chance, durch Leistung sozial aufzusteigen.

Wie sahen Unteroffiziere im 18. Jahrhundert aus? Einheitliche Dienstgradabzeichen auf Schulterstücken oder Ärmeln waren damals noch unbekannt. Standesabzeichen machten den Unterschied aus. Allerdings konnten diese von Regiment zu Regiment stark variieren. Offiziere trugen in der Regel reichere Verzierungen am Uniformrock, eine Schärpe aus Silberschnüren um den Bauch, auf der Wache und bei Paraden zusätzlich den Ringkragen (ein verziertes Blechschild vor der Brust) sowie einen Degen. Die Unteroffiziere erkannte man an den daumenbreiten, goldfarbenen Tressen am Uniformrock. Sie trugen außerdem einen schwarz-weißen Puschel am Hut und am Säbeltroddel (bei den Mannschaften nur einfarbig) sowie helle Stulpenhandschuhe. Statt einer Flinte führten sie, ähnlich wie die Leutnants, ein »Kurzgewehr«, eine etwa 2 Meter lange Stangenwaffe mit kurzer und breiter Klinge. Der Name hat übrigens nichts mit dem Gewehr zu tun, sondern leitete sich von der »kurzen Wehr« ab, die nicht so lang war, wie der Spieß oder die Pike. Ein weiteres wichtiges Rangabzeichen bildete der Stock, der auch zur Züchtigung der Soldaten eingesetzt wurde. Das Offizierportepee am Säbel führte die preußische Armee für Feldwebel erst 1789 und das Offizierseitengewehr 1822 ein.

Preußische Reformen

Die Unteroffiziere haben in der Zeitspanne der für die Tradition der Bundeswehr so wichtigen preußischen Reformen Anfang des 19. Jahrhunderts leider nur wenige Spuren hinterlassen. Während die Quellen bei den Wehrpflichtigen aufgrund der Einführung der Wehrpflicht kräftig sprudeln und auch bei den Offizieren ein breiter Strom der Überlieferung anzutreffen ist, können wir bei den Unteroffizieren nur ein dürftiges Rinnsal verfolgen. Die Unteroffiziere spielten im Reformwerk der Männer um Scharnhorst keine herausragende Bedeutung. Hinzu kommt, dass die Korporale, Sergeanten und Feldwebel nur wenig Schriftliches hinterlassen haben, aus dem wir mehr über ihren Alltag, ihren Dienst und ihre Einstellungen erfahren könnten.

Das Unteroffizierkorps der von Napoleon 1806 vernichtend geschlagen preußischen Armee befand sich in einem jämmerlichen Zustand. Es litt unter den gleichen Problemen der mangelnden Professionalität und Überalterung wie das Offizierkorps. Viele Unteroffiziere wurden aus Kostengründen erst sehr spät in Pension geschickt, sodass 60-jährige Korporale und Sergeanten keine Seltenheit waren. Die schon kurz nach der Niederlage beginnenden Veränderungen machten darum auch vor den Unteroffizieren nicht halt. Im Ortelsburger Publicandum vom 1. Dezember 1806 eröffnete der König allen Unteroffizieren erstmals die uneingeschränkte Möglichkeit des Aufstiegs in alle Ränge:

> »So lange der Krieg dauert, wird der Unteroffizier und Gemeine, wenn er sich durch Gewandheit und Geistes-Gegenwart besonders auszeichnet, so gut Officier, wie der Fürst. Nur der, welcher Verbrechen begangen, ist dem Officier Range ausgeschlossen.«

Ein altes Problem wird hier deutlich: Uneingeschränkte Aufstiegschancen für Unteroffiziere eröffneten sich meist nur in Krisen- und Kriegssituationen, konkret »so lange der Krieg dauert«. War die Situation geklärt und die Führungslücken aufgefüllt, schloss sich das Fenster meist sehr schnell.

Der Unteroffizier der alten preußischen Armee stand stellvertretend für eine überlebte Militärform. Er war ein Berufssoldat, der so lange seinen Dienst tat, wie er physisch dazu in der Lage war. Er verfügte über geringes Ansehen, nicht nur weil er wenig verdiente, sondern vor allem, weil sein Dienst nicht als »Ehrendienst« begriffen wurde. Erst die Aufwertung des Militärdienstes als eine besondere Form der Pflichterfüllung aller Bürger für ihr Staatswesen

Militärstrafe, Radierung von Daniel Chodowiecki (1776).

stellte die Männer, die den Rock des Königs trugen, in ein neues Licht. Bürger, die ihren Wehrdienst aus Überzeugung leisteten, mussten und durften nicht mehr durch Druck und Gewalt geführt werden. Mit den ersten Ansätzen dessen, war wir heute »zeitgemäße Menschenführung« nennen würden, ging es nun darum, mit der Kraft der Überzeugung, der Begeisterung und des inneren Antriebs zu führen. Damit der Soldatenstand ein Ehrenstand werden konnte, mussten zuerst die entehrenden Strafen abgeschafft werden. Die Unteroffiziere verloren so ihren Korporalsstock und das Recht des willkürlichen Schlagens und Bestrafens. Der Militärreformer General von Gneisenau fasste diesen Gedanken in seiner Denkschrift von 1808 unter dem einprägsamen Titel »Von der Freiheit der Rücken« zusammen.

An die Stelle der Berufsunteroffiziere traten nun die »Kapitulanten«: Freiwillige, die sich anfangs auf neun und später auf zwölf Jahre verpflichteten und bei entsprechender Qualifikation aufsteigen konnten. Nach ihrer Dienstzeit sollten sie bevorzugte Möglichkeiten der Anstellung in der öffentlichen Verwaltung erhalten. Der Wandel vom ergrauten »Korporalsopa« zum jungen Unteroffizier hatte auch mit der veränderten Taktik zu tun. Die schrittweise Auflockerung der Gefechtsformation erforderte jetzt Unterführer, die mehr konnten als drillen, Befehle weitergeben und überwachen. Der Unteroffizier musste motivieren, anleiten, vorgehen und immer stärker auch führen können.

Die Ausbildung der Unteroffiziere steckte indes noch in den Kinderschuhen. In den Regimentern und Bataillonen wurden die Unteroffizierschüler in unregelmäßigen Abständen in Unterrichtsklassen zusammengefasst und von Feldwebeln oder Unteroffizieren unterrichtet, die sich die Truppe »aus den Rippen schwitzte«. Eine den Unteroffizier- oder Truppenschulen ähnliche zentrale Ausbildungseinrichtung wurde in der preußischen Armee mit dem Lehr-Infanterie-Bataillon in Potsdam erst 1819 eingerichtet.

Ein weiterer Wandel deutete sich bei der Pioniertruppe an, wo der Anteil an technischen Spezialisten immer schon sehr hoch war. Die Mineure (Graben- und Tunnelbauer), Sappeure (Schanzenbauer und Zimmerleute) und Pontonieure (Brückenbauer) fasste man in der preußischen Armee erstmals 1809 zu einem Pionierkorps zusammen und hob die Stellen in allen Bereichen an. Ein Pioniergefreiter wurde danach wie ein Korporal im übrigen Heer, ein Pionierkorporal wie ein Sergeant usw. bezahlt. Besonders bewährte Pionierunteroffiziere konnten zum Wallmeister befördert werden, und auch der Aufstieg zum Offizier wurde erheblich erleichtert. Die Pioniertruppe legte damit nicht nur das Image der »grauen Maus« ab. Sie wurde auch zum Vorreiter einer Entwicklung, die den technischen Fachmann, den Spezialisten und Könner einer Disziplin in Ansehen und Dienststellung an die Offiziere heranführte.

Angehöriger des Mansfeldschen Pionierbataillons in den Jahren 1814/15, Farblithografie nach Richard Knötel; preußisches Faschinenmesser für Pioniere.

Auch die Änderung der Auszeichnungspraxis bedeutete für das Selbstverständnis der Unteroffiziere einen erheblichen Imagegewinn. Erste Schritte machte das preußische Militär bereits zu Beginn der Feldzüge gegen Napoleon, als man die Verdienstmedaille für Unteroffiziere und Mannschaften einführte, die sich durch »Ehrgefühl und unverkennbare persönliche Tapferkeit« hervorgetan hatten. Den Durchbruch markierte eine für die deutsche Militärgeschichte in vielfacher Hinsicht bedeutende Entscheidung: die Stiftung des Eisernen Kreuzes 1813. Die Verleihungsbestimmungen besagten, dass die zwei Klassen der neuen Auszeichnung »von Höheren und Geringeren auf gleiche Weise« getragen werden konnten. War das Eiserne Kreuz der erste Orden der keine Unterschiede machte? Ja und nein. Grundsätzlich konnte jeder Soldat unabhängig vom Dienstgrad die Auszeichnung erwerben. Die Verleihpraxis zeigte, dass es dennoch erhebliche Unterschiede gab. Das Eiserne Kreuz wurde in den Freiheitskriegen gegen Napoleon insgesamt 16 000 Mal verliehen (einschließlich der sogenannten Anwärter), davon in der höchsten Stufe der 1. Klasse 668 Mal. Aber nur 53 Unteroffiziere erhielten den höchsten Orden – sicherlich nicht, weil sie weniger tapfer gekämpft oder weniger hervorragende Einzeltaten vollbracht hatten. Beispielhaft ist die Geschichte des Magdeburger Unteroffiziers David Pinkernelle. Er war 1813 als Kriegsfreiwilliger in das 1. Westpreußische Dragonerregiment »Prinz Albrecht von Preußen« eingetreten. Nach der Schlacht im französischen Laon erhielt er 1814 das Eiserne Kreuz zweiter Klasse und den russischen Georgsorden. Berühmt geworden ist seine Geistesgegenwart kurz darauf im Gefecht bei La Chaussée, als er mit acht Dragonern sein stark bedrängtes Regiment entlastete und einen Gegenstoß in den Rücken des Gegners führte. Die Verwirrung, die sein beherztes Vorgehen beim Feind auslöste, wurde komplett, als er den Franzosen im Kampfgewimmel zurief »Par quatre à droite« (Zu Vieren, rechts um). Die Franzosen folgten dem Kommando, und die gefährliche Situation war gemeistert. David Pinkernelle wurde kurz darauf zum Fähnrich befördert und schied als Leutnant 1817 aus militärischen Diensten aus.

In den Freiheitskriegen haben sich auch einige Frauen als Männer verkleidet und die Uniform angezogen, um für die Befreiung von der französischen Herrschaft zu kämpfen. Unter ihnen war Friederike Krüger, die in Männerkleidung und mit abgeschnittenen Haaren unter dem Namen August Lübeck 1813 ins Reservebataillon des Kolbergischen Infanterieregiments eintrat. In der Hektik der Mobilmachung hatte man es mit der medizinischen Tauglichkeitsuntersuchung nicht allzu genau genommen, und außerdem war man dankbar für »jeden Mann«. Friederike tat sich durch besondere Tapferkeit hervor und war schnell bei den Kameraden angesehen. Als sie bei einem Gefecht verwundet wurde, flog ihre Verkleidung im Lazarett auf. Noch während der Schlacht wurde sie für ihren Schneid zum Unteroffizier befördert und mit dem Eisernen Kreuz ausgezeichnet. Der preußische König

Ein weiterer Fall von »Etikettenschwindel« war der des Potsdamer »Heldenmädchens« Eleonore Prochaska, die als Angehörige des Freikorps Lützow beim Gefecht an der Göhrde (16. September 1813) fiel, Farblithografie nach Carl Röchling; Potsdamer Gedenkplakette.

Friedrich Wilhelm III. war so gerührt, dass er ihr erlaubte, in der Armee zu bleiben, wo sie – nun unter ihrem richtigen Namen – ihren Dienst fortsetzte. Sie zeichnete sich weiter in den Schlachten von Ligny und Namur aus und zog schließlich mit den siegreichen Truppen in Paris ein. Nach dem Krieg musterte Friederike ab und heiratete einen Korporal. Für ihre Verdienste erhielt sie vom König eine jährliche Rente zugesprochen.

Die historische Spur der Unteroffiziere bleibt auch nach den Freiheitskriegen dünn. Die Jahrzehnte nach den preußischen Reformen und den Freiheitskriegen bedeuten in vielerlei Hinsicht einen Rückschritt. Die Prügelstrafe wurde zwar nicht wieder eingeführt, aber der »kommissige« Ton nahm wieder zu. Manfred Messerschmidt, einer der besten Kenner der deutschen Militärgeschichte, hat das auf den Punkt gebracht:

> »Er [der Unteroffizier] verstand zwar sein Handwerk, fasste es aber häufig als Selbstzweck auf. Er blieb ein militärischer Erzieher, dem nur allzu oft nicht oder nur in einem ganz bestimmten Sinne bewusst war, dass ihm für 2 oder 3 Jahre die junge Mannschaft der Nation anvertraut war. In der dumpfen Kasernenhofluft gingen gerade jene Impulse verloren, die Scharnhorst und Boyen geweckt hatten.«

Auch an der schlechten Bezahlung und ungenügenden Versorgung der Unteroffiziere bei Invalidität änderte sich wenig. Die Standesschranken, die in Kriegszeiten kurzzeitig überwunden werden konnten, wurden nun wieder zu kaum überbrückbaren Hürden. Schaut man nur auf die soziale Durchlässigkeit zwischen den Mannschaften, den Unteroffizieren und Offizieren, dann standen die Unteroffiziere den Gemeinen näher als den Offizieren. Geburtsadel, Geld und immer öfter auch höhere Bildungsabschlüsse gehörten zu den Grundvoraussetzungen für den Aufstieg in Führungspositionen. Charakterliche Eigenschaften, Intelligenz und eine rasche Auffassungsgabe – alles unverzichtbare Voraussetzungen für militärische Führer – waren erst einmal weniger gefragt.

Das Militär machte wenig Anstalten, mehr in die Bildung zu investieren – warum auch, das System funktionierte ja, solange es keine grundlegenden Veränderungen in den technischen oder taktischen Anforderungen gab. Erst allmählich entstanden Unteroffizierschulen, die am Bildungsniveau etwas änderten. So wie die Offiziere, rekrutierten sich die Unteroffiziere nun fast ausschließlich aus bestimmten sozialen Schichten. Beiden Gruppen tat das nicht gut. Dem Offizierkorps ging der Blick fürs Praktische und der Draht nach unten verloren, während der Unteroffizierstand eher genügsame Typen anzog. Wer sein Potenzial entdecken und sich entwickeln wollte und die Chance der Bewährung und des Aufstiegs suchte, der ging kaum als Unteroffizier zur Armee. Das relativ geringe gesellschaftliche Ansehen und der magere Sold taten ein Übriges. Die Unteroffiziere verstanden sich, anders als die Offiziere, nicht als eigenes Korps, das einen Waffenstolz entwickeln konnte. Vielmehr sahen sie sich als eine Klasse, oder ein Stand, der sich durch Trennung und Unterscheidung definierte – von den Mannschaften, den Offizieren und natürlich den Zivilisten. Das »Gegen« dominierte, das »Für« kam zu kurz. Das war zu wenig, um eine Identität zu entwickeln.

Als Unteroffiziere waren die gefragt, die durch ihre Zuverlässigkeit und ihre unbedingte Loyalität zur Krone überzeugten. Fast alle Monarchen sahen im Militär den Garant ihrer fürstlichen Macht. Sollten die Liberalen ihre Forderungen nach Meinungsfreiheit und Verfassungsrechten sonst wo führen – die Kasernen hatten davon frei zu bleiben. Die Kaserne wandelte sich so langsam zur »Schule der Nation«, in der eine patriotische Gesinnung und Treue zum Landesherrn vermittelt werden sollten.

Meuternde preußische Soldaten versammeln sich am 12. September 1848 vor dem Neuen Palais in Potsdam. Als sie versuchen, arrestierte Kameraden zu befreien, wird der Aufstand sehr schnell von Linientruppen niedergeschlagen. Die »Potsdamer Meuterei« bleibt eine kurze Episode der Revolution von 1848/49.

Immerhin, ein Unteroffizier, der in preußischen Diensten stand, konnte nach seiner Entlassung aus dem aktiven Dienst von einer zivilen Anstellung im Staatsdienst ausgehen. Militärinvalide konnten mit einem kargen »Gnadentaler« oder einem »Civil-Versorgungsschein« rechnen, der eine Anstellung als Nachtwächter, Küster, Amts- oder Gerichtsdiener ermöglichte.

In den anderen Territorien des Deutschen Bundes sahen die dienstlichen Rahmenbedingungen und die Versorgung oft noch schlechter aus. In Württemberg zum Beispiel mussten die dienstgradniedrigen Unteroffiziere mit ihren Untergebenen die Stube teilen. In Baden, Bayern und anderswo reichte das Geld kaum, um eine Familie zu ernähren. Wer unter so schlechten Bedingungen diente, auf den war in unruhigen Zeiten kein Verlass. In den Wirren der Revolution von 1848/49 fassten einige Unteroffiziere den Mut, die Missstände in Petitionen vorzubringen. In einer Eingabe fanden mehrere hessische Unteroffiziere deutliche Worte:

> »Die Unterofficiere, die so arm sind an Kampfmitteln gegen ihnen angethanes Unrecht, werden immer noch gedrückt und verachtet. [...] Wenn also der Unteroffizier mit seinem Stande unzufrieden ist, dann [müssen] auch seine Untergebene[n] diese Unzufriedenheit theilen [...] Wir leben und sterben für Fürst und Vaterland, wenn wir zufrieden gestellt werden; umgekehrt aber, geschieht unsere Pflichterfüllung nur mit dem größten Widerwillen.«

»Des Kaisers Rock« – mal mit, mal ohne Portepee

An den militärischen und gesellschaftlichen Rahmenbedingungen der Unteroffiziere änderte sich auch in der zweiten Hälfte des 19. Jahrhunderts wenig. Während die Übergänge zwischen Mannschaften und Unteroffizieren durchgängig waren, blieben die Grenzen zu den Offizieren fast unüberwindlich. Streng genommen waren die Unteroffiziere in dieser Zeit keine Berufs-, sondern Zeitsoldaten. Offiziere dienten so lange, bis sie nicht mehr verwendungsfähig waren oder aus privaten Gründen freiwillig ihr Abschiedsgesuch einreichten. Unteroffiziere verließen in der Regel nach einem Dutzend Jahre als »Zwölfender« die Armee. Jeder Abgänger erhielt ein Handgeld, das am Ende der Kaiserzeit 1500 Mark betrug, fast zwei Jahresgehälter eines Feldwebels. Wer keinen »Zivilversorgungsschein« in Anspruch nahm, der die Übernahme in den zivilen Verwaltungsdienst garantierte, erhielt sogar 3000 Mark – eine stolze Summe. Die meisten ausscheidenden Unteroffiziere machten aber von der Möglichkeit des Wechsels in den zivilen Verwaltungsdienst Gebrauch. Viele wechselten nur die Uniform und wurden Polizist, Bahn- oder Forstbeamter. Andere übernahmen Stellen in einer kommunalen Behörde oder wurden bei entsprechender Qualifikation Lehrer. Diese Versorgungsgarantie bildete den wichtigsten Grund, Unteroffizier zu werden. Kurz vor Ausbruch des Ersten Weltkrieges konnten mehr als die Hälfte der Angehörigen des mittleren Beamtendienstes auf eine militärische Karriere als Unteroffizier zurückblicken.

Die schrittweise Durchdringung der öffentlichen Verwaltung und der Beamtenschaft auf Reichs-, Landes- oder Kommunalebene war nicht unproblematisch. Für die Zivilverwaltung wurde es immer schwieriger, den eigenen, oft besser qualifizierten Nachwuchs in ein dauerhaftes Anstellungsverhältnis zu überführen. Hinzu kam, dass sich der auf dem Kasernenhof geformte Geist von Befehl, Gehorsam, Drill und Autoritätsgläubigkeit langsam in die Amtsstuben einschlich und zu einer allmählichen Militarisierung der Gesellschaft führte.

Wo kam der Unteroffiziernachwuchs her? Die Unteroffizierschulen stellten nur einen geringen Teil der künftigen Ausbilder, Spezialisten und Führer. Preußen hatte 1819 mit dem Lehr-Infanterie-Bataillon die erste Unteroffizierschule in Potsdam aufgebaut, viel später erst zogen Sachsen, Württemberg, Baden,

Hessen und Bayern nach. In den Unteroffizierschulen fielen Schulausbildung und vormilitärische Ausbildung zusammen. Der größte Teil des Nachwuchses wurde aus der Truppe rekrutiert. Die Regimenter und selbstständigen Bataillone mussten geeignete Kandidaten suchen und als »Kapitulanten« für eine Längerverpflichtung gewinnen. Wer »kapitulierte« (sich verpflichtete), erhielt obendrein ein Handgeld von 100 Mark. Jede Kompanie verfügte über ein festes Kontingent an Kapitulantenstellen, in der Regel 15 bis 20.

Aus diesem Kreis rekrutierten sich die Unteroffizieranwärter, die in den Truppenteilen größtenteils selbst ausgebildet wurden. In Fachschulen wurden Spezialkenntnisse vermittelt, die aus dem Unteroffizier den Fachmann machten. Mit der größten Armee im Deutschen Reich war auch hier Preußen führend. Die Schulung der Schießlehrer erfolgte in der Militärschießschule, die später in Infanterieschießschule umbenannt wurde und in Spandau, Lockstedt und Wahn stationiert war. Die Artillerie bildete ihr Fachpersonal in der Artillerieschießschule in Berlin aus. Ebenfalls in Berlin befand sich die Zentral-Turnanstalt, in der Sportausbildung gelehrt wurde – ein Ausbildungszweig, der im Laufe des Kaiserreichs immer größere Bedeutung erlangte. Die Kavallerie schließlich schulte ihr Ausbildungs- und Führungspersonal im Militär-Reitinstitut in Hannover.

Die Ausbildung und damit auch die Ausbilder gewannen umso stärker an Bedeutung, je mehr die Eigenverantwortung der Unterführer zunahm und je mehr die Technisierung Einzug hielt. Die Auflösung der Gefechtsformation sowie die Einführung neuer Waffensysteme wie Maschinengewehre, Luftschiffe und Flugzeuge, motorisierte Fahrzeuge und komplizierte Schiffstechnik brachten einen Professionalisierungsschub mit sich.

In dieser Phase bildete sich langsam ein Korpsgeist heraus, der das Selbstverständnis und den Stolz des modernen Unteroffiziers begründete. In der stärkeren Differenzierung der Dienstgrade wird die Spezialisierung deutlich. Der Dienstgrad des Korporals verschwand in der preußischen Armee 1856, in der bayerischen 1872 und wurde durch den Unteroffizier ersetzt. Man unterschied jetzt zwei Rangklassen. Die untere bildeten die Unteroffiziere ohne Portepee (Unteroffiziere, Sergeanten, Feuerwerker, Hoboisten, Hornisten, Trompeter, Oberhandwerker). Als Rangabzeichen trugen die Unteroffiziere am Seitengewehr eine silberne Troddel und am Kragen und Ärmelaufschlag des Uniformrocks eine silberne oder goldene Tresse. Sergeanten führten außerdem am Kragen einen Auszeichnungskopf, der von einem Adler geziert wurde.

Mithilfe eines Unteroffiziers (r.) lernen zwei Rekruten eines Kavallerieregiments »den aufrechten Gang« (1913); Reservistenkrug eines sächsischen Husarenregiments.

Zur zweiten Gruppe gehörten die Unteroffiziere mit Portepee (Feldwebel und Vizefeldwebel, Wachtmeister und Vizewachtmeister bei Kavallerie und Artillerie, Oberfeuerwerker und Wallmeister bei den Pionieren, Stabshoboisten, -hornisten, -trompeter, Schreiber in höheren Stäben sowie Fähnriche, Unterzahlmeister, Unterärzte und Unterveterinäre während der Zeit ihrer Ausbildung). Sie trugen neben der breiten Kragentresse zusätzlich eine schmalere über dem Ärmelaufschlag.

Eine Sonderstellung hatten die Oberfeuerwerker und Zeugfeldwebel bei der Artillerie und die Oberwallmeister bei den Pionieren. Sie konnten nach erfolgreichem Besuch der Oberfeuerwerkerschule bzw. der Festungsbauschule und einer gesonderten Prüfung als einzige Heeresunteroffiziere im Frieden Offizier werden und bis zum Feuerwerks-, Zeug- oder Festungsbauhauptmann aufsteigen.

Und dann gab es natürlich die für den inneren Dienst zuständige »Mutter der Kompanie«, den Spieß. Formal handelte es sich um einen »etatmäßigen Feldwebel« (in Österreich »diensttuender Feldwebel«), der auf einer herausgehobenen Stelle saß und Vorgesetzter aller »außeretatmäßigen« Unteroffiziere, Sergeanten und Feldwebel war. Die Aufgaben des »Etatmäßigen« entsprachen im Wesentlichem dem heutigen Kompaniefeldwebel. Er war für die innere Ordnung und den gesamten Dienstablauf

Unteroffizier der Marine-Feldbatterie der Kaiserlichen Schutztruppe in Kiautschou; Tropenhelm für Unteroffiziere.

verantwortlich und führte den größten Teil des Schriftverkehrs, von den Stammbüchern über die Löhnungsbücher bis zum Strafverzeichnis (Disziplinarbuch). Der »etatmäßige Feldwebel« trug die gleichen Rangabzeichen wie der Feldwebel, durfte aber am Ärmelaufschlag statt einer zwei Tressen führen.

Eine Laufbahn für »Etatmäßige« gab es auch bei der Marine, allerdings nur für Einheiten an Land, zum Beispiel Küstenschutzbatterien. Auf Booten oder Schiffen wurden vergleichbare Aufgaben von einem Wachtmeister wahrgenommen, der im Rang eines Feldwebels stand.

Die kaiserliche Marine bot ähnliche Möglichkeiten der längeren Verpflichtung und des Aufstiegs wie das Heer. Wehrpflichtige, die sich als »Kapitulanten« für mehr als sechs Jahre verpflichteten, konnten die Unteroffizierlaufbahn (Maat, Obermaat) und darauf aufbauend eine Karriere als Deckoffizier einschlagen (Steuermann, Stückmeister, Signalmeister, Maschinist). Die Deckoffiziere gehörten in der Regel zu den Spitzenkräften ihres Faches, die den Seeoffizieren oft an Kenntnissen überlegen waren. Gleichwohl achtete man auch hier auf die Standesgrenzen und führte die Deckoffiziere in der Rangklasse der Unteroffiziere und Mannschaften. Besonders tüchtigen Marineunteroffizieren stand die Laubahn der Fachoffiziere offen, zum Beispiel als Feuerwerksoffizier, Torpedoingenieur oder Torpedooffizier. Die Spitzenverwendungen in der Marine, wie die Führung eines Bootes oder Schiffes oder gar der Aufstieg zum Flaggoffizier (Admiral), blieb ihnen verwehrt. Laufbahn- und Eignungsprüfungen, wie wir sie heute kennen, waren nicht gewünscht.

Die wirtschaftliche und soziale Situation der Unteroffiziere blieb weiterhin lange unbefriedigend und begann sich erst um die Jahrhundertwende zu verbessern. Um im Wettbewerb mit dem zivilen Arbeitsmarkt nicht das Nachsehen zu haben, musste am Sold dringend nachgebessert werden. Ein junger Unteroffizier erhielt nach der preußischen Gehaltsliste von 1909 etwa 25 Mark, die nach mehr als fünfeinhalb Jahren auf 39,50 Mark anstiegen. Ein Feldwebel konnte nach mehr als fünfeinhalb Dienstjahren monatlich 62,10 Mark bekommen – halb so viel wie ein Leutnant und ein Fünftel eines jungen Hauptmannes. Gemessen an zivilen Verdienstmöglichkeiten war das nicht viel. Aber das Militär übernahm die Kosten für Verpflegung, Bekleidung und Unterkunft und lockte natürlich mit dem »Zivilversorgungsschein«.

»Dein Rock ist mir heilig, Piefke, aber in die Fresse hau' ich dir soviel ich will.« Karikatur von Bruno Paul (1903).

Erst 1910 erhielten die Portepeeunteroffiziere durch eine Kabinettsorder des Kaisers die generelle Erlaubnis, über Nacht die Kaserne zu verlassen, und Unteroffiziere ohne Portepee Ausgang bis Mitternacht. Erstaunen mag heutzutage, dass Unteroffiziere vom Tragen des Gepäcks bei Friedens- und Ausbildungsmärschen befreit wurden. Das heutige Prinzip, »der Ausbilder trägt den Anzug und die Ausrüstung des Auszubildenden«, war dem Denken jener Zeit fremd. Vielmehr ging es den Unteroffizieren darum, formal ihre Sonderstellung gegenüber den Mannschaften zu unterstreichen. Für das Selbstbewusstsein des Unteroffizierkorps waren solche Gesten enorm wichtig. Die Maßnahmen zeigten tatsächlich Wirkung, denn die Zahl der Verpflichtungen nahm in der Folge deutlich zu. Von etwa 600 000 Heeressoldaten dienten 80 000 als Unteroffiziere in allen Rangklassen.

Unteroffiziere als Stoßtrupp- und Flugzeugführer

»Im Westen nichts Neues« ist der Titel des wahrscheinlich berühmtesten Romans über den Ersten Weltkrieg. Der Schriftsteller Erich Maria Remarque beschreibt darin in beispielloser Art die Schrecken des mechanisierten Krieges. Im Mittelpunkt steht die Geschichte einer Schulklasse, die sich als Kriegsfreiwillige an die Front meldet. Der Roman hat auch dem Unteroffizier ein literarisches Denkmal gesetzt in Form zweier Typen, die man sich unterschiedlicher kaum denken kann. Da ist zum einen der anfangs freundlich-biedere Himmelstoß: »Ein kleiner, untersetzter Kerl, der zwölf Jahre gedient hatte, mit fuchsigem, aufgewirbeltem Schnurrbart, im Zivilberuf Briefträger.« Er wird bei Kriegsausbruch als Unteroffizier der Reserve eingezogen, drangsaliert seine Rekruten als übler Schleifer (»Himmelstoß ist ein tobendes Exerzierreglement«) und versagt schließlich beim ersten Einsatz an der Front. Für den anderen Unteroffiziertyp steht der lebenstüchtige und fronterfahrene Stanislaus Katczinsky, der sich rührend um seine Soldaten kümmert und als gewitzter Organisator hervortut. Wo liegt die Wahrheit? Sind Himmelstoß und Katczinsky nur Karikaturen oder spiegelt sich in ihnen eher eine unterschiedliche Wahrnehmung oder gar ein zerrissenes Bild des deutschen Unteroffiziers im Ersten Weltkrieg?

Beide Figuren bilden ein Stück historischer Wirklichkeit ab. Himmelstoß und Katczinsky stehen für die dramatische Veränderung des Unteroffiziers im Ersten Weltkrieg. An der Front waren schneidiges Auftreten, Kasernenhofdrill und das Exerzierreglement nicht mehr gefragt. Aber die »preußischen Militärtugenden« wurden immer noch praktiziert, wie wir aus zahlreichen Feldpostbriefen, Tagebüchern und Lebenserinnerungen wissen. Der »angeborene Respekt vor dem Portepee« saß so tief, dass die sozialen Unterschiede auch in der Enge der Schützengräben oft nur sehr schwer überwunden wurden. Natürlich gab es viele Gegenbeispiele, in denen eine Kameradschaft entstand, die nicht mehr auf den Rang und die soziale Herkunft schaute. Insgesamt ist die »Frontgemeinschaft« aber ein Mythos der Kriegs- und Nachkriegspropaganda des Ersten Weltkrieges, die dem offenkundig immer sinnloseren Krieg doch noch eine tiefere Bedeutung verleihen sollte.

Dennoch: Durch die Veränderung des Kriegsbildes wurde der Unteroffizier deutlich aufgewertet. Die Gefechtspraxis des Grabenkrieges erforderte ein hohes Maß an Selbstständigkeit und den Mut zum eigenständigen Entschluss. Der Truppführer und der Gruppenführer spielten in diesem Szenario eine zentrale Rolle. Bei der Infanterie bildeten die »Stoßtrupps« die Speerspitze aller Angriffsoperationen. In der »Anweisung für die Ausbildung beim Sturmbataillon« von 1916 hieß es: »Jede Kompanie stellt ihre Mannschaften zu Stoßtrupps zusammen [...] je einen Unteroffizier als Führer und 6–8 Mann«. Nicht mehr die von einem Offizier geführte Kompanie oder der Zug, sondern die Gruppe bildete den Kern der Angriffstaktik. Der Unteroffizier verabschiedete sich damit von seiner alten Aufgabe als »Drillmeister« und wurde zum taktischen Führer aufgewertet.

Ein deutscher Stoßtrupp verlässt an der Westfront die schützende Stellung; das »Handwerkszeug« des Grabenkriegers: Grabendolch und Eierhandgranate.

Vom Unteroffizier wurde enorm viel gefordert. Er musste eine Kampfgemeinschaft anführen, selbstständig Führungsentscheidungen fällen und eine Vielzahl an Kampfmitteln und Pioniertechnik taktisch zweckmäßig einsetzen können. Dazu gehörten die Handfeuerwaffen, Nahkampfwaffen wie der Grabendolch, Stiel- und Eierhandgranaten, leichte Granat- und Minenwerfer, leichte Maschinengewehre, kleine Flammenwerfer, Sprengladungen und Werkzeug zum Freiräumen der gegnerischen Sperren sowie Schanzzeug, um die gewonnen Stellungen zu befestigen. Entscheidend für den Erfolg der Stoßtrupps war der enge Gruppenzusammenhalt und die taktische Führungsleistung. Dabei kam es vor allem auf die Qualität des Gruppenführers im Dienstgrad Unteroffizier an.

Im »Mineurkrieg« spielten Unteroffiziere ebenfalls eine herausragende Rolle. Wo sich die Front festgefressen hatte und die Bodenbeschaffenheit dies zuließ, versuchte man die feindlichen Linien durch unterirdische Tunnel, sogenannte Minen, zu erreichen. Wenn die Tunnel weit genug vorangetrieben waren, nutzte man die Minenausgänge für Angriffe oder versuchte durch Sprengladungen die gegnerischen Stellungen zum Einsturz zu bringen. Da der Gegner mit der gleichen Taktik operierte, waren viele Frontabschnitte von einem unterirdischen Tunnelnetz durchzogen. Die Wahrscheinlichkeit des Begegnungsgefechtes unter der Erde war entsprechend hoch. Die Unteroffiziere, die in der Regel in drei bis vier Stollen bis zu 20 Mann befehligten, blieben auch hier weitgehend auf sich allein gestellt.

Deutscher Schützengraben an der Westfront; Wurfgranate für den Granatenwerfer 16.

Auf allen Führungsebenen forderte der Krieg schon in den ersten Monaten einen enormen Blutzoll. Der Personalersatz für die Unteroffiziere konnte während des gesamten Krieges einigermaßen aus dem Kreis der Mannschaften gedeckt werden. Bei den Offizieren war die Situation viel schwieriger. Viele bewährte Unteroffiziere standen zwar bereit, die Aufgaben eines Zug- oder Kompanieführers (Führer einer Kompanie, der nicht auf einer Planstelle sitzt) zu übernehmen. Aber die militärpolitische Leitung schreckte vor diesem Schritt zurück. Auch die größte Personalnot vermochte es nicht, sich vom kastenartigen Denken zu lösen und Standesschranken einzuebnen. Statt geeignete Unteroffiziere zu vollwertigen Offizieren zu befördern, wurden erst einmal alle älteren Reserveoffiziere eingezogen und an die Front geschickt. Manche von ihnen waren kaum noch feldverwendungsfähig. Die Spannungen zwischen kriegserfahrenen Unteroffizieren und überalterten Reserveoffizieren kann man sich lebhaft vorstellen.

Um die weiterhin bestehenden Lücken auszugleichen, griff das Militärkabinett auf einen alten Kompromiss zurück. Bewährte Feldwebel oder Vizefeldwebel wurden zwar im Dienstgrad belassen, aber besser bezahlt und als »Offizierstellvertreter« eingesetzt. Das Kriegsministerium wies auch im Verlauf des Krieges immer wieder darauf hin, dass es sich beim Offizierstellvertreter nicht um einen Dienstgrad, sondern nur um eine vorübergehende Dienststellung handelte. Jede Kompanie durfte höchstens zwei Planstellen mit Offizierstellvertretern besetzen. Im Unterschied zu den Vizefeldwebeln trugen die Offizierstellvertreter eine geschlossene, gold- oder silberfarbige Tresse um die Schulterklappe (äußerlich vergleichbar einem heutigen Stabsunteroffizier der Bundeswehr) sowie die Mütze der Offiziere.

Zu den faulen Kompromissen gehörte auch die vermehrte Beförderung zum Dienstgrad Feldwebelleutnant. Die Bezeichnung macht schon deutlich, dass der Feldwebelleutnant »nicht Fisch und nicht Fleisch« war und zwischen den Unteroffizieren mit Portepee und den Truppenoffizieren stand. Im Unterschied zu den Offizierstellvertretern gehörten die Feldwebelleutnants der Rangklasse der Offiziere an. In der Hierarchie rangierten sie allerdings noch unter den Leutnants. Anders als die Fähnriche mussten die Feldwebelleutnants nicht durch die Offiziere eines Regiments per Wahl bestätigt werden. Damit fehlte ihnen ein wichtiges Bindeglied, um als vollwertiges Mitglied im Offizierkorps anerkannt zu werden. Wie die Offizierstellvertreter übernahmen auch die Feldwebelleutnants klassische Führungsaufgaben, zum Beispiel als Zugführer, Kompanieführer oder Verpflegungsoffizier für ein Regiment. Sie trugen die Offizieruniform mit den Tressen und Kragenknöpfen eines Vizefeldwebels, die geflochtenen silberfarbigen Schulterstücke eines Leutnants sowie die Offiziermütze und das Offizierseitengewehr (Degen). Jeder Feldwebelleutnant sollte sich an der Front überdurchschnittlich bewährt haben, in der Regel das Eiserne Kreuz 1. und 2. Klasse vorweisen und über hervorragende charakterliche Eigenschaften verfügen. Und dennoch oder vielleicht gerade deswegen taten sich die meisten Truppenoffiziere schwer, die »Aufsteiger« als gleichwertige Kameraden zu akzeptieren. Viele Offiziere sprachen den aufstrebenden Unteroffizieren ihre Front- und Führungstauglichkeit gar nicht ab. Aber sie trauten ihnen nicht zu, die gesellschaft-

»Pickelhaube« für Mannschaften aus Ersatzmaterial.

Aspekte der Technisierung (v.l.): Nach der Schlacht von Cambrai im November 1917 besichtigen deutsche Soldaten einen zerstörten britischen Panzer Mark IV; Geschützmannschaft beim Laden einer 15-cm-Kanone an der Arrasfront; Gruppenbild der Jagdstaffel (Jasta) 11 unter Manfred Freiherr von Richthofen (im Cockpit der Albatros D.III), der

lichen Pflichten eines Offiziers wahrzunehmen. »Wohin mit denen nach dem Krieg?«, war eine häufig gestellte Frage. Die meisten Unteroffiziere und Mannschaften begegneten diesem blasierten Standesdünkel mit Enttäuschung oder Verachtung.

Die sprunghafte Technisierung des Krieges forderte den Unteroffizier nicht nur als militärischen Führer, sondern auch als Spezialisten. Neue Waffensysteme, neue Führungs- und Transportmittel erforderten ein Korps technischer Fachleute, vor allem bei den Pionieren, den Feuerwerkern, der Nachrichtentruppe, der Artillerie, der Instandsetzung und dem Train (Nachschub). Qualifizierte Soldaten wurden für die Ausbildung und die Wartung der neuen Technik und nicht zuletzt für deren Bedienung benötigt. Beispielhaft ist hier die Geschichte des Unteroffiziers Johannes Krüger. Während der Schlacht von Cambrai 1917 überhörte er den Befehl für den Rückzug seiner Truppe, führte mit seinem Artilleriegeschütz allein den Feuerkampf fort und vernichtete dabei 16 feindliche Panzer. Er wurde schwer verwundet und erlag später seinen Verletzungen.

Die technisch bedingten Veränderungen des Kriegsbildes zeigten sich noch deutlicher im See- und Luftkrieg. Die kaiserliche Marine verfügte aufgrund der technischen und seemännischen Anforderungen über eine deutlich höhere Unteroffizierdichte als das Heer. Bei Kriegsausbruch kamen bei den seefahrenden Einheiten auf ca. 50 000 Mannschaften 4000 Offiziere und 16 000 Unteroffiziere aller Rangklassen (einschließlich 1000 Deckoffiziere). Die Zahl der Unteroffiziere verdreifachte sich fast im Verlauf des Krieges und stieg auf annähernd 50 000 an.

auch Vizefeldwebel Sebastian Festner (3.v.l.) angehörte und der für seine Leistung (12 Abschüsse) das Inhaberkreuz mit Schwertern zum königlichen Hausorden der Hohenzollern erhalten hatte; das preußische Militär-Flugzeugführer-Abzeichen.

Bei der Fliegertruppe waren die technischen Sprünge am größten. Die fliegenden Verbände hatten eine sehr hohe Offizierdichte. Flugzeugführer und Aufklärer wurden als »Einzelkämpfer« betrachtet, die ihre Aufträge eigenverantwortlich erfüllen mussten. Aus Personalmangel begann man allerdings schon vor Kriegsausbruch Unteroffiziere zu Flugzeugführern auszubilden. 1914 betrug die personelle Gesamtstärke etwa 600 Flugzeugführeroffiziere, 500 Beobachteroffiziere sowie 220 Flugzeugführerunteroffiziere. Der personelle Engpass bei den Beobachteroffizieren (die vorzugsweise aus der Artillerietruppe stammten) führte dazu, dass sehr viele Pilotenstellen mit Unteroffizieren oder sogar Mannschaften besetzt wurden. Im Verlauf des Krieges stieg ihre Zahl auf etwa 75 Prozent an. Man könnte auch sagen: Die Fliegertruppe war eine Unteroffiziertruppe.

Einige Unteroffiziere und Feldwebel gehörten zu den erfolgreichsten deutschen Jagdfliegern, zum Beispiel die Vizefeldwebel Friedrich Altmeier und Karl Schlegel (beide mit 22 Abschüssen), die später zum Leutnant beförderten Vizefeldwebel Karl Bäumer (44) und Fritz Rumey (45) und der Offizierstellvertreter Otto Fruhner (27). Unentbehrlich waren Unteroffiziere als technische Spezialisten bei der Wartung, Instandsetzung und Logistik der Maschinen. Hier kamen im Verlauf des Krieges auf einen Mann in den Lüften sieben Mann am Boden – viele von ihnen Unteroffiziere.

In Erzählungen, Romanen und sonstigen Beschreibungen über den Ersten Weltkrieg finden sich zahlreiche Geschichten über herausragende militärische Leistungen von Offizieren – aber leider nur wenige über Unteroffiziere. Die Unteroffiziere,

Das preußische »Goldene Militärverdienstkreuz« in Miniaturausführung für den Gesellschaftsanzug.

MHM

Vizefeldwebel oder Feldwebel standen weder in charakterlicher noch in professioneller Hinsicht den Offizieren nach. Doch der Unteroffizier war offensichtlich nicht aus dem Holz geschnitzt, aus dem sich die damalige Kriegspropaganda ihre Helden träumte. Hinzu kommt, dass viele Offiziere noch im Verlauf des Krieges oder kurz danach ihre Erlebnisse in Erzählungen verarbeiteten. Ganz gleich ob Walter Flex (»Der Wanderer zwischen beiden Welten«), Freiherr Manfred von Richthofen (»Der rote Kampfflieger«) oder Ernst Jünger (»In Stahlgewittern«) – immer stand ein junger Offizier als strahlender Held im Mittelpunkt. Diese Selbstdarstellung hat ein einseitiges Bild des Weltkriegshelden als Offizier geprägt.

Obwohl die Truppe im Krieg körperlich näher zusammenrückte, blieben die Standesunterschiede zementiert. Das galt auch für die Verleihung von Ehrenzeichen. Während der »Pour le Mérite«, der höchste preußische Militärorden, nur an Offiziere verliehen wurde, erhielten Unteroffiziere und Mannschaften für besondere Tapferkeit oder Führungsleistung das »Goldene Militärverdienstkreuz« – es wurde während des Krieges nur 1760 Mal vergeben.

Beförderungsstau in der Reichswehr

Trotz der Erfahrungen des Weltkrieges und der Niederlage hatte der Soldatenberuf in der Weimarer Republik nur wenig an Attraktivität eingebüßt. Nach wie vor war das gesellschaftliche Ansehen des Soldaten sehr hoch. Die Aussicht auf einen sicheren und vor allem gut bezahlten Arbeitsplatz bedeute in wirtschaftlich und politisch unsicheren Zeiten ein nicht zu unterschätzendes Plus. Viele Bürger, die mit dem demokratischen System nichts anfangen konnten, suchten in Organisationen oder Verbänden Halt, in denen noch der autoritäre »alte Geist« herrschte. Dazu gehörte auch das 100 000-Mann-Heer der Reichwehr, die sich in der günstigen Lage befand, ihr Personal selbst aussuchen zu können. Eine Statistik von 1928 ergab, dass auf jeden angenommenen Freiwilligen 15 Bewerber kamen. Bei den Unteroffizieren und Mannschaften wurde die Personalauswahl nicht zentral gesteuert, sondern lag in den Händen der Bataillone, Abteilungen oder Eskadronen. Die verantwortlichen Kommandeure konnten im Prinzip nach eigenem Ermessen entscheiden, wer als Freiwilliger angenommen wurde und wer nicht. Da die Bewerber in der Regel nicht älter als 20 Jahre sein sollten, benötigten sie eine Einverständniserklärung der Eltern. Körperliche und geistige Fähigkeiten wurden durch Prüfungen ermittelt.

Eine besondere Rolle spielte die politische Zuverlässigkeit. Eine kritische oder sogar feindliche Einstellung zur Republik bedeutete keinen Hinderungsgrund für den Eintritt in die Reichswehr – im Gegenteil. In den Auswahlverfahren achtete man streng auf eine konservativ-deutsch-nationale Gesinnung. Auf den Punkt gebracht: je rechter, je lieber. Liberale oder gar sozialdemokratische »Elemente« sollten von vorneherein vom Dienst in der Reichswehr ausgeschlossen werden. Durch die Auswahlverfahren sicherte sich die Reichswehr zwar einen fachlich und oft auch charakterlich exzellenten Nachwuchs, dessen politische Rechtslastigkeit allerdings nicht zu übersehen war.

In sozialer und finanzieller Hinsicht war die Reichswehr in vielem moderner als die Kontingentsarmeen der Kaiserzeit. Auch im internationalen Vergleich brauchte sie keine Gegenüberstellung zu scheuen. Erstmals wurden die Soldaten nach den gleichen Besoldungskriterien bezahlt wie die zivilen Beamten – vergleichbar dem Prinzip in der Bundeswehr heute. Nach dem Besoldungsgesetz von 1927 erhielt ein Schütze monatlich 90 Reichsmark, ein Unteroffizier 160 RM, ein Unterfeldwebel etwa 170 RM, ein Feldwebel 195 RM und ein Oberfeldwebel 200 RM. Ein Leutnant brachte, je nach Dienstalter, zwischen 200 und 350 RM nach Hause. Unabhängig vom Dienstgrad kamen für alle Soldaten Zuschläge für das erste Kind (20 RM) und ein regional und nach Dienstgrad gestaffeltes Wohngeld hinzu – beim ledigen Unteroffizier von 13

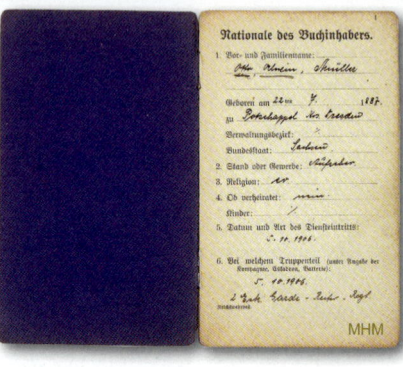

Reichswehrpass des Unteroffiziers Alwin Otto Müller, 1924.

und beim verheirateten Oberfeldwebel bis zu 72 RM. Zum Vergleich: Ein Facharbeiter in der Metallindustrie oder ein Bergarbeiter verdiente monatlich etwa 200 Mark, allerdings ohne weitere Sonderzuwendungen. Wer bei der Reichwehr diente, hatte einen krisensicheren, nicht von Arbeitslosigkeit bedrohten Job. Vor allem als die Weltwirtschaftskrise von 1929 Millionen in die Arbeitslosigkeit trieb, war das ein nicht zu unterschätzender Aspekt.

Die Vorbereitung der Soldaten auf das Zivilleben war vorbildlich organisiert. Die Verpflichtungszeit endete für die meisten Reichswehrangehörigen nach zwölf Jahren. Um den Übergang in die zivile Berufswelt zu erleichtern, erhielten Mannschaften und Unteroffiziere die Möglichkeit, auf sogenannten Heeresfachschulen Zivilqualifikationen zu erwerben, zum Beispiel für den Dienst in der öffentlichen Verwaltung, für Arbeiten in der Land- und Forstwirtschaft, für ein Gewerbe oder für ein Handwerk. Für Unteroffiziere und Mannschaften des zweiten bis siebten Dienstjahres war die Teilnahme an Kursen auf den Heeresfachschulen Pflicht. Zwischen dem achten und zwölften Dienstjahr war die Ausbildung freiwillig. Im letzten Dienstjahr konnten sich die Soldaten fast vollständig auf ihre Ausbildung konzentrieren.

Jeder Soldat, der sich für den Dienst in der Reichswehr entschied, musste mit langen Stehzeiten bis zur Beförderung rechnen. Da in der Reichswehr ausschließlich Berufssoldaten dienten, und zudem die Obergrenzen des Personals nicht überschritten werden durften, gab es für alle Dienstposten wesentlich mehr qualifizierte Bewerber als freie Stellen. Die Reichswehr zeichnete sich durch eine hohe Führerdichte aus. Beim Heer

Kraftfahrer der 6. Division im Feldmanöver bei Bad Pyrmont 1930.

kamen auf 75 000 Mannschaften, 4000 Offiziere und 21 000 Unteroffiziere (davon 4500 Feldwebel und 1500 Oberfeldwebel). Ein Mannschaftssoldat, der Unteroffizier werden wollte, musste sich mindestens vier Jahre in der Truppe bewährt haben. Da der Reichswehr im Vertrag von Versailles Unteroffizierschulen verboten waren, fand die Unteroffizierausbildung in der Truppe statt, in der Regel in der Stammkompanie-, -batterie oder -eskadron. Die Unteroffizieranwärter der Marine mussten einen Lehrgang an der Marineschule Friedrichsort bei Kiel absolvieren.

Zur Unteroffizierprüfung beim Heer gehörten eine praktische Prüfung im Gefechts- und Felddienst, der praktische Nachweis über die Beherrschung der Hauptwaffensysteme, der Pioniertechnik und der Nachrichtentechnik und natürlich gute Schießergebnisse. Der Kandidat musste auch seine körperliche Leistungsfähigkeit unter Beweis stellen, vom Freischwimmer, über 35-Meter-Handgranatenweitwurf, einen 5000-Meter-Lauf in 25 Minuten bis zu bestimmten Geräteübungen im Turnen. Mehrere theoretische Prüfungen in Deutsch, Geschichte, Mathematik und Erdkunde rundeten das Bild ab. Viele Unteroffiziere mussten nach bestandener Prüfung noch lange auf die Zuweisung einer Planstelle warten. Sie trugen als Zeichen ihrer Qualifikation eine Unteroffizierstresse am Kragenrand ihrer Uniformjacke.

Besonders strenge Auflagen galten bei der Prüfung zum höchsten Unteroffizierdienstgrad, dem Oberfeldwebel oder Oberwachtmeister (heute mit Stabsfeldwebel oder Oberstabsfeldwebel vergleichbar). Diese wurde nur einmal jährlich angeboten und bestand aus einem schriftlichen und einem mündlichen Teil. Von einem Oberfeldwebel wurde erwartet, dass er in seinem Aufgabengebiet die Stellung eines Zugführers ausfüllen und einen Offizier vertreten konnte. Der Laufbahnwechsel vom Unteroffizier zum Offizier bildete nach wie vor die Ausnahme, war aber nicht mehr so kategorisch ausgeschlossen wie in der Kaiserzeit. Alle genannten Maßnahmen führten dazu, dass die Reichswehr auf ein hoch motiviertes, qualifiziertes und bildungsbemühtes Unteroffizierkorps zurückgreifen konnte.

Dadurch verfügte die Reichswehr insgesamt über ein hervorragendes Ausbildungsniveau. Sie konnte auf kriegserfahrene Vorgesetzte zurückgreifen, hatte die Möglichkeit der Personalauswahl und legte sehr viel Wert auf intensive Ausbildung. Der Gruppenzusammenhalt war hervorragend und reichte über die alten Dienstgradgrenzen hinweg. Bei den älteren Reichswehrangehörigen bildete das gemeinsame Weltkriegserlebnis eine wichtige Klammer. Erstmals in der deutschen Militärgeschichte absolvierten Offizieranwärter die ersten 15 Monate ihrer Ausbildung mit Unteroffizieren und Mannschaften gemeinsam – das schweißte zusammen. Die Unterschiede in der Verpflegung, die noch bis 1918 selbstverständlich waren, wurden abgeschafft. Erstmals betrieben Soldaten aller Dienstgrade gemeinsam Sport. Teilweise griff die Reichswehr sogar auf Erfahrungen aus der sogenannten Jugendbewegung der Jahrhundertwende zurück und versuchte die Ausbildung mit Natur- und Gemeinschaftserlebnissen zu verknüpfen. Beispielhaft sind hier die »Wanderpatrouillen« zu nennen, in denen jüngere Offiziere und Mannschaften gemeinsam marschierten, im Feld übernachteten und ihre Heimat und Kultur kennenlernten. Das Verschmelzen von erzkonservativen politischen Vorstellungen und modernen Ausbildungs- und Erziehungsmethoden festigte das innere Gefüge der Reichswehr.

Bei den Uniformen führte die Reichswehr im Wesentlichen die Tradition der Kaiserzeit fort. Während sich der Uniformschnitt kaum veränderte, wechselte beim Heer die Tuchfarbe vom »Feldgrau« des Weltkriegs zu einem helleren »Flaschengrün«. Im Unterschied zu den Offizieren veränderten sich einige Dienstgradbezeichnungen und -abzeichen. Die Trennung zwischen Unteroffizieren mit und ohne Portepee und die Troddel und das Portepee als Rangabzeichen blieben erhalten. Unteroffiziere

Soldaten des Infanterieregiments 14 bei einer Sikpatrouille, Januar 1926; Feldanzug eines Reichswehrsoldaten, 1921.

mit Portepee durften den Offiziersäbel tragen. Die Dienstgradabzeichen wanderten jetzt auch bei den Unteroffizieren auf die Schulter. Unteroffiziere und Unterfeldwebel (früher Sergeant, heute mit dem Stabsunteroffizier vergleichbar) trugen eine bronzefarbene Tresse, Feldwebel und Oberfeldwebel zusätzlich je einen oder zwei silberfarbene Sterne.

»Volksoffiziere« und »Menschenmaterial«

Die Nationalsozialisten konnten beim Aufbau der Wehrmacht anfangs auf ein großes Potenzial an hervorragend ausgebildeten Spezialisten und Unterführern auf allen Führungsebenen und in fast allen Funktionen zurückgreifen. Die Reichswehr war eine Ausbildungsarmee mit einem überproportional großen Unteroffizierkorps. Jeder fünfte Heeressoldat trug die begehrten Litzen auf der Schulterklappe. Viele hatten die Prüfungen für einen höherwertigen Dienstposten bereits erfolgreich bestanden und warteten nur auf eine frei werdende Stelle. Das konnte manchmal Jahre dauern.

Die meisten Soldaten waren begeistert von Hitler, dessen Politik dem Militär einen neuen Stellenwert gab. Der enorme Aufwuchs der Reichswehr zur Wehrmacht eröffnete nun den Soldaten aller Laufbahngruppen bisher nicht erhoffte Aufstiegschancen. Das 100 000-Mann-Heer der Reichswehr wuchs bis zum Herbst 1935 auf 650 000, bis 1939 sogar auf 1,2 Millionen Mann an. Mit allen gekaderten Verbänden und aufgefüllt mit Reservisten waren das 300 Divisionen! Die Verzehnfachung der Armee innerhalb von nur sechs Jahren forderte ihren Preis, denn unter dem Tempo der Heeresvermehrung konnte das hohe Ausbildungsniveau nicht mehr aufrechterhalten werden. Die Wehrmacht wurde nämlich nicht nur größer. Sie musste gleichzeitig den Abgang zahlreicher bewährter Unteroffiziere an andere Organisationen hinnehmen, die ebenfalls explosionsartig anwuchsen: die SA, die SS und der Reichsarbeitsdienst (ein verpflichtender, sechsmonatiger Arbeitsdienst, der dem Wehrdienst vorgeschaltet war). Binnen weniger Jahre wandelte sich das Bild. Aus einer Armee mit Unteroffizierüberschuss wurde eine Armee mit Unteroffiziermangel.

Bei der Auswahl des Unterführernachwuchses spielten die Kompaniechefs weiterhin die wichtigste Rolle. Sie entschieden darüber, wer nach ein- bis zweijähriger Dienstzeit als Mannschaftssoldat mit der Unterführerausbildung beginnen durfte. Um die Truppenteile zu entlasten, errichtete die Wehrmacht ab 1936 Heeresunteroffizierschulen in Potsdam, Sigmaringen und Frankenstein (Schlesien). Die Ausbildungseinrichtungen wurden der Infanterie unterstellt, weil hier der größten Bedarf bestand. Während des Krieges weitete man das Schulsystem auf alle Waffengattungen aus. Die gründliche Ausbildung dauerte anfangs zwei Jahre. Im ersten Ausbildungsjahr bestand der Schwerpunkt in der allgemein bildenden und infanteristischen Ausbildung, im

Die ersten Schüler der neuen Heeresunteroffizierschule in Potsdam-Eiche sammeln sich im Oktober 1936 vor dem Potsdamer Bahnhof; Ärmelband einer Unteroffiziervorschule.

zweiten in der Schulung der jeweiligen Waffengattung. Um die immer größer werdenden Personalverluste auszugleichen, stieg die Zahl der Unteroffizierschulen im Verlauf des Krieges allein beim Heer auf 21 an. An insgesamt 67 unterschiedlichen Standorten wurden zeitgleich etwa 17 000 Lehrgangsteilnehmer ausgebildet. Gleichzeitig zwangen die immer dramatischeren Personalverluste zu einer schrittweisen Verkürzung der Ausbildungszeit von zwölf auf acht und schließlich nur noch drei Monate. In der vierteljährlichen Ausbildung zeigt sich nicht nur die verzweifelte Personallage der Wehrmacht. Sie spiegelt auch das Menschenbild der Nationalsozialisten wider, die ohne moralische Bedenken ihr »Menschenmaterial« an der Front verheizten.

Eine andere Möglichkeit, den Personalbedarf zu decken, wurde durch die Wiederbelebung der 1918 abgeschafften Unteroffiziervorschulen gesucht. Diese Ausbildungseinrichtungen waren ein Mittelding zwischen Kaserne und Schule. Sie boten die Möglichkeit, bei kostenfreier Unterkunft und Verpflegung den mittleren Schulabschluss zu erwerben und gleichzeitig eine gründliche vormilitärische Ausbildung zu absolvieren. Die Unteroffiziervorschüler, die in der Regel mit 14 und 15 Jahren eintraten, trugen während ihrer Ausbildung eine Uniform mit den Buchstaben »U.V.« auf den Schulterklappen.

Zahlreiche Unteroffiziere kamen in der Aufbauphase der Wehrmacht aus den Landespolizeiverbänden. Bei mehrjähriger Dienstzeit verfügten die ehemaligen Polizisten häufig über eine Unterführerausbildung und konnten so direkt die offenen Stellen in der Wehrmacht besetzen. 40 000 neue Unteroffiziere fanden so ihren Weg zu Heer, Luftwaffe und Marine.

Die Stellenvermehrung eröffnete den Unteroffizieren ganz neue Aufstiegschancen. Erstmals in der deutschen Militärgeschichte wurden Unteroffiziere jetzt für einen Laufbahnwechsel umworben. Das hohe Ausbildungsniveau der Reichswehr machte es vielen leicht, schnell in eine höhere Verantwortungsebene zu wechseln. Schon im Herbst 1933 waren mehrere Hundert Unteroffiziere zu Leutnants befördert worden. Bis 1939 sollten es insgesamt 1500 werden. Die nationalsozialistische Propaganda nutzte das Image dieser sogenannten »Volksoffiziere«. Sie sollten beispielgebend für die neue, klassenlose »Volksgemeinschaft« der Nationalsozialisten stehen.

Im Unterschied zur Reichswehr wurden Unteroffiziere in der Wehrmacht sehr viel schneller befördert. Statt nach viereinhalb Jahren, konnte ein Unteroffizieranwärter mit bestandener Prüfung bereits nach zwei Jahren zum Unteroffizier und nach vier Jahren zum Unterfeldwebel befördert werden. Bei besonderer Eignung konnte der Dienstgrad auch übersprungen und nach sechs Dienstjahren der Feldwebel erreicht werden. Die Beförderung zum Kompaniefeldwebel war weiterhin von einer besonderen Prüfung abhängig, die nach sieben und in Ausnahmefällen schon nach fünf Jahren abgelegt werden konnte. Ab 1938 hieß der Spieß nicht mehr »diensttuender Oberfeldwebel« sondern Hauptfeldwebel. Anders als bei der Bundeswehr heute handelte es sich also um eine Dienststellung und nicht um einen Dienstgrad. Auch jüngere Feldwebel konnten als Hauptfeldwebel Dienst tun. Die Hauptfeldwebel trugen weiterhin oberhalb der Ärmelaufschläge zwei schmale Tressen, die »Kolbenringe«. Für Unteroffiziere mit einer Dienstzeit von mehr als zwölf Jahren führte die Wehrmacht den Spitzendienstgrad Stabsfeldwebel ein, erkenntlich an drei Sternen auf der Schulterklappe. Diese älteren Portepeeunteroffiziere sollten nach höchstens 25 Dienstjahren ausscheiden.

Die mit Beginn des Ersten Weltkrieges einhergehende fachliche Aufwertung des Unteroffiziers setzte sich in der Wehrmacht fort. Unteroffiziere übernahmen jetzt immer mehr Führungsfunktionen: als Gruppen- und Zugführer, als Geschützführer und Panzerkommandanten und bei der Luftwaffe als Flugzeugführer. Die weiter ausgebaute Mechanisierung erforderte ein Heer von Spezialisten, bei dem ebenfalls Unteroffiziere aller Dienstgrade dominierten. Dazu gehörten Sanitätsunteroffiziere und -feldwebel,

Schulterklappen eines Oberfeldwebels der Luftnachrichtentruppe; Luftwaffenfeldwebel und drei Wehrmachthelferinnen am Funkgerät, 1942; Tätigkeitsabzeichen (Luftwaffe) eines geprüften Fernsprechunteroffiziers (u.).

Schirrmeister, Funkmeister für die Wartung und Instandsetzung der Fernmeldetechnik, Feuerwerker für die Versorgung der Munition, Waffenunteroffiziere, Festungsbaufeldwebel und Wallmeister bei den Pionieren. Ähnlich wie die Reichswehr legte die Wehrmacht großen Wert darauf, dass Unteroffiziere und Feldwebel in besonderen Situationen auch die nächst höhere Führungsebene übernehmen konnten. Im Krieg zeigte sich, wie wertvoll diese Investition in die Führerausbildung sein sollte. Das Unteroffizierkorps der Reichswehr zählte 1932 insgesamt 20 000 Unteroffiziere. Innerhalb von nur sieben Jahren hatte sich ihre Zahl auf 200 000 verzehnfacht.

Interessant ist ein Vergleich zwischen dem Heer des Kaiserreichs 1914 und dem Heer der Wehrmacht 1939. Beide verfügten unmittelbar vor der Mobilisierung mit etwa 750 000 Mann über die gleiche Personalstärke. In der Wehrmacht taten aber 40 Prozent mehr Unteroffiziere Dienst. Der Unteroffizier gehörte jetzt zu einer sozial anerkannten gesellschaftlichen Gruppe. An Bewerbern hatte die Wehrmacht keinen Mangel.

Die relativ gute Bezahlung der Unteroffiziere tat ihr Übriges, dass sich viele junge Männer für die Laufbahn entschieden. Ein verheirateter oder lediger, nicht kasernenpflichtiger Unteroffizier ohne Portepee unter 45 Jahren erhielt monatlich etwa 190 Reichsmark (fast 40 Prozent mehr als ein Mannschaftssoldat), ein Feldwebel 223 RM und ein Oberfeldwebel mit 240 RM genauso viel wie ein junger Oberleutnant im ersten Dienstjahr. Verglichen mit Angestellten oder Facharbeitern war das ein sehr ordentlicher Verdienst. Unteroffiziere, die nach zwölf Dienstjahren ausschieden, konnten, wie in der Vergangenheit auch, mit der Übernahme in die zivile Verwaltung rechnen.

Ab Herbst 1939 war das nicht mehr möglich. Hitler hatte die Wehrmacht mobilgemacht und mit dem verbrecherischen Überfall auf Polen den Zweiten Weltkrieg entfesselt. Ähnlich wie im Ersten Weltkrieg lag ein Großteil der Verantwortung der kämpfenden Truppe in den Händen von Unteroffizieren. In einer personell aufgefüllten Infanteriedivision taten mit Beginn des Krieges etwa 17 000 Mann Dienst, davon mehr als 2700 Unteroffiziere, also jeder sechste Soldat.

Unteroffizier der Panzergrenadierdivision »Großdeutschland« an der Ostfront.

Natürlich muss auch in diesem Zusammenhang etwas zur Bewährung deutscher Unteroffiziere im Krieg gesagt werden. Das Urteil fällt zwiespältig aus. Wenn man Bewährung nur unter rein militärhandwerklichen Gesichtspunkten sieht, dann haben sich die meisten Unteroffiziere der Wehrmacht als tüchtig erwiesen. Auch die Kriegsgegner zollten der Führungsleistung und dem Können der Spezialisten Respekt. Einige Unteroffiziere der Wehrmacht haben Herausragendes geleistet. Beispielhaft sind hier die Oberfeldwebel Helmut Wenzel und Josef Portsteffen zu nennen, die bei der Eroberung des belgischen Festungswerkes Eben Emael eigenverantwortlich taktische Meisterleistungen vollbrachten. Ähnlich herausragend war auch die Leistung von Oberfeldwebel Josef Schreiber, der als Zugführer mehrfach ausgezeichnet wurde, unter anderem mit dem Eichenlaub zum Ritterkreuz.

Zahlreiche Unteroffiziere haben während des Krieges die Stelle ihrer Vorgesetzten eingenommen, zahlreiche Feldwebel über länger Zeit erfolgreich Kompanien oder sogar Bataillone geführt, weil

Oberfeldwebel Josef Portsteffen vor einem eroberten Bunker des belgischen Forts Eben Emael. Ein Pionierstoßtrupp unter seiner Führung stellte in der Nacht zum 11. Mai 1940 die Verbindung zu den am Morgen des Vortages dort gelandeten Fallschirmjägern her, worauf das Fort kapitulierte. Portsteffen wurde dafür mit dem Ritterkreuz zum Eisernen Kreuz (Vordergrund) ausgezeichnet.

ihre Offiziere gefallen oder verwundet waren. Das Ritterkreuz, die höchste deutsche Auszeichnung im Zweiten Weltkrieg, wurde 7200 Mal verliehen, davon 1300 Mal an Unteroffiziere. Durch den mörderischen Blutzoll des Krieges brach auch die Qualität des Unteroffizierskorps ein. Extreme Verluste führten dazu, dass vor allem an der Ostfront immer mehr ungeeignetes Personal in Führungsverantwortung kam. Wo es möglich war, wurde ausgekämmt und ohne Rücksicht auf Verluste an die Front befohlen. Die Zahl der im Einsatz versagenden Unteroffiziere war so groß, dass der Oberstleutnant i.G. (und spätere Bundeswehrgeneral) Johann Adolf Graf von Kielmansegg 1943 notierte, die »älteren Unteroffiziere ohne Fronterfahrung bedeuten nur eine Belastung der Truppe. Aufgrund ihres Dienstgrades müssen sie in Stellung verwendet werden, in denen sie nur Schaden anrichten, während oft der erfahrene Gefreite der bessere Zugführer ist.« Jeder vierte Unteroffizier der Wehrmacht, vermutlich mehr als 300 000 Mann, ließ im Krieg sein Leben.

Die neuere Militärgeschichtsforschung hat mit guten Gründen auch den Kameradschaftsmythos und damit die Menschenführung in den kleinen Kampfgemeinschaften der Wehrmacht infrage gestellt. Die Frage, warum die Soldaten in auswegloser Lage

Ein Unteroffizier einer Propagandakompanie filmt Anfang 1941 eine Razzia in Polen; ein Oberfeldwebel der Panzergrenadierdivision »Großdeutschland« bildet Volkssturmmänner am MG aus.

weiterkämpften, hat sicherlich etwas mit dem Zusammenhalt der Gruppe oder des Zuges und damit auch mit den Führern zu tun. Zugleich lässt sich aber auch nachweisen, dass die NS-Propaganda, die Rasseideologie und die Brutalisierung des Krieges viele Wehrmachtsoldaten anfeuerten, »bis zur letzten Patrone« weiterzukämpfen. Der verbrecherische Krieg wurde schließlich auch von Unteroffizieren mitgetragen. Unter den zahlreichen Kriegsverbrechern, die sich gegen unschuldige Zivilisten und Kriegsgefangene vergangen, finden sich viele Unteroffiziere aller Dienstgrade.

Feldwebel Anton Schmid.

Nur wenige Unteroffiziere sind im Kreis des militärischen Widerstandes gegen das NS-Unrechtsregime zu finden. Feldwebel Anton Schmid gehört zu den Ausnahmen. Er wurde 1940 in die Wehrmacht eingezogen und leitete als Feldwebel in Vilnius eine »Versprengtensammelstelle«. Feldwebel Schmid nutzte seine Möglichkeiten und schützte zahlreiche jüdische Familien vor dem Zugriff der SS-Einsatzgruppen, unterstützte die jüdische Widerstandsbewegung aktiv und brachte mit selbst ausgefertigten Marschbefehlen über 300 Juden in Sicherheit. Im Februar 1942 wurde Schmid verhaftet und in einem Kriegsgerichtsverfahren zum Tode verurteilt. In Israel wird Anton Schmid heute wie ein Held geehrt. Die Bundeswehr hat diesem mutigen Mann später die höchste Ehre erwiesen und die Heeresflugabwehrschule in Rendsburg nach ihm benannt: »Feldwebel-Schmid-Kaserne«.

»Sozialistische Unteroffizierpersönlichkeiten«

Bundeswehr und NVA waren sich in manchem ähnlich und in vielem verschieden. Das trifft auch auf die Unteroffizierkorps zu. Allein der Begriff des Korps, das für Geschlossenheit und Selbstbewusstsein steht, muss schon hinterfragt werden. Aber beginnen wir mit den Punkten, wo sich die Unteroffiziere beider Armeen gut vergleichen lassen.

Wie die Bundeswehr benötigte auch die NVA sehr viele Unteroffiziere als Führer, Ausbilder und Erzieher und natürlich als Fachkräfte in der Verwaltung sowie als technische Spezialisten. In einer »Staatsplanauflage« legte die Partei fest, dass jeder dritte Wehrpflichtige als Zeit- oder Berufssoldat gewonnen werden musste, um die Planstellen besetzen können. Die NVA musste dabei, ähnlich wie die Bundeswehr in den 60er- und 70er-Jahren, mit dem zivilen Arbeitsmarkt konkurrieren. In der gesamten Geschichte der DDR herrschte ein akuter Mangel an Arbeitskräften, vor allem an qualifizierten Facharbeitern und in technischen Berufen. Gerade aus diesem Bereich, aus dem die NVA vorgeschulte oder zumindest interessierte Bewerber für die Unteroffizierlaufbahn benötigte, war die Konkurrenz am größten. Manche Betriebe boten ihren Facharbeitern sogar höhere Löhne oder stellten ihnen Aufstiegschancen in Aussicht, damit sie sich nicht länger bei der Volksarmee verpflichteten.

Anlässlich des 5. Jahrestages des Mauerbaus überreichen Berliner Schüler 1966 einem Feldwebel der NVA am Brandenburger Tor einen Blumenstrauß.

Die Unterschiede zwischen Unteroffizieren in der Bundeswehr und in der NVA haben vor allem mit dem Charakter der Volksarmee als Parteiarmee zu tun. Die militärische Führung erwartete »sozialistische Unteroffizierpersönlichkeiten«, die in »treuer Ergebenheit gegenüber der SED« stets einem »gefestigten Klassenstandpunkt« vertreten sollten. Die Mitgliedschaft zur SED war zwar keine zwingende Vorraussetzung, um Unteroffizier zu werden, wurde aber erwartet. Ab Mitte der 60er-Jahre gehörten etwa die Hälfte der Berufsunteroffiziere und weniger als ein Drittel der Zeitsoldaten der SED an. Ähnlich wie bei den Offizieren gab es allerdings eine große Zahl von Unteroffizieren,

Am 23. Januar 1974 ernennt der Chef des Hauptstabes Generaloberst Heinz Keßler die ersten Fähnriche der NVA; Lehrgangsteilnehmer der Flottenschule der Volksmarine in Stralsund üben das Schwimmen im Kampfanzug (1981); Fahrschüler für Pioniergroß-

die sich in erster Linie als militärische Fachleute sahen. Für sie war die Parteiarbeit nur ein lästiges Mittel zum Zweck.

Die Stellung des Unteroffiziers der NVA orientierte sich stark am sowjetischen Vorbild. Hier war der Unteroffizier vor allem Gehilfe des Offiziers. Die Zugführerstellen waren ausnahmslos mit Offizieren besetzt. Aufgrund der hohen Dienstgraddichte übten einige Unteroffiziere in der NVA Tätigkeiten aus, die in der Bundeswehr von Mannschaften ausgefüllt wurden.

Wie die Bundeswehr unterschied auch die NVA in Unteroffiziere ohne Portepee (Unteroffizier, Unterfeldwebel) und mit Portepee (Feldwebel, Oberfeldwebel, Stabsfeldwebel). Aber die Trennlinie vollzog sich nicht in der hierarchischen Ebene. Viel wichtiger war der Status, die Frage ob ein junger Mann sich als Unteroffizier auf Zeit (UaZ) oder als Berufsunteroffizier (BU) verpflichtete. Die Unteroffiziere auf Zeit dienten drei Jahre (bei der Volksmarine vier Jahre). Im Unterschied zur Bundeswehr, wo der »SaZ 2« oder »SaZ 4« vor allem durch gute Bezahlung lockte oder die Kurzverpflichtung als Einstieg für eine längere Verpflichtung gewählt wurde, unterschrieben viele, vielleicht sogar die meisten Unteroffizierschüler in der DDR nur widerwillig oder mit gemischten Gefühlen. Wer eine qualifizierte Ausbildung anstrebte oder sogar studieren wollte, von dem erwartete die DDR einen besonderen Beitrag zur Landesverteidigung. Nicht selten wurde dabei mit massivem Druck und offenen Drohungen gearbeitet. Der Anteil an Abiturienten war unter den Kurzzeitdienern deshalb sehr hoch. Ungleich schwerer war es, junge Facharbeiter aus den Kombinaten oder der Landwirtschaft für eine Verpflichtung zu gewinnen. Die Unteroffiziere auf Zeit verstanden ihren Dienst

gerät (Kette) an der Unteroffizierschule II in Delitzsch (1982); Unteroffizierschüler der Fachrichtung Fliegeringenieurdienst an der Militärtechnischen Schule der LSK/LV in Bad Düben üben die Dekontamination einer MiG-21 (1983).

hauptsächlich als ein Geschäft auf Gegenseitigkeit: Fortbildung oder Studienplatz gegen Dienstleistung. Das Ziel bestand vor allem darin, den ungeliebten Dienst bei der Fahne so schnell wie möglich zu beenden. Das Selbstverständnis der UaZ zeigt sich am auffälligsten daran, dass sie in ähnlichem Maße vom »EK-System«, der Tyrannei der dienstälteren über die jüngeren Soldaten, infiziert waren wie die Wehrpflichtigen.

Ganz anders sah die Motivation bei der anderen Gruppe, den Berufsunteroffizieren, aus. Der Begriff des Berufssoldaten ist etwas irreführend, denn die maximale Verpflichtungszeit dauerte anfangs nur zehn und stieg später auf 25 Jahre an. Anders als bei der Bundeswehr erfolgte die Übernahme zum Berufssoldaten nicht nach der mehrjährigen Bewährung als Unteroffizier und einer strengen Personalauswahl. Es genügte vielmehr die Annahme als Bewerber, um die Laufbahn zu beginnen – vorausgesetzt, man schaffte die anschließenden Fachprüfungen.

Der Dienst als Berufsunteroffizier in der NVA hatte ein sehr geringes gesellschaftliches Ansehen. Die Bezahlung konnte sich zwar mit vergleichbaren zivilen Tätigkeiten sehen lassen. Aber der Dienst in der NVA galt als hart und wenig familienfreundlich. Das Bewerberaufkommen war so gering, dass es praktisch keine Personalauswahl gab. Wer sich bewarb, wurde mit Kusshand genommen. Damit gingen häufig diejenigen als Berufsunteroffiziere zur Armee, die schon in der Schule oder der beruflichen Ausbildung zu den Schwächeren gehörten. Die schwache Rekrutierungsbasis und der schlechte Ruf bildeten einen Teufelskreis.

Gab es ein Unteroffizierkorps in der NVA? Eher nicht. Die Unteroffiziere zerfielen in drei Gruppen: die Berufsunteroffiziere, die als Berufssoldaten eine Arbeits- und Lebensperspektive in der NVA sahen und häufig mit Führungsaufgaben betraut waren; dann die Unteroffiziere auf Zeit, die eigentlich nur qualifizierte Spezialisten waren und in ihrer Funktion und ihrem Selbstverständnis näher bei den Wehrpflichtigen als an den Berufssoldaten standen; und schließlich die Fähnriche, die aufgrund ihrer Qualifikation als die eigentlichen »Macher« im unteren Führungsmanagement der NVA galten.

Im Unterschied zur Bundeswehr, die in den Aufbaujahren mit ähnlichen Problemen bei der Besetzung ihrer Stellen mit geeigneten Unteroffizieren zu kämpfen hatte, bekam die NVA ihr Problem nie in den Griff. Nur wenige junge Männer fanden den Weg über die Wehrpflicht zum Dienst als Unteroffizier und Feldwebel. Wem sich die Chance bot und wer über die notwendige Qualifikation verfügte, der versuchte Fähnrich oder Offizier zu werden. Ein qualifiziertes, von Selbstwertgefühl und Gruppenstolz getragenes Unteroffizierkorps konnte so nicht entstehen.

Da es die Unteroffiziere in der NVA viel leichter hatten, in die Offizierlaufbahn zu wechseln, gingen viele Leistungsträger verloren. Mit der Einführung der Fähnrichlaufbahn Mitte der 70er-Jahre wollte die NVA den Negativtrend stoppen. Der Fähnrich der NVA war kein Offizieranwärter (diese hießen offiziell »Offizierschüler«), sondern stand in der Hierarchie zwischen den Berufsunteroffizieren und den Offizieren. Ein geflügeltes Wort machte damals die Runde: »Zum Uffz zu viel, zum Offz zu wenig? Macht nichts, dann wirste Fähnrich.« Die Laufbahn zum Fähnrich beinhaltete eine zweijährige Fachschulausbildung, die mit dem Erwerb eines Diploms abschloss. Die Laufbahn bestand aus vier Dienstgraden, dem Fähnrich, Oberfähnrich, Stabsfähnrich und Stabsoberfähnrich. Fähnriche wurden vor allem als Spezialisten eingesetzt, besetzten aber Führungspositionen, zum Beispiel als Kompaniefeldwebel. Mit der Fähnrichlaufbahn konnten tatsächlich viele Lücken im Bereich der Technik, Ausbildung und Verwaltung geschlossen werden. Sie eröffnete zugleich qualifizierten Unteroffizieren eine weitere Möglichkeit des Aufstiegs. Sie entzog aber auch dem Unteroffizierkorps weiter gut qualifizierte Leistungsträger und verschlechterte so die Personalsituation. Der Berufsunteroffizier – kurz »Buffi« genannt – blieb das Sorgenkind der Volksarmee.

Die Ausbildung der Unteroffiziere fand bis Mitte der 60er-Jahre in der Truppe statt, in der Regel in gesonderten Ausbildungskompanien bei den Regimentern, später in spe-

Auf Beobachtungsposten an der innerdeutschen Grenze: Unteroffizier und Soldat der NVA-Grenztruppen, 1965; Medaille für vorbildlichen Grenzdienst.

ziellen Ausbildungsregimentern. Die Luftstreitkräfte/Luftverteidigung bildete ihre Unteroffizierschüler bis 1974 an ihrer Offizierschule in einer speziellen Abteilung aus. Beide Konzepte bewährten sich nicht, und die NVA war zunehmend mit den Ausbildungsergebnissen ihrer »Sorgenkinder« unzufrieden. Anfang der 70er-Jahre suchte man nach einer sogenannten Komplexlösung und stellte die Unteroffizierausbildung auf neue Füße. Einen wichtigen Schritt bildete die Aufstellung von Unteroffizierschulen für die jeweiligen Waffengattungen: Für die Landstreitkräfte die Unteroffizierschulen I (Weißkeisel), II (Eilenburg, Frankenberg, Züllsdorf – später in Delitzsch), III (Eggesin-Karpin), IV (Zwickau und Schneeberg), VI (Perleberg), VII (Potsdam) und einige weitere Fachschulen sowie die Militärtechnische Schule für Luftstreitkräfte/Luftverteidigung (Bad Düben) und die Flottenschule der Volksmarine (Stralsund). 1986 wurden die Unteroffizierschulen der Landstreitkräfte in »Ausbildungszentren« umbenannt und in das Mobilmachungs- und Aufwuchssystem der NVA integriert.

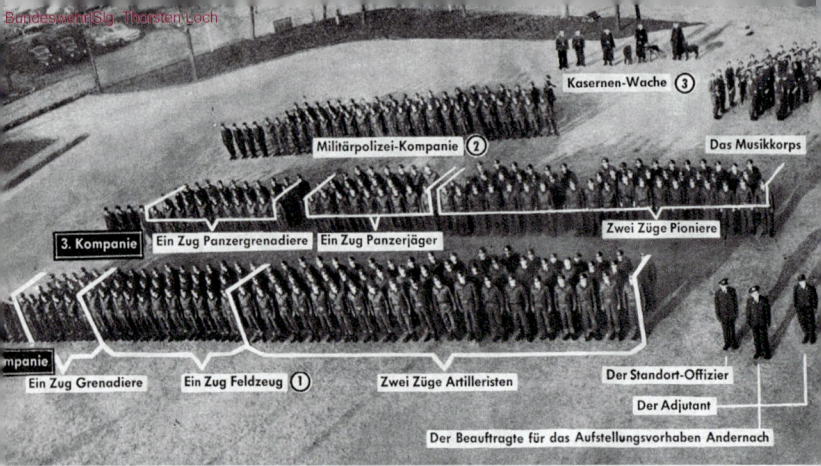

Im Wettbewerb um die »besten Köpfe«

Am Anfang der Bundeswehr stand der Unteroffizier. Das ist kein Scherz und stimmt gleich in dreifacher Weise. Zum einen handelte es sich bei den ersten 1000 Soldaten, die Anfang 1956 in Andernach (Heer), Nörvenich (Luftwaffe) und Wilhelmshaven (Marine) einrückten, ausnahmslos um Zeit- und Berufssoldaten, die meisten davon Unteroffiziere und Feldwebel oder Unteroffizieranwärter. Zum anderen stand für die neu aufgestellte Wehrpflichtarmee die Ausbildung im Mittelpunkt und damit auch der Ausbilder. Und schließlich benötigte die Bundeswehr aufgrund ihrer materiellen Ausstattung eine Vielzahl an Spezialisten, die aus dem Kreis der länger dienenden Unteroffiziere kommen mussten.

Die Unteroffiziere der ersten Stunde hatten ausnahmslos in der Wehrmacht gedient. Nur etwa die Hälfte der kriegsgedienten Unteroffiziere, die sich um eine Einstellung beworben hatten, wurde auch genommen. Politische, gesundheitliche oder sonstige Gründe führten zur Ablehnung.

Bei der Laufbahngestaltung beschritt die Bundeswehr neue Wege. Die Kaiserzeit, die Reichswehr und die Wehrmacht kannten nur den Unteroffizier, der als Zeitsoldat nach zwei bis 15 Jahren ausschied (mit Ausnahme der Stabsfeldwebel der Wehrmacht, die bis zu 25 Jahre dienen konnten). Die Bundeswehr ergänzte dieses System durch die Einführung einer Laufbahn für Berufsunteroffiziere. Sie sollten, ähnlich wie die Berufsoffiziere, bis zum Erreichen der allgemeinen Dienstaltersgrenze, also bis zum 60. Lebensjahr dienen können. In der Praxis setzte sich allerdings

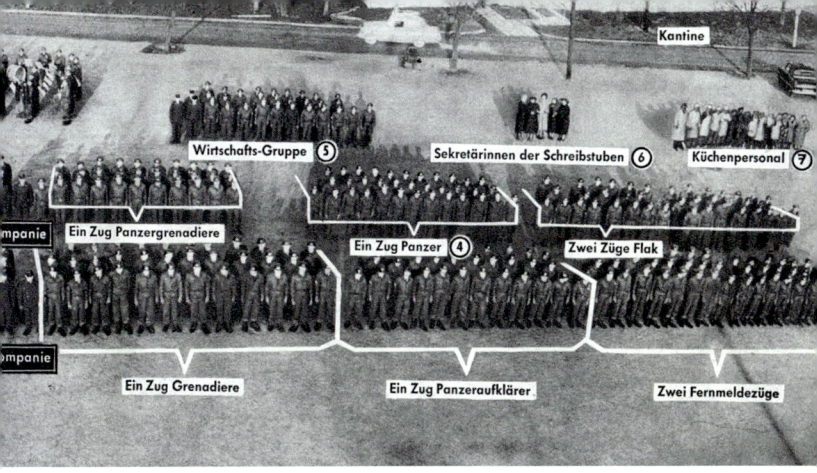

Die angetretene Lehrtruppe und »Keimzelle« der Bundeswehr in Andernach, 1956.

die besondere Dienstaltersgrenze durch, und die Berufsunteroffiziere gingen schon ab dem 52. (heute 54.) Lebensjahr in Ruhestand – für viele Portepees (und später auch Fachoffiziere) war das nicht unbedingt erstrebenswert, aber die gesetzlichen Bestimmungen ließen keine Ausnahme zu.

Mit dem Ziel, Berufssoldat werden zu können, eröffnete die Unteroffizierlaufbahn eine völlig neue berufliche Perspektive. Außerdem wurde so sichergestellt, dass gut ausgebildete Spezialisten der Truppe erhalten blieben und ihre Erfahrung über einen längeren Zeitraum an Jüngere weitergeben konnten. Die Besoldung aller Bundeswehrsoldaten orientierte sich an der Bundesbesoldungsordnung für Beamte. Danach wurden Unteroffiziere bis zum Dienstgrad Hauptfeldwebel im mittleren Dienst eingestuft. Die Spitzendienstgrade Stabsfeldwebel und Oberstabsfeldwebel, die man erst Mitte der 60er-Jahre einführte, reihten sich im gehobenen Dienst ein.

In anderer Hinsicht knüpfte die Bundeswehr an bewährte Traditionen an. Unteroffiziere mit Portepee wurden bis in die 70-Jahre als Luftfahrzeugführer auf fast allen Typen eingesetzt. Erst mit der zunehmenden Spezialisierung der Luftfahrzeugtechnik verließen die Unteroffiziere das Cockpit. Ein anderes wichtiges Prinzip, das bis heute besteht und zu einem »Markenzeichen« des deutschen Unteroffiziers geworden ist, wurde ebenfalls fortgeführt: der Einsatz als Zugführer. Dieses Prinzip stellte sicher, dass die langjährige praktische Erfahrung an der »Graswurzel« und am »Schmiernippel« auch in der Führungsebene nicht verloren ging.

Sie eröffnete dem Unteroffizier eine berufliche Perspektive, die zu den am meisten prägenden Erfahrungen gehört, die man als Soldat machen kann: die Ausbildung, Erziehung und Führung von Menschen. Aber nicht nur die Unteroffiziere profitierten davon. Viele Offiziere erinnern sich bis heute dankbar an die Unterstützung, die sie als junge Leutnants oder Oberleutnants durch ihre erfahrenen Feldwebelkameraden erhielten. Von ihnen konnten sie fachlich und menschlich eine Menge für spätere Führungsverwendungen lernen. Wissenschaftliche Untersuchungen haben ergeben, dass nicht die Kompaniechefs, sondern die Gruppen- und Zugführer die eigentlichen Erzieher ihrer Soldaten sind. Die wichtige Aufgabe der persönlichen Einflussnahme durch Anleitung und das eigene Vorbild liegt damit in den Händen der Unteroffiziere.

Werbeanzeige der Bundeswehr um 1968.

Obwohl man Unteroffiziere auf unterer und mittlerer Ebene mit Führungsaufgaben betraute und als Spezialisten eigenverantwortlich arbeiten ließ, dauerte es sehr lange, bis sich das Bild vom »Offiziergehilfen« relativierte. So hieß es noch 1962 in der Heeresdienstvorschrift HDv 100/1 »Truppenführung«, die »Unteroffiziere unterstützen die Offiziere bei der Führung und Ausbildung der Truppe, im Versorgungs- und Stabsdienst; sie führen auch Teileinheiten und kleine Kampfgemeinschaften«. Tatsächlich bildeten Unteroffiziere auch schon Anfang der 60er-Jahre das Rückgrat der Führung.

Trotz der Verbesserungen im Laufbahnsystem fehlten der Bundeswehr bis weit in die 90er-Jahre ständig Unteroffiziere. Vor allem die Laufbahn der Zeitsoldaten schien vielen nicht attraktiv genug. Dafür gab es vielfältige Gründe. Das Wirtschaftswunder der 50er- und 60er-Jahre und die Vollbeschäftigung sorgten für genügend Alternativen auf dem zivilen Arbeitsmarkt. Außerdem hatte die Bundeswehr in der Aufbauphase einen schweren Stand, denn die Wiederbewaffnung war lange unpopulär. Die Erinnerungen an den verlorenen Krieg saßen bei vielen tief. Eine

Ärmelband der Unteroffizierschule des Heeres; Luftbild der Marineunteroffizierschule in Plön.

Aufarbeitung der Legende von der »sauberen Wehrmacht« sollte erst sehr spät beginnen. Und schließlich schadeten die inneren Krisen in der Diskussion um die Innere Führung und die teilweise desolate Beschaffungspolitik dem öffentlichen Ansehen. Zudem sollte nicht vergessen werden, dass zahlreiche Bürger der Logik des Kalten Krieges ausgesprochen kritisch gegenüberstanden.

Die Folgen für die Personalergänzung waren erheblich. Anfang der 60er-Jahre konnten in der Luftwaffe 9000 Unteroffizierstellen nicht besetzt werden. Beim Heer betrug das Defizit 15 000 für Unteroffiziere ohne Portepee. Das Ausbildungsniveau sank in der Folge dramatisch. Das Heer reagierte mit dem Aufbau von Unteroffizierlehrinspektionen für die jeweiligen Truppengattungen. Am 1. Oktober 1963 nahm die Heeresunteroffizierschule in Sonthofen (HUS I) ihren Schulbetrieb auf. Zwei Jahre später kam die HUS II in Aachen hinzu. Das Ausbildungsniveau konnte durch diese wichtigen Schritte zwar vereinheitlicht und deutlich verbessert werden. Aber die Lücken waren durch diese Maßnahmen nur bedingt zu schließen. 1970 hatte die Bundeswehr bei einer Gesamtstärke von 495 000 Mann einen Stellenplan von 140 000 Unteroffizieren mit und ohne Portepee. 26 000 Stellen konnten nicht besetzt werden. Jeder fünfte Dienstposten eines Unteroffiziers blieb also frei oder musste von einem Mannschaftssoldaten ausgefüllt werden.

Die Bundeswehrleitung reagierte durch Anpassung ihres Images und eine Modernisierung der Laufbahnstrukturen. In den 70er-Jahren begann man schrittweise, im Wettbewerb mit der Wirtschaft um geeignetes Personal, nicht mehr den Führer und Kämpfer, sondern den Spezialisten und »Meister seines Faches« in den Mittelpunkt zu stellen. Dazu gehörte unter anderem das

Werbeanzeigen aus den frühen 70er- (l.) und den späten 80er-Jahren.

1974 eingeführte Konzept der Ausbildung, bei dem man anstrebte, dass die berufliche Qualifikation bei der Bundeswehr auch im zivilen Bereich anerkannt wurde. Die betonte »Zivilisierung« des Soldatenberufes zeigte Wirkung. Sie prägte aber auch das Selbstbild sehr vieler Soldaten und ernüchterte manchen beim Umbau der Streitkräfte zur Armee im Einsatz.

Ein wichtiges Element zur Attraktivitätssteigerung bildete die 1969 beginnende Einführung der Fachoffizierlaufbahn. Hochqualifizierten Portepeeunteroffizieren sollte die Möglichkeit gegeben werden, nach erfolgreicher Laufbahnprüfung Offizier zu werden. Der Fachdienstoffizier sollte nicht wie der Offizierstellvertreter, der Feldwebelleutnant oder der Deckoffizier der kaiserlichen Marine eine unklare Stellung zwischen Portepees und Offizieren einnehmen. Er war nach der Beförderung zum Leutnant vollwertiger Angehöriger des Offizierkorps, trug die gleichen Dienstgradabzeichen und konnte Disziplinarbefugnis übernehmen. Fachdienstoffiziere wurden durch ihre große Erfahrung rasch zu geachteten Spezialisten, vor allem im Personalwesen, der Logistik und den technischen Laufbahnen.

Ende der 70er-Jahre verbesserte sich die Situation, aber es blieben immer noch etwa 13 000 Dienstposten unbesetzt. Es fehlte an Unteroffizieren in allen Ausbildungssparten, vor allem bei der Wartung und Instandsetzung von hochkomplexen Waffensystemen. Die Situation entspannte sich erst, als die Bundeswehr infolge der Wiedervereinigung und der Umstrukturierung zur Armee im Einsatz deutlich verkleinert wurde.

Seit Ende der 70er-Jahre begann die Bundeswehr systematisch nach dem Berufsmotiv künftiger Zeit- und Berufssoldaten zu fragen. Danach standen allgemeine Weiterbildungsaspekte, die Erweiterung der im Zivilberuf erworbenen Qualitäten und finanzielle Gründe im Vordergrund. Auch die Sicherheit des Arbeitsplatzes spielte, je nach wirtschaftlicher Situation, eine wichtige Rolle. Das Interesse am Soldatenberuf, an der Menschenführung sowie die Suche nach körperlichen Herausforderungen waren von geringerer Bedeutung. Bis heute stehen für viele die »zivilen Aspekte« an erster Stelle für die Entscheidung, Unteroffizier zu werden.

Im Wettbewerb um die »besten Köpfe« hatte die Bundeswehr immer wieder das Nachsehen. Interessenten mit einer hohen zivilen Qualifikation bewarben sich häufig nicht, weil sie als einfacher Mannschaftssoldat einsteigen und sich erst hochdienen mussten. Dieser Weg schien vielen nicht attraktiv genug, weil er mit finanziellen Einbußen und einem gewissen Risiko verbunden war. Das Problem wurde mit der 2003 eingeführten Laufbahn der Fachdienstunteroffiziere und Fachdienstfeldwebel gelöst. Hierbei treten Bewerber mit einer zivilen Qualifikation quasi als Seiteneinsteiger schon mit einem höheren Dienstgrad ein. Sie verbleiben dann allerdings während ihrer gesamten Dienstzeit in ihrer Fachrichtung, zum Beispiel als IT-Spezialisten oder Logistiker. Parallel dazu setzt man bis heute auf die Laufbahn des Feldwebels im Truppendienst, der als Mannschaftssoldat seine Laufbahn beginnt und das militärische Handwerk im wahrsten Sinne des Wortes »von der Pike« auf lernt. Durch die Einrichtung zweier Laufbahnen ist die Bundeswehr so in einem wichtigen Bereich der Personalgewinnung flexibler und attraktiver geworden.

Es gibt allerdings auch kritische Stimmen, vor allem von älteren Portepeeunteroffizieren, die sich ihren Dienstgrad auf einem langen und nicht selten mühevollen Weg erdienen mußten. In ihrem beruflichen Selbstverständnis zeigt sich in einem höheren Dienstgrad immer auch eine gewisse Berufs- und Lebenserfahrung und nicht zuletzt eine bestimmte Verwendungsbreite.

Flexibilität, der Mut für Innovationen und ein uneingeschränktes »Ja« zu einem wichtigen Dienst für unsere Gesellschaft werden auch in Zukunft notwendig sein, damit Unteroffiziere und Feldwebel mit Selbstbewusstsein und Berufszufriedenheit ihren Platz in den Streitkräften behaupten und mit der gesellschaftlichen Anerkennung rechnen dürfen, die sie verdienen.

Unteroffiziere heute – Rückgrat im Einsatz, in der Ausbildung und im Grundbetrieb

Der nachfolgende Beitrag unterscheidet sich von den Essays dieses Buches. Im Mittelpunkt steht der Erlebnisbericht eines Hauptfeldwebels, der 1993 in die Bundeswehr eintrat und 2009 in Afghanistan eingesetzt war. Es ist der sehr persönliche Bericht eines Soldaten über seine Erfahrungen als Vorgesetzter, Ausbilder und Erzieher – in der Heimat und im Einsatz.

Unteroffizier im Einsatz – eine Innenansicht
von Stefan Schultze

Am 1. Juli 1994 ging mein großer Wunsch in Erfüllung: Ich wurde zum Unteroffizier ernannt. Nur wenige Tage später fand meine Aufnahme in das Unteroffizierkorps meiner Einheit, der 3. Kompanie des Panzergrenadierbataillons 152 statt. An diesem Tag erhielt ich aus den Händen meines Kompaniefeldwebels die »Leitsätze für Unteroffiziere«. Ich las mir dieses Dokument, das bis heute über meinem Schreibtisch hängt, aufmerksam durch und musste damals schon erkennen, dass ich noch viel zu leisten und zu lernen habe. Mein Weg, welche Richtung er auch nehmen möge, war noch sehr lang.

Heute überlege ich, welche Eigenschaften den gegenwärtigen Unteroffizier wohl ausmachen. Was muss er leisten, um speziell im Einsatz vor sich selbst, seinen Vorgesetzten, aber insbesondere seinen Untergebenen zu bestehen? Nun, vielleicht hilft ein Blick auf die Leitsätze: »Beispiel in Haltung und Pflichterfüllung«, »Härten und Entbehrungen teilen«, »Lob und Tadel anwenden«, »Eintreten für die Freiheitlich Demokratische Grundordnung«. Ist das wirklich schon alles, ist es wirklich so einfach? Plötzlich fällt mein Blick auf eine Formulierung im letzten Leitsatz: »der ihm *anvertrauten* Soldaten«. Vertrauen! Einfach gesagt, doch genau dieses Wort hat für mich eine besondere Bedeutung, denn ich verbinde es untrennbar mit dem »Unteroffizier im Einsatz« und meinen diesbezüglichen Erfahrungen, die ich nachfolgend schildern möchte:

Im April des Jahres 2009 verlegte ich mit meinem Zug als Teil der Quick-Reaction-Force 3 (QRF) nach Afghanistan. Wir wussten, dass uns ein schwieriger und fordernder Einsatz bevorstand, der unser gesamtes militärisches Geschick sowie ein enormes Maß an körperlicher Leistungsfähigkeit abverlangen würde. Wie sehr dieser Einsatz auch unser Vertrauen auf den Prüfstand stellen würde, sollte uns erst hinterher bewusst werden.

Ehrenhain für die im Einsatz getöteten Bundeswehrsoldaten der ISAF-Schutztruppe im Feldlager in Kunduz; »Einsatzmedaille Gefecht« für Soldaten, die »mindestens einmal aktiv an Gefechtshandlungen teilgenommen oder unter hoher persönlicher Gefährdung terroristische oder militärische Gewalt erlitten« haben, und die Sergej Motz posthum als Erstem verliehen wurde.

Schon kurz nach unserer Ankunft wurden wir zur Verstärkung des Provincial Reconstruction Teams (PRT) nach Kunduz in Marsch gesetzt. Wenig zuvor, am 29. April 2009, war der Hauptgefreite Sergej Motz bei einem Gefecht ums Leben gekommen. Er ist der erste deutsche Soldat, der nach Ende des Zweiten Weltkrieges in einem Gefecht gefallen war. Plötzlich wurde auch in der Politik wieder von »Gefallenen« und vom »Krieg« gesprochen. Bei uns Soldaten gehörten diese Vokabeln schon lange zum täglichen Sprachgebrauch, da wir keinen Sinn darin sahen, die Dinge zu beschönigen. Wir waren ehrlich zueinander. Uns wurde auch klar, dass alles, was wir in diesem ehrlichen Bewusstsein geübt und trainiert hatten, richtig und zweckmäßig war.

Nur wenige Tage nach Erreichen des PRT Kunduz wurde es auch für meinen Zug ernst. Der erste Auftrag sollte 72 Stunden dauern und in Gegenden führen, in die seit Jahren kein ISAF-Soldat mehr seinen Fuß gesetzt hatte. Schon bei der Befehlsausgabe an meinen Zug erkannte ich die Nervosität und Unsicherheit in den Augen der Soldaten. 60 Prozent von ihnen standen schließlich vor ihrem ersten Einsatz. Diese negativen Gefühle konnte ich ihnen nur durch ruhige Ausstrahlung, sicheres Auftreten, klare Befehle und ehrliche Antworten nehmen. Ich habe bei meinen Soldatinnen und Soldaten stets versucht, das Vertrauen in ihre eigene Leistungsfähigkeit zu fördern und ihr Selbstbewusstsein zu stärken. Außerdem habe ich mich selbst immer wieder auf den

Prüfstand gestellt. Meine dringlichste Frage, ob ich auch an alle Eventualitäten gedacht hatte, konnten nur die nächsten Wochen beantworten.

Bereits in den frühen Abendstunden des ersten Tages erlebten wir einen Angriff mittels Raketenbeschuss vom Rand der Ortschaft Qosh Tapa. Die vier Geschosse, abgefeuert von primitiven Abschussvorrichtungen, lagen präzise und schlugen ca. 40 m vor unseren Fahrzeugen ein. Sofort gingen die Meldungen bei mir ein, und alle Maßnahmen wurden umgesetzt, wie ich sie vorher befohlen hatte. Sofort wusste ich, dass keine eigenen Teile getroffen waren und wir keine Ausfälle hatten. Der Feind wich schnell aus und die restliche Zeit unseres Auftrages verlief ohne weitere Zwischenfälle.

Nach der Rückkehr ins Lager werteten wir in Ruhe die vergangene Situation aus. Gestärkt durch das Bewusstsein, dass die befohlenen Maßnahmen gegriffen hatten, wuchs unser aller Vertrauen – das in die Kameraden, den jeweiligen Führer und den Untergebenen sowie das Vertrauen in sich selbst.

Am 4. Juni 2009 befand sich mein Charlie-Zug erst seit etwa drei Stunden im PRT, als wir alarmiert wurden: Ein Spähtrupp der Aufklärer war angegriffen worden. Der Bravo-Zug der QRF, der mich kurz zuvor abgelöst hatte, bekam den Auftrag, ihn zu entsetzen und geriet dabei in einen Hinterhalt, in dem er beiderseits der Straße über eine Strecke von ca. 800 m Feuer bekam. Bereits auf den Fahrzeugen sitzend und auf den Marschbefehl wartend, hörten meine Soldaten und ich den Funkverkehr mit. Der Zugführer des Bravo-Zuges, wie ich ein Hauptfeldwebel, gab eine Lagemeldung ab, während wir im Hintergrund den Gefechtslärm vernahmen. Was ich dort hörte, bleibt mir unvergessen: »Wir haben schon einige von denen rausgeschossen, die laufen einfach weiter! Wir brauchen jetzt hier Verstärkung!«

Als der Marschbefehl mit dem Auftrag kam, den Bravo-Zug zu verstärken, verlegten wir in das Gefecht. Da wir wussten, dass unsere Kameraden unsere Hilfe brauchten, gab es keine lästigen Zweifel, und es lief gut. Ohne Zwischenfälle gewannen wir den befohlenen Raum und stellten Verbindung zu Bravo her. Nachdem der Bravo-Zug über meine Stellung ausgewichen war, folgte mein Zug als Schließender. Wir fuhren auf demselben Weg zurück, den ich als Anmarschweg genutzt hatte, denn eine andere Möglichkeiten gab es für unsere Fahrzeuge nicht. Doch das wusste auch der Feind. Auf dem Rückmarsch gerieten wir in einen weiteren Hinterhalt. Die vor mir fahrenden Kräfte durchstießen den Feind. Da unser Zug noch nicht aufgeklärt war, entschloss

Der Charlie-Zug im auf- und abgesessenen Vorgehen während seines Afghanistan-Einsatzes; Ärmelabzeichen der QRF 3.

ich mich, die feindlichen Kräfte zu zerschlagen. Nach erfolgtem Wechsel der Kampfweise griff ich die vermuteten Feindstellungen abgesessen an. Bei meinen Soldaten lief alles wie am Schnürchen. Kein Zögern, kein Fragen. Aus ihren Gesichtern sprachen Mut und Zuversicht und die Abläufe funktionierten.

Am Funk vernahmen wir die Stimme unseres Kommandeurs. Sie war ruhig wie immer. Wir wussten, wie er »tickt«, welche Maßnahmen er erwarten würde. Deswegen war es für mich selbstverständlich, die Kampfweise zu wechseln und abgesessen gegen die feindlichen Kräfte anzutreten. Hinterher zeigte er sich im persönlichen Gespräch erstaunt darüber, dass ich ohne seinen Befehl diese Maßnahmen bereits getroffen hatte und Vollzug melden konnte, als er den Auftrag zum Absitzen und Angreifen geben wollte. Ich glaube, an diesem Tag habe ich sein Vertrauen gewonnen.

Während wir nur geringe materielle Schäden hinnehmen mussten, erlitt der Gegner im Verlauf des Gefechts hohe Verluste. Unser Kommandeur betonte im Nachhinein, wie wichtig das Bestehen und vor allem Gewinnen des ersten Gefechts für das Selbstbewusstsein aller Soldaten sei. Es schaffe Sicherheit im eigenen Handeln und stärke das Vertrauen in alle Führungsebenen.

Nur drei Tage später, am 7. Juni 2009, folgte das nächste Gefecht. Ein Zug einer anderen Einheit geriet in einen Hinterhalt, ein Fahrzeug war bereits durch ein Improvised Explosive Device (IED) ausgefallen und bewegungsunfähig. Der ihm zur Unterstützung eilende Alpha-Zug der QRF griff, wie ich drei Tage zuvor, abgesessen gegen die feindlichen Stellungen an. Die »Alphas« hatten jedoch weniger Glück. Zwei Soldaten wurden verwundet, einer davon schwer. Wie zuvor verfolgte ich abmarschbereit am Funk den Gefechtsverlauf, und wieder war es ein Funkspruch des

Zugführers, der mir in der Erinnerung haften blieb: »Wenn wir den jetzt nicht sofort hier rausbringen, schafft er es nicht!«

So bekam ich erneut einen Marschbefehl. Es gelang uns ohne weitere Verluste, das beschädigte Fahrzeug zu bergen und alle Soldaten einschließlich der verwundeten Kameraden in das Lager zurückzubringen. Nach unserer Rückkehr standen wir noch staubbedeckt, verschwitzt und niedergeschlagen wegen der zwei verwundeten Kameraden bei unseren Fahrzeugen, als plötzlich der Kommandeur des PRT Kunduz zu uns kam. Oberst Georg Klein schüttelte jedem Soldaten die Hand und dankte uns für das Geleistete. Zuletzt kam er zu mir, gab auch mir die Hand, klopfte mir auf die Schulter und sagte: »Gut gemacht Hauptfeldwebel!« Das waren genau die Worte, die ich in dem Moment gebraucht habe und ich spürte, wie ich mich innerlich aufrichtete. Ein Handschlag und drei Worte, mehr braucht es manchmal nicht.

Zu dieser Zeit hatten wir in nur neun Einsatztagen insgesamt drei schwere Gefechte führen müssen, wobei mein Zug zweimal auf- und abgesessen gegen feindliche Stellungen angriff. Die Belastungen für jeden meiner Soldaten, vom Infanteristen über den Kampfmittelräumer bis zum Sanitäter, waren groß und wuchsen von Tag zu Tag. Trotz allem fuhren sie jedes Mal erneut mit mir hinaus. Raus aus dem relativ sicheren Lager und hinein in das Gefecht. Warum Sie das taten? Ich denke, weil wir uns gegenseitig vertrauten.

Nach intensiven Kämpfen, in deren Verlauf wir dem Feind empfindliche Verluste zugefügt hatten, wurde in einer Gefechtspause zwischen der mit uns operierenden Afghan National Police (ANP) und dem Feind ein zeitlich begrenzter Waffenstillstand ausgehandelt. Den Aufständischen wurde Zeit gegeben, ihre Toten und Verwundeten vom Gefechtsfeld zu bergen. Die erste Reaktion auf diese Maßnahme bei meinen Soldaten und mir war Empörung und Unverständnis, das jedoch nach kurzer Zeit dem Gefühl der Menschlichkeit wich. Ich sprach mit meinen Gruppenführern, diese mit ihren Soldaten. Am allgemeinen Kopfnicken erkannte ich deren Verständnis. Doch unsere Toleranz wurde an diesem Tag noch einmal auf die Probe gestellt, als ein Fahrzeug mit schwer verwundeten Aufständischen unsere eigenen Reihen passierte. Da wir die einzige Straße Richtung Kunduz und somit Richtung ärztlicher Versorgung unter Kontrolle hatten, führte an unseren Stellungen kein Weg vorbei. Misstrauisch aber doch verständnisvoll ließen wir das Fahrzeug, nachdem es kontrolliert war, durch. Niemand zeigte Häme oder machte sich über den Feind lustig, obwohl wir uns in diesem Moment dem Gegner deutlich überlegen fühlten. Aber die Achtung vor dem Leben ließ uns Mensch bleiben. So hat sich beispielsweise keiner meiner Soldaten für die Zahl der getöteten Gegner je Kerben in die Schulterstütze seines Sturmgewehres geritzt oder Striche an seinen Helm gemalt.

Der wichtigste Indikator für die Stimmungslage im Zug waren für mich immer die Mannschaftssoldaten. Der untergebene Soldat beobachtet seinen Vorgesetzten ganz genau und misst ihn an seinem Verhalten. Zögerlichkeit oder Angst wird sofort erkannt und überträgt sich unmittelbar auf die Soldaten. So waren es auch Mannschaftssoldaten, die das Gespräch mit mir suchten, um mich auf ihren Gruppenführer, meinen damaligen Stellvertreter anzusprechen. Sie beschrieben mir sein Verhalten und seine Maßnahmen während der letzten abgesessenen Patrouille als wenig entschlussfreudig bis furchtsam, weswegen sie ihm nicht mehr trauten.

In einer ruhigen Minute sprach ich den Gruppenführer auf sein Befinden an. Er antwortete nur zögerlich und bat sich Bedenkzeit aus. Am nächsten Morgen offenbarte er sich mir mit den Worten: »Es geht nicht mehr.« Die Belastungen und die Intensität der vergangenen Tage waren zu viel für ihn. Wir gingen gemeinsam zum Truppenpsychologen, der umgehend seine stationäre Aufnahme veranlasste, denn es gab eindeutige Zeichen einer möglichen Posttraumatischen Belastungsstörung (PTBS).

Ich war froh, dass meine Soldaten solch feine Rezeptoren besaßen und die Belastungsstörung meines Stellvertreters erkannt hatten, bevor es, vielleicht im nächsten Gefecht, zu Schlimmerem gekommen wäre. Sie hatten das Problem erkannt, bevor ich selbst es wahrgenommen habe. Da war mir klar: Jeder meiner Soldaten achtete nicht nur auf sich selbst, sondern auch auf seinen Kameraden.

Am 7. August 2009 führte uns ein Auftrag auf die LOC Banana (Line of Communication) westlich von Kunduz. Im Verlaufe der Operation bekamen die unmittelbar hinter meinem Zug eingesetzten afghanischen Polizisten Beschuss aus nördlicher Richtung, und Feind in Stärke von ca. sechs Mann wurde aufgeklärt. Das Gelände war unübersichtlich, und der Gegner wirkte aus dem Bereich einer Ortschaft auf uns. Mit zwei Halbzügen ging ich links- und rechtsumfassend gegen ihn vor. Wir setzten dem Feind nach und mussten dazu auch Teile der Ansiedlung durchqueren. Der einzig mögliche Weg war gerade breit genug für einen Pkw. Kurz nach einem Wegeknick stand ein verlassenes Zivil-Kfz auf der Fahrbahn, an dem wir vorbei mussten.

Der Charlie-Zug beim Durchqueren einer afghanischen Ortschaft; Hauptfeldwebel Stefan Schultze.

War es ein IED? Ich befahl zwei Soldaten der ersten Gruppe zur Kontrolle des Fahrzeugs vor. Deren Gruppenführer meldete sofort: »Ich gehe!« Führen von vorn ist ein Grundsatz, den ich meinen Gruppenführern und mir immer abverlangt habe. Nach abgeschlossener Kontrolle, der Pkw war leer und unverschlossen, konnten wir den Auftrag fortführen. Wenn das Gefecht im Gange ist, wird nur noch das abgerufen, was geübt und befohlen wurde. Jetzt zeigte sich der tatsächliche Zusammenhalt des Zuges und der damit verbundene Kampfwert. Keiner hatte gezögert.

Während wir weiter vorgingen, ließ ich mir die Stellung der vordersten Teile des anderen Halbzuges durch Abschuss der Signalpistole anzeigen. Wir waren etwa auf gleicher Höhe, und es gelang uns, Verbindung herzustellen. Die Sicherung wurde eingenommen und eine Lagemeldung an meinen Kompaniechef abgesetzt. Bei der Kontrolle der Sicherung klärte ich zwei nicht einsehbare Bereiche auf. Ich entschloss mich, selbst vorzugehen, um mir so einen Überblick über das Gelände zu verschaffen. Plötzlich bemerkte ich eine Bewegung im Schatten eines Busches – ein feindlicher Schütze in Stellung! Er eröffnete unmittelbar das Feuer und traf mich am rechten Arm, worauf ihn mein Sicherer selbstständig bekämpfte. Zusammen wichen wir aus und wurden durch meine anderen Soldaten aufgenommen. Die Verwundung war »mittelschwer«, aber der Blutverlust hoch. Ich teilte die Sicherung ein und befahl, Meldung zu machen.

Seltsamerweise war ich sehr ruhig und versuchte auch meine Soldaten zu beruhigen. So gut es ging, unterstützte ich die Wundversorgung, sagte meinen Soldaten, wo sie zudrücken mussten und wo die Infusion gesetzt werden sollte. Als mich der Sanitätstrupp erreichte, war ich bereits versorgt: Die Blutung war gestillt, Schmerzmittel verabreicht und die Infusion lief. Interessanterweise verspürte ich zu keinem Zeitpunkt Angst. Zunächst sah ich diesen Umstand durch einen Schock begründet, mittlerweile glaube ich jedoch, dass es an meinem Vertrauen lag. An meinem Vertrauen in meinen Ersthelfer, einen Oberstabsgefreiten, und in meine Sanitäter.

Erst auf der Rückfahrt ins PRT wurde mir die gesamte Tragweite dieser Verwundung bewusst: »Ich kann doch jetzt meinen Zug nicht alleine lassen. Der Einsatz geht doch noch mindestens zwei Monate. Wie soll das ohne mich funktionieren?« Im Feldlazarett hatte ich genügend Zeit, weiter darüber nachzudenken. Schließlich siegte jedoch erneut mein Vertrauen: »Meine Soldaten schaffen das. Meine Gruppenführer schaffen das.« Das sagte ich auch meinem Kompaniechef und meinem Kompanieeinsatzoffizier. Ich bin froh, dass sie mir vertraut haben, denn sie haben meinen Zug keinem neuen, unbekannten Führer unterstellt. Meine Soldaten erzählten mir später, dass, nachdem sich der erste Schreck gelegt hatte, alle der Meinung waren: »Jetzt erst recht! Für den Hauptfeldwebel!« Nach nur drei Tagen zogen sie in das nächste Gefecht. Ich hoffe, sie haben gespürt, dass ich in Gedanken ständig bei ihnen war.

Nach meiner Entlassung aus dem Bundeswehrkrankenhaus verfolgte ich die Lageentwicklung im Einsatzland und die Geschicke meiner Soldaten sehr aufmerksam. So war es auch eine Selbstverständlichkeit für mich, zur nächsten Familienbetreuungsveranstaltung meines Verbandes zu gehen. Obgleich durch die Verwundung noch deutlich eingeschränkt, kam ich aus dem Händeschütteln kaum mehr heraus. Während der Veranstaltung führte ich eine Vielzahl von Gesprächen mit Angehörigen. Dabei war auch eine sehr lange Unterhaltung mit den Eltern eines meiner Soldaten. Das Gespräch verlief ruhig und, wie ich dachte, auch relativ emotionslos. Wenige Tage danach erreichte mich besagter Soldat und teilte mir mit, wie dankbar seine Eltern für meine Worte waren, wie viel sie ihnen bedeuteten und dass es jetzt leichter wäre, die letzten Wochen auf ihren Sohn zu warten. Ich weiß nicht mehr, welche Worte es waren, aber ich glaube ich habe die Eltern erreichen können und dabei selbst etwas gewonnen – nämlich das, was wir unseren Angehörigen abverlangen: Vertrauen!

Dieses Wort hat für mich eine ganz besondere Bedeutung. Ich bin der festen Überzeugung, dass dies der Schlüsselbegriff für den

Unteroffizier im Einsatz – und übrigens auch im Heimatbetrieb – ist. Aus meiner Sicht gibt es vor diesem Hintergrund wohl vier Arten von Vertrauen:

Vertrauen in die Vorgesetztem, also die Gewissheit in jedweder Situation nicht allein gelassen zu werden sowie Vertrauen in die unterstellten Soldaten, welches in erster Linie die Bereitschaft des Zuhörens voraussetzt. Ferner das Vertrauen in das eigene Leistungspotenzial, das man nur durch Selbstdizpilin gewinnt und die Fähigkeit, anzuvertrauen, gerade da, wo man keinen Einfluss nehmen kann. Letzteres ist die größte Herausforderung, sei es für die Mutter, die mir als Vorgesetzten das Leben ihres Kindes anvertraut, oder wie ich nach meiner Verwundung meine Soldaten meinem Stellverteter.

Ich weiß nicht, ob ich zu jeder Zeit das uneingeschränkte Vertrauen von allen meinen Soldaten genossen habe. Realistisch betrachtet lautet die Antwort wohl *nein*. Vielleicht ist es mir aber gelungen, zum richtigen Zeitpunkt am richtigen Ort ebenfalls die richtigen Worte gewählt und auf die Schultern meiner Soldaten geklopft zu haben.

Ich bin noch lange nicht am Ende meines Weges angekommen und lerne täglich dazu. Doch die Textpassage des Leitsatzes für Unteroffiziere, »der ihm *anvertrauten* Soldaten«, hat für mich heute mehr denn je Bedeutung. Sie macht mir meine Verantwortung bewusst: *meine* Verantwortung für die *mir* anvertrauten Soldatinnen und Soldaten. Und so möchte ich mit einer Geschichte schließen, die mein Verständnis von Vertrauen sehr gut wiedergibt:

> »Mein Freund ist nicht vom Schlachtfeld zurückgekommen, Sir. Erbitte Erlaubnis, ihn zu suchen und hereinzuholen.« »Abgelehnt«, sagte der Offizier, »ich möchte nicht, dass Sie ihr Leben aufs Spiel setzen für einen Mann, der wahrscheinlich tot ist.« Der Soldat machte sich trotzdem auf die Suche und kam eine Stunde später tödlich verwundet zurück, in den Armen seinen toten Freund. Der Offizier tobte. »Ich habe ihnen gesagt, er sei tot. Nun habe ich sie beide verloren. Was hat es nun gebracht, hinauszugehen, um eine Leiche zurückzubringen?« Der sterbende Mann antwortete: »Es hat sich gelohnt, Sir. Als ich ihn fand, lebte er noch. Und er sagte zu mir: ›Ich wusste, Jack, dass du kommen würdest!‹«
>
> (Anthony de Mello, Warum der Schäfer jedes Wetter liebt)

Glossar
von Martin Brehl

Grundlagen

Brauchtum Als Brauch bezeichnet man im Laufe der Zeit gewachsene Gewohnheiten einer sozialen Gemeinschaft. Bräuche können neu entstehen, genauso aber an Bedeutung verlieren. Somit unterliegen sie auch einem Wandel.
In der Bundeswehr definieren die Richtlinien zum Traditionsverständnis und zur Traditionspflege (ZDv 10/1, Anlage 3) den Begriff »militärisches Brauchtum« und legen seine Bedeutung für die Truppe fest:

> »Viele Formen, Sitten und Gepflogenheiten des Truppenalltags sind nicht Tradition, sondern militärisches Brauchtum. Es handelt sich um Gewohnheiten und Förmlichkeiten, wie sie in jeder großen gesellschaftlichen Einrichtung anzutreffen sind. Meist haben sie sich vor langer Zeit herausgebildet. Ihr ursprünglicher Sinn ist oft in Vergessenheit geraten, der Bedeutungszusammenhang zerfallen. Formen, Sitten und Gepflogenheiten tragen jedoch zur Verhaltenssicherheit im Umgang miteinander bei [...] Nicht jede Einzelheit militärischen Brauchtums, das sich aus früheren Zeiten herleitet, muss demokratisch legitimiert sein [...] Militärisches Brauchtum darf aber den vom Grundgesetz vorgegebenen Werten und Normen nicht entgegenstehen. Brauchtum muss, um lebendig zu bleiben, von den Soldaten angenommen werden.« (ZDv/1 Nr. 10)

Beispielhaft für militärisches Brauchtum sind der Gruß, das Antreten oder das »Seitepfeifen« bei der Marine.

Freiheitlich Demokratische Grundordnung Die Freiheitlich Demokratische Grundordnung (FDGO) beschreibt die unveränderbare Kernstruktur des Grundgesetzes. Im Gegensatz zum Großteil der Artikel des Grundgesetzes, die mit entsprechenden Mehrheiten geändert werden können, lassen sich die Grundprinzipien der FDGO nicht abändern.
Die Definition des Begriffes FDGO erfolgte 1952, als das Bundesverfassungsgericht die rechtsradikale »Sozialistische Reichspartei« verbot und in Abgrenzung zu politischen Verfassungsgegnern das Wesen der Verfassung umschrieb. Deren Grundprinzipien modifizieren:

- Achtung vor den im Grundgesetz konkretisierten Menschenrechten
- Volkssouveränität
- Gewaltenteilung
- Verantwortlichkeit der Regierung
- Gesetzmäßigkeit der Verwaltung

- Unabhängigkeit der Gerichte
- Mehrparteienprinzip
- Chancengleichheit der Parteien
- Recht auf Opposition
- Mehrheitsprinzip

Die grundsätzliche Anerkennung der FDGO gilt als notwendige Bedingung für die Teilnahme am politischen Leben der Bundesrepublik Deutschland. Von Soldaten der Bundeswehr wird gemäß § 8 Soldatengesetz verlangt, dass sie die FDGO anerkennen und für sie eintreten.

Die Bundesrepublik Deutschland versteht sich als »streitbare Demokratie«. Daher wurden Mechanismen eingebaut, um die FDGO in Extremfällen verteidigen zu können; z.B. das Verbot von verfassungsfeindlichen Parteien seitens des Bundesverfassungsgerichtes oder das Widerstandsrecht nach Art. 20 Grundgesetz.

Geschichte Geschichte kann man unterschiedlich definieren. Im Zusammenhang mit diesem Buch wird sie als Menschheitsgeschichte begriffen – eine Geschichte, die sich tatsächlich ereignet hat und von der wir auch Kenntnis erlangt haben.

Diese auf den ersten Blick banal klingende Definition hat aber erhebliche Tücken, da nicht geringe Teile dessen, was sich einmal ereignet hat, nicht mehr bekannt sind. Unterschiedliche Gründe haben dazu geführt, dass auch Abschnitte der Vergangenheit, die noch gar nicht lange vorüber sind, heute im Dunkeln liegen.

Die Geschichtswissenschaft, die an Universitäten und Forschungseinrichtungen betrieben wird, versucht mit wissenschaftlichen Methoden Vergangenheit zu beschreiben und zu deuten. Die Arbeit mit Quellen steht dabei in Vordergrund. Das können Texte, Bilder, mündliche Überlieferungen oder materielle Hinterlassenschaften sein. Die Frage, wie objektiv oder subjektiv eine Quelle ist, von wem sie stammt und in welchem Zusammenhang sie vermittelt wurde, ist von besonderem Interesse. Die Geschichtswissenschaft strebt, wie alle akademischen Disziplinen, nach Objektivität. Die Überprüfbarkeit von Fakten und Aussagen sowie eine differenzierte und kritisch reflektierende Betrachtung sind die wichtigsten Werkzeuge des Historikers.

Die Bewertung von Geschichte ist einem ständigen Wandel unterworfen, weil Wissen hinzukommt (und manchmal auch verloren geht) und auch die Mentalitäten sich verändern.

Tradition Tradition ist, vereinfacht ausgedrückt, eine wertende Auswahl aus der Geschichte. Im Unterschied zur Geschichtswissenschaft strebt sie nicht primär nach Objektivität sondern sucht die »besten Teile« der Geschichte.

In den Richtlinien zum Traditionsverständnis und zur Traditionspflege in der Bundeswehr (ZDv 10/1, Anlage 3) heißt es:

> »Tradition ist die Überlieferung von Werten und Normen. Sie bildet sich in einem Prozess wertorientierter Auseinandersetzung mit der Vergangenheit. Tradition verbindet die Generationen, sichert Identität und schlägt eine Brücke zwischen Vergangenheit und Zukunft [...] Tradition ist eine wesentliche Grundlage menschlicher Kultur. Sie setzt Verständnis für historische, politische und gesellschaftliche Zusammenhänge voraus.« (Grundsatz 1)

Hinter der Tradition steht eine bewusste Auswahl. Nicht alles, was überliefert wird, ist im Verständnis der Bundeswehr auch Tradition, vieles wird auch als Brauch definiert. Der Filter für die Frage, was traditionswürdig ist oder auch nicht, ist das Grundgesetz der Bundesrepublik Deutschland. Also nur die Überzeugungen, Vorstellungen oder Handlungsmuster, die sich im Einklang mit dem Grundgesetz befinden, sind traditionswürdig.

Damit differenziert die Bundeswehr. Die weniger wichtigen Gewohnheiten, die sich auch aufgeben oder ändern lassen, werden als Brauch bezeichnet. Diejenigen Überlieferungen hingegen, die das Charakteristische der Bundeswehr ausmachen, werden als Tradition bezeichnet.

> »Maßstab für Traditionsverständnis und Traditionspflege in der Bundeswehr sind das Grundgesetz und die der Bundeswehr übertragenen Aufgaben und Pflichten.« (Grundsatz 2).

Tradition kann nicht »von oben« angeordnet werden, sondern muss »von unten« wachsen. Der Bewertungsmaßstab, ob etwas traditionswürdig ist oder nicht, ist die jeweils diensttuende Generation, also die aktuelle und zukünftige Bundeswehr. Daher beinhaltet die Tradition auch in großem Maße Zukunftsaspekte; Wandel und Entwicklungen sind selbstverständlich.

Traditionserlass der Bundeswehr Als sogenannter Traditionserlass werden die »Richtlinien zum Traditionsverständnis und zur Traditionspflege in der Bundeswehr« aus dem Jahr 1982 bezeichnet. Seit über 30 Jahren ist für die Bundeswehr gültig und definiert, was Tradition ist und in welchem Rahmen die Traditionsarbeit und -pflege der Bundeswehr stattfindet.

Bemerkenswert an dem Traditionserlass der Bundeswehr ist vor allem der sehr offene Rahmen. Als Grenze der Tradition wird lediglich die Bindung an das Grundgesetz der Bundesrepublik Deutschland definiert. Damit wird die gesellschaftliche Einbindung der Streitkräfte als Institution wie auch der einzelnen Soldaten als »Staatsbürger in Uniform« unterstrichen. Auch die persönliche Entscheidung eines jeden Einzelnen in Traditionsfragen wird explizit betont.

Viele heute selbstverständlich klingende Aussagen wie »ein Unrechtsregime, wie das »Dritte Reich«, kann Tradition nicht begründen« (Grundsatz 6) oder »dienstliche Kontakte mit Nachfolgeorganisationen der ehemaligen Waffen-SS sind untersagt« (Grundsatz 22) wurden mit dem Erlass erstmals klar ausgesprochen.

Der gültige Erlass wurde vom Bundesminister der Verteidigung, damals Hans Apel (SPD), unterzeichnet, was die große Bedeutung der Tradition der Bundeswehr wie auch dieses Erlasses unterstreicht.

Als Vorläufer war 1965 der Erlass »Bundeswehr und Tradition« herausgegeben worden. Mit diesem wurde die etwa zehnjährige Diskussion zur Tradition in der Bundeswehr und insbesondere zum Verhältnis der Bundeswehr zur Wehrmacht vorläufig zum Abschluss gebracht. Das Verhältnis zur Wehrmacht und die Frage, auf welchem Fundament militärische Tugenden stehen mussten, blieb vorerst ungeklärt. So konnten Kasernen »nach Persönlichkeiten benannt werden, die in Haltung und Leistung beispielhaft waren«. Erst der Erlass von 1982 hat mit der klaren Bindung an das Grundgesetz und die Wertebindung der Tradition der Bundeswehr eindeutige Aussagen zu einem Verständnis getroffen, das über das rein militärische hinausgeht. Nicht die militärische Leistung an sich ist seit 1982 das Maß der Dinge, sondern der ideelle Bezug zu den Werten des Grundgesetzes. So können

> »Kasernen und andere Einrichtungen der Bundeswehr [...] nach Persönlichkeiten benannt werden, die sich durch ihr gesamtes Wirken oder eine herausragende Tat um Freiheit und Recht verdient gemacht haben.« (Grundsatz 29)

So manche »militärischen Vorbilder«, die vor 1982 nach dem alten Erlass als Namensgeber für Kasernen ausgewählt wurden, würden daher heute nicht mehr in Betracht kommen.

Erinnerungsorte

Bendler-Block (Berlin) Der Bendler-Block beherbergt heute den Berliner Teil des Bundesministeriums der Verteidigung. Es ist ein Gebäudekomplex in Berlin Tiergarten, benannt nach dem Kommunalpolitiker Johann Christoph Bendler. Seit 1914 wurde der Komplex von verschiedenen militärischen Dienststellen genutzt, unter anderem dem Reichsmarineamt.
Seine große Bedeutung für die heutige Zeit erhielt das Gebäude als Dienstsitz von Oberst i.G. Claus Schenk Graf von Stauffenberg, dem führenden militärischen Kopf des Attentats vom 20. Juli 1944. Weite Teile des Umsturzversuches wurden hier geplant, vorbereitet und organisiert. Die Gedenkstätte Deutscher Widerstand erinnert heute in einigen der ehemaligen Diensträumen mit einer sehenswerten Ausstellung an den Widerstand gegen Hitler. Im Innenhof, wo einige Verschwörer noch in der Nacht des 20. Juli hingerichtet wurden, befindet sich ein Ehrenmal. Mit öffentlichen Gelöbnissen weist die Bundeswehr auf die symbolische Bedeutung des Ortes hin.

Berliner Mauer Mit dem Bau der Berliner Mauer am 13. August 1961 schottete die DDR-Regierung sich und ihre Bürger von West-Berlin ab. Ein eigenmächtiges, selbstbestimmtes Verlassen der DDR war damit praktisch nicht mehr möglich. Hintergrund dieser im Laufe der Zeit immer weiter perfektionierten Abgrenzung zwischen Ost und West war der Flüchtlingsstrom der DDR-Bürger in den Westen. Diese »Republikflucht« stand unter Strafe und hatte für das SED-Regime bedrohliche Ausmaße angenommen. Ohne die Mauer wäre die DDR kollabiert.
In den 28 Jahren ihres Bestehens wurde die Berliner Mauer zu einem Symbol des Kalten Krieges. Mindestens 136 Menschen wurden an der Mauer getötet.
Vom Beginn des Mauerbaus bis zu ihrem Fall gab es knapp 5100 gelungene Fluchten, über zehn Prozent davon Fahnenfluchten von Angehörigen der Grenztruppen. Die Mehrzahl der erfolgreichen Fluchten erfolgte in den ersten Wochen und Monaten nach dem Baubeginn. Der weitere Ausbau des Grenzsystems ließ später kaum noch ein Entkommen zu. Die Berliner Mauer ist bis heute der wichtigste Erinnerungsort der deutschen Teilung. Sie ist zugleich ein Symbol für den kompromisslosen Herrschaftsanspruch des SED-Regimes und die Brutalität ihres Machtapparates.
Die heute als »Fall der Mauer« bezeichnete Öffnung geschah in der Nacht vom 9. auf den 10. November 1989. Aufgrund des

zunehmenden Druckes öffentlicher Demonstrationen bereitete die neue Führung der DDR unter Egon Krenz seit Oktober eine behutsame Öffnung mit einem komplizierten Reisegesetz vor. Ein solches Reisegesetz sollte am frühen Abend des 9. November durch den hohen Parteifunktionär Günter Schabowski in einer Pressekonferenz angekündigt werden. Allerdings war Schabowski weder über eine Sperrfrist noch über einen Einspruch des Justizministers informiert. So vermittelte er in der Pressekonferenz den Eindruck, als gelte dieses Reisegesetz ab sofort. Die westdeutschen und West-Berliner Medien verbreiteten daraufhin, die Mauer sei offen. Nun strömten Tausende Ost-Berliner zu den Grenzübergängen und verlangten deren Öffnung, bis die nicht informierten und überforderten Grenztruppen der Forderung nachkamen. Medienberichte über die ersten Grenzüberschreitungen beschleunigten den Vorgang.

Kurz darauf öffneten sich überall die Schlagbäume. Im Juni 1990 begann der systematische Abriss der Mauer. Lediglich einzelne Restabschnitte blieben als Mahnmal erhalten. Einzelne Mauersegmente befinden sich in diversen Museen oder auch in Standorten der Bundeswehr.

Brandenburger Tor (Berlin) Das von 1788 bis 1791 errichtete Brandenburger Tor dient heute vor allem als Symbol der jüngeren deutschen Geschichte, aber auch als Kulisse für Großveranstaltungen, z.B. als Fan-Meile bei großen Fußballturnieren. Es ist das einzig erhalten gebliebene Berliner Stadttor. Auf dem Brandenburger Tor thront die Quadriga, ein Viergespann mit Siegesgöttin.

Bis zur Abdankung des letzten deutschen Kaisers, Wilhelms II., im Jahr 1918, durften im Wesentlichen nur die Mitglieder der kaiserlichen Familie die mittlere Durchfahrt benutzen. Im Zweiten Weltkrieg wurden Brandenburger Tor wie auch die Quadriga beschädigt. In den 50er-Jahren wurden die Schäden repariert und die weitgehend zerstörte Quadriga nachgebaut. Mit dem Bau der Berliner Mauer stand das Brandenburger Tor mitten im Sperrgebiet und war nicht mehr zugänglich.

Gerade durch den starken räumlichen und damit visuellen Zusammenhang von Mauer und Brandenburger Tor wurde es zu einem Symbol der deutschen Teilung.

Während der dramatischen Stunden vom 9. auf den 10. November 1989 spielte das Tor keine Rolle. Es wurde erst am 22. Dezember 1989 geöffnet. Unvergessen für viele sind bis heute die Jubelfeiern am Brandenburger Tor, als Hunderttausende am 3. Oktober 1990 die Wiedervereinigung feierten.

Ehrenmal der Bundeswehr (Berlin) Das Ehrenmal der Bundeswehr auf dem Gelände des Bendler-Blocks ist der zentrale Gedenkort für alle Angehörigen der Bundeswehr, die an den Folgen der Ausübung ihres Dienstes ihr Leben gelassen haben. Nach knapp einjähriger Bauzeit wurde es im Beisein aller fünf Verfassungsorgane am 8. September 2009 eingeweiht.

Der von einer Findungskommission ausgewählte Entwurf des Architekten Andreas Meck ermöglicht durch eine flexible Zwischenwand neben öffentlichem Zugang auch offizielle Zeremonien; darüber hinaus bietet er Raum für individuelle Trauer.

Der schlichte Baukörper besteht aus einem Betonquader von 41 m Länge, 8 m Breite und 10 m Höhe. Ein durchbrochenes Bronzekleid umschließt das Gebäude. Die Durchbrüche bestehen aus ovalen und halbovalen Stanzungen. Sie stehen für die Erkennungsmarke, die jeder Soldat mit seinen wichtigsten persönlichen Daten bei sich trägt. Die halbe Erkennungsmarke ist eine Chiffre für den Soldatentod. Über 3200 Soldaten und zivile Angehörige der Bundeswehr haben bislang im Dienst in der Heimat und im Einsatz ihr Leben verloren. Keiner – so die Botschaft – soll vergessen werden. Ihre Namen leuchten nacheinander in einer Lichtinstallation im Innern auf.

Neben dem Ehrenmal der Bundeswehr in Berlin existieren auch in den Einsatzländern Gedenksteine oder Tafeln zur Erinnerung an die dort ums Leben gekommenen Angehörigen der jeweiligen Kontingente.

Ehrenmal der Luftwaffe (Fürstenfeldbruck) Das Ehrenmal ist den Toten der Luftstreitkräfte und der zivilen Luftfahrt gewidmet. Es befindet sich in Fürstenfeldbruck in unmittelbarer Nähe des Fliegerhorstes. Zur Realisierung des Ehrenmals und zur Sammlung von privaten Spenden für den Bau wurde 1957 eine Stiftung gegründet. 1961 begann die Grundsteinlegung, am 18. November 1962 erfolgte die Einweihung. Ein Jahr später entstand der zentrale, 5 x 5 m große Gedenkstein mit einem liegenden Eisernen Kreuz. Weitere Ergänzungen (Torbogen, Sinnspruch, Lorbeerkranz) folgten im Laufe der Zeit.

Jährlich wird am Vortag des Volkstrauertages auf Einladung des Inspekteurs der Luftwaffe eine stille Gedenkstunde am Ehrenmal der Luftwaffe durchgeführt. Vertreter der aktiven Luftwaffe, der Luftfahrt und von Traditions- und Ehemaligenverbänden legen in dieser Zeremonie Kränze zum Gedenken nieder.

Ehrenmal der Marine (Laboe) Das Ehrenmal der Marine ist das deutlich älteste der Ehrenmale der Bundeswehr bzw. ihrer Teilstreitkräfte. 1927 erfolgte seine Grundsteinlegung, 1936 die Einweihung als Gedenkstätte für die im Ersten Weltkrieg gefallenen deutschen Marinesoldaten. Neben dem weithin sichtbaren und sehr markanten Turm (72 m hoch, mit Aussichtsplattform) gehören ein Innenhof, eine historische Halle sowie die unterirdisch gelegene Gedenkstätte zum Komplex des Ehrenmals.

1954 übernahm der neu gegründete Deutsche Marinebund die Einrichtung. Die neue Widmung des Ehrenmals schloss alle Gefallenen, also auch die der Kriegsgegner, ein. Damit zollte es auch anderen Nationen Respekt und wirkte im Sinne der internationalen Aussöhnung. 1996 folgte die Erklärung des Ehrenmals zur Gedenkstätte der auf See Gebliebenen aller Nationen. Darüber hinaus entstand eine eigene Widmung als Gedenkstätte der Toten der Deutschen Marine. Da alle Widmungen weiterhin vorhanden sind, lässt sich an ihnen auch das sich wandelnde Verständnis von Totenkult und Erinnerung ablesen. Kriegsschiffe aller Nationen erweisen dem Ehrenmal ihre Ehrerweisung.

In den 90er-Jahren fanden zudem umfangreiche Sanierungsarbeiten statt. Auch die Ausstellung in der historischen Halle erfuhr in den letzten Jahren eine umfangreiche Überarbeitung. Die Kosten für Unterhalt und Sanierung trägt der Deutsche Marinebund mithilfe der Eintrittsgelder und Spenden.

1972 wurde unmittelbar vor dem Ehrenmal das U-Boot U 995 aufgestellt, das als technisches Museum und Denkmal besichtigt werden kann. Ausstellung und U-Boot sind heute große Besuchermagnete.

Ehrenmal des Heeres (Koblenz) Das Ehrenmal des Heeres befindet sich auf der Festung Ehrenbreitstein bei Koblenz. Einst befand sich hier eine der mächtigsten deutschen Festungsanlagen. Bis 1918 militärisch genutzt, beherbergt die Festung heute unter anderem das Landesmuseum Koblenz und ist als Touristenattraktion ausgebaut. Seit 2002 gehört sie zum UNESCO-Welterbe Oberes Mittelrheintal. Bis zur Widervereinigung war Koblenz der größte Standort des Heeres.

Das eher unscheinbare Ehrenmal des Heeres befindet sich abseits der Hauptbesucherströme in einer Nische des Befestigungswerkes und erinnert an die Gefallenen des Ersten und Zweiten Weltkrieges. 1972 wurde es in einer feierlichen Zeremonie dem deutschen Heer übergeben. Im Zentrum steht die traditionelle Figur des gefallenen Kriegers, die ein Bildmotiv des frühen 20. Jahrhunderts aufgreift. Im November 2006 wurde es um eine Stele ergänzt, auf der an die im Einsatz ums Leben gekommenen Soldaten des deutschen Heeres gedacht wird.

Neue Wache (Berlin) Die Neue Wache ist die zentrale Gedenkstätte der Bundesrepublik Deutschland für die Opfer von Krieg und Gewaltherrschaft.
In den Jahren 1816 bis 1818 wurde das Gebäude als Haus für die Wache des preußischen Königs sowie als Gedenkstätte für die Gefallenen der Freiheitskriege gebaut. Als solches diente es bis zum Ende der Monarchie in Deutschland 1918. 1931 erfolgte die Umgestaltung zu einem Ehrenmal für die Gefallenen des Ersten Weltkrieges.
Im Zweiten Weltkrieg fast völlig zerstört, wurde es bis 1960 neu errichtet und von der DDR als Mahnmal für die Opfer des Faschismus und Militarismus neu eingeweiht. Soldaten des Wachregimentes »Friedrich Engels« stellten die tägliche Ehrenwache bzw. die Ehrenformation für den zweimal pro Woche durchgeführten »Großen Wachaufzug«.
Nach der Wiedervereinigung begann eine teilweise heftige Diskussion über die weitere Nutzung oder Umgestaltung des Gebäudes. Seit 1993 dient die Neue Wache als zentrale Gedenkstätte der Bundesrepublik Deutschland. Im Innern befindet sich seitdem eine vergrößerte Kopie der Skulptur »Mutter mit totem Sohn« von Käthe Kollwitz. Davor ist der Schriftzug »Den Opfern von Krieg und Gewaltherrschaft« in den Boden eingelassen.

Reichstag (Berlin) Das Reichstagsgebäude wurde 1884 bis 1894 für den Reichstag des Deutschen Kaiserreiches gebaut. Ganz bewusst wählte man seinerzeit eine Berliner Randlage, um die Bedeutung der Volksvertretung zu relativieren. In der Weimarer Republik beherbergte der Reichstag das Parlament. 1933 wurde das Gebäude durch einen Brand schwer beschädigt. Die Nationalsozialisten nutzen die Brandstiftung, deren Verursacher bis heute nicht zweifelsfrei ermittelt ist. Sie bezichtigten die Kommunisten als Drahtzieher des Anschlags, verboten daraufhin die Partei und setzten anschließend zentrale Grundrechte außer Kraft. Der Zweite Weltkrieg hinterließ weitere schwere Schäden. Die Freifläche um die Ruine diente nach Kriegsende als Acker zum Anbau von Gemüse für die hungernde Bevölkerung. In den 60er-Jahren wurde das Gebäude modernisiert und wieder aufgebaut. Nur einige Male wurde der Reichstag für Ausschuss-

und Fraktionssitzungen des deutschen Bundestages genutzt. Plenarsitzungen des Bundestages waren seit dem Viermächte-Abkommen von 1971 verboten. Die Berliner Mauer verlief unmittelbar an der Ostseite des Gebäudes. Das Brandenburger Tor – kaum einen Steinwurf entfernt – war für die West-Berliner durch die Mauer unerreichbar geworden. Bedingt durch die Lage gehörten ein Besuch der Außenterrassen und der Blick über die Mauer zum Standardprogramm bei Staatsbesuchen. Für die politische und historische Bildung wurde das Reichstagsgebäude hauptsächlich durch die Ausstellung »Fragen an die Deutsche Geschichte« genutzt.

Nach der Wiedervereinigung wurde auch um den Reichstag intensiv und sehr kontrovers diskutiert. Das Gebäude musste erneut umfangreich saniert werden und dient seit 1999 als Sitz des Deutschen Bundestages. Zudem tritt seit 1994 die Bundesversammlung in dem Gebäude zusammen, um den Bundespräsidenten zu wählen.

Die für Besucher zugängliche Kuppel des Reichstages hat sich zu einem Wahrzeichen Berlins entwickelt. Mehrere Millionen Besucher nehmen jährlich lange Wartezeiten in Kauf, um von hier einen Blick auf Berlin und das Parlament zu werfen

Auch im Rahmen der politischen Bildung der Bundeswehr lassen sich im Reichstagsgebäude z.B. Gespräche mit den jeweiligen Abgeordneten organisieren oder von der Besuchertribüne aus Debatten des Bundestages verfolgen. Ein Gang auf die Kuppel mit dem einmaligen Blick über Berlin ist dabei obligatorisch.

Symbole, Brauchtum, Zeremoniell

Antreten/Formaldienst Mit dem Antreten wird die Formation von Angehörigen einer bestimmten Gruppe zu einer geschlossenen Einheit bezeichnet. Vor allem das Militär, aber auch andere Organisationen wie die Polizei, die Feuerwehren oder Pfadfinder nutzen das Antreten zum Ordnen, Organisieren und disziplinieren der jeweiligen Gruppe.
Die Einzelheiten des Antretens für die Bundeswehr sind in der Zentralen Dienstvorschrift (ZDv) 3/2 geregelt.
In vielen Einheiten der Bundeswehr gehört das morgendliche Antreten zum täglichen Ritual. Der Vorgesetzte verschafft sich so schnell einen Überblick über die Anwesenheit und kann wichtige Informationen an seine Unterstellten weiterleiten.
Mit der Aufstellung der Bundeswehr entschied man sich für eine reduzierte Form des militärischen Zeremoniells und verzichtete bewusst auf den Stechschritt und auf Paraden. Nicht die formale, sondern die funktionale Disziplin war gefordert. Daher umfassen die heutigen Vorschriften zum Formaldienst (u.a. die ZDv 3/2) erheblich weniger Inhalte als in vorherigen deutschen Armeen.

Ärmelband Die ersten deutschen Truppen, denen ein Ärmelband verliehen wurde, waren preußische mit Hannoveraner Tradition. Zur Erinnerung an die Kämpfe von Hannoveraner Verbänden in englischen Diensten in Spanien gegen französische Truppen zu Beginn des 19. Jahrhunderts durften die Angehörigen der Infanterie-Regimenter Nr. 73 und 79 sowie das Jäger-Bataillon Nr. 10 seit dem 24. Januar 1901 ein Ärmelband mit der Aufschrift GIBRALTAR tragen. Vorerst handelte es sich hier um eine einmalige Auszeichnung.
Erst im Verlauf des Zweiten Weltkrieges fanden Ärmelbänder eine weite Verbreitung. Dabei entwickelten sich drei Kategorien:
- Erinnerungs- und Traditionsbänder für bestimmte Truppenteile als Traditionsträger
- Zugehörigkeitsbänder für bestimmte Truppenteile, u.a. für Unteroffizier-(vor)schulen,
- Auszeichnungsbänder mit dem Charakter eines Kampfabzeichens.

In der Bundeswehr verriet bei der Dienstbluse anfangs lediglich das Ärmelband die Zugehörigkeit zu Heer oder Luftwaffe.
Die heutigen Ärmelbänder verweisen auf die Zugehörigkeit zu einem bestimmten Verband oder einer großen Lehreinrichtung.

Bekannt sind die Ärmelbänder des Wachbataillons der Offizier- und Unteroffizierschulen des Heeres sowie der Panzerlehrbrigade 9 in Munster.

Bundesadler Der Adler wurde bereits in der Antike als Wappentier genutzt. Er stand für Gottheiten, für Mut oder Stärke. Die Römischen Legionen verwendeten den Adler seit 100 v. Chr. als Feldzeichen.
Auch das Heilige Römische Reich Deutscher Nation nutzte den Adler als Wappen. Der doppelköpfige Adler symbolisierte das deutsche Kaisertum, der einköpfige das deutsche Königtum. 1848 wurde der doppelköpfige Adler auch zum Wappen des Deutschen Bundes. Im Deutschen Kaiserreich (1871–1918) wurde der einköpfige Adler zum Reichswappen bestimmt. Dieser schwarze Adler erhielt einen roten Schnabel, Zunge und Fänge, ein Brustschild mit dem preußischen Adler sowie die Krone Karls des Großen. Auch in der Weimarer Republik (1918–1933) zierte der einköpfige Adler das Reichswappen. Die Nationalsozialisten verbanden das Symbol des Adlers mit dem Hakenkreuz. Die NSDAP verwendete ebenfalls einen Adler, jedoch mit nach links gewandtem Kopf. Neben dem Hakenkreuz, als zentralem Symbol der NS-Herrschaft, spielte der Adler in der öffentlichen Selbstdarstellung eine große Rolle. Form und Gesten waren genau festgelegt, sodass sich die Adler der Wehrmacht von denen anderer Institutionen wie der Reichspost oder der Reichsbahn klar unterschieden.
Am 20. Januar 1950 führte die Bundesrepublik Deutschland den Adler als deutsches Wappentier ein; dabei wurde seine Form geändert.
Die Richtlinien des Bundesministeriums des Innern von 1950 unterscheiden zwischen der »urkundlichen« und der »dekorativen« Verwendung. Die Verwendung des Bundesadlers zu künstlerischen Zwecken wird jedermann freigestellt. Der Bundesadler wird im Bundeswappen, auf der Bundesdienstflagge, der Standarte des Bundespräsidenten sowie in Dienstsiegeln und Urkunden (z.B. Ernennungsurkunden in der Bundeswehr) amtlich dargestellt. Er wird abgebildet auf goldgelbem Grund, einköpfig, den Kopf nach rechts, die Flügel offen, aber mit geschlossenem Gefieder, Schnabel, Zunge und Fänge in roter Farbe.
Die »Richtlinien zum Traditionsverständnis und zur Traditionspflege in der Bundeswehr« (ZDv 10/1, Anlage 3) definieren den Adler des deutschen Bundeswappens als Zeichen nationaler Souveränität, der dem Recht dienenden Macht und der geschichtlichen Kontinuität.

Bundesdienstflagge Die Bundesdienstflagge ist eine besondere Form der schwarz-rot-goldenen Bundesflagge und nur den Bundesbehörden vorbehalten. Sie trägt das sogenannte Bundesschild mit dem Bundesadler. Dabei sind Einzelheiten wie das Verhältnis der Höhe zur Länge, die Position des Bundesschildes oder die Hinwendung des Adlers zum Flaggenmast genau geregelt.

Da die Bundesdienstflagge nur für Bundesbehörden bestimmt ist, nutzen Länder, Gemeinden oder aber Bürger der Bundesrepublik Deutschland die einfache Bundesflagge in den Nationalfarben.

Gelegentlich in der Öffentlichkeit zu sehende, den Bundesdienstflaggen sehr ähnliche, aber inoffizielle Deutschlandflaggen mit dem Bundeswappen (z.B. bei Spielen der deutschen Fußballnationalmannschaft) werden geduldet, obwohl die unbefugte Nutzung des Bundeswappens eigentlich eine Ordnungswidrigkeit darstellt.

Dienstgrade

Gefreiter Der Ausdruck »Gefreiter« bezieht sich auf das altdeutsche Zeitwort »freien« in seiner ursprünglichen Bedeutung von »freimachen« oder »befreien«. Der »Gefreite« war also der Kriegsknecht, der von niederen, schweren Arbeiten befreit war und stattdessen Aufgaben für ältere, besonders zuverlässige, verantwortungsbewusste Männer übertragen bekam. Die Bezeichnung war bereits zu Beginn des 17. Jahrhunderts bekannt.

In den Kontingentsheeren der Kaiserzeit wurde lediglich jeder zehnte Mannschaftssoldat zum Gefreiten befördert. Die Gefreiten hatten den Unteroffizier zu vertreten. Zur Kennzeichnung trug der Gefreite einen Wappenknopf am Kragen.

Erst in der Reichswehr kam es zu einer weiteren Aufteilung der Mannschaftsdienstgrade. Der Oberschütze, Obergefreite (vorher nur bei der Artillerie) und Stabsgefreite wurden eingeführt. Zur Kennzeichnung erhielten die Mannschaften verschiedene Armwinkel.

In der Bundeswehr trugen die Mannschaftsdienstgrade ihre Streifen bis 1973 auf dem Oberarm und seitdem als Schulterklappe.

Unteroffizier – Offizier Die Unterteilung des Führungspersonals einer Kompanie in Ober- und Unteroffiziere lässt sich erstmals im kurbrandenburgischen Heer des 17. Jahrhunderts finden. Zu den Oberoffizieren zählten Kapitän (Hauptmann), Leutnant und Fähnrich, zu den Unteroffizieren Feldwebel, Sergeant, Korporal und Gefreitenkorporal. Noch bis 1884 hielten sich Reste dieser Unterscheidung, dann wurden die Oberoffiziere endgültig nur noch als Offiziere bezeichnet.

Der Wortursprung des Offiziers liegt im lateinischen. Der »officiarius« war der Inhaber oder Verwalter eines Amtes. In Frankreich wurde die Bezeichnung »Offizier« bereits im 14. Jahrhundert im heutigen Verständnis gebraucht und setzte sich bald auch in anderen Sprachen durch. Im deutschsprachigen Raum findet man den Begriff seit dem späten 16. Jahrhundert.

Korporal/Unteroffizier/Maat Aus dem italienischen Wort »capo« (Haupt) entwickelten sich gleich zwei Dienstgradbezeichnungen. Zum einen der »caporale« (Häuptling, Anführer) und zum anderen der »capitano« (Kapitän, Hauptmann). Der sich daraus ergebende französische »corporal« verdrängte zu Beginn des 18. Jahrhunderts die ursprüngliche deutsche Bezeichnung »Rottmeister« (Rotte = Gruppe). Zu Beginn des 19. Jahrhunderts wurde der niedrigste Unteroffizierdienstgrad dann nur noch als »Unteroffizier« bezeichnet.

In der Marine dagegen heißt der niedrigste Unteroffizierdienstgrad »Maat«. Dieser Ausdruck stammt vom englischen »mate«, was man mit »Kumpel« übersetzen kann.

Sergeant Auch diese Bezeichnung hat einen lateinischen Ursprung, denn »serviens« heißt »der Dienende«. Übertragen steht der Sergeant daher für den »dienenden Kriegsmann« oder »dienenden Soldaten«. Die Bezeichnung lässt sich bis in das Mittelalter zurückverfolgen. So nannte man den Knappen der Ritter auch »Sarjant« oder die Söldner des deutschen Ritterordens »Sarjanten«.

Im brandenburgischen Heer des 17. Jahrhunderts fasste man die älteren Unteroffiziere als Sergeanten zusammen. Als eigene Kennzeichnung erhielten die Sergeanten 1846 den Sergeantenknopf am Kragen. In der Reichswehr änderte man den Dienstgrad in »Unterfeldwebel«, der auch von der Wehrmacht beibehalten wurde. Im preußischen Heer war der »Sergeant« aber kein Dienstgrad, der auf dem Weg zum Feldwebel führte, sondern besonderen Funktionen oder Dienstposten vorbehalten blieb. Auch in der Wehrmacht wurde der »Unterfeldwebel« meist übersprungen. Daher lässt sich der »Sergeant« nur eingeschränkt mit dem heutigen Stabsunteroffizier vergleichen.

Feldwebel Ursprünglich »Feldweibel« oder »Feldwaibel«; »waibel« leitet sich von »waiben«, dem heutigen »weben« ab. Es bezeich-

net eine schnelle, geschäftige Bewegung, wie die eines Weberschiffchens. Auch Gerichtsdiener wurden »Waibel« gerufen.
Bei den Landsknechten gab es neben dem »Feldwaibel«, der beim Regiment angesiedelt war, noch den »Gemeinwaibel«. Dieser vermittelte zwischen den Landsknechten und dem jeweiligen Hauptmann auf der Ebene des Fähnleins. Während der »Feldwaibel« von oben eingesetzt wurde, wählten die Landsknechte den »Gemeinwaibel« aus ihrem Kreis.
Der »Waibel« hatte also eine herausgehobene Position. Er musste den Hauptmann in den Geschäften der Kompanie unterstützen, die Mannschaften ausbilden und für das Gefecht aufstellen, bei Streit schlichten oder zwischen Hauptmann und Landsknechten vermitteln. Daher wurden an ihn besonders hohe Anforderungen gestellt. Neben fundierten Kenntnissen des Kriegshandwerks musste er schreiben können und über Fähigkeiten verfügen, die heute als soziale oder weiche Kompetenzen beschrieben werden.
In der preußischen Armee führte der Feldwebel seit 1789 das Offizierportepee am Säbel. 1822 wurde bestimmt, dass die Feldwebel das Offizierseitengewehr erhielten, allerdings trugen sie es am Mannschaftskoppel. Bis zum Ende des Ersten Weltkrieges existierte neben dem Feldwebel – der »etatmäßige Feldwebel« entsprach dem heutigen »Spieß« – der Vizefeldwebel als normaler Portepee-Unteroffizier. Der Dienstgrad Vize-Feldwebel war 1846 neu eingeführt worden.
In der Marine wird der vergleichbare Dienstgrad als »Bootsmann« bezeichnet.

Feldwebelleutnant 1877 wurde bestimmt, dass im Kriegsfall Offizierstellen bei Ersatztruppenteilen, der Landwehr und dem Landsturm mit »Feldwebelleutnanten« besetzt werden konnten. Dieser Dienstgrad war für ausgeschiedene, zum Kriegsdienst wieder einberufene Unteroffiziere eingeführt worden. Am Vorabend des Ersten Weltkrieges öffnete man den Dienstgrad auch für andere Truppenteile, z.B. die technischen Truppen. Aufgrund der hohen Verluste und dem damit einhergehenden Mangel an erfahrenem Personal lockerte man die Bestimmungen noch im Ersten Weltkrieg. Voraussetzungen für eine Beförderung waren das Hervortreten durch Leistung, Befähigung oder Tapferkeit. Der Feldwebelleutnant trug die Uniform des Vize-Feldwebels, aber Bewaffnung, Fußbekleidung und Schulterstücke des Leutnants. Er gehörte zur Rangklasse der Offiziere.
In der Marine lautete die entsprechende Bezeichnung »Deckoffizierleutnant«.

Offizierstellvertreter 1887 führte man die Dienststellung des Offizierstellvertreters ein. Vize-Feldwebel oder Feldwebel, die Leutnantstellen wahrnahmen, konnten dazu berufen werden. Wie der Feldwebelleutnant trug der Offizierstellvertreter die Uniform des Vize-Feldwebels, aber mit den Schulterstücken des Leutnants. Der Offizierstellvertreter war Vorgesetzter aller Unteroffiziere, wurde aber weiterhin als Vize-Feldwebel oder Feldwebel angesprochen. Wie beim Feldwebelleutnant erhielt diese Regelung erst durch die Entwicklungen im Ersten Weltkrieg eine nennenswerte Bedeutung, sodass der Offizierstellvertreter fortan kein Exot mehr war. In der Selbstwahrnehmung wurde der Offizierstellvertreter dann allerdings oft als Dienstgrad begriffen. Dieses führte in der Folge zu erheblichen Problemen. Im Gegensatz zum Feldwebelleutnant blieb die Dienststellung Offizierstellvertreter nämlich nicht bestehen, und nach dem Krieg trat ein Offizierstellvertreter in seinen alten Dienstgrad zurück.

Dienststellung

Kompaniefeldwebel (»Spieß«) Die häufig zu hörende Erklärung, dass die Bezeichnung »Spieß« von den Kurzgewehren herühre (Stangen von 2−4 m Länge; »Gewehr« stammt von »sich wehren« und meinte ursprünglich jede Form von Waffen), mit denen die Unteroffiziere im 18. Jahrhundert während des Kampfes die Desertion der eigenen Soldaten verhindern sollten, ist wahrscheinlich falsch.
Vielmehr geht der »Spieß« wohl auf den langen Offizierdegen zurück, den der Feldwebel als Zeichen seiner Dienststellung trug. So wurde der Vize-Feldwebel, der denselben Säbel trug, als »Vize-Spieß« bezeichnet.
Im preußischen Heer lautete die korrekte Bezeichnung »etatmäßiger Feldwebel« – wobei im normalen Sprachgebrauch sowohl »Etatsmäßiger« als auch »Feldwebel« üblich gewesen ist. Als Kennzeichnung trug er ab 1889 am Ärmelaufschlag des Waffenrocks eine zweite, etwas schmalere Litze und am Drillich Armwinkel.
In der Reichswehr nannte sich der Spieß »truppendiensttuender Oberfeldwebel«, mit der Kennzeichnung durch die sogenannten »Kolbenringe«, zwei parallele Unteroffizierstressen am Ärmelaufschlag. 1938 änderte sich die Bezeichnung in »Hauptfeldwebel«, damit wurde aber – anders als in der Bundeswehr – nicht der Dienstgrad, sondern nur die Dienststellung bezeich-

net. Der Dienstgrad des Hauptfeldwebels konnte Oberfeldwebel oder Stabsfeldwebel sein.

Ehrenposten Als Ehrenposten werden ein oder mehrere Soldaten bezeichnet, die aus protokollarischen Gründen ein Gebäude o.ä. bewachen. Oftmals geht es dabei um eine Ehrerweisung hochgestellten Personen gegenüber. Der Protokolldienst der Bundeswehr wird vor allem vom Wachbataillon ausgeübt. Die Einzelheiten sind in der ZDv 10/9 »Protokollarischer Dienst des Wachbataillons beim Bundesministerium der Verteidigung« festgelegt. Hier wird zwischen dem Ehrenbataillon (z.B. bei einem offiziellen Staatsbesuch), der Ehrenkompanie (z.B. bei offiziellen Empfängen), dem Ehrenzug (z.B. bei Kranzniederlegungen), dem Ehrenspalier (z.B. bei inoffiziellen Besuchen eines ausländischen Staatsoberhauptes am Flughafen) und dem Ehrenposten (z.B. bei Gedenkfeiern) unterschieden.
Bereits im Altertum besaßen hochgestellte Personen ein Anrecht auf eine Wache. Neben der eigentlichen Wachfunktion stand dabei meist auch die repräsentative Funktion. Inzwischen hat sich dies auf die reine Repräsentation reduziert, sodass Ehrenposten meist keine Munition in ihren Waffen führen.
Ständige Ehrenwachen, wie es sie z.B. während der Weimarer Republik und der DDR vor der Neuen Wache in Berlin gegeben hat, sind in der Bundesrepublik Deutschland nicht vorhanden.
Die Bundeswehr stellt Ehrenposten oder -wachen nur zu bestimmten Anlässen. Abgesehen von den protokollarischen Aufgaben des Wachbataillons zählen hierzu vor allem auch Kranzniederlegungen oder aber Truppenbesuche von bedeutenden Persönlichkeiten. Beispielsweise stehen einem Inspekteur laut ZDv 10/8 »Militärische Formen und Feiern der Bundeswehr« sowohl ein Ehrenzug als auch Ehrenposten zu. Somit kann die Gestellung von Ehrenposten zu einer Aufgaben jedes Verbandes gehören. Die Marine kennt zudem die Große und Kleine Ehrenwache für entsprechende Gäste an Bord. Bei einer Großen Ehrenwache treten 37 Soldaten unter Gewehr an, bei der Kleinen 13. Zu den traurigen Aufgaben im protokollarischen Dienst gehört schließlich der Ehrenposten bei einem gefallenen oder anderweitig ums Leben gekommenen Kameraden.

Eid und Feierliches Gelöbnis Mit dem »leiblichen« oder »körperlichen« Eid wurde früher eine Anrufung Gottes für die Richtigkeit einer Aussage bezeichnet, bei der gleichzeitig ein heiliger Gegenstand (z.B. Bibel oder Kreuz) berührt wurde.

Der mit dem Berühren einer Waffe einhergehende Schwur lässt sich bis zu den Germanen zurückverfolgen. Der Schwur »mit Mund und Hand« soll die Bedeutung des Eides unterstreichen. Aus diesen beiden Quellen entwickelte sich der Brauch, beim Eid mit der linken Hand eine Waffe, Fahne oder ein Geschütz zu berühren und die rechte Hand zu heben.

Ein Eid oder Fahneneid stellt von jeher einen feierlichen Akt dar, in dem der Soldat seine soldatischen Pflichten anerkennt. Während im Mittelalter das Lehnsrecht die Autorität des militärischen Führers sicherte, schworen die Söldner des 16. und 17. Jahrhunderts auf die »Artikelsbriefe«. In ihnen wurde der Vertrag zwischen Kriegsherr und Söldner fixiert und alle wesentlichen Dinge, wie Felddienst, Lagerleben, Ausrüstung oder Besoldung, festgelegt. In den stehenden Heeren des 18. Jahrhunderts trat noch die persönliche Bindung an den Herrscher oder Kriegsherrn hinzu. Mit den Heeresreformen zu Beginn des 19. Jahrhunderts führte man die noch engere Bindung an den Herrscher ein, indem dieser namentlich genannt wurde.

Mit der Allgemeinen Wehrpflicht ersetzte die gesetzliche Grundlage die bisherige privatrechtliche Abmachung. Der Soldat band sich über den Eid nun sowohl an seine Pflichten als Untertan als auch – wie in bislang unbekanntem Maße – an den jeweiligen Landesherrn. Diese enge Verknüpfung der Soldaten mit dem Herrscher lässt verstehen, warum Kaiser Wilhelm II. bei seiner Abdankung im November 1918 die Soldaten explizit aus ihrem Treueeid auf seine Person entließ.

Die Soldaten der Reichswehr schworen dagegen auf die Verfassung und die gesetzmäßigen Einrichtungen des Staates. Unter den Nationalsozialisten wurde der Bezug zur Verfassung durch die Begriffe »Volk und Vaterland« ersetzt. Bereits ab 1934 band eine erneute Änderung des Eides die Soldaten mit »unbedingtem Gehorsam« unmittelbar an die Person Adolf Hitlers.

Mit der Aufstellung der Bundeswehr wurde intensiv über die Frage diskutiert, ob die Soldaten über einen Eid an ihre soldatischen Pflichten gebunden werden sollten, und wenn ja, über welchen Eid. Nach längerer Diskussion entschied man sich in zweierlei Hinsicht zu einem Neuanfang. Zum einen unterschied man zwischen dem stärker verpflichtenden Eid der Zeit- und Berufssoldaten sowie dem weniger bindenden Feierlichen Gelöbnis der Wehrpflichtigen. Zum anderen knüpfte man an den Eid der Weimarer Republik an und wählte eine Eidesformel, die den klaren Bezug der Bundeswehr zum Staat und zur vefassungsmäßigen Grundordnung beinhaltete. Damit war ein deutliches Zeichen gesetzt worden, dass die Soldaten der Bundeswehr nicht an austauschbare Personen oder Institutionen, sondern an die Verfassung gebunden sind.

Die »Richtlinien zum Traditionsverständnis und zur Traditionspflege in der Bundeswehr« (ZDv 10/1, Anlage 3) definieren den Diensteid und das feierliche Gelöbnis der Soldaten als Bekenntnis und Versprechen, der Bundesrepublik Deutschland treu zu dienen und Recht und Freiheit des deutschen Volkes tapfer zu verteidigen.

Eisernes Kreuz Mit dem Eisernen Kreuz wurde erstmalig eine Auszeichnung gestiftet, die trotz der herrschenden gesellschaftlichen Standesunterschiede bewusst für alle Soldaten gelten sollte. Der preußische König Friedrich Wilhelm III. formulierte bereits 1811 die Idee einer Verbindung der preußischen Farben mit dem christlichen Kreuz für jeden, »sobald er vor dem Feind seine Schuldigkeit zum Erstenmal gethan« habe. Der vom preußischen Künstler Karl Friedrich Schinkel stammende Entwurf sollte vermutlich an das Kreuz des Deutschen Ordens erinnern.

Am 10. März 1813 stiftete der preußische König das Eiserne Kreuz in zwei Klassen und einem Großkreuz für die Dauer des Krieges gegen Frankreich. Die besondere Bedeutung der Auszeichnung wurde auch dadurch unterstrichen, dass das Eiserne Kreuz für die Dauer des Feldzuges alle anderen Orden ersetzte und von allen Soldaten, unabhängig von Stand und Dienstgrad erworben werden konnte. Mit dem Ende des Krieges 1815 endete auch die Stiftung des Eisernen Kreuzes. Von 271 000 Kriegsteilnehmern erhielten nur 17 000 die begehrte Auszeichnung.

Anlässlich des Deutsch-Französischen Krieges stiftete der preußische König Wilhelm I. das Eiserne Kreuz am 19. Juli 1870 erneut. Die Stufen blieben, auf der Frontseite wurde das Jahr 1870 eingefügt. Nun konnten auch Soldaten nichtpreußischer Kontingente die Auszeichnung verliehen bekommen. Das Eiserne Kreuz wurde so zu einem einigenden Symbol der deutschen Verbände, die sich noch wenige Jahre zuvor feindlich gegenüber gestanden hatten. Auch in diesem Krieg erhielten nur wenige die Auszeichnung: 47 000 Verleihungen bei 600 000 Mann.

Mit Beginn des Ersten Weltkrieges erfolgte die zweite Neustiftung durch Kaiser Wilhelm II. Das Eiserne Kreuz sollte

> »ohne Unterschied des Ranges und Standes an Angehörige des Heeres, der Marine und des Landsturmes, an Mitglieder der freiwilligen Krankenpflege und an sonstige Personen, die eine Dienstverpflichtung [...] eingehen oder als Heeres- oder Marinebeamter Verwendung finden, als eine Belohnung des auf dem Kriegsschauplatz erworbenen Verdienstes verliehen werden«.

Von rund 13 Millionen Kriegsteilnehmern erhielten über 5,4 Millionen ein Eisernes Kreuz 2. Klasse und 218 000 ein Eisernes Kreuz 1. Klasse. Zudem wurde das Eiserne Kreuz mit weißem Band (»Nicht-Kämpfer-Band«) für Verdienste in der Heimat vergeben. Erstmalig fand das Eiserne Kreuz als Hoheitszeichen Verwendung.

Mit Ausbruch des Zweiten Weltkrieges erlebte das Eiserne Kreuz 1939 eine propagandistisch motivierte Neustiftung als Orden des Deutschen Reiches. Anstelle des preußischen Ordens »Pour le Mérite« trat ein Ritterkreuz zu den Stufen des Eisernen Kreuzes. Im Verlaufe des Krieges wurde das Eiserne Kreuz auf insgesamt acht Stufen erweitert. Von allen Stufen wurden bis 1945 etwa 2,5 Millionen Eiserne Kreuze verliehen. Auch als Hoheitszeichen blieb es in verschiedenen Versionen in Gebrauch.

Bei der Aufstellung der Bundeswehr griff man auf die hohe Symbolik des Eisernen Kreuzes zurück. So diente 1955 bei der Ernennung der ersten 101 Soldaten der Bundeswehr ein großformatiges Eisernes Kreuz als einziger Wandschmuck. Mit der Anordnung des Bundespräsidenten vom 1. Oktober 1956 wurde das Eiserne Kreuz dann zum offiziellen Erkennungszeichen der Bundeswehr. Die »Richtlinien zum Traditionsverständnis und zur Traditionspflege in der Bundeswehr« (ZDv 10/1, Anlage 3) definieren das Eiserne Kreuz als nationales Erkennungszeichen und als Sinnbild für Tapferkeit, Freiheitsliebe und Ritterlichkeit. Es steht somit für soldatische Treue und wertebezogene Tapferkeit im Sinne des Grundgesetzes der Bundesrepublik Deutschland.

Kamerad, Kameradschaft Das Wort Kamerad leitet sich von »camera«, der Kammer ab. Ein Kamerad war also ursprünglich jemand, der auf derselben Kammer wohnte. Mit dem Wort Kameradschaft bezeichnete man ursprünglich die gesamte Kammer-, Stuben- oder Zeltgemeinschaft. Während des Dreißigjährigen Krieges (1618−1648) fand das Wort »Kamerad« Eingang in den deutschen Sprachgebrauch. Vorher waren Rott- oder Spießgesell, Mitgesell, Burgsgesell oder Mitbursche üblich.

Kaserne/Quartier Die Wurzeln des Wortes »Kaserne« lassen sich bis zum Ende des 17. Jahrhunderts zurückverfolgen. Es bezeichnet Gebäude, die für die feste Unterbringung von Truppen errichtet wurden. Die Herkunft des Begriffs liegt im Dunkeln.

Ursprünglich war der Raum, in dem die Nachtwache untergebracht wurde, als Quartier bezeichnet worden. Das Wort geht auf das lateinische quaterna (übertragen: Gruppe von vier Personen) zurück. Schon bei den Römern lässt sich eine Belegung der Unterkünfte mit vier Soldaten nachweisen. Auch bei Kasernenunterkünften des 17. und 18. Jahrhunderts findet man die Belegung der Stuben mit vier Mann. Bis dahin war die Unterbringung von Soldaten meist in Privatunterkünften erfolgt, wo die Soldaten praktisch zur Untermiete wohnten.

Kennzeichnung der Unteroffiziere Die Kennzeichnung der Unteroffiziere und Feldwebel durch Tressen an Hut oder Kragen ist bereits im preußischen Heer des späten 17. Jahrhunderts zu finden. Auch farbliche Kennzeichnungen an Hut bzw. Säbeltroddel sind hier schon verbreitet gewesen. Im Heer der Kaiserzeit war an der farblichen Gestaltung der Säbeltroddel, einer verdickten Quaste am Säbelband, sowohl die Unterscheidung zwischen Mannschaftsdienstgrad und Unteroffizier als auch die Zugehörigkeit zum Kontingent erkennbar.

Der Feldwebel wurde ab 1789 durch das Offizierportepee herausgehoben. Seit Beginn des 19. Jahrhunderts trugen alle Unteroffizierdienstgrade Tressen an Ärmel und Kragen. Feldwebel, Vize-Feldwebel und Sergeant erhielten ab 1846 einen Auszeichnungsknopf mit preußischem Adler. Im Heer der Kaiserzeit zierte ein Symbol für das jeweilige Kontingent den Knopf. Der ebenfalls 1846 eingeführte Dienstgrad Vize-Feldwebel trug, wie der Feldwebel, das Offizierportepee.

Zu diesen grundsätzlichen Unterscheidungen der einzelnen Unteroffizierdienstgrade traten im Laufe des Ersten Weltkrieges mit neu eingeführten Uniformen auch spezielle Kennzeichnungen.

Schulterstücke für Unteroffiziere wurden erstmals in der Reichswehr 1921 eingeführt. Die Unteroffiziere behielten die Kragentressen, zudem wurde die Schulterklappe mit einer Tresse umbordelt. Der Rang der Portepee-Unteroffiziere wurde durch Sterne kenntlich gemacht.

In der Bundeswehr wandte man sich von den alten Kennzeichnungen ab. Stattdessen orientierte man sich an den Mustern, die für die nicht umgesetzte Europäische Verteidigungsgemeinschaft (EVG) vorgesehen gewesen waren. So wurde der Tressenbesatz an Ärmel und Kragen nicht übernommen. Stattdessen führte man die altgoldene Kordelumrandung des Kragens ein. Bei den Unteroffizieren mit Portepee ersetzten Metallwinkel die Sterne, die Tresse auf der Schulterklappe entfiel. Unteroffiziere ohne Portepee erhielten anfänglich Winkel auf dem Oberarm. 1959 trat bei ihnen die unten offene, mit Textiltresse umbortelte

Schulterklappe dazu. 1964 fielen die Winkel auf dem Oberarm weg, die Sterne der Unteroffiziere mit Portepee wurden weiterhin durch die Winkel ersetzt.

Kokarde Die Kokarde leitet sich von der am Ende rund auslaufenden Hahnenfeder ab (französisch »coquarde«). Die Kokarde war ursprünglich notwendig um die Hutkrempe hochzubinden. Das war im 18. Jahrhundert erforderlich, damit der Hintermann über die Schulter des Vordermanns schießen konnte. Im Verlaufe der 18. Jahrhunderts wandelte sich die Kokarde dann zu einem Erkennungszeichen. Besonders die Französische Revolution verhalf ihr als politisches Erkennungszeichen zu großer Verbreitung. Der preußische König verfügte 1813, dass jeder Bürger eine schwarz-weiße Kokarde zu tragen habe, um damit seine Preußenehre auszudrücken.

Nach der Reichsgründung 1871 behielten die Heereskontingente ihre jeweilige Landesfarbe. 1891 trat zu dieser Kokarde noch eine zweite in schwarz-weiß-roter Farbe hinzu.

Die Reichswehr behielt die doppelte Kennzeichnung bei, allerdings bestand die Reichskennzeichnung aus einem schwarzen, rotbewehrten Adler auf goldenem Schild. 1933 ersetzte eine schwarz-weiß-rote Kokarde mit Eichenkranz den Adler, ein Jahr später entfiel die Landeskokarde.

In der Bundeswehr finden sich schwarz-rot-goldene Kokarden auf Mützen und Schiffchen.

Kopfbedeckungen

Helm Das Wort »Helm« entstammt dem germanischen Sprachgebrauch und bedeutet soviel wie »Beschützer« oder »Schutz«. Bei den Metallhelmen der Ritter- oder Landsknechtzeit ist dieser Zusammenhang überdeutlich. Aber auch die Hüte oder Lederhelme, die im 18. Jahrhundert die Metallhelme verdrängten, waren mehr als reine Zierde. Metallverstärkungen wie der preußische Adler, den die Garde trug, sollten auch gegen Hiebwaffen schützen. Auch die bekannte Pickelhaube bot einen gewissen Schutz gegen Hiebwaffen. Mit der gesteigerten Waffenwirkung zeigten sich die vorhandenen Kopfbedeckungen aller Armeen als unzureichend, sodass im Ersten Weltkrieg Stahlhelme als effektiver Schutz gegen Infanteriewaffen oder Granatsplitter eingesetzt wurden. Mit dem Stahlschutzhelm M 1916 führte das deutsche Heer einen Helm ein, der in seiner Grundform bis zum Ende des Zweiten Weltkrieges genutzt wurde.

Die sehr markante Form machte den deutschen Stahlhelm (im Soldatenjargon »Fritz« bezeichnet) in den besetzten Ländern zu einem Symbol für die deutsche Herrschaft. Mit Blick auf die belastete Geschichte der Wehrmacht entschied sich die Bundeswehr, einen Stahlhelm belgischer Produktion zu beschaffen, der sich am US-amerikanischen Stahlhelm orientierte. Allerdings bot die alte Form mit dem heruntergezogenen Nackenschutz einen besseren ballistischen Schutz. Daher sehen heute sowohl der US-amerikanische Helm als auch der aktuelle Gefechtshelm der Bundeswehr dem alten Stahlhelm ähnlich.

Schirmmütze Die heutige Schirmmütze entwickelte sich aus dem zu Beginn des 19. Jahrhunderts sehr beliebten Tschako. Zwar verdrängte die Pickelhaube den Tschako im preußischen Heer weitgehend, doch behielten einige Formationen, z.B. die Luftschiffer- oder Fliegertruppe, diese Kopfbedeckung bis zum Beginn des Ersten Weltkrieges bei. Vermutlich durch die schrittweise Reduzierung des Hutturms entstand ab 1813 in Preußen die Schirmmütze als Feld- und Dienstmütze der Offiziere. Feldwebel erhielten sie ab 1844. Unteroffizieren und Mannschaften wurde 1873 gestattet, außer Dienst eine Schirmmütze zu tragen. Auch in Reichswehr und Wehrmacht gehörten Schirmmützen zur Ausstattung der Soldaten.
Die in der Bundeswehr eingeführten Schirmmützen besaßen anfangs eine runde Form. Doch bereits 1956 setzte sich die heutige, ovale Form durch. Seit den 70er-Jahren verlor die Schirmmütze, die zum »Ausgehanzug« gehört hatte, an Bedeutung und wird heute nicht mehr an alle Unteroffiziere und Mannschaften ausgegeben.

Feldmützen Feldmützen lassen sich auf die Schlafmützen des frühen 18. Jahrhundert zurückführen. Mit diesen sollte nachts die Lockenpracht vor zu großer Unordnung geschützt werden. Zur Mitte des 18. Jahrhunderts gewöhnte man sich an, diese Mützen auch tagsüber zu tragen. König Friedrich Wilhelm II. sanktionierte dieses Verhalten und befahl, den unteren Rand mit einem farbigen Streifen zu versehen. Die Mützen wurden aus ausrangierten Waffenröcken gefertigt und »Zeltmützen« genannt. Da 1807 die finanziellen Mittel zur Ausstattung aller Soldaten mit den Tschako nicht ausreichten, wurden die Mannschaften und Unteroffiziere einiger Formationen mit Zeltmützen ausgestattet. Im Jahr darauf erfolgte ihre Einführung bei Infanterie und Fußartillerie. 1813 wurde die Feldmütze für die gesamte Infanterie vorgeschrieben. Die Verringerung des Deckelumfangs führte 1867 zum »Kränzchen«, der normalen Kopfbedeckung der Mannschaften bis 1935. Die Einführung der länglichen Feld- oder Fliegermütze (»Schiffchen«) verdrängte es schließlich. Bereits in den 40er-Jahren wurde das Schiffchen durch neue Einheitsfeld- und Fliegermützen ersetzt.

Schiffchen Die ursprüngliche Form des Schiffchens leitet sich wohl aus der schottischen Militärtradition ab und ist dort seit dem späten 18. Jahrhundert verbürgt. Die Einführung des Schiffchens bei der Wehrmacht folgte vermutlich einer weit verbreiteten Modewelle.

Die Bundeswehr führte mit ihrer Aufstellung auch eine Dienstmütze zum Dienstanzug sowie eine Feldmütze ein. Das Schiffchen war vorerst nur für Luftwaffe, Heeresflieger und Flusspioniere vorgesehen. Erst 1962 wurde es für alle Teile des Heeres eingeführt. Allerdings war es wenig beliebt und wurde beim Heer 1971 (Panzer-, Jäger und Fallschirmjägertruppe) und für alle Truppenteile 1982 durch das Barett ersetzt. Zum Kampfanzug (jagdmeliert oder Moleskin) existierte das Schiffchen bis zur Einführung des Kampfanzugs »Tarndruck« weiter, auch wenn es nur ungern getragen wurde. Die Marine besaß vergleichbare Kopfbedeckungen in blau oder weiß (Mützenbezug als Sommervariante). Zudem waren Unteroffiziere ohne Portepee und Mannschaften mit einer blauen Bord- oder Strickmütze zum Arbeitsanzug ausgestattet. Für den Sommeranzug existierten zwischenzeitlich noch sandfarbene Varianten von Schirmmütze und Schiffchen.

Bergmütze Die erst im Verlauf des Ersten Weltkrieges aufgestellten Schneeschuh- und Gebirgstruppen erhielten als Sonderbekleidung eine bei den Soldaten beliebte »Schneeschuhmütze«. Diese orientierte sich am österreichischen Vorbild einer Bergmütze. Da das preußische Kriegsministerium die Verwechslungsgefahr mit den österreichischen Verbündeten als zu groß bewertete, wurden die Truppen 1915/16 mit dem Tschako ausgestattet.

Erst kurz vor Ausbruch des Zweiten Weltkrieges erhielten die Gebirgstruppen der Wehrmacht erneut Bergmützen.

Auch die Bundeswehr führte diese im zivilen Bereich ebenfalls sehr beliebte Mütze ein.

Barett Das Barett (der Ursprung des Wortes könnte aus dem lateinischen oder keltischen stammen) ist bereits aus der Mode des 15. Jahrhunderts bekannt und war vor allem bei den Landsknechten beliebt. In der Restauration ab 1815 wurde das Barett teilweise verboten, weil es als politischer Ausdruck der freiheitlich denkenden Bevölkerungsteile galt. In Reichswehr und Wehrmacht existierte keine vergleichbare Kopfbedeckung, lediglich die Panzertruppe erhielt 1935 das Barett. In den 70er-Jahren wurde es schrittweise im Heer eingeführt. Inzwischen sind außer dem Heer auch der Zentrale Sanitätsdienst sowie die Luftwaffen- und Marinesicherungstruppe mit dem Barett ausgestattet.

Kragenspiegel (Litzen) Litzen gehen aus den farbigen Verstärkungen der Knopflöcher hervor. Bereits zu Beginn des 18. Jahrhunderts hatte sie ihre Funktion verloren und sie dienten lediglich als Schmuck. Form und Muster der Litzen waren je nach Regiment verschieden. Während Litzen von Unteroffizieren und Mannschaften getragen wurden, ließen sich Offiziere kunstvolle Stickereien um ihre Knopflöcher legen.

1809 erhielt die preußische Garde eine doppelte Litze auf dem Kragen. Fünf Jahre später entstand die auch heute noch gebräuchliche Form der »Kapellenlitze«, also einer Litze, die in beiden Enden in ein Dreieck ausläuft. Im Laufe der Zeit erhielten auch andere Truppen eine Litze.

In der Reichswehr bekamen alle Truppenteile auf den Kragen genähte Litzen. Diese lagen nun auf einem »Spiegel«, der in der Waffenfarbe gehalten war. Der Kragenspiegel umfasst heute die gesamte Platte einschließlich Litze und Spiegel.

In den ersten Monaten nach Gründung der Bundeswehr ging man von diesem Brauch ab. Stattdessen nutzte man zur Kennzeichnung der Truppengattungen – in Anlehnung an die US-Streitkräfte – Metallabzeichen. Diese Abzeichen waren unbeliebt und erwiesen sich im Alltag als unpraktisch. So wurde bereits im April 1956 beschlossen, die alten Kragenspiegel wieder einzuführen.

Landser (früher »Lanzer« geschrieben) Der Wortursprung liegt nicht bei »Lanze«, sondern stammt von »Landsknecht« oder »Landsmann«. Zur Unterscheidung der Schweizer Soldknechte bezeichnete man seit dem 15. Jahrhundert die oberdeutschen Söldner des »flachen« Landes als Landsknechte.

Militärischer Gruß (auch Seitepfeifen) Die Entwicklung des Grußes hängt eng mit kriegerischem Handeln zusammen und ist – im Gegensatz dazu – eine friedliche Geste. Der Gruß mit der rechten, also waffenführenden Hand, die Verbeugung und das

Stillstehen sind Gesten der Wehrlosigkeit. Über die Entwicklung des militärischen Grußes, also das Anlegen der Hand an den Kopf, gibt es unterschiedliche Versionen.
Eine besagt, dass das Handanlegen im 18. Jahrhundert Stück für Stück das Abnehmen des Hutes ersetzte, seit dem Mittelalter ist es Zeichen der Unterwerfung. Zudem zeigte ein Soldat durch abgenommenen Hut oder Helm seine friedliche Absicht. Im 17. und 18. Jahrhundert grüßte man durch das Abnehmen des Hutes – oftmals mit der linken Hand, denn die rechte hielt die Waffe. Zu Beginn des 19. Jahrhunderts setzte sich dann das Grüßen mit der rechten Hand durch.
Eine andere Deutung sieht den Ursprung bei den Rittern, die ihr Visier hochklappten, um ihre friedliche Absicht deutlich zu machen. Er solle sich aus dem Hochklappen des Visiers, das friedliche Absichten symbolisierte, entwickelt haben.
Das »Präsentieren des Gewehrs« symbolisiert wiederum die Übergabe der Waffe an den Höheren; also ein Zeichen der Unterordnung.
Ein militärischer Gruß dient in den meisten Streitkräften als gegenseitige Ehrenbezeugung und wird sehr ähnlich ausgeführt.
Als besondere Form eines militärischen Grußes kennt die Marine das »Seitepfeifen«. Mit der Bootsmannsmaatenpfeife wird für bestimmte Personen, die an Bord gehen oder das Schiff verlassen, ein entsprechendes Signal gepfiffen. Dieser Brauch aus der Zeit der Segelschiffe hat sich bei den meisten Marinen bis heute erhalten.

Nationalhymne

Die offizielle Nationalhymne der Bundesrepublik Deutschland besteht aus der dritten Strophe des »Deutschlandliedes« von August Heinrich Hoffmann von Fallersleben (1798–1874).

> Einigkeit und Recht und Freiheit
> Für das deutsche Vaterland!
> Danach lasst uns alle streben
> Brüderlich mit Herz und Hand!
> Einigkeit und Recht und Freiheit
> Sind des Glückes Unterpfand –
> Blüh im Glanze dieses Glückes
> Blühe, deutsches Vaterland.

Die heute nicht mehr gesungene ersten zwei Strophen lauten:

> Deutschland, Deutschland über alles,
> über alles in der Welt,
> Wenn es stets zum Schutz und Trutze
> Brüderlich zusammenhält,

Von der Maas bis an die Memel,
Von der Etsch bis an den Belt –
Deutschland, Deutschland über alles,
Über alles in der Welt!

Deutsche Frauen, deutsche Treue
Deutscher Wein und deutscher Sang
Sollen in der Welt behalten,
Ihren alten schönen Klang,
Uns zu edler Tat begeistern.
Unser ganzes Leben lang -
Deutsche Frauen, deutsche Treue
Deutscher Wein und deutscher Sang!

Die Melodie des Deutschlandlieds stammt vom österreichischen Komponisten Joseph Haydn (1732–1809). Sie ist Thema des »Kaiserquartetts« (1797 komponiert), das mit dem Titel »Gott erhalte Franz den Kaiser« auch als österreichische »Kaiserhymne« bekannt ist.

August Heinrich Hoffmann (wegen seiner Herkunft auch »Hoffmann von Fallersleben« genannt) schrieb das Deutschlandlied 1841. Er war von demokratischer Gesinnung und daher ständiger Verfolgung durch die restaurativen Regierungen der deutschen Teilstaaten ausgesetzt. Bekannt wurde er auch durch seine Kinderlieder, z.B. »Alle Vögel sind schon da« oder »Morgen kommt der Weihnachtsmann«. Er verstand das Deutschlandlied als »Liebeslied« an seine Heimat. Sein politisches Ziel war die Vereinigung der 38 Staaten des Deutschen Bundes zu einem geeinten Deutschland. Als Anhänger der nationalliberalen Bewegung suchten Personen wie August Heinrich Hoffmann von Fallersleben, ein einiges Deutschland auf einer verfassungsmäßigen Grundlage zu schaffen. Daher muss man bei der Interpretation des heute teilweise merkwürdig klingenden Textes die Zeitumstände berücksichtigen. So spielten die Verse »Von der Maas bis an die Memel, von der Etsch bis an den Belt« auf die damaligen Grenzen des Deutschen Bundes an.

Im Deutschen Kaiserreich bestimmten Wilhelm I. und sein Reichskanzler Otto von Bismarck die Herrscherhymne »Heil dir im Siegerkranz, Herrscher des Vaterlands!« zur Nationalhymne, doch gewann das »Deutschlandlied« nach und nach an Bedeutung und entwickelte sich zu einer zweiten Hymne. Erst während der Weimarer Republik erlangte das Deutschlandlied den Rang einer Nationalhymne. Ganz im Sinne der ursprünglichen Intention seines Dichters sollte es das einigende Band um die deutsche Nation in schwierigen Zeiten symbolisieren.

Unter den Nationalsozialisten wurde es auf seine erste Strophe reduziert und in rassistisch-expansionistischer Weise instrumentalisiert. Die erste Strophe wurde zum Einstieg in das Horst-Wessel-Lied, dem Kampflied der SA; die zweite und erst recht die dritte Strophe mit ihrer starken Betonung des demokratischen Gedankens wurden dagegen ignoriert.

In der jungen Bundesrepublik kam es bereits vier Monate nach ihrer Gründung 1949 zu einer quer durch die Parteien laufenden Diskussion über das Deutschlandlied als Nationalhymne.

Nach der Wiedervereinigung 1990 gab es neuerliche Diskussionen, bis die dritte Strophe im August 1991 endgültig als Nationalhymne bestätigt wurde.

Die »Richtlinien zum Traditionsverständnis und zur Traditionspflege in der Bundeswehr« (ZDv 10/1, Anlage 3) definieren die Nationalhymne als Ausdruck des Strebens der Deutschen nach Einigkeit, Recht und Freiheit.

Orden und Ehrenzeichen Orden werden verliehen, sie können also z.B. bei unehrenhaftem Verhalten des Trägers auch wieder aberkannt werden. Zudem waren sie oft nach dem Tod des Trägers zurückzugeben. Beispielsweise traf diese Rückgabepflicht für das Eiserne Kreuz bis 1859 zu.

Ehrenzeichen wurden im 19. Jahrhundert an solche Personen verliehen, die aus Standesgründen für die Verleihung eines Ordens nicht in Frage kamen. So erhielten Unteroffiziere und Mannschaften Ehrenzeichen, Offiziere dagegen Orden.

In Anlehnung an das französische Vorbild der Ehrenlegion vereinheitlichte sich das europäische Ordenswesen im 19. Jahrhundert weitgehend. Als oberste Stufe galt das Großkreuz der Generale. Es folgten das Kommandeurkreuz für Stabsoffiziere und das Ritterkreuz für die übrigen Offiziere. Unteroffiziere und Mannschaften erhielten Verdienstkreuze oder -medaillen. Mit der Einführung des Eisernen Kreuzes 1813 konnten auch Unteroffiziere und Mannschaften erstmalig einen hochwertigen Orden erwerben.

Im heutigen Sprachgebrauch werden die Begriffe Orden und Ehrenzeichen weitgehend synonym verwendet. Die Trageweise der Ehrenzeichen der Bundeswehr ist in der ZDv 37/10 geregelt.

Portepee/Troddel/Faustriemen Die wörtliche Übersetzung des französischen porte-épée lautet »Degentrage« oder »Degengehenk«. Damit wird die ursprüngliche Funktion des Portepees klar. Es war ein Riemen am Degenbügel, der um das Handgelenk geschlungen war und verhinderte, dass der Träger den Degen verlor, zum Beispiel im Handgemenge.

Aus der reinen Funktion entwickelte sich mit der Uniformierung ein Standeszeichen. Bei den Offizieren und höheren Unteroffizieren setzte sich die Bezeichnung Portepee durch; dieses war mit Silbergespinst durchzogen. Im 18. Jahrhundert zeigte in Preußen das Portepee den Stand der Offiziere. Feldwebel erhielten 1789 das Recht, ein Portepee zu tragen.

Bei den Mannschaften und niedrigeren Unteroffizieren lief das Band in eine Troddel aus. Diese Säbeltroddel – später Seitengewehrtroddel – bzw. der Faustriemen bei den berittenen und motorisierten Truppen diente mittels farblicher Gestaltung der Zuordnung der Mannschaften zu ihren Formationen. Grundsätzlich trug die 1. Kompanie eine weiße Einfärbung, die 2. Kompanie eine rote, die 3. Kompanie eine gelbe und die 4. eine blaue. Die Troddelfarben gehören bis heute zum Brauchtum in vielen Kompanien des Heeres.

Rekrut Das Wort lässt sich über mehrere Stationen zurückverfolgen. Aus dem lateinischen »recrescere« (nachwachsen) wurde das französische »recruter« (neue Mannschaften ausheben) bzw. »recrue« (Nachwuchs an Truppen, später auch der junge Soldat). Ab dem 17. Jahrhundert verwendete man das Wort dann auch im deutschsprachigen Raum. So wurde die Werbung von Soldaten als »Recrouite« bezeichnet. Im französischsprachigen Raum dagegen setzte sich statt des Begriffs »Rekrut« das Wort »conscrit« (der zum Kriegsdienst Ausgehobene) durch.

Schiffsglocke Seit dem 16. Jahrhundert werden Schiffsglocken eingesetzt. Das Schlagen der Glocke diente früher vor allem der zeitlichen Orientierung der Seeleute sowie zur Anzeige der Wachzeiten. Da Seeleute lange Zeit keine eigene Uhr besaßen, mussten sie anderweitig über die Uhrzeit informiert werden. Zudem wurden, z.B. bei Nacht und schlechter Sicht, Warnsignale mit der Glocke gegeben.

Bis heute sind Schiffsglocken Unikate, die individuell für jedes Schiff aus Messing gefertigt werden. Die Schiffsglocke hat eine große symbolische Bedeutung. So lassen sich zum Beispiel Wracks anhand von Schiffsglocken identifizieren.

Die Zeitangabe mittels Glocke wird als »Glasen« bezeichnet. Nach einem bestimmten Rhythmus wird dazu die Glocke halbstündlich geschlagen. Das Wort »Glasen« stammt von der gläsernen Sanduhr, mit der früher die Zeit gemessen wurde. In der

Bundesmarine wird heute nur noch auf dem Segelschulschiff GORCH FOCK geglast.

Schwarz-Rot-Gold Die exakte Herkunft der Farbkombination Schwarz-Rot-Gold ist unklar. Relativ sicher ist, dass mit diesen Farben an das Heilige Römische Reich Deutscher Nation angeknüpft werden sollte. Als Urform gilt meist jene schwarz-rote Fahne mit goldenen Fransen, die im Frühjahr 1813 für das Lützowsche Freikorps, eine studentische Freiwilligenbewegung in den Freiheitskriegen gegen Napoleon (1813–1815), angefertigt wurde. Diesen Farben entsprach auch ihre Uniform.

Wichtiger als die Herkunft der Farben sind die Symbolik und die gewachsene Bedeutung der heutigen Nationalfarben. So steht Schwarz-Rot-Gold für das Ringen um nationale Einheit und die demokratische Freiheit, denn die Farben wurden nicht durch die Staatsmacht beschlossen. Vielmehr entwickelten sie sich im 19. Jahrhundert quasi »von unten« zu einem Symbol für freiheitliche Mitbestimmung und gegen staatliche Unterdrückung und Willkür.

Die erste Fahne in den Farben Schwarz-Rot-Gold wurde durch Johann Philipp Abresch als Hauptfahne für das Hambacher Fest 1832 gefertigt. Diese »Ur-Fahne« befindet sich heute im Heimatmuseum von Neustadt an der Weinstraße. Auch während der Revolution von 1848/49 spielte die schwarz-rot-goldene Fahne eine wichtige Rolle. Doch mit der gewaltsamen Niederschlagung der Revolution verschwanden die Farben. Auch zur Gründung des Deutschen Reiches (1871) passte die Symbolik nicht, denn das Kaiserreich beruhte nicht auf Volkssouveränität, sondern vor allem auf einem Bündnis souveräner Fürsten. So wurde 1892 die Kombination des preußischen Schwarz-Weiß und des hanseatischen Rot-Weiß zur schwarz-weiß-roten Farbe des Kaiserreiches. In der Weimarer Republik wurden die Farben Schwarz-Rot-Gold zur Reichsfarbe bestimmt. Doch blieb die Handelsflagge Schwarz-Weiß-Rot, was die innere Zerrissenheit dieser ersten deutschen Demokratie zeigt.

Unter den Nationalsozialisten wurden anstelle der schwarz-rot-goldenen Flagge zwei Flaggen gehisst: die schwarz-weiß-rote Reichsflagge und die Hakenkreuzfahne als Parteifahne der NSDAP. Im Reichsflaggengesetz von 1935 werden die Farben schwarz-weiß-rot als Reichsfarben genannt, die Hakenkreuzfahne zur National- und Handelsflagge erklärt.

Mit Gründung der Bundesrepublik Deutschland war es selbstverständlich, die Farben der ersten Republik von Weimar wieder aufzunehmen (Art. 22 GG). Auch die Deutsche Demokratische Republik wählte 1949 die Farben für ihre Staatsflagge. 1959 wurde das Staatswappen der DDR (Hammer, Zirkel, Ährenkranz) in die Flagge integriert.

Im Vertrag zur deutschen Wiedervereinigung wurde 1990 die Farben schwarz-rot-gold als Nationalfarben unterstrichen. Sie symbolisieren das Streben nach nationaler Einheit des Vaterlandes in Freiheit, Demokratie und Frieden und schlagen die Brücke von den Freiheitskriegen 1813–1815 über die anschließende Freiheitsbewegung, die Nationalversammlung 1848 und die Weimarer Republik bis zur Bundesrepublik Deutschland.

Die »Richtlinien zum Traditionsverständnis und zur Traditionspflege in der Bundeswehr« (ZDv 10/1, Anlage 3) definieren die schwarz-rot-goldene Flagge als Symbol freiheitlich-demokratischen Bürgersinns und staatsbürgerlich-demokratischer Mitverantwortung.

Truppenfahne Die Urform der Fahne findet sich schon bei den römischen Truppen. Die heutige Form ist bereits im 9. Jahrhundert nachweisbar. Genutzt wurde die Fahne als Kommunikationsmittel: Erkennungs- und Richtungszeichen, Kennzeichnung des Sammelpunktes und Signal zum Vormarsch oder Rückzug. Zudem hatte die Fahne schon immer eine hohe symbolische Bedeutung, denn die Ehre eines Truppenteils war an sie gekoppelt. Der Verlust einer Fahne bedeutete Schande. Erbeutete Fahnen wurden als Siegestrophäen ausgestellt. Ab dem Beginn des 19. Jahrhunderts führten nur noch Bataillone und Regimenter Fahnen.

Die Reichswehr verzichtete auf Fahnen, die Wehrmacht führte sie 1936 wieder ein.

In bewusster Abgrenzung zur Wehrmacht verzichtete die Bundeswehr bei der Aufstellung auf Truppenfahnen. Allerdings zeigte sich schnell ein tatsächlicher Bedarf an derartigen Symbolen, z.B. bei zeremoniellen Anlässen mit NATO-Partnern. Zugleich forderten viele Soldaten Fahnen, sodass Truppenfahnen in Eigenregie hergestellt, von Garnisonen gestiftet oder unkritisch von vermeintlichen »Vorgängerverbänden« übernommen wurden. Um diesen Bedarf zu decken und den »Wildwuchs« zu beenden, übergab Bundespräsident Heinrich Lübke am 7. Januar 1965 die erste Truppenfahne an das Wachbataillon der Bundeswehr. Sie besteht aus einer 1 x 1 m großen Bundesdienstflagge aus Seide mit gesticktem Bundesadler und einer goldfarbenen Franseneinfassung. Lediglich im Fahnenband findet die sichtbare

Unterscheidung der Verbände statt. Da bei einer Umbenennung das alte Fahnenband durch ein neues ergänzt wird, tragen viele Truppenfahnen mehrere Bänder.

Die Kennzeichnung der Truppenfahne mit einem Eisernen Kreuz in der Spitze geht auf die Freiheitskriege zurück.

Uniform (Heer) Der Begriff Uniform lässt sich seit dem frühen 14. Jahrhundert nachweisen und meint ursprünglich vestitura uniformis, also eine einheitliche Kleidung.

Die einheitliche Uniformierung der Soldaten geht vor allem mit der Aufstellung stehender Heere einher. Noch in der Landsknechtzeit genügte oftmals eine Armbinde, eine Schärpe oder ein farbiges Kreuz zur Kennzeichnung der Zugehörigkeit der Soldaten. Die wirtschaftlichen Vorteile der billigeren Massenherstellung einer einheitlichen Kleidung führten bereits im Dreißigjährigen Krieg zu ersten Uniformierungen. Daneben förderte die Uniform die Identität und den Zusammenhalt unter den Soldaten und erleichterte die Unterscheidung im Gefecht. Zugleich bildete sie ein Mittel der Disziplinierung und Regulierung. Heute verpflichtet das Völkerrecht die Soldaten zum Tragen einer Uniform.

Die farbigen Uniformen des 18. und 19. Jahrhunderts halfen, die Truppen im Pulverdampf besser zu unterscheiden. Eine Tarnfunktion der Uniform wurde erst mit der verbesserten Waffenwirkung des späten 19. Jahrhunderts erforderlich.

So führten nahezu alle Nationen vor dem Ersten Weltkrieg gedeckte Farben ein oder hatten zumindest mit entsprechenden Überlegungen begonnen. In Preußen begann die Umrüstung auf die feldgraue Uniform 1907. Aber auch die erste feldgraue Uniform des deutschen Heeres der Kaiserzeit besaß weiterhin recht starke farbliche Applikationen. Die Erfahrungen im Ersten Weltkrieg ließen diese zügig verschwinden. Die Tarnfunktion der Uniform trat in den Vordergrund. Die bisherigen starken Vorbehalte gegen Änderungen der traditionsreichen preußischen Uniform wurden durch die Kriegsrealitäten weggewischt.

In Reichswehr und Wehrmacht wurde an die bisherigen deutschen Uniformen angeknüpft und diese recht flexibel an die Anforderungen des Einsatzes (z.B. Tropenuniformen oder Tarnüberzug aus Zeltbahnstoff) oder der Kriegsentwicklung (z.B. Verringerung der Tuchqualität) angepasst.

Bei Aufstellung der Bundeswehr suchte man eine Uniform, die sich deutlich von der der Wehrmacht unterschied und zugleich einen eigenständigen Charakter betonte. Die Bedeutung dieser Frage wird auch in § 4 (3) des 1956 neu entstandenen Soldatengesetzes deutlich, denn dieser legt fest, dass Uniformen und Dienstgradabzeichen durch den Bundespräsidenten genehmigt werden. In der Uniformfrage musste aufgrund der oben angegebenen Rahmenbedingungen unter großem Zeitdruck ein Kompromiss gefunden werden. Dass dieser Kompromiss nicht unbedingt als gelungen bezeichnet werden kann, wird daran deutlich, dass bereits ab 1957 eine neue Uniform eingeführt wurde. Nun wandelte sich die Uniformfarbe des Heeres von schiefergrau zu hell- bis mittelgrau. Die Luftwaffe erhielt wieder eine blaugraue Uniform. Auch der Schnitt des Dienstanzuges lehnte sich nun an die Luftwaffenuniform der Wehrmacht an. Seitdem hat es diverse, optisch allerdings nicht allzu auffällige Änderungen beim Dienstanzug gegeben.

Beim Kampfanzug gab es mit jeder Generation einen kompletten Wechsel. Der erste Kampfanzug der Bundeswehr ähnelte optisch dem Tarndruck der Wehrmacht, konnte aber bezüglich Tragekomfort u.ä. nicht überzeugen. Der ab 1959 eingeführte jagdmelierte Kampfanzug ließ sich aus technischen Gründen nicht in Tarndruck herstellen. Ab Mitte er 60er-Jahre ersetzte der Kampfanzug aus Moleskin in oliver Färbung sowohl den Arbeits- als auch den Kampfanzug. In den 90er-Jahren folgte dann der Wechsel zum Tarnanzug. Inzwischen wurden von diesem verschiedene Ausführungen für die jeweiligen Einsatzgebiete entwickelt.

Uniform (Luftwaffe) Bis zum Aufbau der Luftwaffe als eigene Teilstreitkraft 1935 orientierte sich deren Uniform an der von Heer oder Marine. Lediglich einzelne Applikationen (z.B. ein Propeller oder eine geflügelte Granate auf der Schulterklappe) kennzeichnete die Angehörigen der Luftstreitkräfte. Daneben existiert bis heute natürlich eine markante Sonderbekleidung, z.B. für den Flugdienst.

Mit der verstärkten Luftrüstung ab 1933 und der Gründung des Deutschen Luftsportverbandes (DLV) wurden sogenannte Fliegerschaften militärisch organisiert und uniformiert, die das spätere Aussehen der Luftwaffe stark beeinflussen sollten.

Die Luftwaffe versuchte sich als jüngste Teilstreitkraft durch einen modernen Schnitt optisch zu unterscheiden. Der Langbinder wurde so zum markanten Erkennungszeichen der »Schlipssoldaten«.

Bei der Aufstellung der Bundeswehr wurden die Anzüge von Heer und Luftwaffe angeglichen. Auf der schiefergrauen Dienstbluse der Luftwaffe verwies anfangs lediglich ein Ärmelband mit der Luftwaffenschwinge auf die Teilstreitkraft. Mit dem Dienstanzug von 1957 wurde der Vorgänger des heutigen Dienstanzuges eingeführt, der der Luftwaffe ihr unverwechselbares Äußeres verlieh.

Uniform (Marine) Wie bei vielen Marinen der Welt geht auch die Uniform der deutschen Marine auf englisches Vorbild zurück. Die Farben weiß und blau sowie die goldfarbenen Knöpfe wurden der Royal Navy bereits 1758 durch König Georg II. verliehen. Angeblich war er von einem entsprechenden Kleid seiner Frau so begeistert, dass er seine Marine mit diesen Farben bedachte.

Bei der Aufstellung der Bundeswehr war es unstrittig, an die traditionellen Vorläufer anzuknüpfen. Lediglich die Anzahl der Knöpfe auf dem Jackett wurde von zehn auf sechs reduziert, und die Offiziere erhielten die auch in den anderen NATO-Marinen üblichen goldfarbenen Streifen auf dem Ärmel.

Auch den Matrosenanzug könnte man als »internationalen Standard« bezeichnen. Dieses Vorbild entstammt ebenfalls der Royal Navy und wird in vielen Marinen der Welt für die Mannschaften und Unteroffiziere genutzt. Ende der 70er-Jahre wurde der Schnitt leicht der Mode angepasst und die Qualität des Uniformstoffs verbessert.

Der Matrosenkragen geht auf die Zeit vor dem 19. Jahrhundert zurück. Damals flochten die Matrosen ihr langes Haar zu Zöpfen und versteiften diese mit Fett oder Teer. Ein großer Kragen oder Halstücher auf der Schulter sollten die Jacken schonen. 1808 wurden die Zöpfe verboten, die Matrosenkragen aber blieben. Auch die Mützenbänder sind vermutlich ein Überbleibsel aus dieser Zeit und stammen von den Zipfeln der Halstücher. 1857 ordnete die britische Admiralität an, dass der Matrosenkragen durch drei weiße Streifen verziert werden solle. Ob die drei Streifen tatsächlich einen Bezug zu den drei Schlachten von Lord Horatio Nelson (Abukir, Kap St. Vincent, Trafalgar) haben, lässt sich nicht belegen.

Waffenfarbe Farbliche Applikationen an den Uniformen dienten in der Kaiserzeit vor allem zur Unterscheidung einzelner Regimenter oder Armeekorps.

Erst die Reichswehr führte 1921 ein einheitliches System der – nun auch sogenannten – Waffenfarben ein.

Bei der Wahl der Farbe lassen sich in einigen Fällen Anknüpfungspunkte an die kaiserlichen Uniformen nachweisen, zum

Beispiel Schwarz bei den Pionieren. Die gleiche Farbe wurde aber auch von anderen Waffengattungen verwendet, sodass man nicht von einem konsequenten System sprechen kann. Die Farben wurden oftmals willkürlich vergeben, sodass heutige Erklärungen zu ihrem Ursprung mit Vorsicht zu betrachten sind.

Die Farben konnten im Laufe der Zeit auch wechseln. So erhielt die Feldartillerie 1915 eine Kragenplatte aus goldgelber Farbe. 1921 wurde hochrot für die Artillerie festgelegt, goldgelb ging an die Kavallerie. Die Nachrichtentruppe erhielt 1921 hellbraun, 1936 erfolgte der Wechsel zu zitronengelb.

Als 1935 die Luftwaffe als selbstständiger Teil der Wehrmacht hinzutrat, bekam sie eigene Waffenfarben. Diese orientierten sich teilweise an den entsprechenden Verbänden des Heeres; so erhielt auch die Flugabwehrartillerie das hochrot der Artillerie oder die Luftnachrichtentruppe das hellbraun der Nachrichtentruppe. Darüber hinaus scheinen aber auch die Waffenfarben der Luftwaffe willkürlich festgelegt worden zu sein.

Bei der Marine stellte sich die Frage einer Waffenfarbe nicht. Lediglich die Marine-Küsten-Artillerie erhielt rot.

Bei der Aufstellung der Bundeswehr wollte man bewusst mit der bekannten Optik der Wehrmacht brechen. So verwendete man zur Kennzeichnung der Truppengattungen – in Anlehnung an die amerikanischen Verbündeten – Metallabzeichen am Kragen. Doch bereits am 31. Juli 1956 erging die Weisung, dass Kragenspiegel mit den im Wesentlichen auch heute noch gültigen Waffenfarben eingeführt wurden. Die Luftwaffe erhielt am 8. August 1957 ihre goldgelben Kragenspiegel. Bei der Marine existieren keine Waffenfarben.

Zapfenstreich Der Zapfenstreich kennzeichnet den Beginn der Nachtruhe in den Unterkünften. Der Begriff geht vermutlich auf die Landsknechtzeit zurück. Zu einer bestimmten Stunde musste der Zapfen der Fässer gestrichen werden, d.h., es durfte kein Bier oder Wein mehr ausgeschenkt werden. Dies geschah allabendlich auf ein Trommelzeichen, das »Zapfenschlag« oder »Zapfenstreich« genannt wurde. Da im täglichen Dienstbetrieb auch andere Trommelsignale als »Streich« bezeichnet wurden, liegt eine Verbindung zur Amtshandlung des befohlenen Endes der Ausschankzeit nahe. Es existierte auch ein Zapfenschlag als Morgensignal.

Ab dem späten 18. Jahrhundert vereinheitlichten sich die Signale für den Zapfenstreich. Er galt nun als Signal für die Soldaten, sich abends zur Kaserne zu begeben.

Mit der schrittweisen Vereinheitlichung des Militärwesens ab 1871 übernahmen alle deutschen Armeen die preußischen Signale. Auch in Reichswehr und Wehrmacht blieben sie gültig.

Der Große Zapfenstreich wurde 1838 von dem Militärmusik-Arrangeur Wilhelm Wieprecht erstmals durchgeführt. Er geht auf ein 1813 vom preußischen König Friedrich Wilhelm III. eingeführtes Abendzeremoniell nach russischem Vorbild zurück.

In der Bundeswehr ist der Große Zapfensteich die repräsentativste und bedeutendste Form des militärischen Zeremoniells. Zudem unterstreicht der Große Zapfenstreich das Zusammengehörigkeitsgefühl der Bundeswehrangehörigen. Er umfasst den Aufmarsch der Ehrenformation, die Aufführung der Serenade, die Aufführung des Musikstücks »Großer Zapfenstreich« und den Ausmarsch der Ehrenformation. Die Nationalhymne zum Abschluss wurde erst 1922 hinzugefügt.

Jahrestage

27. Januar (1945) Der verkürzt als »Auschwitz-Gedenktag« bezeichnete »Tag des Gedenkens an die Opfer des Nationalsozialismus« ist seit 1996 ein nationaler Gedenktag der Bundesrepublik Deutschland. 2005 erklärte die Generalversammlung der Vereinten Nationen den Tag zudem zum internationalen Holocaust-Gedenktag.

Am 27. Januar 1945 befreite die sowjetische Rote Armee das Vernichtungslager Auschwitz-Birkenau. In Auschwitz lagen sowohl das sogenannte Stammlager (Konzentrationslager, Auschwitz I) als auch das Vernichtungslager Auschwitz-Birkenau (Auschwitz II). Später kam das Arbeitslager Auschwitz III hinzu. Zudem entstanden mehrere Dutzend Außenlager. Etwa eine Million Juden wurden allein in Auschwitz ermordet. Der Name ist zum wichtigsten Symbol für die NS-Verbrechen geworden. Er steht für das dunkelste Kapitel unserer Geschichte.

Die Bundesrepublik Deutschland erinnert an diesem Tag nicht nur an die unzähligen Menschen, die aus verschiedenen Gründen in den Konzentrations- und Vernichtungslagern ermordet wurden, sondern darüber hinaus auch an alle anderen Opfer der nationalsozialistischen Gewaltherrschaft. Der Bundestag würdigt den Tag mit einer Gedenkstunde. Die hochkarätigen Reden werden im Internet unter www.bundesregierung.de veröffentlicht.

5. Mai (1955) Am 5. Mai 1955 traten die Pariser Verträge in Kraft. Dieses Vertragswerk beendete das Besatzungsstatut der westlichen Siegermächte über die Bundesrepublik Deutschland. Im Gegensatz zur DDR erhielt Westdeutschland nicht nur auf dem Papier, sondern auch in der Realität weitgehende Souveränität. Die volle Souveränität erlangte die Bundesrepublik erst im Zuge der Wiedervereinigung.

Mit den Pariser Verträgen trat die Bundesrepublik Deutschland zudem der WEU und der NATO bei. Damit war außenpolitisch der Weg zur Aufstellung der Bundeswehr geebnet.

8. Mai (1945) In der Nacht vom 8. auf den 9. Mai 1945 endete der Zweite Weltkrieg am europäischen Hauptkriegsschauplatz mit der bedingungslosen Kapitulation der deutschen Wehrmacht. Der Tag markiert auch die Befreiung von der NS-Diktatur. Daher ist dieser Tag in vielen europäischen Ländern Feier- oder Gedenktag.

Durch die Kapitulation waren alle politischen, militärischen und gesellschaftlichen Angelegenheiten den Siegermächten übergeben. Das Deutsche Reich existierte nicht länger. Die vier Hauptsiegermächte übernahmen die Regierungsgewalt. Auch nach Gründung der Bundesrepublik und der DDR behielten die alliierten Siegermächte wichtige Entscheidungsbefugnisse. Erst mit der Wiedervereinigung 1990 erhielt die Bundesrepublik Deutschland die volle Souveränität, und die Verantwortung der Siegermächte für Deutschland endete.

23. Mai (1949) Am sogenannten Verfassungstag verkündete der Parlamentarische Rat das Grundgesetz der Bundesrepublik Deutschland. Mit Ablauf des Tages trat es in Kraft. Es galt für die drei westlichen Besatzungszonen mit Ausnahme des Saarlandes. Eigene Streitkräfte waren noch nicht vorgesehen.

17. Juni (1953) In den Tagen vor dem und vor allem am 17. Juni 1953 eskalierte die weit verbreitete Unzufriedenheit in der Bevölkerung der DDR mit einem offenen Aufstand gegen das Regime. Nach anfänglicher Euphorie waren viele Menschen vom Kommunismus bitter enttäuscht. Ausgehend von einer unverhältnismäßigen Erhöhung der Arbeitsnormen (Vorgabe der zu leistenden Arbeit), entlud sich der Frust in nahezu allen größeren Städten der DDR in Streiks, Demonstrationen und Protesten. Der Aufstand wurde schließlich durch sowjetische Soldaten niedergeschlagen. Die bewaffneten Organe der DDR (vor allem Volkspolizei und Kasernierte Volkspolizei, der Vorläufer der NVA) erwiesen sich insgesamt als regimetreu. In Folge des 17. Juni 1953 wurden mehrere Tausend DDR-Bürger verhaftet und der Willkür der Behörden ausgesetzt.
In der Bundesrepublik Deutschland war der 17. Juni von 1954 bis 1990 als »Tag der Deutschen Einheit« Nationalfeiertag.

20. Juli (1944) Der mit dem Attentat auf Hitler beginnende Umsturzversuch vom 20. Juli 1944 stellt den bedeutendsten Versuch dar, das nationalsozialistische Regime zu beseitigen. Versuche, Hitler zu stürzen, hatte es viele gegeben. Das Besondere des 20. Juli 1944 liegt vor allem darin, dass auch die Zeit nach dem Attentat vorgeplant gewesen war. Grundlegende Gedanken für eine Ordnung »nach Hitler« waren vorbereitet worden, Persönlichkeiten identifiziert, welche die Nachordnung festigen und weiter aufbauen sollten. Dabei versuchten die am Attentat selbst beteiligten Militärs um Oberst i.G. Claus Schenk Graf von

Stauffenberg weite gesellschaftliche Kreise, wie Parteien, Gewerkschaften oder Kirchen, zu integrieren.

Der 20. Juli 1944 spielt in der Traditions- und Erinnerungskultur der Bundeswehr eine zentrale Rolle. Mit Gedenkveranstaltungen und öffentlichen Vereidigungen erinnert die Bundeswehr in Berlin an das wichtige Ereignis. Hochrangige Militärs haben aus eigenen Erleben und Antrieb versucht, ein Unrechtsregime zu beenden sowie Recht und Gerechtigkeit wieder in Kraft zu setzen. Dabei haben sie keine Militärdiktatur geplant – wollten also nicht eine Diktatur durch eine andere ersetzen –, sondern versuchten in einem breiten Konsens verschiedener Kräften einen, nach damaligen Verhältnissen, pluralistischen Neuanfang. Unter schwierigsten Bedingungen riskierten die Männer und Frauen des 20. Juli 1944 ihr Leben, da sie ihr Gewissen höher bewerteten als den damals geforderten unbedingten Gehorsam. Alle diese Punkte spielen seit den ersten Gedanken zur Bewaffnung der Bundesrepublik Deutschland eine entscheidende Rolle und tun dies bis heute. Bei der Auswahl des zukünftigen Spitzenpersonals der Bundeswehr war die Einstellung der Bewerber zum 20. Juli 1944 ebenso von Bedeutung wie bei der Entwicklung der Inneren Führung.

3. Oktober (1990)

Der 3. Oktober ist der Tag der Deutschen Einheit, an dem die DDR in freier Selbstbestimmung durch die Volkskammer nach Art. 48 des Grundgesetzes der Bundesrepublik beitrat. Er ist seitdem Nationalfeiertag und löste den 17. Juni ab. Der 3. Oktober war ein willkürliches Datum. Der Druck, die deutsche Einheit so rasch wie möglich zu vollziehen, war den politisch Handelnden in Ost und West wichtiger als die Suche nach einem historisch bedeutsamen Datum.

Als Voraussetzung der Wiedervereinigung musste die Zustimmung der Siegermächte des Zweiten Weltkrieges eingeholt werden, da diese weiterhin Verantwortung für Deutschland als Ganzes trugen. Im sogenannten Zwei-plus-Vier-Vertrag stimmten sie der Wiedervereinigung zu und übertrugen der Bundesrepublik Deutschland die volle Souveränität.

Das Datum steht auch für das Ende der NVA, deren Existenz am 2. Oktober um 24 Uhr endete.

9. November

Der 9. November steht für eine Vielzahl wichtiger Ereignisse der deutschen Geschichte. Daher wird er plakativ auch als »Schicksalstag der Deutschen« bezeichnet:

1918 Der Reichskanzler Maximilian von Baden verkündet eigenmächtig, dass Kaiser Wilhelm II. abgedankt habe. Der Abgeordnete der SPD Friedrich Ebert wird mit den Amtsgeschäften des Reichskanzlers betraut. Gegen 14 Uhr ruft Philipp Scheidemann (Fraktionsvorsitzender der SPD) vom Reichstagsgebäude vor einer jubelnden Menschenmenge die Republik aus. Zwei Stunden später ruft Karl Liebknecht (Spartakusbund) die Räterepublik aus. Damit markiert der 9. November 1918 das Ende des Kaiserreiches, zeigt aber auch, dass der weitere Weg – Demokratie oder kommunistische Diktatur – noch nicht festgelegt ist. Wilhelm II. fügt sich und geht ins Exil in die Niederlande. Friedrich Ebert wird der erste Reichspräsident der Weimarer Republik. Der Spartakusbund geht später zu großen Teilen in der Kommunistischen Partei auf.

1923 An diesem Tag wird der »Hitler-Putsch« von der bayerischen Landespolizei blutig niedergeschlagen. Die Bedeutung dieses Putsches für die deutsche Geschichte ist eigentlich denkbar gering. Die Weimarer Republik war zu keinem Zeitpunkt auch nur ansatzweise gefährdet. Man könnte diese Verzweiflungstat Hitlers auch als bessere »Wirtshausschlägerei« bezeichnen. Erst die nationalsozialistische Propaganda der 30er-Jahre hat diesem Ereignis eine Bekanntheit und einen Stellenwert gegeben, die über das eigentliche Ereignis weit hinausgehen.

1938 Reichspogromnacht. Systematisch von den Nationalsozialisten organisiert, kommt es im gesamten Reichsgebiet zu Übergriffen gegen Deutsche jüdischen Glaubens und deren Eigentum. 1400 Synagogen fallen Brandstiftungen zum Opfer. Mehr als 400 Juden werden ermordet. Nach der Reichspogromnacht, von Propagandaminister Joseph Goebbels verharmlosend »Reichskristallnacht« getauft, war es jüdischen Bürgern kaum noch möglich, Deutschland zu verlassen.

1989 Am Abend des 9. November 1989 beginnt der Fall der Berliner Mauer. Nach einer vermutlich misslungenen Pressekonferenz, in der ein neues Gesetz über Reisefreiheit der DDR-Bürger angekündigt werden sollte, und der anschließenden Berichterstattung in den Medien, der zufolge die Mauer geöffnet worden sei, strömen Tausende DDR-Bürger zu den Grenzübergängen. Führungslos, überfordert und ohne Informationen öffnen die Grenztruppen daraufhin die ersten Übergänge der Berliner Mauer. Der Fall der Mauer besiegelte das Ende der SED-Herrschaft und ebnete den Weg zur Wiedervereinigung.

12. November

1755 Geburt von Gerhard Johann David von Scharnhorst, einem der Väter der preußischen Heeresreformen. Nahe Hannover geboren, besuchte Scharnhorst ab 1773 eine Militärschule und trat 1778 als Fähnrich in Hannoveraner Dienst. 1782 wurde er in der Artillerie zum Leutnant befördert. In den folgenden Jahren wechselten Verwendungen an Lehranstalten und Kriegseinsätze ab. Bei den verschiedenen militärischen Einsätzen zeigte er seine fachlichen Qualifikationen, führte ausgesprochen erfolgreich und wurde mit dem höchsten Tapferkeitsorden »Pour le Mérite« ausgezeichnet. Darüber hinaus fiel Scharnhorst durch seine wegweisenden Reformvorschläge auf. 1807 wurde er als Generalmajor Vorsitzender der Militär-Reorganisationskommission. In dieser Funktion reformierte und reorganisierte er zusammen mit anderen (August Graf Neidhardt von Gneisenau, Carl von Clausewitz, Hermann von Boyen) das preußische Militär. Unter seiner Führung wandelte sich das preußische Heer aus einem Söldnerheer zu einem stehenden Volksheer. Scharnhorst beschrieb das neue Verständnis 1807 folgendermaßen: »Alle Bewohner des Staates sind geborene Verteidiger desselben.« Die frühere Trennung zwischen Volk und Armee sollte beseitigt werden. Qualifikation und persönliche Leistung, nicht aber die Geburt sollten über Aufstieg und Beförderungen entscheiden. Unteroffiziere konnten bei entsprechender Eignung zum Offizier aufsteigen. Darüber hinaus übernahm Scharnhorst diverse andere Funktionen, u.a. als Chef des Allgemeinen Kriegsdepartments, oder in diplomatischer Mission. In den Freiheitskriegen ab 1813 war er als Generalstabschef der schlesischen Armee unter Gebhard Leberecht von Blücher zugeteilt. In der Schlacht bei Großgörschen (2. Mai) verwundet, starb Scharnhorst am 28. Juni 1813 infolge unzureichender Wundbehandlung.

1955 Am 200. Geburtages Scharnhorsts erhielten in Bonn die ersten 101 Freiwilligen der Bundeswehr ihre Ernennungsurkunden. Mit diesem symbolischen Akt wurde die grundsätzliche Ausrichtung der Bundeswehr als eine Armee der Demokratie, in der auch der Soldat seine bürgerlichen Rechte behält, unterstrichen. Zudem wurde die Grundlage für die später sogenannte erste Traditionssäule der Bundeswehr – die preußischen Heeresreformen – gelegt.

Personenregister

Abresch, Johann Philipp 368
Adenauer, Konrad 180, 182, 192, 198
Albrecht Prinz von Preußen 289
Altmeier, Friedrich 303
Augstein, Rudolf 202

Bäumer, Karl 303
Baudissin, Wolf Graf von 182, 186, 188
Bauer, Wilhelm 40
Beck, Ludwig 124, 153 f.
Bendler, Johann Christoph 343
Bernadotte, Jean Baptiste 18
Bersarin, Nikolai 169
Biedermann, Karl 157
Bismarck, Otto von 42, 44–46, 48–50, 52, 58, 60, 66, 365
Blank, Theodor 180, 182–184, 186, 192
Blomberg, Werner von 112, 121
Blücher, Gebhard Leberecht von 379
Bormann, Martin 153
Boyen, Hermann von 25 f., 290, 379
Brauchitsch, Walther von 132, 139
Bromme, Rudolf 41

Carnot, Lazare 16
Churchill, Winston 169, 182
Clausewitz, Carl von 25 f., 379

Davout, Louis Nicolas 18
Dönitz, Karl 163
Dunant, Henry 54
Duteil, Henri-Jean 183

Ebert, Friedrich 96, 102, 378
Engelhardt, Paul 75
Engels, Friedrich 49
Eppelmann, Rainer 248–250, 253

Falkenhayn, Erich 80
Feldtwaybel, Clas 275
Fellgiebel, Erich 154
Festner, Sebastian 303
Fett, Kurt 182
Fichte, Johann Gottlieb 27
Flemming, Hans Friedrich von 283 f.
Flex, Walter 304
Franz Ferdinand von Österreich-Este 80
Freisler, Roland 156
Frick, Wilhelm 112
Friedrich I. »Barbarossa« 138
Friedrich II. von Preußen 10
Friedrich III., Kurfürst von Brandenburg 280
Friedrich Wilhelm I. von Preußen 281
Friedrich Wilhelm II. von Preußen 361
Friedrich Wilhelm III. von Preußen 24, 27 f., 357, 360, 374
Friedrich Wilhelm IV. von Preußen 37 f.
Friesen, Karl Friedrich 28

Fritsch, Werner Freiherr von 121
Fruhner, Otto 303
Frundsberg, Georg von 273

Galen, Clemens August von 152
Gambetta, Léon 56
Georg II. von England 372
Gneisenau *siehe* Neidhardt von Gneisenau
Goebbels, Joseph 116 f., 138, 158, 378
Göring, Hermann 112, 120 f., 132, 134, 153, 155
Gorbatschow, Michael 221, 240, 249
Grashey, Hellmut 203 f.
Grünbein, Durs 245
Guderian, Heinz 128

Haeften, Werner von 154, 156
Hager, Kurt 240
Halder, Franz 139
Hammerstein-Equord, Kurt von 110 f.
Hardenberg, Karl August von 24 f.
Hartmann, Christian Ferdinand 28
Haydn, Joseph 365
Hecker, Friedrich 39
Heine, Heinrich 116
Hess, Rudolf 132
Heusinger, Adolf 183, 191 f.
Heye, Hellmuth Guido 202
Heye, Wilhelm 110 f.
Himmler, Heinrich 116, 155 f.
Hindenburg, Paul von 80, 94 f., 106, 111, 114 f., 117
Hitler, Adolf 104, 106 f., 112, 114–122, 124, 126–128, 130, 132, 134, 136–144, 146, 152–158, 160–163, 168, 223, 310, 314, 343, 356, 376, 378
Hoffmann, Heinz 218
Hoffmann, Theodor 218, 246, 249
Hoffmann (von Fallersleben), August Heinrich 364 f.
Hohenzollern-Sigmaringen, Leopold von 50
Holtzendorff, Henning von 65
Holzappel, Peter 278
Honecker, Erich 226, 238, 240, 243

Jung, Franz Josef 268
Jünger, Ernst 304

Kapp, Wolfgang 104, 108
Karl der Große 350
Karl Friedrich Prinz von Preußen 46
Keitel, Wilhelm 132, 139
Kennedy, John F. 177
Keßler, Heinz 218 f., 243, 246, 318
Kielmansegg, Johann Adolf Graf von 188, 315
Klein, Georg 332
Körner, Theodor 28
Kohl, Helmut 249, 262
Kollwitz, Käthe 347
Kreil, Tanja 258
Krenz, Egon 240, 246, 344
Krüger, Friederike 289
Krüger, Johannes Joachim Theodor 302

Lannes, Jean 18
Lautz, Heinrich 156
Leber, Georg 210

Leopold I. von Anhalt-Dessau 281
Lettow-Vorbeck, Paul von 100
Liebknecht, Karl 378
Ludendorff, Erich 94 f., 104
Ludwig XVI. von Frankreich 14
Lübke, Heinrich 369
Lüttwitz, Walther von 104, 108
Luther, Martin 6

Mackensen, August von 76
Maginot, André 130
Maizière, Ulrich de 183, 188, 200
Manstein, Erich von 131
Marshall, George C. 169
Maximilian Prinz von Baden 96, 378
Meck, Andreas 345
Merkel, Angela 268
Mertz von Quirnheim, Albrecht Ritter 154, 156
Modrow, Hans 246
Mölders, Werner 189
Molotow, Wjatscheslaw 127
Moltke, Helmuth von (d.Ä.) 46, 49
Moltke, Helmuth von (d.J.) 80
Motz, Sergej 329
Müller, Vincent 214
Murat, Joachim 18
Mussolini, Benito 136 f.

Napoleon I. von Frankreich 18, 22, 27 f., 30–32, 368
Napoleon III. von Frankreich 50 f.
Neidhardt von Gneisenau, August Graf 25 f., 287, 379

Nelson, Horatio 372
Ney, Michel 18
Nikolaus II. von Russland 84

Olbricht, Friedrich 154, 156
Operation, Michael 94

Papen, Franz von 107
Pieck, Wilhelm 214
Pinkernelle, David 289
Pleven, René 182
Portsteffen, Josef 315

Raeder, Erich 121
Rathenau, Walter 104
Reichenau, Walter von 144
Reinecke, Hermann 156
Remarque, Erich Maria 298
Ribbentrop, Joachim von 127, 132
Richthofen, Manfred Freiherr von 302, 304
Röhm, Ernst 117 f.
Röttiger, Hans 194
Rommel, Erwin 136 f.
Rühe, Volker 262
Rumey, Fritz 303

Schabowski, Günter 344
Scharnhorst, Gerhard Johann David von 17, 25 f., 185, 290, 379
Scheer, Reinhard 89
Scheidemann, Philipp 96, 102, 378
Schinkel, Karl Friedrich 357
Schlegel, Karl 303
Schlieffen, Alfred Graf von 80, 131
Schmid, Anton 316
Schmidt, Helmut 194, 204, 209 f.

Schnez, Albert 204
Schönbohm, Jörg 253
Scholl, Hans 152
Scholl, Sophie 152
Schreiber, Josef 314
Schwerin von Krosigk, Lutz Graf 112
Seeckt, Hans von 108, 110 f., 193
Soult, Nicolas Jean-de-Dieu 18
Speidel, Hans 191 f.
Stalin, Josef 127, 138 f., 141 f., 166, 170
Stauffenberg, Claus Schenk Graf von 154–156, 186, 343, 376
Stein, Heinrich Friedrich Karl vom und zum 24 f.
Stoltenberg, Gerhard 249, 253, 262
Stoph, Willi 218
Strauß, Franz Josef 194, 202
Struck, Peter 266
Struve, Gustav von 39

Thormeyer, Dieter 206
Tirpitz, Alfred von 62, 65

Tresckow, Henning von 154, 157
Truman, Harry S. 166, 169

Ulbricht, Walter 234
Ulrich von Ulm 275

Voigt, Wilhelm 69

Weizsäcker, Richard von 164
Wenzel, Helmut 314
Weymann, Verena 258
Wiederholt, Konrad 278
Wieprecht, Wilhelm 374
Wilhelm, Deutscher Kronprinz 76
Wilhelm I., Deutscher Kaiser 44, 49, 53, 58, 76, 357, 365
Wilhelm II., Deutscher Kaiser 58, 61 f., 65 f., 73, 76, 80, 95 f., 344, 356 f., 378
Wilson, Woodrow 94
Witzleben, Erwin von 154

Zeppelin, Ferdinand von 75
Zuckmayer, Carl 78

Autoren

Martin Brehl M.A., Oberregierungsrat und Major d.R., Unteroffizierschule der Luftwaffe. Ausgewählte Veröffentlichungen: Die Entwicklung im Geschützbau. In: Wie die Siegessäule nach Berlin kam. Eine kleine Geschichte der Reichseinigungskriege 1864 bis 1871. In Zusammenarbeit des MGFA und des Napoleonmuseums Thurgau hrsg. von Thorsten Loch und Lars Zacharias, Freiburg i.Br. 2011, S. 53–57.

Matthias Rogg, Prof. Dr. phil., Oberst, Direktor des Militärhistorischen Museums der Bundeswehr. Ausgewählte Veröffentlichungen: Das ist Militärgeschichte! Probleme – Projekte – Perspektiven, Paderborn 2013 (Hrsg. mit Christian Th. Müller); Armee des Volkes? Militär und Gesellschaft in der DDR, Berlin 2008 (= Militärgeschichte der DDR, 15); Mars und die Musen. Das Wechselspiel von Militär, Krieg und Kunst in der Frühen Neuzeit, Münster 2008 (Hrsg. mit Jutta Nowosadtko); Die Ursprünge: Ritter, Söldner, Soldat – Militärgeschichte bis zur Französischen Revolution. In: Die Zeit bis 1914. Vom Kriegshaufen zum Massenheer, Grundkurs deutsche Militärgeschichte, Bd 1. Im Auftrag des MGFA hrsg. von Karl-Volker Neugebauer, München 2006, S. 1–121.

Stefan Schultze, Hauptfeldwebel, Zugführer 3./Jägerregiment 1 und Beauftragter für Einsatzgeschädigte. Ausgewählte Veröffentlichungen: Führen unter Feuer. In: Entscheiden – Führen – Verantworten. Soldatsein im 21. Jahrhundert. Hrsg. von Hans-Christian Beck und Christian Singer, Berlin 2009, S. 227–231.

Militärgeschichtliche Publikationen im Rombach Verlag

Wie die Siegessäule nach Berlin kam
Eine kleine Geschichte der
Reichseinigungskriege
1864 bis 1871

In Zusammenarbeit des MGFA, Potsdam, und des
Napoleonmuseums Thurgau hrsg. von Thorsten Loch
und Lars Zacharias

Umfang: VIII, 267 Seiten
ISBN: 978-3-7930-9668-9
Preis: 24,80 EUR

Wie Friedrich »der Große« wurde
Eine kleine Geschichte des
Siebenjährigen Krieges
1756 bis 1763

In Zusammenarbeit mit dem MGFA, Potsdam, und dem
MHM, Dresden, hrsg. von Eberhard Birk, Thorsten Loch
und Peter Andreas Popp

Umfang: VIII, 305 Seiten
ISBN: 978-3-7930-9711-2
Preis: 24,80 EUR

Die »Kleine Geschichte« bietet kurz gefasste und anschauliche Darstellungen zur deutschen Militärgeschichte. Der Leser erhält einen Einblick in die politischen, gesellschaftlichen, wirtschaftlichen und militärischen Rahmenbedingungen der jeweiligen Epoche und unter Einbeziehung kulturgeschichtlicher Aspekte wird das vielgestaltige Phänomen »Krieg« in seiner prozesshaften Entwicklung thematisiert.

Als Lesebuch konzipiert, richten sich die jeweils über vierzig bebilderten Beiträge an ein breites, geschichtlich interessiertes Publikum und präsentieren daher eine verlässliche, wissenschaftlich fundierte Zusammenfassung des Forschungsstandes in knapper und gut lesbarer Form.

**Ideal für den raschen und verlässlichen
historisch-politischen Überblick!**